한국방송 뉴스룸

나남
nanam

나남신서 1887

한국방송 뉴스룸

2016년 10월 21일 발행
2016년 10월 21일   1쇄

지은이_ 이화섭
발행자_ 趙相浩
발행처_ (주) 나남
주소_ 10881 경기도 파주시 회동길 193
전화_ (031) 955-4600 (代)
FAX_ (031) 955-4555
등록_ 제 1-71호 (1979.5.12)
홈페이지_ http://www.nanam.net
전자우편_ post@nanam.net

ISBN 978-89-300-8887-9
ISBN 978-89-300-8655-4 (세트)

이 책은 삼성언론재단의 저술지원사업으로 출간되었습니다.

나남신서 1887

한국방송 뉴스룸

이화섭 지음

나남
nanam

여의도 KBS 국제방송센터 앞 정원에는 순직 위령탑이 서로 살을 비비듯 옹기종기 모여 있다. 차가운 돌 위에는 애틋한 사연과 함께 58명의 이름이 새겨져 있다. 국내외에서 위험한 취재를 하거나 방송 도중 일어난 불의의 사고로 희생한 분들이다. 이들의 헌신으로 오늘 영향력 1위, 신뢰도 1위의 KBS가 존재하는지도 모른다. 나는 재직 시절 꽃 한 송이 놓이지 않은 위령탑을 볼 때마다 안타까운 마음이 들곤 했다.

부산방송총국 평기자로 출발해 KBS 보도본부장으로 퇴직하기까지 31년 6개월. 내 삶의 전부일 수도 있는 그 시간들 속에서 나는 KBS의 영욕(榮辱)에 한순간도 비켜서 있을 수 없었다. 가슴 벅찬 감동의 순간도, 치욕에 몸을 떨어야 하는 인고(忍苦)의 세월도 있었다. 방송 현장에서 부대꼈던 경험들을 작은 기록으로라도 남기겠다고 생각했다. 어쩌면 그것은 자청한 숙명이라고 해야겠다.

출판을 한 달쯤 앞두고 당초 '뉴스룸 인사이트'(Newsroom Insight)에서 《한국방송 뉴스룸》으로 제목을 바꾸었다. 고상해 보이지만 뭔가 두루뭉술한 제목 대신 바로 들이대는 책 제목을 받아들였다. '한국방송'(韓國放送)은 KBS의 약칭이기도 하면서 대한민국의 모든 방송을 통칭하는 보통명사이기도 하다. 가능한 한 KBS를 연상하게 하는 제목은 피하고 싶었다. 하지만 (주) 나남 조상호 회장은 직설적(直說的)이면서도 중의적(重義的)인 '한국방송 뉴스룸'을 제안했다. 마침 조직개편으로 KBS 보도국의 명칭도 '통합뉴스룸'으로 바뀌었으니 《한국방송 뉴스룸》이 잘 맞아떨어지는 것 같다.

'뉴스룸 인사이트'라는 제목은 바뀌었지만 통찰한다는 의미까지 사라진 것은 아니다. 여기서의 인사이트란 사실 내가 현직에 있을 때는 깨닫지 못한 이른바 '사후 통찰력'(事後 洞察力, hindsight)이다. 나 나름대로 구체적 보도 사례들을 분석하고 평가했지만, 당시에는 모든 것을 알지는 못했다. 만약 그때 알았다면 오류를 크게 줄일 수 있었을 것이다.

이 책은 쉼 없이 뉴스 스토리텔링(News storytelling)을 하면서도, 근본적으로 불완전한 직업에 종사하는 방송 저널리스트의 이야기이다. 뉴스룸 안에서 기자는 게이트키핑을 통해 완전한 생산품에 접근하려는 노력을 기울인다. 그 과정에서 불가피하게 여느 언론사와 마찬가지로 간부의 데스크권과 일선기자의 자율권이 수시로 길항(拮抗) 작용을 하며 조율된다. 이 글의 대부분은 KBS 안에서 실제로 일어났던 논픽션이자 다큐멘터리이다.

〈이화섭의 방송이야기〉(leehwaseob.com)에 올렸던 글을 다시 쓰고, 고려대 언론대학원에서 강의했던 내용을 정리했다. 방송 현업 종사자에게는 위기관리의 노하우를 전하고 싶다. 언론학자에게는 방송 저널리즘이 현장에서 어떻게 구현되는지 중요 사안을 구체적으로 설명해 이해를 돕고자 했다. 언론 지망생과 일반 독자라면 방송국 속의 핵심인 뉴스룸과 언론생태계(言論生態系), 공영방송의 조직문화를 들여다볼 수 있을 것으로 기대한다.

《한국방송 뉴스룸》은 궁극적으로 공영방송 뉴스룸의 혁신을 모색한 결과물로 읽혔으면 좋겠다. 지상파 방송사 종사자들은 땀으로 얼룩진 축적된 경험을 가지고 있으면서도 대부분 과거의 경험에 대해 입을 닫고 지낸다. 이러한 엄숙주의(嚴肅主義)를 깨고 구체적 사례들을 복기하며 책을 쓰는 데는 상당한 용기가 필요했음을 고백한다.

제 1장 '저널리즘의 위기'에서는 시민이 언론에 보내는 신뢰가 추락하는 원인을 살펴본다. 언론이 신뢰를 확보하기 위한 필요충분조건인 공정성의 실천적

한계를 구체적 사례를 통해 분석했다.

제 2장 '이야기공작소 뉴스룸'에서는 뉴스룸 문화와 뉴스 스토리텔링 기법, 날로 비중이 커지고 있는 뉴스 앵커의 자질과 롱런의 조건을 알아본다. 더불어 시청률 경쟁으로 빚어지는 재난방송의 폭력적이고 선정적인 영상 사용의 실태와 문제점도 분석했다.

제 3장 '대통령 선거방송은 전쟁이다'에서는 지상파 TV의 대통령 선거방송 추진 절차와 방식을 설명한다. 공영방송의 선거방송 조직들은 대통령 후보 캠프와 어떻게 소통하며 무엇 때문에 갈등을 빚는지 설명했다.

제 4장 '다큐멘터리스트의 고민'에서는 탈북자를 다룬 다큐멘터리와 천안함 피격사건을 다룬 다큐멘터리 제작 과정에서 벌어졌던 가치관의 충돌과 다큐멘터리 정신의 훼손 실태를 해부했다.

제 5장 '변혁의 조건'에서는 법률적으로 독립적이면서도 실제로는 독립적이지 않은 공영방송의 지배구조(支配構造, *governance*)를 들여다본다. 후진적 조직문화의 개선점과 뉴스룸 혁신을 위한 제언을 담았다.

이 글의 상당 부분은 현장에서 겪는 프로그램의 공정성 논쟁과 공영방송의 제도적 취약점을 지적한다. KBS의 왜곡된 조직문화도 민낯으로 드러난다. 정치권력과 제도언론은 서로 협력하고 견제하면서 '건강한 긴장관계'를 유지하려는 희망을 품는다. 하지만 '건강한 긴장관계'는 한국사회에서 깨지기 쉬운 유리그릇 같다. 그 길은 항상 위태로우며 희망은 절망으로 바뀌기도 한다.

대통령이 KBS 사장을 임면하고, 집권여당이 이사회의 다수 이사를 차지하는 현재의 지배구조는 KBS의 독립성을 보장하기 힘들다. 나는 저널리즘의 상실 시대에 KBS가 여러 방송사 가운데 한 방송사가 아닌, 독보적인 국가기간방송(國家基幹放送)으로서 우뚝 서길 간절히 소망한다. 급변하는 언론생태계 속에서도 수신료로 운영되는 KBS가 사회의 거울이 되고, 나침반이 되어줄 것이라고 믿기 때문이다.

글을 쓰는 동안 성찰의 시간을 가질 수 있었고, 공부가 부족하다는 것을 깨닫게 됐다. 고통스럽고 고달팠지만 생각들이 팝콘처럼 터져 밤을 새우기도 하는 행복한 날도 있었다. 보고 듣고 느꼈던 작은 경험을 모아 졸저를 마무리하는 순간 비로소 어깨를 짓누르는 의무감에서 벗어날 수 있었다.

삼성언론재단은 이번 저술을 기꺼이 지원해 주었다. KBS 미디어텍 최현주 실장은 바쁜 시간을 쪼개 TV뉴스 영상을 갈무리하는 노고를 아끼지 않았다. KBS의 탁월한 다큐멘터리스트 안양봉 기자는 자신과 관련된 글을 읽고 오류를 고쳐주었다. 이 책이 나오기까지 격려를 아끼지 않으신 언론의병장(言論義兵將) 조상호 회장과 고승철 주필, 정성껏 교정과 편집을 해준 옥신애 씨에게 감사의 인사를 전한다. 사랑하는 아내 젬마와 창, 운지는 '의미 있고 보람 있는 일을 하고 있다'는 말로 글을 쓰는 고달픈 마음을 위로했다.

기쁘거나 슬프거나 분노했거나 나와 더불어 함께했던 모든 분에게 감사의 말씀을 전한다. 부정확하거나 잘못 전한 얘기는 모두 저자의 책임일 수밖에 없다. 애정 어린 따가운 질책으로 《한국방송 뉴스룸》의 소사(小史)를 수정 보완할 수 있는 길에 많은 동참을 부탁드린다.

KBS를 위해 일하다 순직한 사우들 영전에 이 책을 바친다.

2016년 10월
백련산 자락에서

이 화 섭

나남신서 1887

한국방송 뉴스룸

차 례

제1부

저널리즘의
위기

흔들리는 신뢰

사회적 자본과 언론의 신뢰

정장을 잘 차려 입은 30대 후반의 남자가 대낮에 광화문 앞에서 돈을 빌리려 한다.

"지갑을 두고 나왔는데 꼭 갚을 테니 1만 원(10달러, 1천 엔 등)만 빌려주시겠어요?"

이른바 '돈 빌리기 실험'을 뉴욕과 파리, 서울, 도쿄, 헬싱키, 베이징 등 도심에서 실시했다. 그 결과, 돈을 잘 빌릴 수 있는 도시는 뉴욕-파리-서울-도쿄-헬싱키-베이징 순으로 나타났다. 도쿄는 돈을 빌리려는 사람을 파출소로 안내하는 사람이 많아 서울보다 후순위로 밀려났다.

연세대 사회학과 한준 교수는 이 프로그램[1]에서 "전혀 모르는 낯선 사람에게 돈을 빌려준다는 것은 사회전체 구성원에게 신뢰의 범위를 넓

---

[1] 황진성 · 조영중(연출) (2011. 11. 29. 방송). 〈KBS 특별기획 3부작 사회적 자본 1편: 모든 것을 바꾸는 한 가지, 신뢰〉(KBS 1TV).

혀 제공하는 일반화된 신뢰를 보여주는 것"이라고 말했다. 미국 인디애나대학의 오스트롬(Elinor Ostrom, 2009년 노벨 경제학상 수상) 교수는 사회적 자본을 '한 사회가 신뢰하고 소통하여 협력하는 사회적 역량'이라 정의했다.

무형으로 존재하면서 한 사회를 협력하고 발전 가능하게 돕는 결정적 요소인 '사회적 자본'(social capital)은 국가의 경쟁력 향상과 경제 발전, 사회 안정을 위한 핵심조건이기도 하다. 인적·물적 자본을 아무리 잘 갖추더라도 사회적 자본이 빈약하면 그 사회는 불안정할 수밖에 없다.

사회적 자본을 키우는 핵심적 역량은 언론에 있다. 언론은 가장 강력한 소통수단이기 때문이다. 사람들은 언론을 통해 세상을 내다보고 세상 돌아가는 사정을 살피며 돌아가는 상황에 따라 자신이 어찌해야 할지 알아차린다. 물론, 언론이라는 소통의 도구는 공론장 역할을 정상적으로 수행할 때 사회적 자본을 쌓는 데 기여한다.

언론이 눈을 막고 귀를 닫으면 소통은 단절되고 사회는 위험에 빠진다. 1980년 5·18 민주화운동 소식을 외신을 통해 들었을 때 시민의 분노는 폭발했다. 국민의 눈높이를 못 맞춘 2014년 세월호 침몰사고 보도는 언론에 '기레기'(쓰레기 기자)라는 오명을 안겼다.

언론을 '사회를 비추는 거울이자 방향을 알려주는 등대'라고 칭송하던 시대는 끝났다. 사람들은 언론을 믿지 않는다. 여러 조사를 살펴봐도 언론의 신뢰 수준은 추락했다. 언론인을 바라보는 시선에도 존중보다 차가움이 묻어난다. 언론을 신뢰하지 못한다는 것은 우리 사회의 기본이 흔들린다는 뜻이다.

언론에 대한 신뢰는 세월호 침몰사고 이후 더욱 악화된 것으로 보인다. 동아시아연구원이 글로브스캔과 시행하는 한국 사회 주요 거버넌스 (*governance*) 행위자에 대한 신뢰도 조사결과는 한국 언론에 대한 불신이 위험 수준이라 경고한다. 매체를 '매우 또는 대체로 신뢰한다'는 응답자는 2015년 2월 기준으로 34%였다. 정부와 노동조합(각각 39%), 시민단체(55%)보다 낮다.

2012년에 세계 1위의 다국적 PR 컨설팅 회사인 에델만코리아가 실시했던 신뢰도 지표조사 결과보다 더 나빠졌다. 당시 한국의 미디어 신뢰도는 44%로 '믿지 못하는 지역'(*distrust*)으로 분류됐다. 그나마 당시에는 언론에 대한 신뢰도가 정부에 대한 신뢰도(31%)보다 크게 높았다. 두 조사는 조사 방법이 다르긴 해도 한국 사회의 신뢰수준이 붕괴됐다고 여겨졌던 2008년 광우병 파동 직후보다 지금의 상황이 더 악화됐음을 알려준다.

2008년, 한국언론재단이 기관 신뢰도를 조사했을 때 KBS는 52.9점을 받았다. 당시 우리 사회의 전체 평균 신뢰도는 100점 만점에 44.8점이었다. 언론은 우리 사회의 평균보다 높은 신뢰를 받고 있었다.

언론에 대한 신뢰가 지속적으로 하락하는 추세는 언론생태계가 교란되고 있음을 반영한다. 황소개구리나 뉴트리아가 출현해 자연생태계를 파괴하는 것과 같다. 언론은 왜 신뢰를 상실하고 있을까?

우선 언론이 본연의 역할과 사명을 다하지 못하기 때문이다. 수용자는 정파적 언론에 싸늘하게 반응한다. 종합편성채널과 대안매체, 1인 매체의 등장으로 매체는 다양해졌으나 언론의 질적 수준은 하향 평준화되었다. 매체가 늘어나고 온갖 플랫폼이 등장했지만 언론의 자유에 따르는 책임은 쇠퇴하고 있다. 좁은 시장에서 많은 매체가 먹을거리 경쟁을 벌인다. 플러스섬(*plus-sum*)이 아닌 제로섬(*zero-sum*) 게임으로 치달으면서 언론환경은 갈수록 나빠진다.

저널리즘 윤리는 설 자리가 없다. 언론에 대한 신뢰가 추락하니 전통적 매체를 찾던 수용자도 떠났다. 지상파 방송은 시청자가 줄었고 신문은 구독자가 떨어져나갔다. 제도언론과 메이저 언론사가 대중의 공론장 역할을 하던 시대는 종언을 고하고 있다.

신뢰는 사회적 자본의 중요한 구성요소이다. 신용이 없는 사람이 파산하듯, 신뢰가 없는 사회 역시 값비싼 기회비용을 치르게 된다. 신용이 없으면 돈 빌릴 때 금리가 높아지듯 신뢰가 낮은 사회는 사회적 합의를 도출하는 데 애를 먹는다. 사드 배치 논란, 세월호 침몰사고, 수입산 쇠고기 광우병 파동을 겪으면서 우리는 충분히 보고 겪었다.

한 사회의 신뢰 수준은 언론에 대한 신뢰도 수준과 정비례한다는 가정은 여전히 유효하다. 그러므로 언론에 대한 신뢰는 중요하다. 언론이 사회적 소통수단으로서 신뢰를 쌓으려면 무엇이 필요한가? 무엇보다도 공정해야 하며 경영이 투명해야 한다. 여러 기관의 신뢰도 조사에 응하는 수용자도 알게 모르게 이 두 가지 핵심요소를 감안하며 설문지를 메워나간다. 방송사라면 개별 프로그램(신문은 모든 기사)이 모두 공정하게 제작되고 공적 책무를 잘 이행하는 윤리경영이 이루어져야 신뢰를 쌓을 수 있다.

개별 프로그램의 공정성은 어떻게 형성될까? 많은 저널리즘 학자는 공정성의 요건으로 사실에 기반을 둔 정확한 보도, 정파적이지 않은 불편부당성, 그리고 균형 감각을 꼽는다. 공정성은 교양과 오락, 드라마더 나아가 공공 캠페인 장르에까지 확장되어야 한다. 그 길은 참 멀고

험하다. 하지만 부단하게 노력한다면 언론에 대한 신뢰는 차츰 높아질 것이다. 상생 협력하는 사회적 자본을 키우기 위해 한국 언론에 대한 국민 신뢰의 확보는 절체절명의 과제이다.

그래도 믿을 만한 언론사는

재해·재난상황 등 대형 이슈가 터지면 뉴스를 찾는 사람이 급격하게 늘어난다. 사람들은 TV나 라디오를 켜든지 휴대폰을 들여다보든지, 어떻게든 급박한 위험이나 새로운 정보를 먼저 알려고 노력한다. 이 경우 제대로 믿을 수 있는 매체는 무엇인가?

주간지 〈시사저널〉이 지난 16년간 시행한 언론사 신뢰도 조사결과는 흥미롭다. 〈시사저널〉은 해마다 "누가 한국을 움직이는가"라는 제목으로 여론을 조사한다. 이 조사는 언론에 대한 신뢰도를 포함한다. 신뢰도 1위를 두고 방송은 KBS와 MBC, 신문은 〈한겨레〉와 〈조선일보〉가 각축을 벌여왔다. 〈한겨레〉 6관왕, KBS 5관왕, MBC 3관왕, 〈조선일보〉 2관왕 순이다. 물론 결과가 오차범위 내에 있다면 순위는 큰 의미가 없다. 〈한겨레〉의 금메달 5개는 진보정권 때였다. 〈조선일보〉의 경우 두 차례 모두 김대중 정부 때이다. KBS와 MBC는 주로 보수정권 때 신뢰도 1위를 기록했고 진보정권 때는 단 한차례씩만 1위를 했다. 연도별로 일어났던 대형 이슈와 해당 언론사 사정을 보면 왜 그런 결과가 나왔는지 짐작할 수 있다. 종편 가운데 JTBC의 약진은 주목할 만하다. 메인뉴스 기준으로 JTBC의 뉴스 포맷과 심층보도, 앵커 인터뷰는 방송뉴스의 존재감을 극대화시킨다.

공영방송의 경우 진보정권이 들어서면 언론 개혁의 바람을 탄다. 그렇다고 신뢰도 1위가 보장되지는 않았다. 보수 편향성으로 이름난 〈조선일보〉가 신뢰도 1위를 차지한 적 있다는 사실은 이채롭다. 세무조사로 언론사 사주가 구속되고 김대중 정부와 초고강도로 날을 세웠던 시기에 〈조선일보〉는 신뢰도 평가에서 1위를 차지했다.

시기별로 신뢰도 조사결과가 달리 나타나는 건 충분히 이해할 수 있다. 하지만 같은 해인데도 조사기관마다 신뢰도 조사결과가 다른 건 다소 당혹스럽다. 예를 들어 2010년 이명박 정부 때 있었던 기관별 신뢰도 조사결과는 정말 어지럽다. KBS가 받은 신뢰도 성적표를 중심으로 살펴보자. 한국언론진흥재단과 한국광고주협회의 조사결과는 신뢰도 1위, 〈시사IN〉의 조사결과는 2위, 〈시사저널〉의 조사결과는 3위였다. 모두 '밀워드 브라운 미디어리서치'가 조사했다. 같은 회사에 여론조사를 의뢰했는데 그 결과는 왜 조사기관마다 이렇게 다를까?

물론 설문 문항과 설계, 조사의 목적 등이 조금씩 다르긴 하다. 결정적으로 여론조사 대상이 다르다. 한국언론진흥재단과 한국광고주협회, 〈시사IN〉은 '국민 패널', 다시 말해 전국의 성인남녀를 인구통계학적으로 표본 추출하여 대인면접 또는 전화로 조사했다. 그럴 경우 KBS의 성적표는 대부분 좋은 편이다. 실제로 격년으로 시행하는 한국언론진흥재단의 수용자 조사에서 KBS는 신뢰도와 영향력 1위를 놓친 적이 없다. 이 조사는 2년마다 일반 국민 5천 명을 표본으로 대인면접 조사를 한다. 여러 언론학자는 가장 권위 있는 조사로 꼽는다.

반면 〈시사저널〉의 경우 관료, 교수, 언론인, 정치인, 법조인, 금융인과 문화·예술인, 종교인 등 '10개 분야 전문가 1천 명'을 대상으로 조사한다. 일반 국민과 여론 지도층이 평가하는 KBS에 대한 신뢰도는 서로 다른 경우가 있다. 전문가는 국민 패널보다 좀더 냉혹하게 언론의 신뢰도를 평가한다. 그런데 위에서 예로 든 16년간의 조사결과 추이에서 보듯 전문가조차 해마다 달리 응답한다. 언론 불신시대에도 매체 선택과 이용은 중요하다. 여론형성에도 지대한 영향을 미친다. 정교하지는 않지만 별다른 대안이 없는 한 이런 지표는 상당 부분 유용하다.

우려스런 공정성 조사

2015년 사단법인 미디어 미래연구소가 언론사 공정성 조사결과를 발표했다. YTN은 9년 연속 1위를 했다며 자사를 홍보하는 보도를 했다.

한국언론학회 전체 회원을 대상으로 실시한 올해 미디어 평가에서 YTN은 5점 만점에 3.2834점을 받아 가장 공정한 미디어 1위를 차지했습니다.

발표자료를 살펴보니 JTBC가 3.2824점으로 1위와 2위가 0.001점 차이였다. 순위는 의미가 없다. 근본적으로 적절하지도 않고 신뢰 타당도도 검증되지 않은 조사결과를 아전인수 격으로 보도한 셈이다. 가장 공정하다고 주장하는 매체가 보여주는 지독한 편향성은 실소를 자아내게 만든다. 해마다 되풀이되는 재미없는 코미디이다.

미디어 미래연구소는 한국언론학회 회원을 대상으로 지상파와 종편,

그림 1-1. 미디어 어워드 2015 발표자료

출처: 미디어 미래연구소 (2015). URL: http://www.mfi.re.kr

종합일간지, 포털, 인터넷 신문 등 15개 매체의 신뢰성과 공정성, 유용성, 영향력을 조사해 공표한다. 지난 9년 동안 조사하면서 급변한 언론 생태계의 변화를 상당 부분 반영하기도 한다. 공정성 조사를 제외한 다른 항목 조사결과에 대해서는 토를 달 생각이 없다. 문제는 학자부터 시민사회단체까지 견해가 엇갈릴 수 있는 '공정성 조사'이다. 미디어 미래연구소의 홍보자료에 따르면 공정성 조사는 객관성, 다양성, 균형성, 중립성 등 4개의 하위 항목으로 구성된다. 항목마다 5점 만점으로 측정해 평균점을 내고 순위를 매겨 공표한다.

내가 알기론 국내에서 언론기관이 개별 언론매체 총량을 두고 공정성을 공식적으로 조사한 사례는 없다. 일부 언론사에서 내부자료로 삼기 위해 조사하는 경우는 간혹 있다. 그러나 정책 참고자료일 뿐 그 결과는 공개하지 않는다. 특정 프로그램을 대상으로 하지 않고 특정 매체 총량을 두고 평가하는 공정성 조사는 누군가 다칠 수 있는 '위험한 칼춤'

이기 때문이다. 정부산하 연구기관인 정보통신정책연구원이 수행하는 '공정성 조사'에 대해서는 다음 글에서 언급하기로 한다.

이런 공정성 조사결과는 최고 점수를 받은 언론사만 동의할 뿐이다. 스스로 1등 금메달을 목에 걸었다고는 쓰지만 다른 언론사가 2등 했다고 쓰지 못한다. 〈조선일보〉와 〈한겨레〉는 스스로 가장 공정하다고 믿으며 상대방을 불공정하다고 여긴다. 개별 기사나 프로그램에 대한 공정성 논란은 자연스럽다. 그것도 순위를 매기지는 않는다.

상당수 언론학자는 사실에 기반을 둔 정확한 보도, 정파적이지 않은 불편부당성, 그리고 다양한 시각을 담아내는 균형성을 기준으로 공정성을 판단한다. 그렇지만 언론사마다 공정성을 적용하는 기준은 다르다. 진보와 보수매체의 시각이 다르고 제도언론과 대안매체가 바라보는 공정성도 서로 다르다. 국제적 뉴스로 시야를 넓히면 국가 체제와 지역, 종교와 문화에 따라 공정성을 달리 해석한다. 공정성의 의미는 시대별로도 달라진다. 예를 들어 다양성이 보장되는 미국 같은 나라는 공정성 원칙을 폐기한 지 오래 됐다. 경쟁의 규칙을 잘 지켜야 하는 선거보도 등에만 공정성 원칙이 일부 적용된다.

박근혜 정부 들어 KBS의 문창극 총리 후보자 검증보도는 여러 언론단체와 시민단체로부터 상을 받았다. 반면, 신임 KBS 사장은 청문회에서 저널리즘 기본 원칙을 지키지 않은 보도라고 평가했다. 노무현 정부 당시 한나라당 전여옥 대변인은 KBS가 북한 인권에 대해 눈감는다며 '방송'이 아니라 정권의 비위만 맞추는 '협송'(*narrowcasting*)이라고 비난했다. CNN에서 밝힌 북한의 공개 처형과 요덕 강제수용소 실상을 담은 특집 영상을 확보하고도 KBS가 이를 단신 처리하자 발끈했다.

한국언론학회는 KBS 등 방송 3사의 노무현 대통령 탄핵 방송이 '공정했다고 말하기는 어렵다'는 보고서를 냈다가 진보진영의 거센 비판을 받기도 했다. 당시 지상파 3사 역시 여러 논거를 대며 강하게 반발했다. 서울대 언론정보학과 윤석민 교수는 그 당시의 갈등을 자신의 저서《한국사회 소통의 위기와 미디어》의 서문을 통해 밝혔다. 윤 교수는 당시 한국언론학회 총무이사로 활동했다.

연구 결과가 나가자 후폭풍이 몰아쳤다. 방송사나 언론노조, 시민단체 등의 반발이야 충분히 예상한 일이었다. 어차피 이해 당사자이고 원래 극렬한 언어로 가득 찬 정치적 성명을 남발하는 집단이었다. 하지만 그들과 대오를 함께하며 언론학회에 대해 드센 공격을 전개한 건 학계 동료 교수들이었다. 의외였다. '국민 대다수가 탄핵이 잘못됐다고 생각하는 것으로 각종 여론조사는 물론 총선 결과를 통해서도 나타났는데 그런 가치판단은 배제하고 양적으로만 분석한 것은 언론학자로서의 자세조차 의심스럽다'는 게 당시 한 학계 인사의 발언이다. 귀를 의심하지 않을 수 없는 소리였다.
그렇다면 방송은 공정성은 무시한 채 여론만 쫓아가면 된다는 것인가. 뜨거운 가슴과 차가운 머리를 구분 못하는 학술적 아마추어리즘. 그것이 미래의 언론인을 키워낸다는 학계 일각의 엄연한 수준이었다. 학회에서 보고서를 제출한 얼마 후 방송위원회는 탄핵 방송 전체는 심의대상이 아니고 프로그램별로 심의해야 한다는 석연찮은 논리로 심의 자체를 포기했다. 그것으로 이 보고서 사태는 하나의 해프닝으로 끝나 버렸다.

서울대 교수였던 박명진은 방송통신심의위원장 시절, 저명한 교수와 함께 공정성 가이드라인을 만든 적이 있다. 국내외 언론사의 제작 가이드라인을 모두 검토한 뒤 언론, 특히 방송이 공정하게 보도하려면 어떤 것을 지켜야 하며 어떤 것을 해서는 안 되는지 정리했다. 그 작업 끝에 공정성의 요건을 "사실에 입각해 불편부당하고 반론을 충분히 주어 균형이 잡혀 있으면 가히 공정하다 말할 수 있다"라고 정리했다. 그러나 이런 내용도 언론학자 사이에 완벽한 합의에 이르지 못했다. 특히, 공정성 가이드라인이 언론기관을 규제하는 수단이 되어서는 안 된다는 비판이 많았다.

공정성 측정 방법을 개발하는 것이 완전히 불가능하거나 도달할 수 없는 목표는 아니다. 서울대 언론정보학과 이준웅 교수는 KBS 자문 보고서를 통해 공정성 지수 개발 사업의 성공을 위해 실체적 정책 목표를 분명하게 제시하고, 그것을 달성하는 데 필요한 평가 기준을 개발하는 것이 가장 중요하다고 주장했다. 또 이를 위해 3가지 조건을 제시했다.

첫째, 이론적으로 설명력 있는 모형을 제시해야 한다. 이는 공정성 점수가 왜 높아지거나 낮아지는지 자명하게 설명되어야 한다는 의미이다. 둘째, 타당해야 한다. 다시 말해, 측정해야 할 것은 바로 측정해야 한다. 셋째, 신뢰성이 있어야 한다. 이는 같은 방식으로 반복해서 측정하면 같은 값이 나와야 한다는 뜻이다. 예를 들어, 어떤 프로그램에서 공정성 점수가 이전보다 통계적으로 유의한 수준에서 높으면 실제로도 '더 공정해졌다'고 평가할 수 있어야 한다. 다음으로 중요한 것은 수단에 대한 통제성이다. 즉, 공정성 지수의 점수를 높이기 위한 실천 과제를 도출할 수 있어야 하고 그 과제를 수행하면 실제로 점수가 높아져야 한다는 의미이다.

이 교수는 KBS의 공정성 지수 개발에 참여하는 조직원이 사업 목적에 공감하고 점수를 높이기 위해 노력하겠다는 실천 의지가 결집되어야 한다고 강조한다. 또한 모든 지수는 불완전하고 모든 지수 사업은 불안정하므로 사업 자체의 타당성에 문제를 제기하고 결함만 지적해서는 공정성 지수 개발 사업을 성공적으로 추진할 수 없다고 설명했다.

KBS도 오래전 이사회의 요구로 공정성 지수를 개발하려 했으나 예산까지 확보하고도 포기했다. 이 모두가 공정성은 논쟁적 사안이며, 특히 매체 총량을 대상으로 공정성 조사를 할 수 있는 정확한 도구를 만들기는 힘듦을 의미한다.

한국언론진흥재단과 〈시사저널〉, 〈시사IN〉, 한국광고주협회 등은 공정성 조사 대신 매체 신뢰도를 조사한다. 나는 매체 신뢰도 조사가 언론사의 공적 책무 이행 수준을 평가한다고 여긴다. 좀더 구체적으로 말하면, 사람들이 개별 기사나 프로그램 공정성의 총합과 매체의 경영 투명성을 보고 신뢰도를 평가한다고 생각한다.

미디어 미래연구소는 해마다 연말이면 미디어 어워드 행사를 열고 중요 언론사에 대한 순위를 발표했다. 대부분의 메이저 언론은 이를 보도하지 않았다. 2015년에는 공정성 1위를 한 YTN과 신뢰성·유용성에서 1위를 한 JTBC, 그리고 〈중앙일보〉만 '위험한 칼춤'에 장단을 맞췄다. 공정성을 조사하는 도구를 개발하는 것이 불가능하지는 않더라도 필연적으로 정의와 관련한 논쟁을 촉발할 가능성은 높다. 이것은 '진리를 찾았다'고 외치는 순간 거짓말쟁이가 되는 것만큼이나 위험할 수 있다.

공정성에 대한 회의를 가장 절실하게 표현한 인물은 사마천(司馬遷)이다. 사마천은 '하늘의 도는 옳은가, 그른가?'(天道是耶非耶)라는 물음으로 불공정한 세태를 비판했다.

방송사 평가, 비판적 대안은?

〈중앙일보〉는 2016년 4월 30일자 2면에서 지상파와 종편 8개 채널 평가에서 JTBC가 2년째 신뢰성 등 7항목 모두 1위라는 소식을 전했다. JTBC 관계자라면 기뻐할 뉴스지만 나는 공영방송의 쇠락에 한동안 깊은 생각에 잠길 수밖에 없었다. 신뢰와 공정, 공익, 다양, 유익, 흥미, 창의성 등 7개 항목 가운데 공정과 공익, 다양성 항목에서조차 왜 JTBC가 1위인지 궁금했다. 그래서 방송통신위원회가 정보통신정책연구원에 의뢰해 실시한 〈2015년 시청자 평가지수(KI) 조사보고서〉 원문을 찬찬히 들여다보았다.

우선, 공익성 항목의 조사결과를 납득하기 힘들었다. 예컨대 KBS는 상업방송과 달리 장애인 등 사회적 약자에게 미디어 접근권을 제공한다. 여기에 어린이 방송, 국악 프로그램까지 편성한다. 그런데도 왜 공익성 평가 결과는 JTBC보다 나쁜 평가를 받는가? KBS는 북한 주민을 위한 한민족 방송채널과 재외동포를 위한 국제 방송채널도 운용한다. 그렇지만 이런 채널의 공헌은 평가 대상에 반영하지 않으므로 억울하지만 일단 접어두기로 하자.

다음으로 다양성은 공익성·공정성과 관련된 항목이다. 지상파 방송사는 종편보다 훨씬 많은 프로그램을 제작한다. 다시 말해, 프로그램 가짓수가 월등하게 많다. 장르별 프로그램의 법정 편성기준을 지키기 위해 돈이 되건 안 되건 많은 노력을 기울인다. 이런 노력은 프로그램의 다양성으로 구현된다. KBS 1TV와 2TV는 음악 프로그램만 하더라도 연령대별 시청자를 대상으로 〈전국노래자랑〉, 〈콘서트 7080〉, 〈가요

무대〉, 〈열린음악회〉 등 다양하게 서비스한다. "채널 ○○○은 다양한 내용을 전달했다"라는 항목에 재방·삼방이 기본인 종편이 지상파보다 후한 점수를 받는 건 이상하다.

실제로 정보통신정책연구원의 이 다양성 평가 결과는 의외이다. 보기 편하게 순위를 매겨보자. 1위 JTBC (3.82), 2위 SBS (3.59), 3위 KBS 1TV (3.56), 4위 KBS 2TV (3.55), 5위 MBN (3.54), 6위 MBC (3.52), 7위 채널A (3.49), 8위 TV조선 (3.43) 순이다. 근년 들어 종편의 약진을 감안하더라도 JTBC나 MBN이 공영방송 MBC보다 다양한 프로그램을 제공한다는 게 말이 되는 이야기인가? 물론 종편은 수준 높은 킬러 콘텐츠 (killer contents: 미디어가 폭발적으로 성장할 수 있도록 하는 핵심 콘텐츠)를 여러 차례 방송하는 게 당연하다고 주장한다.

〈중앙일보〉는 같은 미디어 그룹인 JTBC에 대한 연구보고서 평가 결과를 부풀려 보도했다. 정보통신정책연구원의 보고서 제목은 〈2015년 시청자 평가지수 (KI) 조사보고서〉이다. KI, 즉 '시청자 평가지수'란 특정 프로그램을 본 시청자 57,600명의 만족도 (SI: satisfaction index) 와 질적 평가 (QI: quality index) 의 평균 점수로 계산한다. 각 항목은 0~10점으로 11점 척도이다. 다시 말해, KI = (SI의 평균 + QI의 평균) ÷ 2로 나타낼 수 있다. 지상파 방송사의 KI 점수는 2011년 이후 지속적으로 하락했다. 그렇지만 아직까지는 종편보다 높은 점수를 받는다. 〈중앙일보〉 기사가 주로 인용한 것은 보조적 지표인 '방송채널 질 평가지수'이다.

〈중앙일보〉와 JTBC의 뺑튀기를 마냥 탓할 수는 없다. 그러나 방송통신위원회나 정보통신정책연구원은 이 자료를 사용할 때의 유의점을 명확하게 밝혔어야 했다. 보고서는 '종편은 근원적으로 재방송이 많아 프로그램 다양성이 떨어진다'는 내용을 담았다. 그렇다면 다양성 등 몇몇 항목에서 지상파와 종편을 함께 비교하는 것은 적절치 않다고 분명하게 적시했어야 하지 않는가?

이와 관련해 조사결과 성적표가 너무 나빠 수모를 겪은 MBC만 몇 가지 문제점을 지적하는 반박 성명문을 냈다. 다른 방송사는 자체적으로 수행하는 조사결과와 사뭇 다른 성적표를 받아들고서도 가타부타 말이 없다. 초원에서 군림하던 지상파는 이제 늙고 병들어 잠자는 사자가 되었는가? 한국방송협회나 언론학자가 이 보고서를 조목조목 따질 가능성은 낮아 보인다. 나는 방송인 출신으로 다소간 경험이 있을 뿐, 이론을 꿰고 있는 학자는 아니다. 조사보고서의 신뢰도와 타당성, 적절성 등을 비판적으로 지적하기에는 한계가 있다.

시청자와 언론사에게 직접적 영향을 미치는 조사보고서에 문제가 많은 줄 알면서도 입을 닫는 것은 규제기관인 방송통신위원회와 국책연구기관이 관련되었기 때문일까? 상당수 방송사가 동의하지 않는 이런 조사결과가 방송국 평가와 재허가의 중요한 자료가 된다는 것은 심각한 일이다. 방송생태계의 정확한 진단과 처방을 위해서라도 정보통신정책연구원은 현재의 조사 방법을 시급히 보완해야 한다.

공정성의 실천적 한계

문창극 보도의 전략적 오류

문창극 국무총리 후보자는 사퇴 기자회견에서 다음과 같이 말했다.

> 언론의 생명은 진실보도입니다. '진실'보도입니다. 발언 몇 구절을 따내서 그것만 보도하면 그것은 문자적 '사실'보도일 뿐입니다. 그러나 그것이 전체적 의미를 왜곡하고 훼손한다면 그것은 진실보도가 아닙니다. 그렇기 때문에 저널리즘의 기본은 사실보도가 아니라 진실보도입니다.

2014년 6월 11일, 〈KBS 뉴스 9〉은 문창극 국무총리 후보자의 온누리교회 강연을 역사인식 검증 차원에서 단독 보도했다. "문창극 '일 식민지배는 하나님 뜻' 발언 파문", "문창극 '게으르고 자립심 부족 … 민족 DNA'"라는 2개의 리포트는 〈KBS 뉴스 9〉에서 헤드라인, 톱, 세컨드 리포트로 방송됐다. 리포트를 보면 문 후보자는 명백히 식민사관에 젖어있는 친일주의자였다. 그런데 내용 전체를 살펴보면 문 후보자를 반일 내지 극일주의자로 볼 수 있는 대목이 나온다. 이 보도는 급기야

그림 1-2. 문창극 국무총리 후보자 검증보도

출처: KBS 1TV (2014. 6. 11). 〈KBS 뉴스 9〉.

공정성 논란에 휩싸이게 된다.

〈KBS 뉴스 9〉이 문 후보자 검증을 시작하자마자 진보와 보수는 '공정성'을 두고 날카롭게 맞섰다. 보수진영은 'KBS가 지독한 편향성을 드러냈다'며 비난했고, 진보진영은 '정확하게 지적했다'며 칭찬했다. 방송통신심의위원회는 공정성과 객관성을 위반했다며 행정지도인 '권고' 결정을 내렸다. 한국기자협회, 방송기자협회, 미디어공공성포럼은 용기 있는 보도라며 제작진을 시상했다.

KBS 고대영 사장은 취임 전 청문회에서 KBS의 문 후보자 검증보도는 '저널리즘의 기본 원칙'을 어긴 것이라고 지적했다. 기자 출신의 전 KBS 사장 중 한 명은 'KBS 문 후보자 검증보도는 공정성에 문제가 없다'고 말했다. 그는 해당 보도가 불공정하다면 컨텍스트(context), 다시 말해 많은 분량의 전체 내용을 압축해 보도하는 수많은 리포트 역시 불공정과 편향성 시비에 휘말릴 수밖에 없을 것이라고 지적했다. 그는 대단히 보수적인 인물이다. 전·현직 KBS 사장이 바라보는 공정성의 잣대도 이렇게 다르다면 문제는 심각해진다.

문 후보자 관련 보도 당시, KBS 내부에서는 길환영 사장의 퇴진을 요구하는 운동이 있었다. KBS가 세월호 침몰사고 때 청와대의 나팔수 노릇을 했다는 게 길 사장 사퇴촉구의 이유였다. 청와대가 새 총리를 임명해 세월호 정국을 돌파하려는 강한 의지를 보이는 정국에 KBS는 문 후보자의 과거 교회강연 내용을 보도했다. 청와대와 정부 여당은 경악했다. 보수층의 여론을 등에 업고 KBS를 공격하기 시작했다. KBS는 내부적 갈등에 휩싸여 뉴스룸을 정교하게 관리할 힘이 없었다. 문 후보자 관련 보도 1보 직후부터 공정성 논란이 벌어졌으나 KBS는 이 사안을 정교하게 따져보거나 제대로 된 후속 조처를 취하지 못했다.

저널리즘에서 이야기하는 몇 가지 개념을 적용해 KBS의 문 후보자 관련 보도를 짚어보자. 우선 정확성의 문제이다. 정확성은 뉴스나 시사 프로그램의 내용이 '현실의 대상'과 얼마나 일치하는가를 말한다. 따라서 '얼마나 정확한가'라는 정확성 역시 기사에 따라 '정도'의 차이가 있다. 정확성을 '대상에 대한 재현의 수준과 범위'로 놓고 볼 때 이 기사는 단어와 문장이 매우 정확하다고 볼 수 있다. 이 리포트는 교회강연 내용을 녹취로 인용하거나 사실을 있는 그대로 설명했기 때문에 좁은 의미의 '팩트(fact)의 오류'는 발견할 수 없다.

정확성을 이야기할 때 스트레이트 뉴스의 경우 흔히 엄밀한 정확성, 즉 '개별 문장이 정확할 것'이 요구된다. 그러나 기자의 리포트나 시사 프로그램의 경우, '제시된 주장의 근거가 정확할 것'이 요구된다. 그러므로 특정 이슈와 관련해 사전 지식이나 배경을 모르는 시청자가 KBS의 문 후보자 관련 보도를 정확하다고 평가하더라도 하등 이상할 것이 없다.

그러나 저널리즘 영역에서 더욱 전문적 잣대인 '보도 전체가 정확한가'를 고려하면 논쟁의 소지가 있다. 결국 사실보도를 하더라도 공정하지 않을 수 있는 상황은 언제든지 생길 수 있는 셈이다. KBS의 문 후보자 검증보도는 '팩트 맹신의 함정'에 빠졌다는 지적을 받을 수밖에 없다.

다음은 불편부당성이다. 이 보도가 정파적 입장을 보이는지 여부가 분석의 대상이 될 수 있다. 방심위는 논쟁적 사안에 대해 다양한 의사 표명 기회를 부여하는 것이 불편부당성의 조건이 된다고 적시한다. 언론학자 가운데 일부는 논쟁적 사안에 대해 말할 때, 특정 관점이나 입장을 지지하는 방식으로 다루지 않는 것이 불편부당성을 의미한다고 말한다. KBS의 문 후보자에 대한 검증보도 1보는 리포트 어디를 보아도 편향성을 밝혀내기 힘들다. 원고와 기사 흐름은 매우 건조하게 다듬어졌다. 의제설정(議題設定) 자체가 편향성을 드러낸다는 지적은 가능하겠지만, 적어도 원고상으로는 '특정 가치에 대한 판단'이 끼어든 흔적이나 증거를 찾을 수 없다.

저널리즘에서 균형(balance)은 한쪽 입장이나 견해로 부당하게 기울어지는 것을 막는 장치이다. 문 후보자 관련 보도가 균형이 잡혔는가 하는 문제는 이해 당사자인 문 후보자에게 반론권을 충분히 주었는가와 관련이 있다. 리포트 가운데 세컨드 리포트에는 KBS 정치부 기자가 문 후보자를 따라가며 인터뷰를 시도하는 영상과 현장음이 나온다. 문 후보자는 청문회에서 자신의 입장을 소상히 밝히겠다고 말했다. 그러나 그는 여론의 역풍을 못 견디고 사퇴하면서 충분한 반론의 기회를 갖지 못했다. KBS 보도는 결과적으로 반론권을 충분히 담지 못했지만, 1보에서 이해 당사자에게 반론권을 주기 위해 노력했다. 따라서 고의적으로 반론권을 주지 않았거나 취재보도의 절차나 취재윤리에 어긋나는 행위를 했다고 보기는 어렵다.

다음으로 이 리포트가 객관성을 유지했는지 살펴보자. 방심위는 객관성을 위배했다고 판단했다. 여기에는 이론이 있을 수 있다. '언론의 객관성'(*journalistic objectivity*) 또는 '언론의 객관주의'(*objectivism*)의 요건을 따져보면 이 리포트를 보는 시각이 달라진다. 우선, '의견과 사실의 분리' 문제이다. 앵커 멘트나 이 리포트 전체 내용에서 의견이 개입한 흔적은 보이지 않는다. 톱 리포트 앵커 멘트 끄트머리에 나오는 '… 파문이 예상됩니다'라는 표현은 앵커의 의견으로 용인 가능한 수준이다. 다음으로 '정보원을 직접 인용한 기사작성 원칙'도 훼손하지 않았다. 최근에 영미 언론인 중에도 '언론의 객관성'이 불가능하거나 필요 없다고 생각하는 사람이 늘고 있는 점을 감안한다면 이 리포트가 객관성을 위배했다는 방심위의 논거는 진보적 언론학자에게 비판받을 소지가 있다.

KBS의 문 후보자 검증 리포트의 문제점은 뜻밖에도 KBS가 이 보도 이후 새로 만든 〈KBS 공정성 가이드라인〉에서 찾을 수 있다. '일반준칙' 중 공정성 부분에서 실마리가 나온다.

어떤 주장을 입증하기 위해 의도적으로 자신과 생각이 같은 취재원이나 사례만을 편향적으로 선택해서는 안 된다. 의도적으로 어떤 사실을 생략하거나 의견을 마치 사실인 양 위장해서는 안 된다. 사실을 의도적으로 누락하는 일은 사실성을 훼손하는 교묘한 방법이면서 동시에 공정성에 대한 의심을 초래하는 길이 된다.

〈KBS 공정성 가이드라인〉은 정확한 사실보도도 불공정할 수 있다는 것을 알려준다. 앞서 지적했듯 '사실보도의 함정'에 갇힐 수 있다. 문 후보자가 사퇴하면서 항변한 '진실보도' 주장은 기자들의 '침소봉대'(針小棒大)를 비판하는 말로 들린다.

이야기를 조금 더 확장해 공정성의 전제조건이 되는 다양성의 문제로 KBS의 문 후보자 검증보도에 접근해 보자. 언론인은 중요한 보도에 최소 2개 이상의 관점이나 견해, 가치가 포함되지 않으면 당사자의 이해관계를 정당하게 대표할 수 없다고 여긴다. KBS의 문 후보자 관련 보도 1보에는 당사자의 발언을 인용했을 뿐 전문가나 시민사회가 이 발언을 어떻게 평가했는지 알 수가 없다. 리포트를 제작하는 기자나 담당 데스크가 모든 아이템마다 공정성의 개념이 다양성의 문제로 발전된다는 점을 유념해야 한다는 주문은 현실적으로 무리이다. 그렇지만 이처럼 국무총리 후보자를 검증하는 중대 보도에서는 보도가 몰고 올 모든 위험요소를 면밀하게 검토해 사전에 차단해야 한다.

KBS의 문 후보자 검증보도는 1보의 완성도를 높이거나 속보를 성공적으로 이어갈 수 있는 길이 분명히 있었다. 우선, 첫 리포트를 제작하면서 문 후보자의 강연 전체 내용을 진보·보수 양 진영의 전문가에게 분석 평가하게 하는 방법이 있다. 그 인터뷰를 리포트에 담았다면 완성도를 높이는 것은 물론 다양한 관점을 제공하는 길을 열었을 것이다.

여러 문제점이 드러나고 아쉬움이 컸지만 KBS의 문 후보자 관련 보도는 일단 우리 사회에 중요한 이슈를 의제로 설정하는 데 성공했다. 그러나 1보 이후의 후속 보도는 실망감을 자아내게 만든다. KBS는 웬일인지 1보를 보도한 직후 문 후보자의 강연 전체 내용을 공개하는 데 소홀했다. 진보·보수 양 진영에서 쏟아진 지적을 속보로 반영하려는 노력도 충분하지 않았다. 라디오와 TV토론 등 매체와 장르별 방송자원도 제대로 활용하지 않았다.

이것은 중요 이슈를 보도하는 전략이 부재했음과 동시에 KBS 뉴스룸이 특정 가치관에 경도되었음을 반영한다. 정치적 의제를 설정하면서 일방적 시각에 사로잡혀 다양한 목소리에 귀를 기울일 생각을 하지 않은 셈이다.

또한 공정성과 다양성 등의 가치는 속보와 후속조처를 통해서 완성도가 점점 높아진다는 점을 간과했다. 적어도 상당한 기간 동안 방송한 보도물을 총량적으로 평가받는다는 평범한 사실도 외면했다. 이런 후속조처는 엉뚱하게도 경쟁 방송사를 통해 이뤄졌다. 이 때문에 KBS는 정직하지도 투명하지도 않으며, 편향적 시각을 가졌다는 의심을 샀다. 보수진영의 날선 공격에 지레 기가 꺾여 수많은 우군(友軍)의 기대를 충족시키지 못했다. KBS는 1보는 성공했으나 설정한 의제의 피드백을 속보로 담아내는 데 실패해, 이른바 '쇠고기로 시래기죽을 끓이는 어리석음'을 범했다.

문 후보자가 사퇴하면서 언급한 말은 KBS에게 아프게 다가온다. 하지만 KBS는 해야 할 일을 스스로 포기해 수모를 겪었다. KBS 내부 사정이 혼란스럽고 분열돼 대응이 어려웠다든지, 권력의 압력이 너무 거셌다든지 하는 말은 아무런 변명이 되지 못한다. KBS의 문 후보자 관련 보도는 의제설정과 위험관리의 전략적 오류로 기록될 수밖에 없다.

어이, 이 국장. 개 안 돼. 해, 안 해? 김 부장, 개 안 돼. 지가 죽는 것도 몰라요. 어떻게 죽는지도 몰라. (이완구 국무총리 후보자)

땅콩을 왜 봉지째 줘, 사무장 너 내려. 비행기 당장 세워, 나 이 비행기 안 띄울 거야. (조현아 대한항공 부사장)

이완구는 국무총리 후보자이고, 조현아는 대한항공 부사장이었다. 이완구는 정치권력이고, 조현아는 자본권력이다. 이완구는 자신에게 불리한 패널 또는 기사를 빼라고 종편에게 윽박지르고, 조현아는 자기 부하더러 여객기에서 내리라고 호통 친다. 여기서 종편은 이완구의 소유가 아니지만 대한항공은 조 씨 일가의 소유이다. 이 대목에서 자본권력보다 더 비열한 정치권력을 본다.

국민이 위탁한 권력을 자기 것인 양 착각하는 경박함과 오만함, 그리고 천박함. 그래서 이완구의 행위는 조현아 갑질보다 더 음흉하다. 언론과 언론인을 주무를 수 있다고 공개하는 담력에는 그저 탄복할 따름이다. 담력 이상의 내재화된 확신이 내비친다.

이완구의 녹취록을 보면 종편 상당수가 특정 정치권력의 하수인이라는 오해를 살 수 있다. 피해 당사자가 녹취록으로 확인되는데도 '당하고도 당하지 않았다'고 주장하는 것은 언론의 슬픈 자화상(自畵像)이다. 사실 대한항공 사무장이나 여성 승무원보다 언론인이 더 가련해 보이는 것은 '영혼이 없는 사람'으로 비치기 때문이다. 반의사불벌죄(反意思不罰罪)가 성립되는 것도 아닌데 말이다.

지배권력의 영향력은 공영방송에서 더욱 크다. 2014년, 현 정치권력이 KBS 현직 보도국장의 사표를 받으라고 한 사실이 밝혀졌다. 당시 KBS 사장은 정치권력의 불법적 주문을 실행하려다 KBS 구성원의 저항을 불러 해임됐다.

지배권력과 제도언론의 관계를 보여주는 사례는 많다. 김대중 정부 시절, 한 정치인은 논조가 마음에 들지 않는다는 이유로 한 중앙일간지 편집국에 찾아가 행패를 부렸다. 당시 정권은 언론사 세무조사를 실시해 도산 직전까지 몰아가기도 했다. 사주의 부인이 자살하기도 했다. 노무현 대통령은 재임 기간 동안 SBS와 한 번도 단독회견을 하지 않았다. 속된 말로 완벽하게 '물 먹였다'. 그는 SBS를 노태우 정부 때 특혜를 받아 만들어진 방송이자 자본권력에 충실한 적대적 매체로 여겼다. 그때의 쓰라린 기억 때문인지 요즘 SBS는 사내 인재를 중심권력에 번갈아 진출시킨다.

이명박 정부의 최시중은 종편을 만들어 2012년 대선에 최대한 활용할 수 있도록 디딤돌을 놓았다. 당시 야당 정치인들은 종편에 출연하지 않는 것으로 종편을 압박했다. 제도언론과의 타협을 거부한 잘못된 선택이었다. 이는 대선 패배의 한 요인이 됐다.

나 개인적으로는 18대 대선 직후 2013년 연초에 '○○○과의 유착설'로 곤욕을 치렀다. 최소 KBS 사장 2명, KBS 이사장, 청와대 수석 여러 명, KBS 사장 비서실장에게 직간접적으로 이 말을 들었다. 1994년부터 2015년까지 최소한 22년 동안 ○○○을 개인적으로 만나 식사하거나 차 한 잔 마시거나 통화한 적도 없었으니 참 웃기는 주장이었다. 설령 가까웠다면 또 어쨌다는 것인가? 박근혜 후보와는 마주 보고 코앞에서 설렁탕을 먹은 적도 있지 않은가? 계영배(戒盈杯)는 누구에게 왜 선물했는지 시시콜콜한 질문까지 던지지 않았는가?

지배권력과 제도언론의 갈등은 선진국이라고 해서 다르지 않다. 독일의 콜(Helmut Kohl) 전 총리는 16년(1982~1998)이나 재임하면서 〈슈피겔〉(*Spiegel*)과 한 번도 인터뷰 하지 않았다. 〈슈피겔〉의 편집인이자 발행인인 아우크슈타인(Rudolf Augstein)이라는 걸출한 '정치인 킬러'를 증오했다.

BBC 사장 다이크(Greg Dyke)는 영국군의 이라크 참전 근거가 된 '대량 살상무기에 관한 정보가 조작되었다'는 길리건(Andrew Gilligan) 기자의 보도로 해임되었다. 당시 정치권력의 대행자였던 허튼 조사위원회(The Hutton Inquiry)는 사건 본질에 대한 판단 없이, 보도 절차상의 문제로 BBC 사장을 물러나게 했다. 노동당 당원으로서 블레어(Tony Blair)에게 5천 프랑을 기부하기도 했던 다이크는 두고두고 이를 갈았다. 두 사례는 걸출한 언론인의 이야기이자, 제도언론으로 존재하면서도 살아있는 권력을 두려워하지 않았기 때문에 아름답다.

한 언론학자는, 정부는 기존의 사회질서를 옹호하는 제도언론이 합법적이고 유일한 정부의 비판자, 감시자로 인식되길 원한다고 분석했다. [2] 제도언론 또한 이런 요구를 기꺼이 받아들여 언론 활동의 합법성과 정당성을 강화한다. 그가 제시한 세계 언론의 7가지 기본법칙 중 일부는 현재 한국 언론이 처한 상황에도 부합한다.

---

2 Altschull, J. H. (1984). *Agents of Power: The Role of the News Media in Human Affairs*. 강상현·윤영철(역)(1991). 《지배권력과 제도언론》. 서울: 나남.

어느 사회나 언론은 정치·경제적 권력을 행사하는 지배층의 대행자적 역할을 수행한다. 따라서 신문, 잡지, 방송과 같은 언론매체는 잠재적으로 독립적 영향력을 발휘할 수 있는 능력을 갖추지만, 현실적으로는 독립적 행위 주체로 존재하지 않는다. (중략) 언론의 실제 활동은 언론이론과 항상 다르기 마련이다.

이완구의 녹취록은 살아있는 권력의 언론관을 보여준다. 이런 힘의 근원은 그들이 가진 채찍과 당근에 대한 믿음이다. 지배권력은 법과 제도, 정책으로 언론을 죽일 수도 살릴 수 있다. 정치권력은 언론사 세무조사, 감사원 감사, 국회 국정감사 등 다양한 언론 통제 방법을 쥐고 있다. 이완구는 이른바 '김영란법'에 언론인을 포함시킬지 말지 자신이 칼자루를 쥐고 있는 것처럼 말하기도 했다. 직·간접적 인사권 행사는 대수롭지도 않게 여긴다. 정치권력은 자본권력을 우회적으로 활용해 특정 언론사의 재정을 파탄시킬 수도 있다. 1974년 〈동아일보〉 백지광고 사태는 민중의 항거를 부르기도 했다.

이완구는 두 건의 녹취록이 공개되자 국무총리직을 사임했다. 권력은 스스로 절제할 줄 알아야 하며 언론을 하수인으로 두려고 해서는 안된다는 사실을 깨닫게 만든다. 언론 역시 권력의 하수인을 자처해서는 안 된다. 〈슈피겔〉의 아우크슈타인이 한 말이 새삼스럽게 와 닿는다.

저널리스트에게 최악의 적은 정치인과 호형호제(呼兄呼弟)하며 허물없이 지내는 것이다. 저널리스트는 영원한 우정을 나눌 수 없다.

공정성 논란, 공영방송의 숙명

한 언론학자는 "KBS는 자신에 대한 공정성 시비를 즐거운 숙명으로 기꺼이 수용해야 할 필요가 있다"라고 말했다. 이승만(李承晩) 관련 일련의 보도와 KBS의 대응 방안을 보면 이 주장의 무게감이 새롭다.

2015년 7월 3일, 시청자는 〈KBS 뉴스 9〉에서 매우 어정쩡한 사과방송을 볼 수 있었다.

지난달 24일 KBS가 보도한 이승만 정부의 일본 망명정부 요청설과 관련해 이승만 대통령 기념사업회 측은 정부 공식기록이 아니라며 보도 내용이 사실과 다르다고 반박했습니다. KBS는 앞서 충분한 반론 기회를 주지 못한 것에 대해 유감스럽게 생각합니다. ○○○ 기자의 보도입니다.

앵커 멘트에 이어 이승만 기념사업회 이인수 상임고문의 인터뷰를 포함한 반론이 전개됐다. 이어서 문제의 당초 리포트 말미에 그래픽으로 잘못 적시했던 부분을 바로잡았다.

KBS가 보도한 야마구치 현 기록은 망명정부 요청이 전쟁 초기상황으로 묘사되어있을 뿐 보도에서 나온 6월 27일이란 날짜는 없는 것으로 확인됐습니다.

이는 2015년 6월 24일 〈KBS 뉴스 9〉의 "이승만 정부 일본에 망명정부 요청설" 보도의 후속보도였다. '이승만 정부가 1950년 6월 27일 6만 명 규모의 망명정권을 일본 야마구치 현에 설치하는 방안을 미 대사관과 일본 정부에 타진했다'는 것이 첫 보도였다. 이 방송이 나간 지 9일

그림 1-3. 이승만 기념사업회 반론보도

이승만 기념사업회 '망명정부설' 부인

출처: KBS 1TV (2015. 7. 3). 〈KBS 뉴스 9〉.

만에 KBS는 사실상 백기를 들었다. 이승만 기념사업회와 보수단체, 일부 언론인은 이 리포트의 문제점을 조목조목 따지고 기자의 역사관이 왜곡됐다고 비난을 퍼부었다.

반론보도의 형식을 빌리고 있지만 앵커 멘트를 통한 '유감 표명'과 리포트 말미의 오보 정정 두 가지로 미뤄볼 때 사과방송임이 분명하다. 하지만 KBS의 사과방송은 공정성과 불편부당성의 문제를 성찰한다는 진정성이 잘 느껴지지 않는다.

첫째로 역사 관련, 특히 한일 관련 보도를 할 경우 사실에 기초한 정확한 보도만으로는 편향성 시비를 극복할 수 없다. 민족문제연구소가 만든 다큐멘터리 〈백년전쟁〉이나 KBS가 제작한 〈대한민국을 움직인 사람들〉의 '초대 대통령 이승만' 편, 2015년 KBS가 제작한 〈뿌리깊은 미래〉가 어떤 문제에 봉착했는지 돌이켜보면 이번 보도의 문제점을 얼마간 파악할 수 있다. 제작자의 주관적 개입과 편향성이 문제이다. 이는 정확한 통계를 인용해도 '흑인은 범죄율이 높다', '조선인은 청결지수가 낮다'는 기사를 쓰면 편향성 시비를 촉발하는 것과 마찬가지이다.

둘째, 신뢰도가 가장 높은 〈KBS 뉴스 9〉 보도라 하더라도 의심이 가는 대목이 있으면 수용자는 곧바로 검증을 시작한다. 수용자의 직접적 감시와 검증 능력은 방심위나 KBS 심의실 등과 같은 공식적 통제기구나 감시권력보다 월등하다. 오히려 더 큰 힘을 발휘한다. 이번 기사에 대한 검증은 보수적 시각의 언론인과 단체에서 시작돼 나중에 보수언론이 가세했다. 다시 말해 이는 근년에 보수적 문화권력의 힘이 현저하게 커졌으며, SNS의 위력으로 많은 정보가 아주 빠르게 공유되고 검증됨을 의미한다.

셋째, 수용자의 KBS 보도에 대한 기대가 매우 높다는 사실이다. 이 보도를 진보 또는 보수편향적 신문매체나 영향력이 작은 매체가 했다면 통상적으로 질 낮은 기사의 결함 정도로 치부하고 넘어갔을 것이다. 그러나 수용자는 공적 가치를 구현하는 KBS 기자에게 의견 표명을 극도로 자제하는 보도양식을 준수할 것을 촉구했다. 수용자는 해당 기사에 대해 사실보도와 보도양식 두 가지를 모두 문제 삼았다.

KBS 보도는 정확성을 넘어 불편부당해야 할 것을 기대한다. 이번 사건은 사실에 기반을 둔 정확한 팩트보도도 편향성이 노출되면 결코 공정한 보도가 될 수 없음을 분명하게 보여준다. 게다가 사실마저 부실하거나 틀렸다면 수용자의 저항에 직면하게 됨을 보여준다. 이 보도는 결정적으로 잘못된 팩트가 KBS를 궁지에 빠트렸다.

넷째, KBS의 대응 방식이 아주 서투르고 안이했다. 우선, 반론은 신속하게 이뤄져야 했다. 보수단체와 이해 당사자, 일부 언론에서 제기하는 문제를 정리해 곧바로 후속보도로 전개했다면 역풍을 완화하거나 차단할 수 있었을 것이다. 또한 이 보도의 문제점을 사실보도 차원에서 논의하면서 불편부당성과 편향성, 더 나아가 근본적으로 공정성 문제로까지는 시야를 넓히지 못하는 한계를 보였다. 편향성 논란을 일으켜 유감스럽다고 사과하고 오보는 오보대로 정정하는 것이 바람직하다. 이런 관점을 반영한다면 사과방송 멘트는 프로그램 중간에 리포트로 들어가는 것이 아니라 〈KBS 뉴스 9〉 머리 부분에 나갔어야 한다.

첫머리에 인용한 언론학자[3]는 이렇게 지적한다.

객관적 현실로서 '언론의 불공정성'이 증가했다기보다는 주관적 기준으로 '언론의 공정성에 대한 민감도'가 증가했다고 보는 것이 타당하다. (중략) 공영방송 KBS의 보도 태도가 당해 집권세력의 정치적 입장과 동조했다는 혹은 적극적으로 주창했다는 혐의는 KBS의 공정성 시비가 더욱 첨예하고 복합적이면서 대립적 양상을 띠게 만들었다.

영향력과 신뢰도 1위의 KBS는 공정성 논란에 정면으로 대응하면서 잘못된 점을 솔직하게 고백하고 바로잡을 때 국민으로부터 높은 신뢰를 받을 수 있다. KBS의 공정성 시비는 피할 수 없는 숙명이기 때문이다.

---

3 정준희 (2012). 《공정성이란 무엇인가?: 불편부당성(*impartiality*)을 향한 BBC 저널리즘의 성찰과 도전》. 서울: KBS 방송문화연구소.

기획물과 캠페인의 위험한 경계

정부와 KBS 사이의 '협력과 견제'라는 긴장성은 이완됐는가? 특별한 이유로 KBS 스스로 통제력을 상실하지는 않았는가? 혹시라도 경제가 어려운 것을 이유로 '경제입법 촉구 서명, 전국 연결 생방송 캠페인'을 벌이지는 않을까?

2016년 1월 방송되기 시작한 〈KBS 뉴스 9〉 연속 기획보도에 고개를 갸우뚱하는 시청자들이 있다. '국회 이대로는 안 된다'라는 이 시리즈는 1월 18일부터 매일 한 꼭지씩 방송됐다. 뉴스 제목은 18일 "세비 삭감 '헛구호'", 19일 "의원 '갑 중의 갑' 군림", 20일 "일 안 해도 '1. 4억 + α'"이다. 몇 차례 더 방송될지는 알 수 없다. 공교롭게도 이 제목은 2015년 11월 자유경제원이 주최한 토론회 명칭과 꼭 같다.

이 시리즈는 박근혜 대통령이 '민생구하기 입법촉구 천만 서명운동'에 참여한 날 처음 보도됐다. 18일 〈KBS 뉴스 9〉의 톱과 세컨드 뉴스는 대통령 연초 업무보고였고, 세 번째 리포트가 대통령 서명운동 참여 리포트였다. KBS는 그다음 아이템으로 '국회 이대로는 안 된다'라는 연속 기획보도를 배치했다. 제목이나 내용에 틀린 말은 없는데 왜 문제가 될까?

이 시리즈는 기획성 보도인지 캠페인성 보도인지 모호하다. 평소에 KBS 스스로 설정한 의제라면 기획보도 시리즈로써 충분한 가치가 있다. 그런데 대통령이 서명운동에 참여해 국회를 압박한 날 방송된다면, 그 순간 이 시리즈는 대통령의 손을 들어주는 캠페인성 보도물로 전락할 위험성을 안게 된다.

기획 시리즈를 대통령 서명운동 보도 다음으로 배치한 것은 〈KBS

그림 1-4. 연속 기획보도 '국회 이대로는 안 된다'

출처: KBS 1TV (2016. 1. 18). 〈KBS 뉴스 9〉.

뉴스 9〉의 스토리텔링에서 결정적 흠결을 만든다. 이 시리즈는 충분한 숙의과정을 거친 것인지 혹은 급조된 것인지 알 수 없다. '국회 이대로는 안 된다'는 로고까지 만든 걸 보면 이 시리즈가 당초 정치권 관련 보도, 더 구체적으로는 '대통령 서명운동 참여' 보도와 분리되어 배치될 가능성이 있었던 듯싶다. 어찌됐건 결과적 방송 시점과 뉴스 배열만으로 인과관계를 살펴보면, KBS 스스로 관찰자 대신 이른바 '선수의 길'을 택했다는 오해를 받을 수 있다.

다음으로, '국회 이대로는 안 된다' 시리즈는 굶주림이나 소수자 차별처럼 '공공의 선'에 해당하는 주제가 아니다. 공공의 선과 관련한 주제는 정치적 이해가 대체로 일치한다. 하지만 '국회 이대로는 안 된다'라는 시리즈는 여야가 첨예하게 엇갈린 법안의 국회 처리를 압박하기 위한 보도이다. 이런 종류의 캠페인성 연속 보도는 정파적으로 비춰질 우

려가 있으므로 공영방송에선 사실상 금기시된다. 다만 캠페인의 내용
이나 주도하는 인물은 얼마든지 다룰 수 있다.

이와 관련해 〈BBC 편집 가이드라인〉에 참고할 만한 내용이 있다. 4

BBC의 사회적 실천 프로그램이나 캠페인이 정부 캠페인이나 압력단체 활
동과 시기가 일치할 경우, BBC는 이들로부터 적당한 거리를 유지하는 것
이 중요하다.

KBS는 대통령이 때리고 있는 국회라는 목표를 함께 타격하는 셈이
다. 정치인이 불신을 사는 것은 대부분의 나라에서 마찬가지이다. 그
렇다고 공영방송이 특정 사안을 두고 대통령과 보조를 맞춰 국회를 두
들겨 팰 명분을 가지지는 않는다. 뉴스 제작자가 '사실보도에 기반을 둔
시의성 있는 기획을 나무라는 이유는 뭐냐'고 반발할 수도 있다. 그렇지
만 경험 있는 보도책임자는 사실보도만으로 공정한 보도가 될 수 없으
며 시의성의 매력이 독배가 되어 돌아오는 경우를 잘 알고 있다.

---

4 KBS 방송문화연구소 공영성평가부(2011). 〈BBC 편집 가이드라인〉(자연 DPS-
2011-1). 서울: KBS.

뉴스 프레임, 뉴스 이데올로기

2015년 3월 5일, 리퍼트(Mark Lippert) 주한 미국 대사가 흉기로 공격당하는 초유의 사건이 발생했다. 다음 날 조간 1면의 헤드라인을 살펴보자. 〈경향신문〉은 "습격당한 미국대사, 그래도 '같이 갑시다'"이다. 대부분의 다른 언론은 '한미동맹 테러 당했다'고 뽑았다. 대형사건이나 이슈를 전달하는 뉴스 프레임은 이렇게 다를 수 있다. 뉴스 프레임은 특정 언론사의 이데올로기를 반영한다.

기틀린(Todd Gitlin)은 '뉴스 프레임'을 "상징을 제작하는 사람이 언어적 또는 영상적 담화를 조직할 때 관습적 근거로 삼는 인식, 해석, 제시, 선별, 강조, 배제 등의 지속적 패턴"이라 정의한다. 다시 말해, 뉴스 프레임은 기사를 제시하는 방식 혹은 포장 방식이라고 볼 수 있다.

예를 들어 '테러와의 전쟁'은 자기방어 서사(敍事)이며, 이 서사에서 '테러리스트'는 악당이 된다. 이라크 전쟁은 '악당' 후세인과 그의 대량살상무기에 대항하는 자기방어로 시작됐다. 대량 살상무기가 발견되지 않자 이라크 전쟁은 '구원 서사'가 되었다. 이 구원 서사에서 이라크 국민은 폭정에서 구출해야 할 희생자가 되고, 따라서 그들에게 민주주의를 제공해야 한다는 명분이 발생한다.[5]

미국 상업방송 NBC의 메인뉴스 〈나이틀리 뉴스〉(*Nightly News*)는 2001년 아프가니스탄 공격을 9 · 11 테러에 대한 군사 보복으로서 알카

---

5 Lakoff, G. & Rockridge Institute(2006). *Thinking Points: Communicating our American Values and Vision.* 나익주 (역) (2007). 《프레임 전쟁》. 파주: 창비.

에다와 탈레반 세력을 선제공격한다고 미화했다. 반면 테헤란에서 방송되는 이란 텔레비전 네트워크 영어방송 Press TV는 2001년 미국 주도의 아프가니스탄 침공으로 지금까지 10만 명의 아프가니스탄 국민이 숨졌다고 보도했다.

미국 시각을 반영하는 NBC는 아프가니스탄 공격을 '공격'(*strikes*)으로, 이슬람 시각을 반영하는 Press TV는 '침략'(*invasion*)으로 표현했다. 한편, 미국 대통령 부시(George Bush)는 '아프가니스탄 전쟁'(*Afganistan war*)이라는 보다 중립적 정치용어를 선택했다.

전쟁은 국제정치에서 협상을 유리하게 이끄는 가장 강력한 수단이다. 통치자는 크건 작건 전쟁을 수행할 때 '명분'을 매우 중요하게 고려한다. 전쟁에는 불가피하게 자국민의 희생과 적국 국민 살상이 뒤따르기 때문이다. 전쟁의 이름을 살펴보자. '테러와의 전쟁', '대동아공영권 해방 전쟁', '하나님의 이름으로 십자군 전쟁' 등 명분을 미화한 전쟁 이름이 많다. 현대사회에서 전쟁이라는 정치행위의 명분은 전쟁 수행자가 고안한 프레임을 미디어가 차용하거나 재해석하면서 확산된다.

이처럼 언론의 용어 선택은 가치와 이념, 더 나아가 욕망을 담는다. 용어 선택에 따라 특정 사건·사고의 프레임이 결정된다. 수용자는 언론이 선택한 용어와 프레임에 따라 특정 사안을 바라보는 시각에 큰 영향을 받는다. 그렇다면 국내 언론은 아프가니스탄 전쟁을 어떻게 표현했을까?

당시 국내 언론은 아프가니스탄 전쟁을 '공격'(*attack*)이라고 불렀다. 공격(攻擊)의 사전적 의미는 '나아가 적을 치는 것'으로, 미국의 주류 언론이 사용한 '*strike*'와 비슷한 단어이다. 침공(侵攻)은 '다른 나라를 침범하여 공격하는 행위'로서 '침략'이 동의어로 나온다. 아프가니스탄 전쟁을 묘사하는 것으로만 판단한다면 미국의 적과 한국의 적은 일치했다. 아프가니스탄 파병을 보면 한국은 확실히 미국의 이익을 대변했다. 한국의 언론은 '혈맹국인 미국이 아프가니스탄을 공격하는 것은 정의롭다'는 프레임으로 보도했다.

이슬람권의 시각으로 보면 한국 언론은 '불의한 침공'을 '정의로운 공격'으로 미화한 셈이다. 물론 국내 언론도 서방 시각의 프레임을 벗어나기 위해 이슬람권의 시각이 반영된 '알자지라 방송'을 참고하기도 한다. 하지만 아직 국내에서는 알자지라 방송을 주류 언론으로 취급하지 않는다. 특히, 오래전 KBS가 알자지라 방송 수신을 협상할 당시 에이전시가 서방 언론보다 훨씬 높은 수신 전재료를 요구해 포기한 적이 있다. 이는 세계의 미디어 전쟁에서 알자지라 방송이 규모의 경제를 달성하지 못했음을 방증한다.

국내 방송사가 사용하는 영상이 서방 입장으로 쏠린 것 역시 전쟁보도의 프레임을 왜곡시키는 주요 원인이다. 현실적으로 지구촌 언론환경은 프레임 전쟁에서 서방 언론에 유리한 구도로 짜여있다. 국내 방송사가 전재 계약한 외신 영상은 APTN, 로이터, CNN, BBC, ZDF 등이다.

임베드 프로그램(embed program: 종군기자 프로그램)의 경우 각종 취재 편의와 안전을 이유로 서방 일변도의 영상이 담길 수밖에 없다. 이 경우 공격하는 군대의 뒤쪽에서 정의롭지 않은 대상을 촬영한다. 일방적 시각이다. 드론이나 전투기 같은 첨단무기와 병사의 헬멧에 달린 카메라로 촬영한 영상에서 유리한 부분만 편집해 종군기자에게 전달하기도 한다. 여기에 오폭으로 인한 민간인 거주지역 폭격이나 개인화기에 사살

된 어린이의 모습이 담길 리 없다. 전쟁보도의 프레임 왜곡은 애국심과 국익보도로 포장되며 생명, 사랑, 인류애 같은 보편적 가치는 뒷전으로 밀려난다.

2014년 8월 3일, KBS의 미디어비평 프로그램은 이스라엘의 가자지역 공격 보도가 서방세계의 시각에 치우쳤다고 지적했다. 이는 일방적 침략행위이며 어린이를 포함한 민간인을 무차별 살상한다는 것이다. 이스라엘이 주장하는 하마스의 인간폭탄 테러는 가자 침공의 이유가 될 수 없다는 논리였다. 프로그램에서는 이슬람계 시민들이 영국의 BBC 앞에서 불공정보도를 규탄하는 장면을 담은 영상을 내보냈다. 이런 시각의 보도는 미디어비평 프로그램에서만 가능할 뿐 한국의 주류 언론에서 보기 힘들다.

특정 사회 이슈를 두고 시위를 벌이는 시민을 영상으로 담을 경우, 시위대와 시위를 막는 경찰 양쪽에서 촬영한 영상을 균형 있게 편집하면 비교적 공정한 편집이라는 평가를 받을 수 있다. 그렇지만 경찰의 뒤쪽에서 촬영한 영상으로 시민의 폭력적 시위만 부각시켜 보도한다면 여론은 어떻게 움직이겠는가? 전쟁과 관련한 영상도 마찬가지이다. 인류에게 가장 심각한 폭력인 전쟁도 보도 프레임에 따라 미화될 수 있다. 시민들은 미디어를 통해 전쟁을 합리화할 명분을 찾고 자신이 낸 세금이 잘 쓰이고 있다고 믿게 된다.

뉴스나 시사 프로그램은 전쟁의 명분을 떠나 자국이 개입한 전쟁을 대부분 미화한다. 그것은 언론이 스스로 국가가 보호받아야 할 이익, 즉 국익을 개인의 기본권보다 우위에 두기 때문이다. 혹은 제도언론 스스로 지배권력의 눈치를 보기 때문이다.

영국의 BBC처럼 전쟁보도마저 객관적 시각으로 바라보는 것은 오랜 세월을 거쳐 저널리즘이 진화한 결과이다. 1987년 영국과 아르헨티나 간 포클랜드 전쟁에서 영국 BBC는 '아군'이 아닌 '영국군'이란 표현을 쓰며 영국과 아르헨티나의 전과를 같은 비율로 보도했다. 영국의 대처(Margaret Thatcher) 총리는 격노해 "포클랜드에 자식을 보낸 영국 어머니의 눈물을 생각하라"고 퍼부었다. BBC는 "지금 아르헨티나의 어머니도 눈물을 흘리고 있다"고 답했다. 영국의 BBC는 지난 1987년 포클랜드 전쟁 당시 대처의 결단을 조명하는 특집 프로그램 제작 요청을 거부하기도 했다.

BBC 옥외광고 중 "양쪽 이야기를 다 들어보세요"(See both sides of the story)라는 문구는 인상 깊다. 그렇지만 포클랜드 전쟁이 일어난 지 20년 뒤인 2003년 이라크 전쟁 당시의 BBC 사정을 보면 저널리즘 역시 진화와 퇴화를 거듭하는 것처럼 보인다. 정치권력은 언론의 프레임을 결정하려 하고 언론은 독립성 수호를 외친다. 길리건 기자의 이라크 대량 살상무기 보도로 사임한 다이크 BBC 사장의 사례를 보면 BBC의 독립성도 완전한 것은 아니다.

주류 언론과는 달리 영화의 전쟁 표현은 훨씬 자유롭다. 비글로(Kathryn Bigelow) 감독의 영화 〈제로 다크 서티〉(Zero Dark Thirty)에서는 배우들이 아프가니스탄 '공격'을 '침공'이라 부른다. 9·11 테러 이후 아프가니스탄에 잠적한 알카에다 조직의 수장 오사마 빈 라덴을 10년 동안 추적한 실화를 바탕으로 제작됐다. 당연히 미국인의 애국심을 고취하는 이념적 배경이 짙게 깔려 있다. 그러나 CIA 요원은 대화 속에서 매번 아프가니스탄 침공이라고 부른다. 침공을 공격이라는 단어로 미화하지 않는다.

전설적 영웅을 그린 영화가 아니라면 현대적 의미에서 전쟁을 미화하는 영화나 다큐멘터리는 찾기 힘들다. 그런 점에서 뉴스나 시사 프로그램의 생명은 유한하며 영화 장르의 생명력은 길다.

2016년 개봉된 영화 〈인천상륙작전〉은 국군과 인민군, 우파와 좌파를 정의와 불의라는 대립항으로 명료하게 프레이밍했다. 남북이 대치한 한국의 현실에서 언론이 언론다울 수 있는 불편부당성과 객관성, 다양성 같은 가치의 실현은 어렵다. 국가가 보호받아야 할 이익은 과연 어디가 한계인지 모호하기만 하다. 상황을 관리하는 언론의 책임자가 대형사건·사고나 사회적 이슈가 일어날 때 제목과 부제를 붙이는 데 신중에 신중을 꾀할 수밖에 없는 이유가 여기에 있다.

뉴스 프레이밍 사례

뉴스 프레임과 관련해 방송 전문가와 언론학자가 모여 나눈 재미난 대화가 기억난다. 2016년 6월, KBS 사장 출신의 한 인사와 언론학자 두 명과 함께한 자리였다. 우리는 국내 방송사의 북한뉴스의 문제점을 지적하는 대화를 했다.

김인규 KBS 전 사장은 1994년 김일성 사망 당시 워싱턴 특파원을 하면서 자신이 미국 전문가와 인터뷰 한 내용을 KBS가 어떻게 처리했는가를 회고했다. 당시 북한 전문가인 해리슨(Selig Harrison) 박사를 인터뷰했고 '앞으로 10년은 북한체제 유지에 아무런 문제가 없다'는 내용이었다. 그런데 이 내용을 본사로 보냈더니 본사에서 회신하길 '이런 낙관적 전망은 흐름에 맞지 않으니 다시 취재할 것'을 지시했다고 한다. KBS 본사 뉴스 제작진이 원하는 인터뷰는 '북한체제의 불안정성과 2~3년 내 체제 붕괴 가능성'이었다. 그는 당대 최고의 북한 전문가의 인터뷰를 구미에 맞게 다시 해달라고 할 수도 없어 매우 난감했다고 말했다. 결국 이 인터뷰 내용은 낙관적 전망은 최소화하고 비관적 전망은 최대한 반영해, 그것도 인터뷰한 내용의 일부분만 어렵사리 방송됐다고 한다.

언론학자는 이 이야기가 뉴스 프레임 왜곡의 전형적 사례라고 지적했다. 그 배경으로 아마 정치적 프레임이 작용했을 것이며, 북한의 불안정성을 강조하는 것이 통치에 도움이 됐을 것이라고 유추했다.

이런 뉴스는 정치사회적 환경에 따라 프레임이 달라지기 마련이다. 보수정권이 들어서면 북한과의 적대적 상황과 위협요소, 북한체제의 문제점을 부각하는 뉴스가 집중적으로 방송된다. 진보정권이 들어서면 남북 화해협력과 군사적 긴장완화 노력, 평화적 체제구축 노력이 강조된다. 북한의 인권문제는 오랜 쟁점이다. 보수는 북한의 인권문제를 강조하고, 진보는 북한의 인권문제를 외면하거나 축소해왔다.

TV뉴스에서 북한뉴스의 소스는 매일 수신되는 조선중앙방송 실시간 수신자료, 서방권의 대북 관련 외신, 중국 언론사의 북한 관련 뉴스, 북한 선전매체의 기사, 북한 접경지역 동향 등 매우 제한적이다. 북한의 선전·선동 전술은 수시로 바뀌지만 대체로 보수정권 때는 적대적이고 진보정권 때는 우호적이다. 이러한 북한의 선전·선동 프레임 역시 한국 언론사의 북한뉴스 프레임에 결정적 영향을 미친다.

TV뉴스에서 뉴스 프레임 왜곡은 개별 기자를 통해 이뤄질 수도 있지만 제작진의 의도에 따라 더욱 큰 틀의 왜곡이 일어나기도 한다. 위에서 예로 든 김정일 사망 직후 〈KBS 뉴스 9〉이 블록뉴스의 주제로 '북한 체제의 붕괴 가능성'을 잡는 경우를 상정해 보자. 미국뿐 아니라 일본, 중국의 특파원도 북한체제의 붕괴 가능성에 초점을 맞춰 리포트를 제작한다. 이를 벗어나면 방향이 맞지 않는다는 이유로 리포트 자체가 방송되지 않을 수도 있다.

독재정권 시절 KBS 〈남북의 창〉을 제작했던 어느 기자의 회고는 놀랍다. 김정일이 박수치는 영상이 나오는 화면에 리액션 숏으로 기쁨조 여성들이 환호하거나 박수치는 모습을 편집하는 관행이 예사였다고 한다. 물론 기쁨조 영상은 시간과 장소가 전혀 다른 영상물이다. 영상 편집의 왜곡은 김정일을 비윤리적이고 사악한 독재자로 만들었다.

북한 관련 뉴스 프레임 왜곡현상은 세월이 흐르면서 조금씩 완화되고 있기는 하다. 김일성 사망 때와는 달리 김정일 사망 때는 북한체제에 대한 전망이 실로 다양했다. 현재 김정은 체제의 지속 가능성에 대해서는 안정적이라는 전망과 불안정하다는 전망 등 매우 다양한 분석이 보도된다.

프레임 왜곡은 간혹 정치적 쟁점이 되기도 한다. 2012년 대통령 선거일을 코앞에 두고 벌어진 국가정보원 직원의 댓글 작성 의혹사건으로 매체 사이에 태풍급 프레임 전쟁이 벌어졌다. 당시 야당인 민주통합당 관계자는 증거훼손을 막는다며 국정원 직원이 있는 오피스텔을 봉쇄했다. 이를 두고 언론은 부정한 댓글 사건의 문제점을 지적하는 프레임과 국정원 직원의 내부 제보를 비난하면서 직원의 인권보호를 옹호하는 프레임으로 갈라섰다.

노무현 대통령 탄핵사태 때는 탄핵의 정당성 옹호와 비판 프레임 사이의 전쟁이 벌어졌다. 정치권력이 주요 이슈에 특정 프레임을 설정하면 보편적으로 대부분의 언론은 중립적 입장을 고수하지 못하고 그 프레임을 따르거나 거부한다.

〈방송법〉으로 정치적 독립성을 보장받는 공영방송도 예외가 아니다. 정치사회적으로 민감한 의제의 프레임 선택 과정을 자세히 들여다보면 특정 언론조직의 지배구조와 밀접한 관련이 있다는 사실을 알게 된다. 예를 들어 공영방송인 KBS와 MBC, 정부 출자 언론사인 연합뉴스와 YTN 등은 정치권력의 영향으로부터 자유로울 수 없다. 그래서 언론사는 나름대로 우리 사회의 주요 분야 의제를 다루는 데 필요한 준칙을 만들어둔다. 분야별 공정성 가이드라인, 노사갈등 보도준칙, 선거 보도준칙 등이 이에 해당한다. 하지만 이런 준칙이 어느 경우에나 완벽하게 지켜지지는 않는다.

2007년 11월 19일 BBK 수사가 막바지로 치달을 무렵, KBS 뉴스룸에서는 이 사건의 이름을 둘러싼 논쟁이 있었다. 'BBK 관련 의혹사건'으로 할 것인지, 'BBK 연루 의혹사건'으로 할 것인지 설전이 벌어졌다. 이 논쟁은 당시 기자협회장이 '연루'라는 표현을 쓸 것을 강력하게 주장해 촉발됐다. 시청자 입장에서는 어감상 '관련 의혹'보다는 '연루 의혹'이 범죄에 한발자국 더 다가간 느낌이 든다.

김대중 정부 때 아들의 비리 의혹사건 수사 때는 정반대의 논쟁이 있었다. 당시 보수적 시각을 가진 일군의 기자는 '김대중 대통령의 장남 홍업 씨가 개입된 ○○사건'으로 기사를 쓰곤 했다. 이에 대해 뉴스룸의 상당수 데스크는 김대중 대통령의 이름을 삭제한 뒤 방송했다. 대통령

아들의 비리와 대통령은 직접적 관련이 없다는 논리를 들이대곤 했다.

노사갈등과 관련한 프레임 설정도 매우 중요하다. 노동자 파업을 보도하는 과정에서 사측은 대부분 파업의 피해를 강조하는 자료를 기자에게 쏟아놓는다. 노동자는 열악한 근로환경과 임금체불, 복지체계를 지적하는 성명서를 발표한다. 자본의 영향 아래 있는 언론은 사측의 입장에서 보도할 가능성이 높다. 특히, 공기업의 경우 사측이 사실상 정부이기 때문에 노사갈등을 공정하게 다루기 어려워진다.

중계보도의 정치학

2016년 7월에 일어난 터키 군부 쿠데타는 SNS 때문에 실패했다는 주장이 나오기도 했다. 터키 대통령 에르도안(Recep Tayyip Erdogan)은 아이폰 영상통화 '페이스 타임'과 페이스북, 트위터에 나타나 쿠데타 세력을 엄벌하겠다며 건재함을 과시했다. 시민들은 실시간 SNS를 보고 거리로 나갔다. 그러고는 쿠데타군의 탱크를 막아서는 시위에 동참했다.

현재의 기술 수준이라면 누구나 저렴한 비용으로 간편하게 중계보도를 할 수 있다. 플랫폼과 포맷의 다양성 증가로 중계보도 양식은 매우 확장되었다. 인터넷과 모바일을 기반으로 둔 팟캐스트 생방송도 일반화된 지 오래이다. 그렇지만 메이저 방송사가 대형 이벤트나 주요 현안을 생방송으로 중계보도 하는가의 여부는 여론형성에 여전히 결정적 영향을 미친다. 한국의 메이저 방송사는 누구든 언제 어디서나 콘텐츠에 접근 가능한, 이른바 '보편적 시청권'을 보장하는 장치를 갖기 때문이다. 이는 다시 말해 매체 파워이다.

중계보도를 통해 특정 정파세력에 유리한 콘텐츠를 더욱 많은 사람과 공유하면 할수록 유리한 여론을 형성할 수 있다. 역으로 말해, 다른 특정 세력은 중계보도로 불이익을 당할 수도 있다. 그런 의미에서 방송사의 선택적 중계방송은 일반보도보다도 더 정치적 의미를 띨 수 있다.

역대 대통령 가운데 중계보도 양식을 가장 잘 활용한 사람은 토론과 연설의 달인 노무현 대통령이다. 참여정부 초기에 있었던 '검사와의 대화'는 오만과 조직 이기주의에 빠진 검찰의 민낯을 보여주어 검찰개혁의 명분을 제공했다. '검사스럽다'는 유행어도 이때 생겼다. 생방송의 장점을 최대한 활용한 토론회였다. 물론 권위를 내려놓고 소통하겠다는 대통령의 의도도 실현됐다. 만약 대통령이 논리가 빈약하고 토론에 능하지 않았다면 실패한 중계보도였을 것이다. 노 대통령은 실제로 중앙과 지방 언론사를 가리지 않고 대담했다. 그는 인터넷으로 자신의 정치철학을 전하는 걸 선호했다.

정치인이나 홍보 전문가는 생방송으로 벌어지는 중계보도의 위력을 웬만큼 알고 있다. 따라서 제도권 방송사의 중계보도를 최대한 잘 활용하려고 다양한 노력을 기울인다. 예정된 이벤트는 방송사가 중계방송해주기를 바라면서 우호적 협력관계를 유지하려 애쓴다. 스포츠나 예술행사가 아니더라도 대규모 국제행사의 경우 주관방송사를 선정해 협찬 방식으로 방송제작비 전액을 부담하기도 한다. G20 정상회의와 APEC 회의는 KBS를 주관방송사로 선정해 많은 중계보도를 했다.

수시로 일어나는 특정 사건·사고나 대형 이슈의 기자회견은 언론사를 최대한 활용할 수 있는 시간대를 택하기도 한다. 홍보 전문가에 대한 평가는 여러 이해가 걸린 이슈를 어떻게 중계보도로 엮어내는가에 따라 달라진다.

운명을 가른 '사악한 신의 한 수'

선거 판도를 바꾼 한 중계보도의 예를 들어보자. 2012년 12월 16일 대통령 선거일을 3일 앞두고 밤 11시대에 수서경찰서가 국가정보원 직원 댓글사건 수사 중간결과를 발표했다. 이는 '사악한 신의 한 수'에 해당한다. 그날 대통령 후보 마지막 TV토론은 전날 이정희 후보가 사퇴해 박근혜, 문재인 후보의 맞장토론으로 열리게 되었다. 박근혜 후보는 이 토론에서 국정원 직원을 감금한 민주통합당은 가해자라며 문 후보를 몰아붙였다. 댓글 공작을 벌인 국정원 직원과 박근혜 후보는 졸지에 피해자로 역전됐다. 더구나 감금된 국정원 직원이 여성인데다 가족들까지 나타나 시청자의 감정선을 건드렸다.

대통령 후보자 공식 TV토론은 밤 10시에 끝났다. 한 시간 뒤 밤 11시에 서울지방경찰청은 '국가정보원 직원 김 모 씨가 다수의 아이디를 사용한 증거가 나왔지만 게시글이나 댓글을 단 흔적은 없다'는 수사 중간결과를 발표했다. TV토론이 끝난 직후인 밤 11시에는 KBS의 심야 간판 뉴스 프로그램인 〈뉴스라인〉의 헤드라인이 방송된다. 현장 기자회견을 속보 중계방송으로 전하지 않을 수 없는 시간이다. 종편이나 24시간 뉴스 채널도 마찬가지이다. 신문사는 발표 내용을 정밀하게 검증하지 못한 채 조간신문을 급히 '판갈이'해야 하는 취약한 시간대이다.

나중에 엉터리 발표임이 확인됐지만 대통령 선거는 끝났고 승자와 패자가 정해진 뒤의 일이었다. 국가정보원 직원을 감금했다면서 제기

그림 1-5. 국가정보원 직원 댓글사건 수사 중간결과 발표

출처: KBS 1TV (2012. 12. 16). 〈뉴스라인〉.

한 형사소송은 3년여 만에 스스로 갇혀있었던 이른바 '셀프' 감금으로
결론이 났다. 이쯤 되면 그날의 중계보도는 잘 기획된 정치 쇼였고 박
근혜 후보가 대통령이 되는 데 결정적으로 기여한 셈이 된다. 박근혜
후보는 토론에서 가해자와 피해자를 바꾸는 프레임을 사용했다. 권력
이 개입한 댓글사건을 '한 사람을 감금해 인권이 유린됐다'고 주장한 것
이다. 수서경찰서의 기자회견은 왜곡된 프레임을 뒷받침했다. 6 국가정
보원의 불법적 댓글달기와 대통령 후보 토론에서 나온 억지 주장, 국가
정보원과 박근혜 후보를 사실상 지원하는 경찰의 기자회견은 순서대로
이뤄진 잘 짜인 각본이라는 의심을 사고도 남는다.

---

6 경찰은 "김 씨의 컴퓨터를 분석하는 데 1주일 정도 걸릴 것"이라 예고한 것과 달리 김 씨
  의 컴퓨터 하드디스크만을 검사하고 IP와 포털사이트 로그인 기록은 분석하지 않은 채
  3일 만에 수사결과를 발표했다. 서울 수서경찰서 관계자는 "김 씨의 아이피(IP) 등에 대
  한 수사가 제대로 이뤄지지 않은 상태에서 서울지방경찰청('윗선')이 '오후 11시에 보도
  자료를 내라'는 지침을 받아 보도자료를 냈다"고 말했다(〈경향신문〉, 2013. 2. 17).

까다로운 대통령 중계보도

살아있는 최고권력 대통령과 관련되면 중계보도 역시 까다로워진다. 과거 지상파 방송사에서는 청와대 중계 담당자를 두어 협력관계를 유지하기도 했다. 지금은 국책방송 KTV가 청와대 관련 행사 대부분을 보도해 어떤 언론사든지 해당 콘텐츠를 사용할 수 있도록 허용한다. 각각의 방송사는 KTV가 제공한 생방송용 콘텐츠를 사용하지만 독립 프로그램 타이틀 아래 MC와 출연자도 따로 내세워 해설을 넣어 방송한다.

KTV가 청와대 등 정부기관 중계방송의 상당 부분을 다루는 데는 그만한 이유가 있다. 정부는 홍보효과를 극대화하고 방송사는 중계방송에 드는 비용을 줄일 수 있기 때문이다. 행사장의 한정된 공간에 여러 방송사가 제각각 중계 장비를 설치하는 혼란도 피할 수 있다. 누이 좋고 매부 좋고, 꿩 먹고 알 먹는 격이다. 대형 HD 중계차는 장비 자체가 매우 비쌀뿐더러 중계팀도 여러 명 있어야 완성도 높은 중계영상을 만들 수 있다.

종래에는 지상파 3사가 공동으로 순서를 정해 청와대 행사중계를 담당했다. 종편 출현 이후 KTV가 끼어들면서 간혹 문제가 발생하기도 한다. 청와대 홍보 담당자의 요청도 있겠지만 프로그램이 다양하지 않은 종편이 시간을 메우기 위해 KTV 중계화면으로 자사 프로그램을 제작하는 경우가 있다.

2013년 6월 30일 오후, 박근혜 대통령이 3박 4일간의 중국 국빈 방문 일정을 마무리하고 성남 서울공항을 통해 귀국했다. 박 대통령 귀국 모습을 종편 상당수가 중계보도했다. 스튜디오에 전문가를 불러 앉혀놓고 귀국 시간에 맞춰 해외순방을 결산하는 프로그램을 방송하는 것은 청와대 하청의 단골 메뉴였다.

　매우 특별한 이슈가 있어서 해외순방 성과를 국민 앞에서 직접 설명할 필요가 있을 때는 당연히 특집 좌담 프로그램이 필요하다. 청와대는 대통령 순방 중 대통령이 공동성명을 발표하거나 의회나 UN에서 연설할 때 최대한 위성방송으로 연결해 생방송 중계보도를 해주길 바란다. 순방 전에 일정을 짤 때도 중계계획을 사전에 협의해서 추진한다. 이런 중계보도는 뉴스가치도 높아서 문제가 되는 경우는 드물다.

　하지만 지상파 방송사가 해외순방 후 귀국하는 모습을 실시간으로 중계한 지는 꽤 오래됐다. 그런데 사라졌던 해외순방 후 귀국 모습 중계보도가 되살아난 것이다.

　며칠 후 KBS 사장은 "미국보다 더욱 중요한 중국 방문 후 귀국 상황을 보도하지 않는 것은 맞지 않다. 중국은 외교, 안보, 국방, 경제 모든 면에서 가장 중요한 나라이므로 대통령이 순방 후 귀국하는 걸 중계하는 게 맞지 않는가? 그런데 지상파는 중계하지 않고 종편이 중계하는 걸 보니 한심한 생각이 들더라. 휴일이었던 것 같은데 5시가 넘어 이리저리 텔레비전을 돌려보고 실망했다"고 말했다. 집권 초기 박근혜 대통령이 중국순방을 마치고 전용기에서 내리는 모습을 KBS가 중계하지 않은 데 대해 불편한 심기를 드러낸 것이다.

　대통령 관련 중계보도의 길이가 예정 편성시간을 넘겨 시청자나 시민단체가 저항한 사례도 있다. 언론개혁시민연대는 2009년 11월 22일 KBS가 생중계한 〈영산강 살리기 희망 선포식〉 프로그램이 불공정하다며 방심위에 심의를 요청했다. 이 프로그램은 KBS의 편성제작회의를 거쳐 결정된 중계였다. 물론 4대강 사업을 홍보하려는 정부 측의 요청도 있었다. KBS는 국책사업인 세종시 기공식 중계 등 과거의 중계보도 전례를 살펴본 뒤 이 행사를 중계하기로 결정했다.

중계방송 속에 국회 예산심의가 진통을 겪는 문제와 환경보호와 관련한 쟁점을 MC 내레이션으로 수 분간 처리했다. 4대강 사업은 당시 야당과 시민단체의 반대가 거셌다. 엎친 데 덮친 격으로 현장행사가 늘어지면서 편성시간을 지키려면 대통령 연설 중간에 중계방송을 끊어야 하는 상황이 됐다. 대통령 연설을 온전하게 방송하다보니 일요일 오후 2시 35분부터 중계 예정이었던 K리그 6강 플레이오프 경기의 초반 4분을 중계할 수 없었다.

언론연대는 "국민의 70%가량이 반대하고 국회에서 예산심의도 의결하지 않은 채 강행되는 '영산강' 기공식을 특별편성으로 생중계하며 정부 정책을 일방적으로 홍보하였다"며 "이 과정에서 예고도 없이 편성계획을 어겨 시청자에게 피해를 주었다"고 밝혔다. 광주시장과 전남도지사가 대통령 앞에서 영산강 정비를 칭송하는 이른바 용비어천가를 읊어대는 바람에 야당도 머리가 꼭지까지 돌아 KBS에 화풀이를 했다.

대통령 연설이 예상 밖으로 길어지더라도 생방송이 아닌 지연(delay) 방송이라 수습이 가능한 경우도 있다. 2005년 5월 2일 월요일 오전, 노무현 대통령은 중소기업협동조합 중앙회가 주관하는 중소기업의 날 행사에 참석해 치사를 했다. 이 행사는 당초 50분 행사를 사전 녹화한 뒤 30분 정도로 줄여서 편집한 후, 2시간 뒤인 오후 1시에 지연 방송하도록 계획되었다. 방송은 대회사 5분-중소기업 성공사례 발표 8분-유공자 포상-VIP치사 순으로 진행될 예정이었다.

그런데 KBS 중계부조에서 현장중계차에 보내는 영상을 수신하던 팀에서 난리가 났다. 대통령 치사가 예정보다 3~4배 길어져 편성표상의 중계시간을 훨씬 더 넘기게 생겼다는 것이다. 당초 대통령 치사는 10분 이내로 예상했는데 특유의 달변으로 30~40분가량 치사 아닌 특강이 되어버린 것이다. 둘 중 하나를 선택해야 했다. 대통령 치사를 편집해 자를 것인가, 아니면 편성시간을 늘릴 것인가?

나는 대통령 치사를 줄일 것을 지시했다. 문제는 그다음이었다. 제작진은 물론이고 편성팀까지 대통령 치사를 자르는 것은 금기라면서 편성을 늘려 그대로 방송하자고 주장했다. 방송 후 책임 문제까지 거론됐다. 논란 끝에 편성시간에 근접한 길이로 편집해 방송했다. 대통령 치사를 3분의 1 정도의 길이로 줄이는 것은 피를 말리는 매우 고난도의 작업이었다. 그나마 노 대통령의 달변과 논리적 화법 덕분에 겨우 편집을 마칠 수 있었다.

우스개 한 토막. 제작진은 대통령 치사를 압축 편집해 방송한 뒤 행사를 주관한 중소기업중앙회에게 청와대가 무슨 뒷말은 없었냐고 걱정스레 물었다. 그런데 돌아온 대답은 "아, 방송된 대통령 치사가 편집된 것이었나? 어째서 그런지 방송을 보니 아주 조리 있게 말씀하시더만 다 이유가 있었네!"였다고 한다. 대통령 치사를 잘라서 편집해도 뒤탈이 없다는 것을 확인하는 계기가 됐다.

사실 이러한 사례들은 근본적으로 방송사의 독립성과 깊은 관련이 있다. 공영방송사 구성원은 자기검열과 종래의 관행에 젖어 스스로 지킬 수 있는 독립성을 포기하기도 한다.

이명박 정부 때 지상파 방송사와 처음으로 가진 '대통령과 국민과의 대화' 방송을 추진하면서 있었던 사례이다. 이 방송을 담당한 키(key)

방송사는 MBC였다. 당시 지상파 3사는 대통령과의 대화 순번을 정해 두고 있었다. 이명박 정부는 미국산 쇠고기 수입협상을 두고 벌어진 국민의 저항 때문에 후유증을 앓고 있었다. 청와대는 홍보효과를 높이기 위해 국민과의 대화를 방송 3사가 모두 중계하길 희망했다.

MBC 담당국장은 이런 요구를 직접 전달했다. 이 요구를 수용하면 KBS와 SBS는 MBC 진행자가 등장하는 MBC 프로그램을 그대로 받아야 하는 상황이 벌어진다. KBS에서 MBC 진행자가 나타나 방송하는 것을 시청자는 대수롭지 않게 받아들일까? 방송제작의 자율성은커녕 독립성과 정체성을 허무는 일임은 너무나 분명하다.

KBS는 아무리 대통령과 국민과의 대화 프로그램이라 하더라도 MBC가 제작한 프로그램을 KBS가 받을 수는 없다는 뜻을 확고하게 전했다. MBC 담당국장은 매우 놀라면서도 난감해했다. 아마도 청와대 홍보라인에게는 지상파 3사 중계가 합의된 것으로 전했던 모양이다. 방송을 이틀 앞둔 시점이었다. 내일 아침에는 대통령에게 방송계획을 보고해야 하는데 지상파 방송사끼리 공동중계 합의가 되지 않은 것이 확인됐으니 난리가 난 것이다.

역대 대통령이 국민과의 대화 프로그램을 어떤 방식으로 했는지 정리한 자료를 KBS 실무자로부터 받았다. 공동으로 중계할 경우 적어도 방송 진행자는 외부 인사를 기용하는 게 관례였다. 더구나 노무현 정부 때는 대통령이 출연하는 국민과의 대화라 하더라도 지상파 방송 3사가 공동중계하는 일은 거의 없었음을 확인할 수 있었다.

나는 여러 근거를 내세워 프로그램 진행자 중 여자 MC는 KBS 아나운서를 기용하고, 플로어에서 질문하는 아나운서는 SBS 아나운서로 하자는 대안을 제시해 성사시켰다. 밤 10시가 넘어선 시각에 대안을 제시했는데 10분도 지나지 않아 KBS가 제시한 조건을 모두 수용하겠다는 답이 돌아왔다.

KBS에선 당시 9시 뉴스 앵커를 맡았던 김경란 아나운서가 국민과의 대화 프로그램 공동 MC로 참여했다. 각 지상파가 스스로의 정체성을 지킬 수 있는 길은 이것밖에 없었다. 혹자는 순서대로 KBS와 SBS도 같은 방식으로 제작한 프로그램을 다른 지상파 방송사에 주면 될 것이 아니냐고 말하기도 한다. 그렇지만 그것은 지상파의 독립성과 자긍심을 해치는 일이다.

몇 가지 대통령과 관련된 중계보도를 예를 들었으나 청와대가 언론사와 거래하는 방법은 정권에 따라 매우 다르다. 권위적 정부일수록 중계보도에 대한 기대치가 높다. 적어도 노무현 정부보다 이명박, 박근혜 정부가 공영방송을 대할 때 훨씬 권위적이라는 것은 분명하다. 그것은 '언론을 통제하고 싶다'는 욕망을 내비치는 것으로 공영방송의 독립성을 훼손할 가능성이 높다.

현장은 그대로 보여줘야 할까?

다음은 중계방송이나 중계보도가 현장에서 벌어지는 상황을 있는 그대로 다 보여주는 것이 맞는가 하는 문제이다. 신경민 앵커는 2009년 1월 1일 MBC 〈뉴스데스크〉 마지막 멘트를 통해 KBS가 보신각 타종행사를 왜곡해 방송했다고 주장했다. 그는 보신각 타종행사 현장에서 벌어진 'MB OUT', '방송장악 저지', '한나라당 해체'와 같은 손팻말 시위 군중을 화면에 잡지 않았고, 현장구호도 방송하지 않았다고 비판했다.

타종행사는 송년음악회와 전국의 새해맞이 행사 등을 엮은 제야(除夜)의 방송 프로그램의 일부였다. 시위대는 수많은 인파가 찾아든 현장 가운데서도 중계화면에 반드시 잡힐 만한 장소에 자리했다. 현장에서는 프로그램 제작자의 기획의도와는 전혀 다른 상황이 벌어졌다. PD는 자신이 연출하는 프로그램에서 시위영상과 구호를 배제했다. 카메라를 돌려 새해를 맞이하기 위해 보신각 주변을 찾은 평범한 시민을 롱숏으로 잡았고, 현장의 소음 대신 자료로 보관 중인 효과음을 사용했다.

중계보도나 중계방송에서도 이와 유사한 상황이 수시로 벌어진다. 예컨대 야구중계를 하고 있는데 관중석 한편에서 이념적 구호가 적힌 소규모 카드섹션이 벌어지면 중계 PD는 어떻게 해야 하는가? 현장에서 일어난 사건이니 반드시 그 영상을 방송해야 하는가? 이런 일은 현실에서 실제로 일어난다. 정치색을 완전히 배제하는 스포츠 행사에서 특정 선수가 인종차별에 항의하거나 영유권 분쟁과 관련한 행위를 하는 경우가 있다. 이 모두가 표현의 자유인만큼 정당하게 보장해야 한다는 주장도 있다. 그렇지만 정치적이거나 주의 주장을 드러내는 행위를 중계 프로그램 화면으로 반드시 잡아야 하는 것은 아니다. 프로그램 제작자는 프로그램의 기획의도에 맞게 자율적으로 프로그램을 제작할 권리를 가진다. MBC 신경민 앵커의 마지막 멘트는 이런 의미에서 많은 논란을 낳는다.

애국심을 고취하는 중계방송을 놓치다간?

2007년 3월 2일 오전, KBS 뉴스룸에서는 작은 소동이 일어났다. 이날 오전 7시 15분 아프가니스탄에서 폭탄테러로 전사한 고 윤장호 하사의 유해가 성남 서울공항에 도착했다. KBS 수뇌부는 유해운구 행사를 충분하게 중계보도 하지 않았다고 질책했다. 시청자 항의도 거셌다. 대형행사 전체를 중계보도할 경우 중계차와 여러 대의 카메라 배치 등 충분한 사전 준비가 필요하다. KBS는 짧은 중계보도 방침만 세워두어 서울공항에서 규모 있게 벌어지는 운구행사를 중계할 수 없었다. 게다가 중계팀은 아침 〈뉴스광장〉 참여를 마치자마자 철수 준비를 서둘렀다.

태극기로 덮인 윤 하사의 유해가 공항에 도착하자 고인을 추도하는 군악대의 연주가 울려퍼졌다. 8명의 운구병은 윤 하사의 유해를 전세기 화물칸에서 앰뷸런스로 옮겨간 뒤 분향소가 차려진 국군수도병원으로 운구했다.

하루 전 보도본부 회의에서는 유해 송환을 중계방송할 것인지 말 것인지를 두고 간단한 회의를 열었다. 그리고 프로그램 단위의 중계방송은 하지 않고 뉴스 속에서 유해 도착을 알리는 간단한 중계보도를 하기로 결정했다. 그런데 다음날 유해가 도착한 뒤 보니 MBC와 SBS가 유해 도착 후 성남공항에서 일어나는 의전을 모두 중계방송하기 시작했다. 공영방송이자 국가기간방송인 KBS는 왜 중계방송을 하지 않느냐는 시청자 항의가 빗발쳤다.

급한 김에 타 방송사의 중계화면을 받아 8시부터 방송되는 KBS 2TV의 〈뉴스타임〉에 생방송으로 연결했다. 자존심이 상해 얼굴이 후끈 달아올랐다. 2TV 뉴스제작팀장은 길길이 뛰면서 삿대질을 하기 직전까지

그림 1-6. 고 윤장호 하사 유해 송환

출처: KBS 1TV (2007. 3. 2). 〈KBS 뉴스 9〉.

갔다. 예정에 없는 유해 도착행사 생중계로 미리 제작한 많은 뉴스를 보도할 수 없게 되었기 때문이다.

모든 비난을 감수해야 했다. 당초에 유해 송환행사를 생방송 프로그램으로 중계하지 않기로 한 결정이 화근이었다. 당시 유해 송환을 중계하지 않겠다고 결정한 것은 자이툰 부대 파병 보도를 준거틀로 삼았기 때문이다. 2004년 노무현 정부는 미국의 요구에 따라 추가 파병을 결정했다. 그런데 국방부는 언론기관에 서한을 보내 파병 환송식을 보도하지 말아달라고 요청했다. 장병들의 안전문제를 내세웠지만 사실상 엠바고 수준을 넘어서는 보도 통제였다. 이라크와 아프가니스탄이라는 서로 다른 전장이긴 하다. 파병 보도까지 막았던 정부가 유해 송환을 중계보도해 달라는 것은 뭔가 앞뒤가 맞지 않는다.

이 사건을 겪으면서 얻은 교훈이 있다. 애국심을 고취하거나 국민적 공감과 관련한 행사를 소홀히 여겼다간 낭패를 볼 수 있다는 것이다. 미국정부와 국민은 성조기 아래 벌어진 전쟁에서 전사한 장병에게 최대한의 예우를 갖춘다. 예를 들어, 영화 〈챈스 일병의 귀환〉(Taking Chance)은 이라크에서 숨진 미군 펠프스(Chance Phelps) 일병의 유해운구와 장례절차를 다룬 영화이다. 실화를 바탕으로 제작돼 감동을 안겨준다. 우리나라도 국가유공자나 희생자에 대한 예우가 상당히 개선되었으나 미국의 수준에는 한참 못 미친다.

오랜 시간이 흘러 2010년 천안함 피격사건이 터졌을 때 희생 장병 영결식 행사는 과거의 실패를 교훈삼아 거의 완벽한 수준으로 영결식 전 과정을 중계할 수 있었다.

중계방송은 작은 실수도 큰 화근이 된다

KBS는 경찰의 사명감을 일깨우고 노고를 치하하기 위해 법정기념일인 경찰의 날에 관련 행사를 중계방송한다. 그런데 용산참사가 일어난 2009년 10월 21일, 경찰의 날 기념식 중계에 포함될 예정이었던 영상 제작물이 문제가 된 적이 있다.

담당 PD는 경찰이 전해준 필러(filler: 생방송용 사전 제작물)를 확인하다가 용산참사를 설명하는 부분에서 경찰의 희생만 강조하는 걸 발견했다. 그해 1월 20일 용산 4구역 철거현장에서 일어난 충돌로 철거민 5명과 경찰특공대 1명이 숨지고 23명이 부상한 참사는 과잉진압을 두고 정치적 쟁점이 되었다. 문제가 되는 부분을 수정한 다음 경찰의 날 기념식 중계방송을 무사히 마칠 수 있었다. 부주의로 한쪽의 입장만 담긴 프로그램이 중계방송 속에 끼어들어 가면 공영방송 KBS는 치명적인 손상을 입게 된다.

〈영산강 살리기 희망 선포식〉 중계방송에서는 국토해양부가 제공한 수질감시용 로봇물고기가 문제가 됐다. 당시 국토해양부 홍보 담당자는 검증도 되지 않은 개발 중인 장비를 CG 애니메이션으로 만들어 필러로 제공했다. 외주 제작사에서 만든 CG 애니메이션 영상은 로봇물고기가 헤엄치면서 자동으로 측정한 수질 데이터를 송신하는 시스템을 실감나게 보여주고 있어서 시각적으로는 매우 매력적이었다. 그러나 아직 개발단계에 있고 성능도 검증되지 않아 방송에 포함시킬 수 없었다. 로봇물고기를 방송할 경우 자칫 시청자를 속이는 행위가 될 수 있다고 판단했다. 로봇물고기는 지금도 언제 개발이 완성될지 모르는 상황에 놓여 있다.

KBS가 수행하는 시사 관련 중계방송이나 중계보도는 연간 수백 건이 넘는다. 중계방송용으로 검토되는 이벤트는 행사 자체를 그대로 녹화해 프로그램 하나가 될 수 있을 정도의 콘텐츠와 비주얼 조건을 갖춘다. 중계방송 대상으로는 연중 예정된 국경일과 기념일 등이 있고, 5대 국경일과 법정기념일은 연간 70일 가까이 된다. 암 예방의 날, 원자력의 날 등 '기타 법령에 따른 기념일'까지 합치면 연중 거의 매일 기념일이다. 기념일 가운데는 우리가 잘 모르고 지내는 것도 많다. 6월 1일 의병(義兵)의 날, 9월 2일 치매 극복의 날, 10월 10일 임산부의 날 등이다. 이 가운데 전 국민적 공감대가 필요한 공적 행사, 즉 공공의 선을 위한 것으로 분류되는 기념행사는 중계보도 대상이 된다.

수시로 발생하는 시사 관련 기자회견과 이슈성 이벤트에 대한 중계여부는 뉴스룸에서 판단해 결정한다. 편성제작회의 상정은 요식행위일 뿐이다. 간혹 판단하기 까다로운 사안은 토론을 거치기는 하나 대체로 뉴스룸의 의견을 수용하는 쪽으로 결론이 난다. 판단기준은 뉴스가치 판단기준과 크게 다르지 않다. 정보성과 공익 관련성이 가장 중요한 기준이 된다. 특히, 정부 부처나 경제단체가 중계보도를 요청하는 경우 신중한 판단이 요구된다. 수신료를 받는 공영방송이 특정한 그룹의 이익에 봉사할 경우 시청자 저항에 직면한다.

실시간 중계보도는 생방송이라는 매력이 있지만 콘텐츠를 게이트키핑하기가 대단히 힘들다는 문제가 있다. 생방송은 그만큼 위험하다. 사전에 행사진행표를 받아보고 메시지를 점검하지만 언제든지 상황은 바뀔 수 있다. 중요한 이벤트를 녹화해서 방송하는 지연 중계방식은 시간적 여유를 가지고 대처할 수 있는 여유가 있어 실시간 생방송보다는 상대적으로 안전하다.

지상파 방송사에서 중계를 담당하는 기술적, 기능적인 조직은 중계기술국으로 그 규모가 매우 크다. 헬리콥터를 포함해 수백억 원 규모의 장비를 보유하고 있다. 기술 인력과 중계카메라 담당자 등 전문 인력도 많다. 그렇지만 소프트웨어를 담당하는 뉴스룸의 보도중계팀 담당자는 많아야 두세 명 정도이다. 뉴스룸 중계 PD는 희망자도 거의 없다시피 하니 전문성도 떨어진다. 그러니 중계보도와 관련한 준칙도 명확하지 않다. 중계보도와 관련한 구체적 사례가 제각각인 만큼 명확한 기준과 절차를 마련할 필요가 있다. 다행히 정치적 사안에 대한 중계보도의 허용범위는 개략적 가이드라인이 있다(〈표 1-1〉 참고).

그렇지만 시사성이 있는 중계방송과 중계보도는 정확한 매뉴얼이 없어 수시로 정치적 논란의 대상이 된다. 방송통신심의위원을 지낸 한 법

표 1-1. 국회 인사청문회 중계방송: 국회의 동의표결을 요하는 직(職)에 대한 인사 청문회

편성	사안별 판단
① 대법원장 ② 헌법재판소장 ③ 국무총리 ④ 감사원장	① 대법관 ② 국회선출 헌법재판소 재판관 및 중앙선관위 위원(특별한 정치적 이슈 및 국민적 관심을 고려하여 보도본부가 요청 시 편성)

표 1-2. 국회 인사청문회 중계방송: 동의안 표결하지 않는 직에 대한 청문회

편성	사안별 판단
① 국가정보원장 ② 검찰총장 ③ 국세청장 ④ 경찰청장	① 국무위원 ② 국회에서 선출하지 않는 헌법 재판소 재판관(대통령 3인, 대법원장 3인) ③ 국회에서 선출하지 않는 중앙선관위 위원(대통령 임명 3인, 대법원장 임명 3인)

표 1-3. 국회 및 상임위원회 국정감사 · 국정조사 중계방송

편성	사안별 판단
① 정기국회 전 분야 대정부 질문 ② 상임위원회 또는 특별위원회의 국정 조사(단, 보도본부 요청 시 편성하지 않을 수 있음)	① 정기국회 상임위원회 국정감사 ② 임시국회 분야별 대정부 질문 ③ 임시국회 상임위원회(특별한 정치적 이슈 및 국민적 관심을 고려하여 보도본부가 요청 시 편성)

표 1-4. 국회 연설 중계방송

편성	사안별 판단
① 예산안에 관한 정부대표 시정연설 ② 국정에 관한 교섭 단체 대표 연설 ③ 대통령 국회 연설	① 외국 국가 원수급 국회연설(보도본부 요청 시 편성)

학자7는 조금 더 공정하고 명분 있는 중계보도를 하라고 권고한다.

국민이 정부가 하는 일이 옳다고 믿도록 세뇌해서는 안 된다. 4대강 사업 추진은 합헌이라도 4대강에 대해 '설득'을 위장하여 불만을 없애려는 것은 위헌이다. 보통 사상 통제에는 항상 '기만'의 요소가 동반된다. 예를 들어 '대국민 소통의 장'이라 해놓고 정부입장 홍보만으로 채우는 식이다.

과격하게 느껴지지만 일방적 홍보 중심의 중계보도를 경계하는 말임에는 틀림이 없다.

독재자를 위한 변명

고 장준하 선생의 부인 김희숙 여사는 조촐한 구순잔치를 하면서 '친일 청산과 남북 평화통일을 앞당기는 일에 제 자식이 목숨을 걸고 투쟁한다고 해도 막지 않을 것'이라 말했다. 독립운동가면서 시대를 앞서간 사상가로서 반독재 투쟁에 앞장섰던 장준하 선생과 고난의 세월을 겪고도 민족의 앞날을 생각하는 김 여사의 삶은 참으로 존경스럽다. 새삼스럽게 장준하 선생의 행적을 떠올리는 것은 수년 전 고 장준하 선생 추모공원 조성을 보도하는 과정에서 생긴 일 때문이다.

대안매체 〈팩트TV〉 보도국장 정운현은 2012년 9월, KBS 보도책임

---

7 박경신(2012). 《진실 유포죄: 법학자 박경신, 대한민국 표현의 자유 현주소를 말하다》. 서울: 다산북스.

자를 비판하는 보도비평문을 썼다. 글 제목은 "'박정희 독재' 표현이 부담스런 KBS 보도본부장"이다. KBS 기자가 장준하 선생 추모공원 개소 소식을 리포트로 전하면서 '박정희 독재정권'이라는 표현을 사용하지 못한 이유는 '잘못된 데스킹' 때문이며, '담당 데스크를 보도본부장이 두둔'했다는 것이 비판의 핵심이다.

정운현은 언론인 출신으로 친일 역사기록에 업적이 남다르다. 노무현 정부에서 친일반민족행위 진상규명위원회 사무처장, 한국언론재단 연구이사를 역임했다. 지금은 대안매체 〈팩트TV〉 보도국장으로 활동하고 있다.

2012년 8월 17일, 폭우로 무너진 장준하 선생의 묘소에서 유골을 파주시 자유로변 축구 훈련장 건너편에 이장하고 추모 공원이 문을 열었다. 현장을 취재한 기자의 당초 원고는 "박정희 독재정권 시절 대표적 재야인사로 반독재 투쟁에 앞장섰다 지난 1975년 숨진 채 발견된 고 장준하 선생"이었다. 데스크는 이를 "박정희 정권 시절 3선 개헌에 반대하며 민주화 운동을 벌이다 1975년 경기도 포천 약사봉에서 숨진 채 발견된 고 장준하 선생"으로 고쳤다. KBS 새노조는 '독재정권'이라는 단어가 부당하게 삭제됐다며 문제를 제기했다. 〈미디어오늘〉은 이를 기사로 다뤘다. 이 기사를 보고 정운현은 보도비평의 이름을 빌려 방송사 보도책임자가 노사공정방송위원회에서 담당 데스크를 감쌌다고 독설을 퍼부었다.

노조의 문제 제기 직후 KBS 보도본부는 담당 데스크가 방송제작 가이드라인을 제대로 지켰는지를 조사했다. 당시 기준으로 지난 1년간 사례를 조사한 결과 대부분의 매체는 '박정희 독재정권'이란 표현을 사

그림 1-7. 고 장준하 선생 추모공원 조성 보도

故 장준하 선생 추모 공원 제막식
오늘, 경기도 파주시 탄현면

출처: KBS 1TV (2012. 8. 17). 〈KBS 뉴스 9〉.

용하지 않았다. 다만 정치권이나 시민단체 인사를 인터뷰 하면서 '박정
희 독재정권'이라고 발언한 경우는 인용의 형태로 사용했다. 물론 칼럼
등 견해를 표명하는 글에서는 '박정희 독재정권'이라는 표현을 사용할
수 있다. 정운현이 몸담은 〈팩트TV〉도 현재 이런 기준을 지키는 것으
로 보인다. 다만 몇몇 특정 언론사만 '박정희 독재정권'이란 표현을 상
용하고 있음도 확인할 수 있었다.

　당시 〈KBS 방송제작 가이드라인〉은 정치 분야에 있어 '가치 판단'
문제를 규정했다. 이 규정에 따르면 특정 사안에 대해 한 당사자의 입
장을 일방적으로 대변하거나 전달해서는 안 된다. 특정한 정치적 논리
가 사회 여타 부분의 목소리를 압도하거나 배제하는 일은 없어야 한다.
전체적으로 균형 잡힌 보도는 주관적 가치판단이나 편향된 시각을 경계
해야 한다는 뜻이다.

KBS가 2015년 새로 정비한 〈KBS 공정성 가이드라인〉 중 제6장 '역사적 사건, 인물에 대한 보도'에서는 저널리스트가 귀 기울여야 할 사항을 더욱 정교하게 알려준다. 일반원칙은 다음과 같다.

역사는 언제나 재해석되고 재평가된다. 역사적 사건이나 인물을 다룰 때는 해석과 평가에 대해 특별히 유의한다. 특히, 하나의 해석이나 한 방향의 평가에 매몰되어서는 안 된다.

제작세칙에는 해당 사건이나 인물이 제대로 조명되는지 여부 판단과 관련한 유의사항이 담겼다. 이 가운데 '편향적 해석이나 편협한 평가를 제시하지 않는가?', '인터뷰 대상자를 섭외할 때도 역사적 사건이나 인물에 대해 사회적 의견 대립이 있는 경우, 다양한 입장을 검토해서 자료를 수집하고 이를 바탕으로 다양한 견해를 제시하도록 노력한다' 등이 주목할 만하다.

이 때문에 KBS 보도본부는 과거 정부나 정권을 지칭할 때 특정 수식어를 일절 배제하고 대통령 이름을 사용한다. 다시 말해, 박정희 정부, 김대중 정부, 노무현 정부, 이명박 정부 등으로 지칭한다. 독재정권, 군사정권, 부패정권, 국민의 정부, 참여정부, 실용정부라고 부르지 않는다. 부정적(negative) 수사뿐 아니라 긍정적(positive) 수식어도 사용하지 않는다. 정리하자면 스트레이트나 리포트 기사에서 박정희 집권 시절을 통칭하는 '박정희 독재정권'이라는 표현은 인용문 형태로만 쓰이며 특정 시기를 평가하는 '유신독재'라는 표현은 용인된다.

정운현은 적어도 3가지를 착각하고 KBS를 공격했다.

첫째는 공영방송 KBS를 정파적 목소리를 낼 수 있는 대안매체로 착각한 것이다. 신문의 경우라면 정파적 경향성을 인정할 수 있다는 데 동의하는 학자가 많다. 그러나 공적 책무를 수행하는 국민의 수탁방송에서는 정파성이 금기로 여겨진다. 기사와 논평은 엄격하게 구분되고 특정 시사 프로그램에서 제작자의 주관적 해석은 용납되지 않는다. 대안매체인 〈팩트TV〉가 주의 주장을 펼치는 것은 언론의 다양성으로 보호받을 수 있다. 그러나 공영방송은 주의 주장을 내세우지 못한다.

둘째는 언론조직의 데스크를 통한 적절한 업무 지시권을 부당한 통제로 보았다는 점이다. 언론사 담당 데스크는 본인의 판단에 따라 특정 리포트나 제작물이 공정성을 훼손할 소지가 있을 경우, 이를 수정·보완할 수 있다. 데스크와 최종책임자는 특정 제작물의 제작 방향과 제작물의 길이, 방송 시점과 방송 여부를 결정할 권한이 있다. 이런 기준은 자유롭고 책임 있는 언론사에서 널리 받아들여진다.

셋째, 정운현은 공적 영역과 사적 영역을 제대로 구분하지 못했다. '개인적으로 박정희를 어떻게 평가하느냐?'와 '방송기사에서 어떻게 표현해야 하는가?'는 완전히 별개의 문제이다. 방송 리포트의 문제를 이야기하다가 "'박정희 독재' 표현이 부담스런 KBS 보도본부장"이라고 말하면 동서남북을 제대로 찾지 못한 꼴이다.

'김일성, 김정일, 김정은 독재정권'이란 말을 논평 아닌 일반 신문기사에서 수시로 사용하는가? 보수적 신문조차 이런 표현을 자제하는 것으로 보아 진보적 신문은 더더욱 사용할 가능성이 낮다. '김정은 독재정권'이라고 쓰지 않는 기자를 '종북주의자'로 몰아붙이는 것이 온당하지 않은 것처럼 '박정희 독재정권'이라는 단어를 쓰지 않는 사람을 '독재를 비호하는 사람'으로 비난하는 것은 비정상적이다. 정운현이 아직도 이 분법적 비상식의 대열에 서 있는지 궁금하다.

미디어비평 프로그램의 종언

KBS의 미디어비평 프로그램 〈미디어 인사이드〉와 〈KBS 뉴스 옴부즈맨〉은 2016년 4월과 6월, 차례로 폐지됐다. 선택과 집중을 위해 유사한 프로그램 편성을 통합·조정한다는 게 폐지의 배경이었다. 편성의 독립성은 존중받아야 한다. 특정 프로그램이 10년 이상 지속됐다면 낡은 프로그램이라는 평가도 나올 수 있다. 편성 담당자가 손질하고 싶은 프로그램이라는 뜻이다. 그렇지만 왜 아쉬움이 남을까? 언론생태계가 교란되면서 언론에 대한 신뢰가 무너지고 전통적 저널리즘 가치가 퇴색하고 있는 지금의 상황 때문일 것이다.

미디어비평 프로그램의 공과는 잠시 접어두자. 사실 2003년에 미디어에 미디어비평 프로그램 〈미디어 포커스〉가 출범했을 때보다 지금 미디어비평 프로그램이 더욱 필요하다. 그 존재가치가 더욱 빛날 수 있다는 생각도 든다. 〈KBS 뉴스 옴부즈맨〉은 2012년 대선 때 대선방송의 공정성을 담보한다는 명분으로 신설됐다. 옴부즈맨으로 위촉한 언론 전문가 6명이 KBS 뉴스를 평가하고 KBS 보도책임자와 이야기를 나누는 형식으로 운영되었다.

KBS 미디어비평 프로그램은 내부 구성원뿐 아니라 외부 언론인에게도 격려가 되기도 하고, 때로는 큰 아픔을 주기도 했다. 언론사끼리의

그림 1-8. 미디어비평 프로그램 〈미디어 인사이드〉

출처: KBS

'침묵의 카르텔'을 깬다는 취지는 좋았으나 프로그램 탄생에 정치적 배경이 있었다는 것을 부인하기는 힘들다.

〈미디어 포커스〉가 출범할 당시에는 종편이 없었다. 지금처럼 플랫폼이 다양하지 않았고 1인매체나 SNS도 활발하지 않았다. 미디어비평 프로그램은 조선·중앙·동아라는 메이저 언론을 겨냥한 사회변혁 운동을 위해 출발했다. 당시 회자됐던 '언론 스스로 강자의 굴레를 벗자'는 슬로건은 스스로 겸손해지고 언론의 자유에 따르는 책임을 강조한 말이라기보다는 조·중·동의 태도를 비판하는 수사로 활용되곤 했다.

진보정권 때 출범한 KBS 미디어비평 프로그램의 역사는 조·중·동과 싸움을 벌인 잔혹사로 점철된다. 조·중·동은 틈만 나면 KBS와 이른바 KBS의 개혁 프로그램을 가혹하게 비판했다. TV 프로그램과 신문 기사로 벌이던 공방이 뜨거워지면 소송전으로 비화하기도 했다.

KBS와 MBC, 양 지상파 TV는 정부의 언론 개혁을 편들면서 보수신문들을 공격했다. 신문 논조의 경향성을 부정하고 공영방송 수준의 공적 책임을 요구하기도 했다. 진보적 매체를 비판하는 경우도 있었지만 대체로 관대했던 반면, 시장 독과점적 지위를 누리는 조·중·동에 들이대는 잣대는 더 기혹했다. 그래서 미디어비평 프로그램 스스로 편향성의 늪에 빠졌다는 비판을 받기도 했다.

진보적 정치권력은 미디어비평 프로그램을 용기 있는 프로그램이라고 추켜세웠다. 보수적 정치권력은 몹쓸 프로그램이라며 프로그램 자체를 폐지하라고 압박했다. 2005년 가을 정기국회에서 당시 야당인 한나라당 소속 의원들은 〈미디어 포커스〉에게 십자포화를 퍼부었다. 국정감사장을 KBS 본관으로 옮겨 진종일 KBS의 미디어비평 프로그램을 공격하기도 했다. 〈미디어 포커스〉의 소속기자들은 실시간으로 사내 CCTV국 중계를 들여다보며 답변을 준비하느라 진땀을 뺐다.

내부 사정도 편치 않았다. KBS 부사장 한 명은 〈미디어 포커스〉가 KBS 재난방송 프로그램을 매섭게 비판하자 사표를 내고 한동안 잠적하는 소동을 벌이기도 했다. KBS의 어떤 감사는 〈미디어 포커스〉가 기업에게 나쁜 이미지를 심어 KBS의 광고 수입을 떨어뜨린다는 견해를 밝혔다가 제작진의 거센 항의를 받았다. 이명박 정부 때는 미디어비평 프로그램에서 G20 홍보 과잉을 비평하려다가 시사제작국장과 제작진이 심각한 갈등을 빚기도 했다.

어느 시기에나 미디어비평 프로그램 제작진 구성을 두고 말이 많았다. 10명에 가까운 제작진이 필요했는데 프로그램의 균형을 위해서 진보·보수 시각의 제작진이 두루 있어야 했다. 진보적 시각을 가진 기자들은 자발적으로 미디어비평 프로그램에 참여했다. 그렇지만 진보정권 시기에 보수적 시각을 지닌 기자를 미디어비평 프로그램에 합류시키는 것은 매우 어려웠다. 〈미디어 포커스〉 제작진은 주간 단위로 제작 아이템을 선정했고 그 과정에서도 진보·보수노선이 달라 갈등을 빚기도 했다.

2006년엔 울진·삼척 무장공비 침투 사건 때 희생된 이승복 군의 '나는 공산당이 싫어요'라는 〈조선일보〉 보도와 관련한 대법원 확정판결이 있었다. 대법원은 〈조선일보〉가 고소한 김주언과 김종배를 상대로 낸 '이승복 관련 기사 오보 주장' 명예훼손 사건에 대해 8년 만에 항소심 원심을 확정했는데 그 판결 내용이 논란을 부르기에 충분했다. 서울중앙지방법원에서 있었던 항소심 재판부는 〈조선일보〉의 기사는 사실에 기초한 것으로 판단되지만 거기에 대한 의혹보도도 역시 충분한 구체성이 있다면 언론의 자유에서 용인할 수 있다고 밝혔다.

이를 미디어비평 주제로 선정해야 하는가의 여부를 두고 진통이 있었다. 아이템 선정회의에서 〈미디어 포커스〉 제작진 가운데 이른바 진보그룹에 속한 기자들은 대법원 확정판결 내용을 다뤄서는 안 된다는 뜻을 굽히지 않았다. 이 주제를 다루면 툭하면 반공논리를 내세우는 보수의 입장을 강화시킬 수 있는 만큼 미디어비평 프로그램의 정체성을 훼손시킬 것이라는 주장이었다. 보수성향의 기자들은 당연히 미디어비평 프로그램에서 다뤄야 한다고 주장했다. 미디어비평 프로그램이 다루는 주제는 보수와 진보의 유·불리를 고려하지 않고 성역이 없어야 정파성을 극복하고 프로그램의 공정성을 확보할 수 있다는 논리였다. 격론을 벌이다 고성이 오가기도 했다.

결국 진보적 시각의 기자들의 의견이 보수적 시각을 눌렀다. 이 주제는 미디어비평 프로그램에서 다루지 못했다. 이 사건을 다뤘더라면 분명 '나는 공산당이 싫어요' 기사를 쓴 〈조선일보〉에 유리했을 것이다. 결과적으로 〈미디어 포커스〉 제작진은 당시 KBS보다 더욱 진보적 색깔을 보였던 MBC와 〈미디어오늘〉에 우호적이었다. 〈조선일보〉에게는 적대적 입장을 취했다.

비평 프로그램의 편성시간이 바뀌거나 길이가 달라져도 KBS 안팎이 시끄러웠다. 그런 가운데서도 KBS 미디어비평 프로그램은 〈미디어 포커스〉, 〈미디어 비평〉, 〈미디어 인사이드〉로 이름을 바꿔가며 장수했다. 〈미디어 포커스〉가 출범한 지 얼마 안 됐을 때의 시청률을 보면 이 프로그램의 위상을 짐작할 수 있다. 2003년 6월 29일 일요일 밤 9시 30분부터 10시 10분 사이에 방송된 〈미디어 포커스〉의 시청률은 14%였다. 〈미디어 포커스〉 홈페이지에는 하루 동안 179건의 게시글이 올라왔는데 이 가운데 4분의 3은 잘했다는 격려 메시지였다. 일요일 9시 뉴스에 이어 가장 좋은 시간대에 편성된 것은 KBS 사장의 의지가 없으면 불가능한 일이다.

2004년 가을 개편 때는 KBS가 대하드라마 〈불멸의 이순신〉을 방송하면서 〈미디어 포커스〉 편성시간대를 드라마 뒤쪽으로 옮기려 하자 당시 여권이 의혹의 눈초리를 보내기도 했다. 〈KBS 뉴스 9〉 이후 〈미디어 포커스〉를 방영했던 일요일 밤 편성을, 〈KBS 뉴스 9〉 이후 〈불멸의 이순신〉을 방영하고 드라마가 끝난 뒤 〈미디어 포커스〉를 방영하는 순서로 바꾸려하자 집권여당이 KBS에 해명을 요구했다. '시간대 변경이 개혁 프로그램의 후퇴라는 지적에 대하여'라는 제목의 제작진의 답변에서 당시의 상황을 짐작할 수 있다.

〈미디어 포커스〉 프로그램의 방송 시간대 변경은 편성상의 KBS 전체 프로그램을 놓고 보는 전략적 판단에 따른 것으로 개혁 프로그램을 후퇴시키려는 어떤 의도도 개입되지 않았음을 분명하게 말씀드립니다. 〈미디어 포커스〉 프로그램의 시간대 변경은 편성전략을 짜는 과정에서 본부 간 충분한 협의를 거쳐 이뤄진 것으로 파악하고 있습니다. (중략) 또 뉴스보다 더 높은 시청률을 보이는 〈불멸의 이순신〉 뒤에 〈미디어 포커스〉 프로그램을 편성할 경우 〈미디어 포커스〉 프로그램의 경쟁력이 크게 저하하지 않고 두 프로그램이 '윈윈'할 수 있다는 일부 견해도 있었습니다. 〈미디어 포커스〉 프로그램의 시간대 변경은 KBS의 편성 전략과 단위 프로그램의 시간 확보 등을 종합적으로 고려해 이뤄졌을 뿐 본질적으로 개혁 프로그램을 후퇴시키려는 어떤 의도도 없었음을 강조드립니다.

KBS 미디어비평 프로그램의 역사와 축적된 자료, 발전 과정, 공과에 대한 평가는 박사 학위논문 수십 편을 쓸 수 있을 정도로 방대하고 복잡하다. 나는 어떤 때는 제작진의 일원으로, 나중에는 관리자로 프로그램에 관여해 이 프로그램을 자세히 지켜볼 기회가 있었다. 정치권과 사내에서 입살에 올라 남몰래 속을 태웠던 쓰라린 기억도 있다. KBS 미디어비평 프로그램 제작진이 프로그램의 독립성을 대단히 중요하게 여겼다는 점은 분명하다. 특히, 보수정권 동안 정치권력과 KBS 수뇌부, 제작진 사이에 수시로 갈등이 드러나곤 했다. 제작진의 모습이 때로는 기자라기보다 투사처럼 보였을 때도 있을 정도였다.

KBS의 미디어비평 프로그램은 좋든 싫든 국내 언론을 보수와 진보 언론으로 확연하게 갈라놓는 데 상당한 역할을 했다. 한국 사회에서 진보·보수언론이 완전하게 갈라진 기원은 아무래도 김대중 정부 말기의 언론사 세무조사 사건과 〈신문법〉, 〈방송법〉 개정일 것이다. 미디어비평 프로그램에게는 이 시기가 전성기였다.

KBS 미디어비평 프로그램은 수많은 기자에게 진보적 안목을 키워주는 저널리즘 스쿨 역할을 충실하게 수행했다고 평가받을 만하다. 그렇지만 자사 프로그램을 비판하고 다른 언론사와 갈등을 빚으면서 KBS 조직문화에는 악영향을 끼쳤음도 부정할 수 없다.

정연주 사장 시절에 출범한 미디어비평 프로그램이 보수정권 시절에도 용케 버틴 것은 기적에 가깝다. 이는 프로그램의 순기능적 측면만으로는 설명되지 않는다. 기자협회와 언론노조, 민주언론시민연합을 중심으로 하는 언론운동 시민단체, 국회라는 공영방송 통제권력의 지지가 없었다면 불가능한 일이다. 그러니 보수정권에게는 눈엣가시 같은 존재였다.

정권이 바뀔 때마다, 더러는 프로그램 개편 시기마다 미디어비평 프로그램의 존폐 여부가 도마에 올랐다. 어떤 사장이든지 프로그램 폐지에는 성공하지 못했다. 그 대신 미디어비평 프로그램을 정치권력에 우호적이거나 자사 이기주의에 맞는 프레임에 가둬 활용하려고 했다.

미디어비평 프로그램이 폐지되는 것은 좋은 의미이든 나쁜 의미이든 '획기적 사건'이다. 더구나 통제권력의 역학구도가 변해 여소야대가 막 시작되는 시점에 미디어비평 프로그램이 종언(終焉)을 고한다는 것은 뜻밖으로 느껴진다.

저널리즘 윤리

휴파라치 유감

'파파라치', '쓰파라치', '학파라치', '노파라치'에 더해 '휴파라치'란 신조어를 제안한다. 그리고 휴파라치를 남의 휴대전화 메시지나 수첩에 적힌 글을 몰래 촬영해 사생활을 침해하는 행위로 정의해 본다. 이런 일탈적 휴파라치 취재행위에 대해 현재의 저널리즘 윤리는 아무런 언급도 하지 않는다. 숨어서 혹은 공개적이더라도 사적인 글을 촬영해 보도하는 것은 비열한 취재행위인가, 아닌가? 새롭게 등장하는 디지털 취재행위를 성찰하는 노력이 필요한 시점이다.

〈뉴스웨이〉 김동민 사진기자는 김무성 새누리당 대표의 수첩 메모를 촬영해 보도했다. 2015년 1월 12일 국회 본회의장에서 카메라에 포착된 김 대표의 수첩에는 "문건 파동 배후는 K와 Y. 내가 꼭 밝힌다. 두고 봐라. 곧 발표가 있을 것"이라는 내용이 적혀 있었다. K는 김무성 대표, Y는 유승민 의원으로 확인되었다. 김 기자는 200㎜ 렌즈를 장착한 디지털 카메라로 2초 동안 4장의 사진을 연속 촬영했다. 수첩 메모가

그림 1-9. '김무성이 배후' 메모

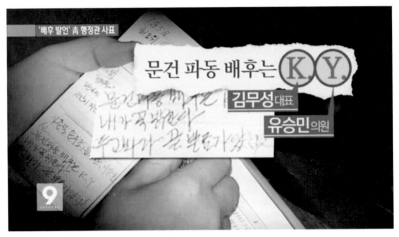

출처: KBS 1TV (2015. 1. 14). 〈KBS 뉴스 9〉.

찍힌 김 대표의 자리는 2층 사진기자석의 바로 아래, 3m 거리였다. 국회 전담 출입기자가 아니라 일주일에 이틀 출입하는 기자가 이른바 '휴파라치'로 특종을 했으니 국회를 전담하는 사진기자들이 크게 깨졌다는 뒷이야기도 들렸다. 정윤회 문건 파동이 잠잠해질 무렵 등장한 이 한 장의 사진으로 청와대 행정관 한 명이 유탄을 맞아 날아갔다.

김 대표는 2013년 7월 남북 정상회담 회의록과 관련한 휴대전화 메시지가 찍혀 곤욕을 치른 적도 있다. 국회 본회의장 다선의원석은 자리배치상 휴파라치의 제물이 되기 십상이다. 아주 민감한 정치적 사실이나 견해, 지역구 민원 청탁 메시지, 불륜으로 의심받을 수 있는 메시지, 비키니 입은 여성사진을 검색하다 찍힌 경우까지 그 사례는 매우 다양하다. 휴파라치 감시자 때문에 골탕 먹은 정치인은 한둘이 아니다.

수첩이나 휴대전화에 담겨있는 메시지를 당사자만 볼 수 있는 것은 분명 개인이 보호받아야 할 법률상 이익이다. 타인이 당사자의 동의 없이 몰래 촬영해 공표하는 행위는 개인이 보호받아야 할 법률상 이익을 침해하는 행위이므로 명백한 위법이다. 그러므로 휴파라치의 대상이 공적 인물이 아닌 보통 사람이라면 그 휴파라치는 민·형사적 책임을 져야 한다.

그러나 김무성 대표는 국회의원이라는 완벽한 공인이며 휴파라치는 기자라는 직업을 가졌다는 특수성이 있다. 언론의 경우 공공성과 사실성을 전제로 명예훼손죄를 면책받을 수 있다. 〈형법〉제310조는 '진실한 사실로서 오로지 공공의 이익에 관한 때에는 처벌하지 아니한다'고 위법성 조각사유를 규정한다. 다시 말해, 국민의 알 권리를 충족시키고 크게는 표현의 자유를 보호하기 위해 김 대표의 수첩을 촬영보도한 휴파라치를 관대하게 봐줄 수 있다. 그러나 김 대표가 처벌해달라고 요구할 경우 해당 기자가 무사할지는 누구도 장담할 수 없다.

처벌 사유가 안 된다 하더라도 윤리적 문제는 고스란히 남는다. 방송사의 취재제작 가이드라인이나 언론사의 취재 윤리강령에는 예컨대 함정취재라거나 당사자의 동의 없는 녹화·녹취 등 취재제작 윤리규정이 구체적으로 들어있다. 꼭 필요한 경우에 데스크와 상의해 실시하도록 제한한다. 이는 취재보도의 공익적 목적 달성이나 프로그램 완성도를 위해 필수불가결할 경우에만 극히 제한적으로 가능함을 의미한다. 실제로 수첩이나 휴대전화를 몰래 촬영하는 행위, 즉 휴파라치는 '몰래 녹화 또는 녹취'와 다를 게 없다. 하지만 현행 취재 윤리규정 어디에도 언급되어 있지 않다.

아날로그 카메라로는 엄두도 내지 못할 장면을 디지털 카메라는 포착해낸다. 취재장비는 디지털 진화를 거듭하나 언론사의 가이드라인은 이를 따르지 못한다. 잘 나가는 언론사 정도가 수년에 한 번씩 현실에 맞게 개정한다. 취재의 현실적 상황과 저널리즘 윤리는 서로 겉돌고 제도 정비에는 시간차가 발생한다.

간혹 취재윤리와 관련한 중대 사건이 터지면 공론 과정을 거쳐 가이드라인이 빨리 정비되기도 한다. 세월호 침몰사고를 보도하면서 언론의 선정성과 오보가 되풀이되자 한국기자협회 등이 나서서 서둘러 〈재난보도 준칙〉을 정비한 것이 그런 경우이다. 일탈적 취재윤리에 대한 여론의 압력이 드셌기에 가능한 일이었다.

취재기자는 불법적 취재행위에 많은 유혹을 느낀다. 위험하지만 편하고 취재경쟁에서 특종하고 싶은 욕심이 있기 때문이다. 하지만 전화취재로 녹음한 내용도 반드시 당사자의 동의를 받은 뒤 사용 여부를 결정해야 한다. 알게 모르게 교육받은 취재윤리를 떠올리며 최대한 취재절차나 수단까지 정당성을 확보하려 노력하는 것은 이 때문이다.

함부로 불법 녹화·녹취를 하거나 이를 사용했다가는 언론중재위원회나 법원에 불려다녀야 한다. 당해 보면 이만저만한 스트레스가 아니다. 규모 있는 언론사는 저널리즘 교육을 제도화한다. 국가나 사회, 개인이 보호받아야 할 법률적 이익을 위해서이기도 하지만, 취재보도 과정에서 생기는 민·형사상 쟁송을 예방하기 위한 노력이기도 하다.

초고성능 광학렌즈, 손목시계형 소형 캠코더, 헬리캠 등 별별 디지털 장비가 취재에 동원된다. 현재 아날로그 장비에 초점이 맞춰져 있는 취재윤리 기준을 디지털 언론환경에 맞출 필요가 있다. 근년에 들어 휴파라치 빈도는 더욱 증가했다. 휴파라치는 첨단장비를 동원한 '적극적'

취재행위라는 점이 중요하다. 우연히 포착됐다는 말은 거짓말이다. 국회를 출입하는 사진기자 사이에서는 본회의장이 특종의 장이 되기도 한다는 말이 있다. 국회 본회의장에서 논란의 중심이 된 의원을 예의주시하거나 제보를 받고 기획하여 접근한다는 사진기자도 있다.

김무성 수첩 메모를 촬영한 〈뉴스웨이〉 김동민 기자는 한 언론과의 인터뷰에서 아무런 장애물이 없을 경우 국회의사당 모두가 고성능 디지털 카메라의 사정권에 든다고 주장하기도 했다. 이쯤 되면 국회의사당의 휴파라치가 과연 순기능만 하는지 공론화가 필요하다. 아니면 국회의원은 우산을 써서라도 사진기자를 따돌려야 할 판이다.

몰래카메라 어디까지

방송사 사회부장을 하다보면 초년병 경찰서 출입기자가 몰래카메라 사용을 아주 선호한다는 사실에 놀라게 된다. 가방 속에 감출 수 있는 것, 모자나 넥타이에 꽂을 수 있는 초소형 몰래카메라, 녹취 전용의 보이스펜까지 요구도 다양하다.

경찰서 출입기자는 범죄현장을 취재하는 경우가 많기 때문에 몰래카메라를 선호한다. 또한 대형 카메라로 취재하다가 취재행위가 노출돼 위험에 빠질 수 있는 상황을 피하고 싶다는 이유도 있을 것이다. 사건기자가 몰래카메라 사용을 선호하는 것과 달리 몰래카메라를 사용하는 것과 취재된 내용을 방송하는 것은 엄격한 제한을 받는다.

얼핏 생각하면 몰래카메라를 상대방이 눈치 채지 못하는 초소형 카메라 장비를 지칭하는 말로 여기기 쉽다. 그렇지만 몰래카메라는 당사자가 동의하지 않은 모든 경우를 의미한다.[8] 덩치가 큰 ENG 카메라를 바닥에 내려놓고 녹화 스위치를 누르는 것도 몰래카메라 취재이다. 카메라를 상대방의 다리나 엉뚱한 사물을 향하게 해 경계심을 분산시킨다면 몰래카메라 취재가 될 수 있다.

이렇듯 '몰래카메라의 의미'는 단지 몰래카메라 용도로 특수제작된 카메라로 촬영하는 것만을 뜻하지 않는다. 일반 카메라로 촬영하더라도 상대방이 촬영 여부를 인지하지 못하는 경우와 상대방이 촬영에 명시적으로 동의하지 않는 모든 경우를 포함한다. 동의 없는 촬영은 명예훼손 또는 초상권 침해 문제를 일으킨다. 병원이나 댄스홀 등 개인영업 장소에 잠입해 몰래 촬영하는 경우에는 주거침입이 될 수도 있다.

프로그램 제작에 몰래카메라 사용 자체를 명시적으로 금지하는 법률 규정은 없다. 몰래카메라로 촬영된 영상보도는 결국 명예훼손, 초상권 침해와 같은 일반적 권리 침해에 대한 위법성 판단으로 다룰 수밖에 없다. 결국 위법성 조각사유가 관건이 되는데 위법성 조각사유는 인정받기 매우 까다롭다.

몰래카메라 사용이 가능하다고 여겨지는 경우는 일반적으로 첫째, 상대방이 공문에 의한 정식 촬영요청에 거절의사를 명백히 하고, 둘째, 중대한 공익성이 명백하게 인정되는 사안에 대해, 셋째, 몰래카메라 촬영 외에는 사실 확인이 현실적으로 불가능한 경우이다.

마약거래 현장이나 불법 성매매업소 취재 등과 같이 몰래카메라를

---

8 KBS 법무실(2011). 《KBS 소송매뉴얼》. "제 2장: 방송분쟁 대응". 서울: KBS.

사용하지 않고는 현실적으로 취재가 불가능한 경우는 예외적으로 사용이 인정된다. 법원은 몰래카메라 사용이 '어느 정도 공익성'이 있다고 하더라도 '충분한 공익성'이 없다고 판단되면 정상적 언론 활동의 범주를 벗어난다고 본다.

방송사에서는 비밀 촬영 또는 허가받지 않은 녹음·녹취 사용에 꽤 까다로운 내부 규정을 적용한다. 우선 이런 취재 결과는 제한적 범위 내에서 사용되어야 하고 제작 전에 책임자의 허락을 얻어야 한다. 취재 과정에서 촬영 후 방송에 사용될 것임을 미리 고지하여야 한다. 만약 인터뷰 대상자가 허락하지 않는다면 사용할 수 없다.

다만 그 내용이 공익에 반드시 필요한 것이며 범죄에 관련된 내용이라면 대상자의 양해를 받지 않더라도 방송할 수 있다. 그러나 이럴 경우에도 반드시 대상자에게 고지해야 한다. 공익에 꼭 필요한 것인지 판단하기 위해서는 방송해도 좋다는 승낙은 물론이고 필요한 경우 법률적 자문을 받아야 한다. 제작자는 가능한 한 비밀 취재가 필요 없도록 사전에 인터뷰 대상자를 충분히 설득해야 한다.

몰래 녹취하는 행위는 법률적으로 몰래카메라보다 더 엄격한 처벌을 받는다. 몰래카메라로 웬만한 현장음을 다 포착할 수 있기 때문에 몰래 녹취 수법에는 몰래카메라가 동원되는 경우가 많다. 〈통신비밀보호법〉제16조 1항에 따르면 전기통신을 감청하거나 공개하지 아니한 타인 간의 대화를 녹음 또는 청취한 자는 처벌하도록 규정한다. 녹음 내용을 공개하거나 누설한 자 역시 처벌된다. 이 조항을 어겼을 경우의 형량 또한 무겁다. 1년 이상 10년 이하의 징역과 5년 이하의 자격정지에 처하며 벌금형 조항은 따로 두지 않는다.

〈통신비밀보호법〉을 어겨 처벌받은 사례는 적지 않다. 2016년 3월 총선을 앞두고 새누리당 윤상현 의원이 김무성 당 대표에게 쏟아낸 막말은 제3자가 전화통화 내용을 녹취하여 폭로되었다. 이 경우 제3자가 몰래 녹취한 것이므로 명백한 〈통신비밀보호법〉 위반이다.

2016년 1월에는 국민의당 안철수 인재영입위원장과 이희호 여사와의 대화를 안 위원장의 수행원이 녹취해 언론에 공개해 큰 파문이 일었다. 국민의당 측의 발 빠른 사과로 마무리되기는 했으나 수행원은 대화 당사자가 아닌 제3자므로 이 역시 명백한 〈통신비밀보호법〉 위반 행위이다.

이완구 전 국무총리는 두 차례의 녹취록 사건 때문에 정치 생명에 치명상을 입었다. 그는 2015년 2월 총리 후보자 시절, 언론외압을 시사하는 녹취물이 공개돼 홍역을 치렀다. 국회 임명동의안 표결을 통과한 뒤에는 또 다른 녹취록에 발목이 잡혔다. 성완종 전 경남기업 회장이 〈경향신문〉과의 인터뷰에서 "이 양반(이완구)한테 3천만 원을 줬다"고 밝힌 것이다. 결국 총리직을 사임해야 했다. 이 경우 대화 당사자가 녹음했고 비리와 관련한 것이므로 보도에 있어 당사자의 동의가 꼭 필요한 것으로 보이지 않는다.

2012년 대선을 앞두고 고(故) 최필립 전 정수장학회 이사장과 MBC 이진숙 전 기획홍보본부장의 대화를 휴대전화로 녹음한 혐의로 모 언론사 기자가 기소됐던 사건도 있었다. 해당 기자는 징역 4월에 자격정지 1년의 선고유예 판결을 받았다. 이는 제3자가 몰래 녹취한 것이었지만 공익성이 참작돼 비교적 관대한 처벌을 받았다.

2012년 3월 장진수 전 공직윤리지원관실 주무관은 "청와대 지시로 민간인 불법사찰의 증거를 인멸했다"고 폭로했다. 최종석 전 청와대 행정 관이 장 전 주무관을 회유하는 내용이 담긴 녹취록이 공개돼 검찰의 본 격수사가 시작됐다. 이 사건은 당사자가 상대방의 범죄사실을 몰래 녹취한 것으로 녹취와 사용에 아무런 문제가 없다.

이렇듯 여러 사건을 살펴보면 몰래카메라나 몰래 녹취라 하더라도 직접 대화의 당사자거나 녹화 또는 녹취된 내용이 명백한 범죄일 경우 공익성을 인정받아 저널리스트는 법률의 보호를 받음을 알 수 있다.

카메라기자는 몰래카메라 촬영으로 생기는 초상권9에 매우 민감하다. 카메라기자는 손과 발 등 얼굴이 안보이도록 신체의 일부분만 촬영한다. 초점을 흐리게 하거나 인터뷰 대상자의 뒷모습만 나오도록 오버 숄더 숏(over shoulder shot)으로 촬영하기도 한다. 촬영장소를 알 수 없도록 거리 간판까지 포커스 아웃(focus out)된 영상은 뉴스에서 자주 볼 수 있다. 카메라기자는 편집 과정에서 음성을 충분히 변조하기도 한다. 사람마다 다른 목소리를 가지므로 주위 사람이 목소리만으로 인터뷰 대상자가 누구인지 알아차릴 수 있기 때문이다.

미성년자의 초상권 보호를 위해 집단 식중독 환자가 발생한 초등학교의 교실 화면은 포커스 아웃해야 한다. 사자(死者)의 명예훼손을 피하려면 영안실에 있는 영정사진도 포커스 아웃해야 한다. 병원취재는 특히 환자의 초상권 보호에 주의를 기울여야 한다. 초상권 보호는 물론이고 환자가 누구인지 알 수 없도록 표현해야 한다. 이처럼 몰래카메라는 초상권을 침해할 가능성이 높으므로 취재와 취재 후 편집, 방송에

---

9 양용철(2009). 《보도영상 현장매뉴얼》. 서울: 한국방송카메라기자협회.

이르기까지 각별한 주의를 기울여야 한다.

뉴스 제작자가 몰래카메라를 과다사용하면 시청자는 필연적으로 화면 모자이크나 음성 변조를 자주 보게 된다. 초상권과 명예훼손 등의 염려 때문에 화면이나 음성을 변조하기 때문이다. 취재는 편해지지만 깔끔한 뉴스 영상을 기대하기는 힘들어진다.

한국방송학회는 국내 방송뉴스에서 모자이크가 13%, 음성 변조가 7%, 몰래카메라가 2% 정도로 사용된다는 국내의 연구 결과가 있다고 지적했다. 외국의 영향력 큰 방송사가 화면 모자이크, 음성 변조, 몰래카메라 등을 거의 사용하지 않는 것과 크게 대비된다. 연구원의 견해로는 이러한 장치의 사용은 뉴스의 신뢰도 및 전문성에 역효과를 낸다.

취재 목적 달성을 위해 불가피할 경우에만 제한적으로 사용해야 할 뉴스 제작기법이 남용되고 있다. 이런 취재와 편집기법은 공익을 위해 시도된다고 하더라도 저널리즘 윤리와 충돌할 가능성이 높다. 결국 개인이나 사회가 보호받아야 할 법률상 이익을 훼손할 우려가 커진다. 뉴스보도의 사실성을 높이고 이를 통한 프로그램 신뢰도 향상을 위해 모자이크, 음성 변조, 몰래카메라의 사용은 절제할 필요가 있다.

인터뷰 함부로 사용은 '큰 코 다친다'

2003년 7월 31일 KBS 기자는 '위도 방폐장 건설 반대 시위' 리포트에 시위대의 "노무현 물러가라"는 구호를 두 차례 편집해 넣었다. 이 리포트는 KBS 심의실의 심의대상에 올랐다. 자칫 지역감정을 조장할 가능성이 있는 요소는 걸러내는 것이 바람직하다는 게 심의의 요지였다.

"자살하고 싶은 생각이 들었습니다"라는 인터뷰는 뉴스에서 거의 사용하지 않는다. 해당 인터뷰가 빠지면 뉴스의 완성도에 결정적 흠결이 생길 경우는 예외일 수 있다. 두 가지 사례에서 보듯 취재기자가 확보한 인터뷰나 현장음을 사용하는 데도 자율적 규제 메커니즘이 작동한다. 사실과 거리가 먼 추측성 발언이나 사실이라 하더라도 타인의 명예를 훼손하는 내용이나 감정적 표현이 담긴 인터뷰 사용은 신중해야 한다. 극단적인 형용사나 부사가 섞인 인터뷰 역시 매우 위험하다.

〈KBS 방송강령〉 33항은 인터뷰와 관련한 아주 중요한 사실을 언급한다. 여기서는 인터뷰와 관련한 저널리즘 윤리와 사용 절차를 적시하고 있다.

인터뷰할 때는 대상자에게 방송을 전제로 한 것인지 또는 단순한 정보로 이용할 것인지를 미리 알려야 한다. 인터뷰 내용을 편집할 때는 전체의 흐름에 어긋나거나 일방적 방향으로 편집해서는 안 된다.

방송 초심자는 동의받은 인터뷰를 마음대로 사용할 수 있다고 여기는 경우가 많다. 데스크는 기자들이 제작한 리포트를 방송 전에 점검하다가 부적절한 어린이 인터뷰를 확인하는 경우가 더러 있다. 예를 들어 학교에서 이른바 왕따 사건이 일어났는데 이와 관련해 초등학생의 직접적이거나 간접적인 증언을 인터뷰로 따왔다고 치자. 이 인터뷰는 사용할 수 있는가? 사용해서는 안 되는가? 결론적으로 보호자의 동의를 받아야 하며 얼굴 영상은 모자이크 처리, 음성은 변조했을 경우에만 사용할 수 있다.

인터뷰는 동의범위 내에서만 사용해야 한다. 10 일반적으로 공개인터뷰 동의가 있었던 경우에는 익명으로 처리하지 않는다. 인터뷰 동의가 없었던 경우는 공익성과 보도의 필요성을 판단하여 익명 처리하여 방송한다. 공개 인터뷰 동의가 있었더라도 공인이 아니고 이후 당사자의 입장이 곤란하게 될 경우라면 익명으로 처리해야 한다. 인터뷰에 대한 동의가 있었던 것으로 판단하기 위해서는 첫째, 인터뷰에 동의할 수 있는 사람에게 둘째, 어떠한 내용 보도를 위하여 인터뷰하는지 그 취지를 설명해야 한다. 초상권과 음성권은 개인의 권리이다. 따라서 특정 회사의 부서장이 자신의 부하직원의 인터뷰를 대신 동의할 수 없다. 미성년자는 민법상 행위무능력자로 규정되므로 부모나 교사 등 보호자의 동의가 있어야 한다.

동의한 인터뷰라 하더라도 인터뷰 당사자의 음성공개에 대한 동의가 없었다면 원칙적으로 음성을 변조해야 한다. 음성 변조의 문제는 범죄 피의자 인터뷰에서 매우 중요하다. 즉, 범죄 피의자의 인적사항이 공개되지 않아야 한다. 범죄 피의자의 인터뷰 내용에 명예훼손 표현이 수반되는 경우에는 특히, 음성·초상 등 당사자의 신원을 식별할 수 있는 요소를 노출하지 않아야 한다. 피의자가 인터뷰에 동의했다 하더라도 인터뷰 내용은 피의사실에 대한 것이므로 원고(피의자)의 성명, 초상, 음성 등 타인이 인식할 수 있는 요소를 미리 차단하는 것이 범죄혐의보도의 기본 원칙이다. 법원이 음성을 변조하지 않은 사건에 명예훼손이

---

10 KBS 법무실(2011). 《KBS 소송매뉴얼》. "제 2장 방송분쟁 대응". 서울: KBS.

인정된다고 하여 손해배상을 한 판례도 있다.

인터뷰 당사자는 자신이 미담이나 시사고발 프로그램 등 무슨 프로그램에 출연하는지 알 수 있어야 한다. 제작진이 진정으로 원하는 질문 하나를 위하여 전체적 인터뷰 취지를 설명하지 않고 수많은 다른 질문 속에 섞어서 인터뷰하는 경우는 흔하다. 이런 인터뷰는 당사자의 진정한 동의를 얻지 못했다고 할 수 있다. 실제로 취재기자가 고발취재에 있어 유도질문을 하거나 마치 취조하듯 인터뷰하는 경우가 있다. 이는 비윤리적이며 비록 확보된 인터뷰라 할지라도 마음대로 사용할 수 없다. 실제로 제작진이 특정인의 차량에 동승해 인터뷰와 촬영을 했더라도 모자이크 없이 방송한 사건에 원고에 대한 초상권 침해가 인정된 사례가 있다.

업계 CEO 한 명은 기자가 홍보성 리포트를 제작하기 위해 인터뷰하는 줄 알고 신나게 있는 말, 없는 말 다했는데 나중에 알고 보니 고발보도였다며 하소연했다. 취재기자가 많은 분량의 인터뷰 가운데 일부를 따서 비판보도에 인용했다는 것이다. 이런 경우도 동의받지 못한 인터뷰에 해당돼 쟁송(爭訟) 대상이 될 수 있다.

인터뷰 사용 동의에 있어 인터뷰 대상자가 인터뷰에 동의하고서도 나중에 여러 가지 사정으로 동의한 적 없다고 다투는 경우가 많아 골칫거리이다. 이에 대비하기 위해 인터뷰 시작 또는 말미에 인터뷰 취지를 설명하고 당사자가 동의하는 영상과 음향을 취재카메라 등에 확보해 두는 것이 필요하다.

또 '과거의 인터뷰는 과거 그 당시의 인터뷰일 뿐'이라는 사실을 유념해야 한다. 동의받은 인터뷰를 다시 사용할 경우는 추후에 다시 당사자

동의를 받아야 한다. 과거의 인터뷰가 현재의 상황과 정황에 대한 의견은 아니기 때문이다.

선거 관련 사안을 인터뷰할 경우, 특정 정당이나 후보자에게 유리하거나 불리한 내용으로 편향되지 않도록 유의해야 한다. 선거기간 중 비정치 분야를 취재하는 경우, 후보자 또는 캠프에서 공식 직책을 맡거나 특정 정당·후보자를 공개적으로 지지한 사람을 인터뷰하거나 방송에 출연시키지 않도록 주의한다.[11]

역사적 사건·인물에 대한 보도 제작세칙에는 인터뷰와 관련해 아주 미묘한 규정을 볼 수 있다. 인터뷰 대상자에게 반드시 프로그램의 내용과 취지를 정확하게 전달해야 한다. 사회적, 학술적으로 의견 대립이 있을 때, 또는 동일한 사건이나 사실에 여러 가지의 진술, 증언 등이 엇갈릴 때는 다른 의견을 가진 사람의 인터뷰가 프로그램에 포함되는지도 인터뷰 대상자에게 전달하는 것이 좋다. 특히, 역사적 사건이나 인물에 대한 해석을 구하고자 인터뷰하는 경우, 인터뷰 사용의 목적을 의도적으로 변질하거나 왜곡하는 일이 없어야 한다.

인터뷰를 편집할 때는 전체 문맥을 존중해야 한다. 인터뷰에 응한 출연자의 발언을 자의적으로 발췌하여 발언의도와 다르게 프로그램의 흐름에 꿰어 맞추어 편집해서는 안 된다. 인터뷰에 응한 사람이 방송에 대한 동의를 취소하는 경우, 제작자가 인터뷰 내용이 공익적 측면에서 방송될 필요가 있다고 판단한다면 상급 책임자의 자문을 거쳐 방송에 포함할 수 있다.[12] 기자가 인터뷰한 뒤 편집 과정에서 필요한 부분만 아

---

11 KBS(2015). 《실무자를 위한 KBS 공정성 가이드라인》. "선거보도". 서울: KBS.

전인수 격으로 잘라 인용하는 것은 지극히 위험하다. 의미 왜곡이 있을 뿐 아니라 심할 경우 손해배상 소송까지 당할 위험이 있다.

2004년 3월 12일 국회의 탄핵발의안 통과 이후 4 · 15 총선까지의 지상파 보도를 분석한 강형철 교수의 연구[13]는 눈여겨볼 만하다. 강 교수는 국가정체성 위기상황에서 언론이 게임의 법칙을 만드는 장소를 제공하는 것이 아니라 적극적으로 게임에 참여하고자 했다고 지적했다. 탄핵에 의사결정력을 행사하려고 했다는 것이다. 또한 그는 한 사회의 핵심 미디어인 공영방송마저 이런 역할을 자임한 것에 우려를 표명했다.

당시에 여론조사 결과를 근거로 탄핵 당일 저녁뉴스에서 탄핵찬반에 대한 시민 인터뷰를 각각 3 대 7의 비율로 반영한 것은 오히려 민의를 제대로 반영했다는 주장이 있었다. 강 교수는 이와 관련해 보도에 '여론조사 결과 시민 70%가 탄핵에 반대한다'는 사실을 적시하는 것이 중립적 태도라고 봤다. 기계적 중립은 탄핵에 반대한 사람과 반대하지 않은 사람에게 1명씩 또는 2명씩 기계적으로 발언 기회를 주는 것을 뜻한다.

그는 영국의 BBC가 〈제작지침 가이드라인〉에 '정치나 공공정책과 관련한 거리인터뷰는 다른 측면이 확실히 보도되도록 편집하는 데 매우 주의해야 할 것이며, 거리인터뷰가 의견의 분포를 암시하지 않도록 해야 한다'고 명시하고 있음을 그 근거로 제시한다. 거리인터뷰의 현실 호도(糊塗) 가능성을 염두에 둔 것이다. 인터뷰는 조사 기법이 동원되어야 하며 날카롭고 회의적이고 정보적이고 문제의 핵심을 찔러야 한다.

---

12 KBS (2015). 《실무자를 위한 KBS 공정성 가이드라인》. "역사적 사건 · 인물에 대한 보도". 서울: KBS.
13 강형철 (2004). 《공영방송론: 한국의 사회변동과 공영방송》. 서울: 나남.

하지만 당파적이거나 무례하거나 조롱하거나 한쪽의 의견에 정서적으로 동조해서는 안 된다고 지적한다.

BBC는 정치와 공공정책, 여론조사와 관련해 길거리 즉석인터뷰를 방송할 경우의 주의사항을 두고 있다. [14]

길거리 즉석인터뷰가 단지 일방의 주장만을 대변할 뿐 균형 있게 의견을 안배한 것이 아님을 언제나 명백히 밝혀야 한다. 공공정책 관련 주제, 정치적 논쟁이나 산업적 논쟁을 야기하는 주제 혹은 여타 분야의 논쟁적 주제에 대한 길거리 즉석인터뷰는 문제의 양적 측면이 충분히 취재되거나 의견을 충실하고 정확하게 반영할 수 있도록 편집되어야 한다.

폭주와 미숙함 사이

〈경향신문〉이 인터뷰한 '성완종 녹음파일'은 2015년 4월 15일 〈JTBC 뉴스룸〉을 통해 보도됐다. 〈경향신문〉은 기사를 통해 'JTBC가 유족의 동의 없이 타사의 인터뷰 내용을 도둑질한 것이나 다름없다'며 공격했다. 〈경향신문〉에 따르면 JTBC가 방송한 녹음 파일은 〈경향신문〉의 디지털 포렌식(digital forensics) 조력자가 넘긴 것으로 확인된다. 디지털 포렌식은 디지털 증거물을 사법기관에 제출하기 위해 데이터를 수집, 분석하고 보고서를 작성하는 작업이다.

---

14 KBS 방송문화연구소 공영성 평가부(2011). 〈BBC 편집 가이드라인〉(자연 DPS-2011-1). 서울: KBS.

〈경향신문〉의 주장대로 JTBC가 유족의 동의 없이 고인의 녹음파일을 공개했다면 〈JTBC 뉴스룸〉은 저널리즘 윤리를 정면으로 위반했다고 볼 수 있다. 대상자가 인터뷰를 원하지 않을 경우 그 의사를 존중해야 하며 나아가 직접 인터뷰하지 않은 것을 유족의 동의 없이 방송한 것이라면 명백하게 인격권 침해이다. 피해자인 유족의 정신적, 육체적 안정을 고려해야 할 의무를 소홀히 한 것이다.

〈경향신문〉이 녹음파일을 문자로 정리해 토씨와 웃음소리, 새소리까지 적시했으므로 공익적 목적 달성을 위해 음성파일을 공개했다는 것은 설득력이 약하다.

JTBC 취재진이 성완종 전 경남기업 회장이 목숨을 던진 날 새벽, 〈경향신문〉 기자와 통화한 녹취록 전체를 입수했습니다. 지난 10일부터 〈경향신문〉은 지면을 통해 보도하고 녹취 내용을 일부 공개해왔습니다. 이 녹취파일을 JTBC 취재팀이 입수했는데요. 저희가 1부에서 잠깐 예고해드렸습니다만 〈경향신문〉과는 상관이 없습니다. 다른 곳에서 입수했습니다. 그리고 누차 말씀드리지만 이것을 여러분께 공개해드리는 이유, 특히 대부분의 분량을 공개해드리는 이유는 또 다른 녹취록에 대한 오해를 가능하면 불식시키고 지금까지 일부만 전해져 왔던 것에서 가능하면 전체 맥락이 담긴 전량을 전해드려서 실체에 접근하자는 의도입니다. 이건 시민의 알 권리와 관련된 부분이니까요. (후략)

손석희 앵커는 '해당 녹음 파일이 〈경향신문〉과는 전혀 상관없이 입수한 것임을 알려드리겠다'고 말했다. 〈경향신문〉의 조력자가 〈경향신문〉의 인터뷰 녹음파일을 넘긴 것을 '아무런 관계가 없다'고 인식하는 것은 상식을 파괴한다. 여기서 지금까지 건강하게 비췄던 〈JTBC 뉴스룸〉의 폭주(暴走)를 본다.

저널리즘 윤리의 경계선에서 공익을 위해 유족의 동의 없이 녹음파일을 굳이 공개하려면 그 이유를 시청자에게 충분히, 깊이 있게 설명해야한다. 그것이 언론의 설명의무이다. 또한 시청자의 신뢰를 얻기 위한 기본자세이다. 손석희 앵커는 공익과 국민의 알 권리, 진실에 보다 가까이 접근하기 위해 녹음 파일을 공개한다고 했지만 윤리적으로 중요한 사실은 감췄다. 〈JTBC 뉴스룸〉이 있는 그대로 '우리는 〈경향신문〉의 조력자를 통해 녹음파일을 구했다, 그 조력자는 이런 단서를 달았지만 뉴스룸에서 토의한 결과 이렇게 방송하는 것이 시청자에게 도움이 될 것으로 판단했다'고 방송했다면 사정은 완전히 달라지지 않았을까?

인제대 신문방송학과 김창룡 교수의 기고문은 JTBC의 〈경향신문〉 취재물 무단도용을 명확하게 분석한다. 김 교수는 〈미디어오늘〉 기고문을 통해 "JTBC는 〈경향신문〉에 빚을 지고 있는 것으로 판단된다"고 말했다. 김 교수는 첫째, 녹음파일을 보도하면서 〈경향신문〉 크레딧을 명시하지 않은 점, 둘째, 〈경향신문〉에 사전 동의를 구하지 않은 점, 셋째, 손석희 앵커가 뉴스를 내보낸 후 JTBC의 입장을 정리하여 마지막 멘트를 하는 순간까지도 〈경향신문〉에 대해서는 일체 언급이 없었다는 점을 지적했다. 언론개혁시민연대도 "JTBC 보도는 〈경향신문〉 이상으로 국민의 알 권리를 충족할 만한 내용이 없었다"라는 논평을 내고 종편방송 JTBC의 '성완종 육성 파일' 보도에 대해 "공익성과 신뢰성을 모두 놓쳤다"며 강하게 비판했다.

〈경향신문〉은 저널리즘을 제대로 이해하지 못하는, 정직하지 않은 디지털 포렌식 전문가의 도움을 받다가 낭패를 봤다. 사려 깊지 못했다. 혹자는 강도를 당한 사람이 집안 단속을 잘못해서 피해를 봤는데 그것마저 나무라는 것은 사리에 맞지 않는다고 비판할 수도 있다. 그렇지만 저널리스트 간의 무한경쟁은 항상 누구에게든 속지 않아야 한다는 주의를 요구한다. 작업 과정과 그 결과물을 외부에 넘기거나 악용하지 않는다는 디지털 포렌식 관련 민·형사상 약속문건을 반드시 받아두었어야 했다. 〈경향신문〉은 이런 유형의 중대 업무를 소홀히 여겼거나 아니면 법무조직의 전문적 도움을 충분히 받지 못한 것으로 보인다.

제 2 부

이야기공작소
뉴스룸

뉴스 스토리텔링

'스토리텔링'(*storytelling*)은 상대방에게 알리고자 하는 바를 재미있고 생생한 이야기로 설득력 있게 전달하는 것을 말한다. 많은 한국인은 'KBS 9시 뉴스'라는 이야기(*story*)를 통하여 하루를 돌아보고 내일을 예측한다. 9시 뉴스 제작 참여자는 네버 엔딩 스토리를 만드는 '영혼의 대장간'에서 일한다.

TV뉴스는 현장영상과 사운드바이트(*sound-bite*), 상징영상, 기자의 온 마이크(*on microphone*: 기자가 직접 마이크를 들고 현장에 얼굴을 드러내며 설명하는 것), 컴퓨터 그래픽과 자막, 기자의 내러티브, 앵커 멘트로 구성된다. 한 시간 동안 진행되는 〈KBS 뉴스9〉은 당일 생산되는 리포트와 단신의 순서를 배열하고 뉴스를 취사선택하는 과정을 거쳐 거대한 스토리텔링 구조를 엮어낸다. 뉴스 제작자는 '스토리텔링'을 위해 톱뉴스를 결정하고 뉴스의 흐름을 리드미컬하게 엮는 작업에 몰두한다. 또 범사회적 쟁점과 현안이 움직이는 커다란 틀을 자세히 들여다보면서 온 국민의 관심을 붙잡는 쟁점은 무엇인지 숙고한다.

당일 방송되는 기사와 영상의 상호 연계성은 시청자의 반응을 극대

그림 2-1. KBS 뉴스제작 부조정실

출처: KBS

화하는 방향으로 '스토리텔링'된다. 신문과 달리 TV보도의 스토리텔링 과정에는 3D 가상 스튜디오, 휴대용 이동방송장비, 초고화질(UHD) 방송장비 등 첨단시설과 장비가 투입돼 뉴스 포맷과 내용에 영향을 준다. 세트를 비롯한 수많은 미장센은 시청자를 유혹하고 환상을 불러일으키는 도구로 사용된다. 실제로 보도영상의 스토리텔링은 카메라 앵글, 프레이밍, 화면 분할, 카메라 워킹, 속도와 사이즈의 선택, 편집 과정에서 영상이나 음향의 배열 순서에 따라 변형을 거듭한다.

　뉴스 제작자는 스토리텔링 방식을 통해 실제 일어나는 일을 수정, 왜곡 또는 무시하면서 강조하고 확대하거나 무의미하게 만들기도 한다. 스토리텔링에 따라 리얼리티(*reality*)는 현실을 재구성한 미디어엘리티〔*mediality*: 미디어(*media*)와 리얼리티(*reality*)의 합성어〕로 변환된다. TV 뉴스의 스토리텔링 방식은 내용과 형식이 어떻든 일정한 프레임(*frame*)

을 형성하며 기자 개인과 조직, 그 사회의 이데올로기를 반영한다. 우리는 TV뉴스의 스토리텔링 방식에 따라 정부의 정책이 성공하기도 하고 실패하기도 하는 많은 사례를 보아왔다. 시청자는 〈KBS 뉴스 9〉이라는 이야기 구조가 흥미 있고 유익할 때 모여들고 따분하고 무익할 때는 순식간에 돌아선다. 이제 스토리텔링은 예전처럼 단순히 '이야기하기'가 아니라 뉴스 마케팅의 결정적 요소가 되고 있다.

변화하는 악보, 뉴스 큐시트

"큐(cue)!"

담당 PD가 팔을 위로 올렸다가 힘차게 앞으로 뻗는다. 방송이 시작되는 순간이다.

'5, 4, 3, 2, 1, 큐', '3, 2, 1, 큐'를 외치는 장면은 프로그램 녹화·녹음 현장이나 영화와 드라마 현장에서 흔히 볼 수 있다. 시청자는 "큐!"라고 외치는 사람을 선망의 대상으로 바라보기도 한다. '큐'는 단 한마디지만 강력하고 힘이 있다. 모든 방송 준비를 끝낸 PD가 모든 스태프와 호흡을 맞출 준비가 완벽하다고 판단했을 때 외치는 말이다. [1]

---

[1] 영화나 텔레비전 드라마를 찍을 때는 연출자가 출연자에게 촬영이 시작됨을 알리기 위해 "레디, 고"(*ready, go*)라고 외친다.

그림 2-2. KBS 뉴스룸

출처: KBS

큐시트는 약속이다

큐시트(*cue-sheet*)는 신호(*cue*)와 종이(*sheet*)의 합성어이다. 큐(*cue*, *Q*)
는 연기, 음악, 조명, 음향, 카메라 등의 타이밍을 지시하기 위해 정한
신호이다. 따라서 큐시트란 프로그램의 개시에서 종료까지 무엇을 어
떤 타이밍에서 방송 또는 녹음, 녹화할 것인가를 일정한 형식에 따라
기입하는 진행표를 말한다(〈그림 2-3〉참고).

　뉴스 큐시트에는 뉴스 아이템 제목과 아이템별 리딩 멘트 담당 앵커,
리포트와 단신 등 아이템 유형 구분, 영상과 음향의 전달 방법, 앵커의
방송 포지션, 특수장비의 활용 여부가 문자와 기호로 정리되어 있다.
뉴스 큐시트는 프로그램의 분량을 설정한다. 〈KBS 뉴스 9〉은 1시간,
오전의 〈뉴스광장〉은 2시간, 심야의 〈뉴스라인〉은 30여 분으로 시간
적 제약이 있다. 따라서 특정 방송사가 하루 동안 취재하고 제작한 수많

은 뉴스 가운데 일부만 반영된다. TV 메인뉴스 큐시트는 단순한 뉴스 진행표 이상이며 기록되는 하루 역사의 축약판이기도 하다.

뉴스 큐시트는 방송 시작 30분쯤 전에 전달되어 생방송에 사용된다. 큐시트는 뉴스 PD와 기술감독, 오디오감독, 조명감독, 스튜디오 카메라맨, 문자발생 담당자, 플로어맨까지 스튜디오에 있는 모든 스태프에게 배포된다. PD는 교향악단의 지휘자이며, 스태프는 PD의 지휘봉에 따라 움직이는 단원이 된다. PD는 악보 대신 큐시트를 든다.

흔히 '짜인 각본대로 한다'는 뜻으로 '큐시트대로 한다'라고 말하는데 이것은 대체로 정확한 말이다. 예능과 오락·교양 장르 등 대부분의 프로그램을 제작하는 과정에서 최종 확정된 큐시트는 생방송이든 녹화방송이든 특수한 사정이 생기지 않으면 바뀌는 경우가 드물다. 그러나 뉴스 큐시트는 하루 종일 수시로 바뀌고 생방송 중에도 자주 바뀐다.

메인뉴스의 생산 공정과 방송 내용은 큐시트를 통해 관리된다. 큐시트는 때로 뉴스를 통제하는 권력일 수도 있다.

큐시트를 만드는 사람들

지상파 방송의 〈KBS 뉴스 9〉, MBC 〈뉴스데스크〉, 〈SBS 8뉴스〉 같은 메인뉴스 큐시트를 짜는 사람은 담당부장과 차장이다. 메인뉴스는 방송사 뉴스룸의 능력을 다 쏟아부어서 만드는 결정체이다. 통합뉴스룸 국장과 부국장까지 가세해 메인뉴스 큐시트를 짠다. 통합뉴스룸 국장과 담당편집부장은 수시로 의견을 교환하면서 큐시트를 조정한다. 우선 메인뉴스에 들어갈 뉴스를 추려낸 다음 순서를 배열한다. 키울 아이템, 즉 의제로 설정할 아이템은 부서별 협업을 거쳐 여러 아이템으로 발전시킨다. 통합뉴스룸 국장과 편집부장은 회의를 하지 않는 시간에도 수시로 머리를 맞대며 하루 종일 소통한다.

뉴스룸 오전 회의

뉴스룸 전체 회의는 오전과 오후, 두 차례 열린다. 하루를 여는 첫 뉴스편집제작회의는 매일 오전 8시에서 9시 사이에 통합뉴스룸 국장 또는 방송주간 주재로 취재와 편집부서장이 모두 참석한다. 뉴스룸 기술직 간부와 그래픽 담당자 등 참석 인원이 20명을 넘어선다. 뉴스 편집제작회의는 가장 강력한 제도화된 게이트키핑(*gate keeping*)을 보장하는 회의이다. 책상 위에는 전날 밤 작성한 취재 계획서가 배포된다. 요즈음은 회의실 탁자 위에 설치된 데스크톱을 보면서 회의를 진행하기도 한다.

이 자리에서는 편집부와 취재부서 간 질의응답과 토론이 활발하게 이뤄진다. 취재부서장은 순서대로 발제 아이템을 설명한다. 메인뉴스에 자신이 관리하는 부서의 리포트가 많이 반영되도록 공을 들인다. 출고 부서의 아이템을 경쟁적으로 설명하는 자리이다. KBS의 취재부서장 가운데 훗날 청와대 수석비서관이 된 한 사람은 정말 예술적으로 아이템을 설명해 이름을 날렸다. 통합뉴스룸 국장을 비롯한 국장단과 편집부서장은 정치·경제·사회·문화 등 각 취재부서장을 대상으로 보충질문을 한다. 취재부서장은 보충질문에 막힘없이 답할수록 유리하다. 특정 이슈가 몰고 올 파장과 문제점까지 정확하게 설명해야 한다. 편집담당자는 이 시간에 머리를 굴리며 뉴스가치(*news value*)를 따지고 개별 아이템이 정확하게 취재됐는지, 타 언론사에서 먼저 보도할 가능성은 없는지, 보도했을 경우 법적 쟁송 가능성은 없는지 등을 판단한다.

뉴스룸의 문화는 언론사마다 다르다. KBS에만 있는 독특한 풍경이라면 뉴스 편집제작회의에 기자협회장이 참석한다는 점이다. 노사(勞使)가 합의한 KBS 편성규약에 따라 기자협회장 참석이 보장된다.

이 회의를 거쳐 오전 11시 30분 쯤 〈KBS 뉴스 9〉의 가(假) 큐시트가 생산된다. 국장단과 메인뉴스 편집 담당자는 아침회의를 토대로 9시 뉴스에 들어갈 아이템을 간추려 큐시트에 올린다. 이 단계에서 대략적 뉴스 배열까지 마친다. 오후 취재에 따라 리포트 제작이 불발될 경우를 대비해 다수의 예비 리포트도 큐시트 말미에 표시한다. 물론 오후부터 메인뉴스 방송 전까지 새로 발생한 여러 아이템이 큐시트에 반영되기도 한다. 편집부서장은 오전회의 직후부터 큐시트 제작 작업에 매달린다. 오전 중에 톱 아이템을 정하고 경쟁력 있는 아이템으로 큐시트가 채워지면 홀가분하게 점심 약속장소로 갈 수 있다.

뉴스룸 오후 회의

뉴스 편집제작회의는 오후 2~3시에 한 차례 더 열린다. 오후 회의에는 취재계획서 대신 회의 직전까지 보완한 가(假) 큐시트가 배포된다. 9시 뉴스 앵커가 추가로 참석하고 기술감독 등 지원 스태프는 빠진다. 편집제작과 취재부서장 중심으로 새로 발생한 이슈나 사건·사고를 어떻게 뉴스에 반영할 것인지 토의한다. 주로 심층뉴스와 묶음뉴스 등 의제로 설정할 아이템과 포맷을 정하고 부서별 협력 사항을 점검한다. 오후 뉴스 제작회의를 거쳐 1차 메인뉴스 큐시트가 나오는 시간은 약 오후 3시 30분 전후이다. 이 시간에 나오는 큐시트는 매우 중요하다. 톱뉴스와 주력으로 제작할 뉴스가 결정되고 큐시트의 아이템 배열도 웬만큼 가닥

이 잡히기 때문이다.

뉴스룸 사람들, 특히 KBS 기자들은 이 시간에 나오는 메인뉴스 큐시트를 '죽살부' 또는 '살생부'라고 부른다. 메인뉴스에 반영될 리포트가 결정되기 때문이다. 메인뉴스에 들어가지 않은 아이템은 '죽었다', 들어가는 아이템은 '살았다'라고 말하는 데서 유래한 뉴스룸 은어이다. 영어를 사용해 '킬(kill) 됐다', '캔슬(cancel) 됐다'고 말하기도 한다.

메인뉴스에서 빠진 리포트는 저녁 7시 뉴스나 심야뉴스 아니면 다음 날 아침뉴스에 반영된다. 기획 리포트의 경우 제작 자체가 연기되거나 제작된 리포트를 묵혀두는 경우가 있지만 이런 사례는 드물다. 그래서 뉴스에는 원칙적으로 재고가 없다. 매일 새로운 뉴스를 채워 넣는다.

오후 1차 메인뉴스 큐시트를 토대로 큐시트 내용은 계속 버전업된다. 최종 큐시트 마감은 '9시 메인뉴스' 기준으로 8시 30분이다. 이때 나온 최종 큐시트는 편집 담당자의 '최종'이라는 서명과 함께 뉴스룸의 모든 스태프에게 배포된다.

이것으로 끝은 아니다. 뉴스가 진행되는 동안 생기는 돌발뉴스를 방송이 나가는 동안에도 수시로 반영한다. 통합뉴스룸 국장과 〈KBS 뉴스9〉 부장은 핫라인을 열어놓고 반드시 들어가야 할 아이템인지와 뉴스 큐시트의 어느 부분에 배치할 것인지를 결정한다. 〈KBS 뉴스9〉 부장은 뉴스제작 부조정실의 기술감독 등 모든 스태프를 내려다보는 자리에 앉아서 뉴스 진행을 총괄 지휘하며 응급상황에 대처한다. 앵커는 "방금 들어온 소식입니다"라고 말한 다음 새로 들어온 소식을 전한다.

뉴스가 끝난 늦은 시간에 뉴스 편집제작부서원은 모두 모여 메인뉴스 결산 평가회의를 한다. 완성도가 높았던 아이템과 담당부서장의 설명과 달리 부실한 아이템, 원고나 제작 방향성이 잘못 설정된 아이템을 지적해 기록한다. 이 보고서는 다음날 아침회의에서 통합뉴스룸 국장이나 뉴스 편집제작부서장이 고지한다. 통합뉴스룸 국장이 취재부서장의 군기를 잡는 가장 강력한 수단이 전날 뉴스 평가 결과자료이다.

큐시트는 뉴스룸의 소통수단

뉴스 편집자는 하루 종일 큐시트를 바꾸어가며 뉴스를 스토리텔링한다. 또한 동일한 내용이라도 시청자에게 더욱 효과적으로 전달할 수 있는 포맷을 선택하기 위해 고심한다. 어떤 이야기와 어떤 순서가 뉴스가 끝날 때까지 시청자를 붙들어 둘 수 있는지 골몰한다.

뉴스 큐시트는 뉴스 편집제작진과 뉴스룸의 모든 구성원을 묶는 강력한 소통수단이다. 메인뉴스 큐시트의 개방 수준은 뉴스룸의 민주화 수준과 뉴스룸 구성원 사이의 신뢰를 반영한다. 사실상 메인뉴스 큐시트는 뉴스룸의 총체적 역량을 반영한 살아있는 유기체이다. 큐시트는 하루 종일 변하고 뉴스룸이 어느 방향으로 흘러가는지 실시간으로 알려주기 때문이다. 원칙적으로 말하자면 뉴스룸의 모든 구성원과 현장에 나가있는 모든 기자는 보도 정보통신망을 통해 실시간 뉴스 큐시트를 볼 수 있어야 한다.

그러나 보도 정보통신망을 통해 큐시트를 열람할 수 있는 권한은 현실적으로 제한된다. 통상 데스크급 이상에게만 열람 접근권이 주어진다. 현장의 취재기자는 자신이 준비 중인 리포트가 메인뉴스에 들어갈 것인지 궁금하다면 담당 데스크에게 물어봐야 한다. 여기에서 소통의 한계가 발생한다.

열람 권한을 제한하는 가장 큰 이유는 뉴스룸 정보 보호이다. 큐시트가 완전히 개방되면 출입처 곳곳에 나가 있는 취재기자나 지역국의 기자, 해외 특파원도 모두 실시간으로 접근할 수 있다. 동시에 뉴스룸의 영업비밀이 새어나갈 수 있는 위험성도 커진다.

하지만 보안을 위해 큐시트를 개방하지 않는 것은 적절해 보이지 않는다. 뉴스룸 구성원 간에 완전한 신뢰가 형성됐다면 큐시트 완전 개방이 바람직하다. 어떤 뉴스가 어떻게 반영되는가? 시간이 흐르면서 계속 바뀌는 큐시트에서 새로 들어가는 아이템과 빠지는 아이템은 무엇인가? 아이템의 제목은 취재가 진행되면서 어떻게 다듬어지는가? 살아움직이는 큐시트가 투명하게 공개되면 구성원은 신이 난다. 독립적 언론으로서 어떤 외압에도 흔들리지 않는다면 혹시 큐시트 정보가 외부로 새나가더라도 크게 염려할 필요는 없을 것이다.

정치, 경제, 시민권력 모두 언론사가 생산하는 뉴스에 영향력을 행사하고 싶어 한다. 자신과 이해관계가 얽힌 뉴스가 포함되면 뉴스 큐시트에 대한 관심은 최고조로 상승한다. 민주주의는 여론형성 과정이며 뉴스는 이에 결정적 역할을 한다. 여론의 흐름에 따라 정책이 결정되고 기업에게도 큰 영향을 준다.

많은 사람이 뉴스 큐시트에 일종의 관음증(觀淫症)을 보인다. 최고권력기관인 청와대의 홍보수석은 특정 이슈가 어떻게 반영되는지에 모든 촉각을 곤두세운다. 선거기간에는 정치권의 스핀 닥터(spin doctor)가 큐시트를 들여다보려 온갖 수단을 다 동원한다. 대기업 홍보 담당자는 메이저 언론 중심으로 큐시트의 흐름이나 신문 편집 방향을 귀띔해주는 기자 한둘을 심어두려 안달이다. 지상파 방송국의 한 기자는 굴지의 재벌그룹에 메인뉴스 큐시트를 통째로 넘겨주다 적발돼 회사를 떠나기도 했다.

이런 부작용에도 불구하고 언론의 독립성이 굳건하게 지켜지고 데스크와 취재기자, 나아가 뉴스 편집제작부서와의 신뢰가 쌓여있다면 큐시트는 뉴스룸 구성원에게 완전하게 공개하는 것이 바람직하다.

재미없는 이야기는 가라

한국의 TV뉴스는 재미있다. TV뉴스가 역동적이고 스토리텔링이 잘 되어있다는 의미이다. 어떤 언론학자는 뉴스에도 주연과 조연이 있으며 영웅과 악당이 존재하고 소설 전개와 같은 플롯이 있다고 했다. 모든 뉴스가 소설처럼 진행되는 것은 아니지만 잘게 쪼개진 작은 리포트들을 자세히 들여다보면 이런 요소가 분명히 있다. 어떤 종류의 어떤 형태이든 갈등을 다루는 뉴스는 채택률이 높다. 뉴스 제작자는 본능적으로 시청자가 밋밋한 뉴스보다 갈등 요소가 있는 뉴스를 좋아한다는 것을 안다. 뉴스 제작자는 이런 시청자의 기대를 반영해 현실을 재가공한 이야기를 풀어나간다. 이것이 뉴스 스토리텔링이다.

뉴스 제작자는 기자가 만든 작은 이야기를 모아 큰 이야기를 만들어내는 스토리텔러이다. 매일 60분짜리 일일 리얼 드라마처럼 하루의 역사를 영상과 음성으로 기록한다. 〈KBS 뉴스9〉은 타이틀-헤드라인-리포트와 단신-스포츠뉴스(15분)-기상정보-끝 타이틀 순으로 얼개가 짜인다. 개략적 플롯은 정형화되었지만 채워지는 콘텐츠는 단 하루도 같은 날이 없다.

방송뉴스 제작자의 금과옥조(金科玉條) 중 하나는 '돌발뉴스는 빠르고 정확하게, 예정된 뉴스는 흐름을 잘 잡아라'이다. 궁극적으로 특정 방송사의 정체성에 도움을 주고 영향력을 극대화하는 결정적 요소는 '능동적으로 찾아내는 뉴스'이다. 경쟁 언론사보다 앞서서 우리 사회의 의제를 설정함으로써 이른바 선도언론의 역할을 하자는 의미이다.

대부분의 리포트 리딩 멘트는 뉴스 앵커가 진행한다. 앵커는 15초 이내의 짧고 강력한 멘트로 리포트라는 상품을 설명한다. 또한 리포트와 리포트를 연결하고 뉴스 흐름에서 생길 수 있는 분절을 메워 나간다. 앵커 멘트의 유형은 내용 요약형, 현상 설명형, 의견 제시형, 촉구형, 질문형 등이 있다. 의견 제시형과 촉구형 앵커 멘트는 앵커의 주관적 견해가 반영될 위험을 감수해야 하지만 앵커의 영향력을 높이는 데 도움이 된다.

속사포처럼 쏟아지는 헤드라인에는 시청자를 끝까지 붙잡아두려는 의지가 담겨 있다. 헤드라인으로 채택된 아이템은 가장 핵심적 영상을 편집해 배경음악과 함께 소개된다. 이는 뉴스 프로그램의 티저(teaser)에 해당한다. 살짝 맛만 보여준 뒤 시청자를 유인하는 장치이다. 헤드라인 아이템 채택은 담당부장이나 국장이 맡는다. 한국의 헤드라인 뉴스는 배경음악이 매우 강렬하다는 특징이 있다. 헤드라인 음향의 선정성이 시청자 단체의 지적을 받기도 했다. 메인뉴스 헤드라인 리딩은 KBS의 경우 뉴스 리딩이 뛰어나다고 평가받는 아나운서나 전문 성우가 더빙한다. 물론 앵커가 직접 녹음해 더빙하는 경우도 많다.

메인뉴스 제작에서 뉴스가치와 중요도 순서에 따라 편집되는 것은 엄밀하게 보면 톱뉴스와 톱뉴스를 받치는 세컨드 뉴스 정도이다. 나머지 뉴스는 중요도에 따라 순서가 정해지지 않는다. 뉴스 제작자는 본능적으로 시청률을 의식해 뉴스를 배열한다. 예를 들어 강력한 메시지를 담거나 재미있고 유익한 정보를 담은 아이템은 시청자가 가장 많이 볼 수 있는 시간대에 배치한다.

또한 시청자는 심각한 뉴스만 계속되면 곧바로 싫증을 내고 채널을 돌린다는 것도 고려해야 한다. 따라서 대략 10분 간격으로 뉴스가치는 떨어지지만 흥미를 유발하는 아이템을 끼워 넣는다. 중요한 뉴스보다 하찮은 뉴스가 먼저 방송되는 경우가 생기는 이유이다. 이런 경향성은 전문가뿐 아니라 시청자의 원망을 듣는 빌미를 제공하기도 한다. 뉴스 제작자의 의도와 시청자의 기대가 일치하지 않아 불만이 표출되곤 한다.

뉴스 제작자는 시작 시청률을 높게 잡고 그 시청률이 뉴스가 끝날 때까지 꺼지지 않도록 세심하게 살피면서 뉴스 순서를 정한다. 〈KBS 뉴스9〉을 예로 들어보자. 선행 일일드라마의 높은 시청률에 힘입어 헤드라인과 톱뉴스는 높은 시청률을 보이고 이 시청률은 뉴스 중반까지 완만하게 하강한다. 뉴스 중반, 경쟁사의 드라마나 예능 프로그램이 끝나면 시청률이 다시 급상승한다. 뉴스 제작자는 이 시간을 변곡점(變曲點)이라 부른다. 변곡점에서 상승한 시청률은 뉴스가 끝날 무렵까지 조금씩 내려가다 스포츠뉴스가 시작되면 다시 상승하는 흐름을 보인다.

뉴스 제작자는 여기에 대한 나름의 처방으로 뉴스가치가 높아 10분대 이전에 배치될 아이템을 20분대 변곡점에 배치하기 위해 남겨두기도 한다. 강력한 고발물과 시청자의 호기심과 궁금증을 자아내는 아이템이 이에 해당된다.

글로벌 이슈가 아닌 국제뉴스는 9시 35분 이전에 블록형식으로 배치된다. 〈KBS 뉴스9〉의 경우, 아무리 늦어도 9시 35분이 되면 지역방송국은 지역뉴스를 시작한다. 큐시트상으로는 국제뉴스를 지역뉴스보다 일찍 배치한다는 배려가 깔린다. 하지만 지역방송국마다 사정이 달라 밤 9시 35분 이전에 지역뉴스를 시작하면 지역 시청자는 국제뉴스를 제대로 볼 수 없다.

심지어는 서로 관련 있는 아이템 가운데 일부만 보는 경우도 자주 있다. 지역방송국에서 연결성을 가진 2개의 국제뉴스 리포트 가운데 첫 번째 뉴스만 보여준 뒤 지역뉴스를 시작하는 경우이다. 이럴 경우 수도권 시청자만 국제뉴스를 온전하게 볼 수 있다. 지역뉴스를 시작하면 본사 송출은 기술적으로 차단된다. 다만 위성방송을 직접 수신하는 경우 본사가 송출하는 국제뉴스는 볼 수 있지만, 대신 지역뉴스를 볼 수 없게 된다.

국제뉴스를 지역뉴스가 시작하기 훨씬 전에 배열한다면 이런 폐단을 막을 수 있다. 그렇지만 현실적 제약이 따른다. 뉴스가치가 아주 높은 아이템은 국제뉴스 블록이 아닌 곳에 일찌감치 배치되기 때문이다. 결국 운영의 묘인 셈이다. 뉴스 편집제작자는 대형 국제뉴스가 아닌 일반 국제뉴스를 후순위로 배열하는 관행이 시청자 선호를 반영한 결과라고 주장한다. 정치·경제적으로 국제화된 나라에서 국제뉴스의 비중이 낮고 후순위로 밀려나는 현상은 결코 바람직하지 않다. 시청자의 글로벌 안목을 차단하는 결과를 가져올 수도 있다.

국제뉴스 다음 10여 분 동안은 일반적으로 지역뉴스가 배치된다. 시청자는 TV 화면 우측 상단에 로컬사인이 들어가는 것을 볼 수 있다. 이

때부터 지역별로 지역 9시 뉴스를 방송한다. 수도권에서는 서울과 경기, 인천 등의 이슈를 주로 다룬다. 이런 뉴스 포맷은 대부분의 방송사에서 정형화되었다.

뉴스의 끝부분에는 단신 코너가 마련돼 여성 앵커가 4~6건의 소식을 전한다. 단신 다음엔 반드시 연성 리포트 1건이 방송된다. 미담이나 아름다운 자연, 또는 문화·예술 리포트 등 가슴이 따뜻해지는 뉴스가 배치된다.

곧이어 요란스러운 스포츠뉴스 타이틀이 돌아간다. 스포츠뉴스는 〈KBS 뉴스9〉과 다른 독립 프로그램이다. 생방송을 지켜보면 뉴스를 진행하는 스튜디오도 분리해서 사용하며 진행 담당 PD도 다르다. 그렇지만 스포츠뉴스는 9시 뉴스에 포함돼 시청률이 계산된다. 이것은 스포츠뉴스가 안정적으로 높은 시청률을 보여 〈KBS 뉴스9〉 시청률에 도움이 되기 때문이다.

뉴스 배열의 마법

중요도 순의 뉴스 배치는 뉴스 순서를 배열하는 방식의 기본이다. 뉴스 첫머리에 방송되는 톱뉴스가 가장 중요하다. 뉴스 제작자는 편집회의에서 토론을 거쳐 톱 아이템을 정한다. 아침 취재회의에서 각 부서별로 그날 톱뉴스가 될 아이템을 설명한다. 그렇지만 내·외신이 쏟아져 들어오면 톱 아이템은 언제든지 바뀔 수 있다. 뉴스 제작자는 사실 뚜렷한 톱을 찾을 수 없을 때 가장 괴롭다. TV뉴스의 톱뉴스 결정은 뉴스 전체 흐름을 견인할 뿐 아니라 의제설정 능력의 가늠자이므로 매우 큰 의미를 갖는다. 톱이 확정되면 하루가 쉽다. 언론사 간부 사이에 '톱뉴스가 결정되면 아무 걱정 없이 하루가 흘러간다'는 말이 있을 정도이다.

영역별, 주제별로 묶음뉴스를 만들어 블록식 편집을 하는 방식은 가장 일반적이다. 정치, 경제, 사회, 문화, 과학 아이템을 분야별로 묶거나, 비슷하거나 관련이 있는 주제끼리 묶는 방식이다. 대통령 발언, 국회 법안처리, 정당 활동을 묶거나 사건·사고 리포트를 연속적으로 배열하는 방식이 분야별 묶음 방식이다. 같은 종류의 뉴스가 아주 많으면 1부와 2부로 나누어 배치한다. 이때 앵커는 "관련 뉴스는 뉴스 후반부에 다시 전해드리겠습니다"라는 고지 멘트를 한다. 유사 주제를 묶는 방식은 내·외신별, 지역별, 문화권별 등 다양한 방법이 있다. 그 예로 미국의 산불과 동남아의 홍수, 한국의 태풍을 연속적으로 배열하는 것을 들 수 있다.

묶음뉴스는 아침 취재회의에서 각 부서별로 발제한 아이템을 두고 토의하면서 기본적 틀을 만든다. 예를 들어 정치부가 '테러방지법 국회 상정' 아이템을 발제하면 국제부는 '세계 각국의 테러 실태와 테러방지법'을, 통일부는 '북한 사이버 테러의 위험성'을, 과학재난부는 '테러의 기술적 진화'를, 사회부는 '국내 테러 피해 사례와 테러방지법과 관련한 시민사회의 논란' 아이템을 발제한다. 뉴스 제작부서 담당자는 이 아이템을 축약하거나 늘려 묶음뉴스로 만든다. 당연히 이 뉴스들은 연속 블록뉴스로 큐시트에 오른다.

다음으로 이 뉴스들을 어떤 형식으로 만들 것인지를 뉴스 제작부서에서 결정한다. 뉴스 포맷은 콘텐츠를 강력하고 효과적으로 전달하기 위한 수단이다. 이를테면 톱뉴스는 기자 패키지 리포트로 전달한 후 앵커가 그래픽과 취재영상을 대형 배경화면으로 띄워놓고 스튜디오를 오가며 설명한다. 앵커가 마무리 멘트를 하면서 다시 기자를 가상 스튜디오(virtual studio)로 불러내 심층 리포트를 전달하는 방법도 있다. 현장감을 더 살릴 필요가 있을 경우 중계차를 이용해 '사이버 테러 대응센터'에 연결하기도 한다. 현재 지상파 기준으로 대부분의 묶음뉴스는 10분을 넘지 않는다. 대개 6~7분 안에 마무리한다.

블록뉴스는 대부분 심층뉴스로 시청자의 머리를 복잡하게 만드는 경성뉴스이다. 뉴스 제작자는 블록뉴스 다음에 반드시 연성뉴스 한두 개를 양념으로 살짝 집어넣는다. 이를테면 연예인이 등장하는 아이템이나 문화뉴스 아니면 영상이 뛰어난 아이템이다. 뉴스 흐름이 원활하도록 경성뉴스와 연성뉴스를 배합해 뉴스의 강약을 조절하기도 한다. 시청자는 채널을 고정한 채 계속 뉴스를 보지 않는다. 따라서 시청자가 대략 10여 분마다 채널을 돌려본다고 추정하여 뉴스를 배열한다. 이른바 시청자의 재핑(zapping)에 대응하는 편집 기법이 사용된다.

다음으로 경쟁 방송사의 편성 변곡점에 시청률이 높게 나올 아이템을 집중적으로 배치해 시청자를 빼내는 방법이 있다. 〈KBS 뉴스 9〉이 진행되는 중간에 경쟁 지상파의 드라마나 예능 프로그램이 끝나고 광고와 자사 프로그램 홍보 영상이 방송되는 시간이 있다. 대략 9시 25분 전후이다. 시청자는 경쟁 방송사가 프로그램을 교체하는 시점에 옮겨오거나 이탈한다. 〈KBS 뉴스 9〉은 이 기회를 놓치지 않는다. 이 시간대에는 주로 자극적이고 선정적인 아이템을 집중적으로 배치한다. 시청률표를 보면 대략 7~8%p 정도 시청률이 치솟는다. 2015년과 2016년 편성을 기준으로 보면 MBC 시청자는 주로 바로 아래 채널인 KBS 1TV로 넘어온다. 그런 의미에서 〈KBS 뉴스 9〉의 시청률은 순수한 콘텐츠 경쟁력이라기보다는 경쟁사의 광고 도움을 많이 받는 게 분명하다.

방송기자와 수용자를 상대로 한 편집실험 결과는 뉴스가치 판단원칙과 뉴스 배열방식을 잘 보여준다.[2] 방송기자는 실용뉴스, 경성뉴스, 연성뉴스 순으로 뉴스가치를 평가하는 것으로 나타났다. 뉴스 편집 흐름에는 몇 가지 일관된 패턴을 찾아볼 수 있었다. 방송기자는 톱뉴스의 선택, 블록 또는 단락 편집기법, 묶음 편집기법의 관행을 따랐다. 다시 말해, 소속사 부서, 경력에 관계없이 상당히 동질적 뉴스가치 판단기준을 가진 것으로 나타났다. "KBS, MBC, SBS 뉴스가 왜 비슷한가?"라는 물음에 대한 대답이 여기에 있다.

TV뉴스의 양식(*format*)과 편집관행(*editing practice*)은 해당 사회가 오랜 세월을 통해 축적한 방송문화의 산물이다. 방송기자가 개별적으로 행사한 뉴스가치 판단은 구조적으로 조직화, 체계화되어 일종의 제도(*institution*)로 고정된다.

뉴스가치 판단뿐 아니라 뉴스 배열방식도 상당 부분 유사하다면 이변이 없는 한 채널이 다양해도 콘텐츠는 획일적일 수밖에 없다. 차별성 없는 뉴스 콘텐츠와 획일적 스토리텔링 방식으로는 뉴스시장에서 경쟁력 우위를 점할 수 없다. 나아가 급변하는 언론생태계에서 생존마저 흔들릴 수 있다. 근년 들어 주목받는 영국 〈가디언〉, 미국 〈뉴욕 타임

---

2 손승혜 · 이재경 · 배노필(1999). 〈TV저널리즘과 뉴스가치 2: 편집실험-기자와 수용자의 인식비교〉(한국언론재단 연구서 99-10). 서울: 한국언론재단.

스〉, 한국의 〈중앙일보〉 등이 시도하는 뉴스룸의 혁신은 이런 고민을 반영한다.

뉴스 스토리텔링 독해

뉴스 스토리텔링을 이해하기 위해 구체적으로 2015년 4월 1일 〈KBS 뉴스 9〉을 살펴보자.

이날 박근혜 대통령은 호남고속철 개통 현장을 방문한 뒤 광주 김대중 컨벤션센터에 들러 하계 유니버시아드대회 준비상황을 보고받았다. 이 같은 대통령 동정은 고속철 개통 관련 뉴스의 세컨드 뉴스에 현장 사운드바이트 인터뷰로, 4번째 앵커 리딩의 어깨걸이 단신뉴스로 반영됐다. 메인뉴스에서 큼직한 자막이 담겨 각종 효과와 함께 전달되는 단신뉴스는 웬만한 리포트 정도로 힘이 실린다.

이병기 청와대 비서실장의 야당 지도부와의 회동은 23번째 리포트로 처리됐다. 청와대 비서실장 동정이 리포트로 처리되는 건 대단히 이례적이다. 한국의 대통령제에서 비서실장은 자신의 목소리를 내지 않고 철저하게 대통령을 보좌하는 역할에 머물기 때문이다. 며칠 전 임명된 비서실장의 존재감을 부각시키기 위한 의도적 행보에 KBS가 화답한 모양새이다.

사실 청와대 소식이지만 뉴스가치나 스토리텔링 어느 모로 보아도 고속철 묶음뉴스 근처에는 가기 힘들다. 그래서 27번째 지역 뉴스 시간대에 뚝 떨어져 배치됐다. 뉴스 제작진은 대통령과 청와대 비서실장의

그림 2-3. 〈KBS 뉴스 9〉 큐시트

2015-04-01 KBS 뉴스 9 (큐시트/최종)

방송 합계 시간 : 00:58:25　　　PO : 고은희　　　MC : 황상무, 김민정　　수정일 : 2015-04-01 21:45:50

순번	리포터	타입	아이템제목	예상방송	예상누계	화면1	화면2	영상1
1		Opening	NEWS 타이틀	00:10	00:00:10			M/F
2		헤드라인	뉴스9 헤드라인	01:20	00:01:30			VCR
3			###### 황 상 무 + 김 민 정 ######	00:20	00:01:50			
4	박지성	리포트	하늘에서 본 호남 고속철 (광주)	01:20	00:03:25	👤👤		VCR
5			########## 황 상 무 ##########	00:00	00:03:25			
6	최형원	리포트	호남KTX 개통...호남권도 반나절 시대(대통령 포함)	01:30	00:05:10	👤🗔		VCR
7	박현	리포트	'경제유발효과 4000억 원'..경쟁력은?(우려 포함)	01:30	00:06:55	👤🗔		VCR
8	남앵커	단신	DLP단신> 대통령, 나주 혁신도시+광주 U대회 방문	00:30	00:07:25	👤🗔		VCR
9	고아름	리포트	노사 기득권 집착이 대타협 걸림돌	01:30	00:09:10	👤🗔		VCR
10	이랑	리포트	노동대개혁 정부 주도 불가피	01:30	00:10:55	👤🗔		VCR
11			########## 김 민 정 ##########	00:00	00:10:55			
12	이호을	리포트	'복지 재정' 누수 막아 3조 원 절감	01:20	00:12:30	🗔👤		VCR
13	김기화	리포트	학생 8억2천...세월호 희생자 수령액 확정	01:30	00:14:15	🗔👤		VCR
14	김정환	리포트	세월호 배.보상안 발표, 남은 과제는?	01:10	00:15:40	🗔👤		VCR
15			########## 황 상 무 ##########	00:00	00:15:40			
16	신선민	리포트	'미국 대사 습격' 김기종 오늘 기소...단독범행	01:20	00:17:15	👤🗔		VCR
17	최영은	리포트	설훈 '천안함 발언' 파문, 與 '사퇴요구'...野 '곤혹'	01:20	00:18:50	👤🗔		VCR
18	남승우	리포트	(단독) 성완종, 계열사 대여금 핑계로 55억 꿀꺽	01:30	00:20:35	👤🗔		VCR
19			########## 김 민 정 ##########	00:00	00:20:35			
20	여앵커	리포트	<앵리> 앵커멘트 : 리단통법 6개월, 수치 성적표는 양호	00:15	00:21:05			VCR
21	박경호	리포트	<앵리> Rep/여전한 편법과 불법, 시장신뢰는 글쎄	01:20	00:22:40			VCR
22	이소정	리포트	<DLP+REP> CEO VS 직원 연봉, 최고 142배 차이	01:20	00:24:15	🗔👤		VCR
23	김성한	리포트	수천억원어치 가치 봄비, 금비 내린다	01:30	00:25:50	🗔👤		VCR
24			########## 황 상 무 ##########	00:00	00:25:50			
25	송수진	리포트	(단독) 개문발차에 미숙 대응, 길에서 숨진 7살 여아	01:20	00:27:25	👤🗔		VCR
26	김수연	리포트	대형 크레인 쓰러져 교통 통제	01:20	00:28:40	👤🗔		VCR
27			########## 김 민 정 ##########	00:00	00:28:40			
28	계현우	리포트	무면허에 고속도로까지, 안전 위협 불법 운전학원	01:20	00:30:15	🗔👤		VCR
29	유동엽	리포트	억종 어보...72년 만에 귀환	01:20	00:31:50	🗔👤		VCR
30			########## 황 상 무 ##########	00:00	00:31:50			

1 / 2

출력자 : 이영진(16204)

출력일 : 2015-04-02 오후 03:14:37

출처: KBS

그림 2-3. 계속

2015-04-01 KBS 뉴스 9 (큐시트/최종)

방송 합계 시간 : 00:58:25   PD : 고은희   MC : 황상무, 김민정   수정일 : 2015-04-01 21:45:50

순번	리포터	타입	아이템제목	예상방송	예상누계	화면1	화면2	영상1
31	이재희	리포트	흡연 '즉각 과태료' 첫날...곳곳 실랑이	01:20	00:33:25			VCR
32	홍수진	리포트	北,자체 생산 비행기 첫 공개...김정은 시험 비행	01:20	00:35:00			VCR
33			########## 지금 세계는 ##########	00:00	00:35:00			
34	로고	로고	<지금 세계는>	00:05	00:35:05			PDR
35	이예진	리포트	봄철 지구촌 곳곳 이상기후 몸살	01:20	00:36:40			VCR
36		단신	(1) '독도 불법 점거' 주장 일본 중학 교과서 확산	00:20	00:37:00			VCR
37		단신	(2) 중국 주도 AIIB 참여..일본 '당혹'	00:20	00:37:20			VCR
38		단신	(3) IS·알카에다 가담 외국인대원 약 100개국 3만 명	00:20	00:37:40			VCR
39			########## 황 상 무 ##########	00:00	00:37:40			
40	송창언	리포트	이병기 대통령비서실장, 여야 지도부와 적극 소통	01:20	00:39:15			VCR
41	김상협	리포트	지하철 상가 나가라 '갑질' 논란	01:30	00:41:00			VCR
42	김소영	리포트	'술단지'·'한끼 단식'..무상급식 중단 항의(창원)	01:20	00:42:35			VCR
43			########## 김 민 정 ##########	00:00	00:42:35			
44			<<<<<<< 간추린 단신 >>>>>>>	00:00	00:42:35			
45			① 지난달 무역수지 월간 사상 최대 흑자	00:20	00:42:55			VCR
46			② '제자 상습 성추행' 서울대 강모 교수 파면	00:20	00:43:15			VCR
47			③ '땅콩회항' 조현아 전 부사장, 항소심 첫 공판	00:20	00:43:35			VCR
48			④ '보편적 시청권 위해 700MHz 지상파 할당해야'	00:10	00:43:45			VCR
49			⑤ 옛 전차 모양 '트롤리버스' 서울서도 운행	00:10	00:43:55			VCR
50	우한울	리포트	'가상현실'로 대피요령 배운다	01:25	00:45:35			VCR
51		타이틀	===== 스포츠 뉴스 타이틀 =====	00:00	00:45:35			M/F
52			<<<<<<< 스포츠 뉴스 NS-2 >>>>>>>	11:00	00:56:35			
53	김혜선	날씨	날 씨	01:20	00:57:55			기상CG
54	MC	Closing	클로징 멘트	00:20	00:58:15			
55		END	인터넷 슈퍼 + 끝 타이틀(슈퍼899)	00:10	00:58:25	J.J		PDR

출력자 : 이영진(16204)   출력일 : 2015-04-02 오후 03:14:37

출처: KBS

그림 2-4. 2015년 4월 1일 〈KBS 뉴스 9〉 리포트

[뉴스9 헤드라인]

하늘에서 본 호남고속철 KTX
의 질주

서울~광주 1시간 반…호남권
도 '반나절 생활권'

호남 KTX 하루 3만 명 이용…
항공·버스 업계 '긴장'

박 대통령 "U-대회로 광주 문화
중심지 도약"

노사정 대타협 협상 제자리…
기득권만 내세워

노동 대개혁, 결국 정부가 주도
하나?

복지 예산 누수 막는다…"3조
원 절감 기대"

세월호 배·보상 기준 확정…학
생 8억여 원

세월호 유가족 "진상 규명 먼
저"…내일 입장 발표

'미 대사 습격' 김기종 '살인 미
수' 기소…단독 범행

설훈 "천안함 사태 북 소행 아
닐 수도"…여 '사퇴' 야 '곤혹'

[단독] 성환종 회장, 적자 계열
사서 55억 빼돌려

[앵커&리포트] 단통법 6개월
수치 성적표 '양호'…불법·편법
은 여전

임원·직원 연봉 최고 142배 차
이…"근로 의욕 상실"

내일 중부지방 '금비' 내린다…
2,500억 원 가치

[단독] 차 문 열려 중상 어린이
병원 대신 학원…끝내 숨져

대형 크레인 도로로 덮쳐…또 안
전불감증 원인

브레이크 대신 막대기…'아찔'
불법 운전학원

'덕종 어보' 70여 년 만에 귀
환…첫 기증 반환

흡연 '즉각 과태료' 첫날…곳곳
실랑이

북, 자체 생산 비행기 첫 공개…
김정은 시험 비행

[지금 세계는] 폭우·태풍·황
사…지구촌 이상 기후 몸살

[지금 세계는] 일 교과서 '독도
왜곡' 확대 움직임

'솔단지 급식' '한 끼 단식'…무
상급식 중단 항의 확산

[간추린 단신] 지난달 무역수지
월 기준 사상 최대 흑자 외

가상현실로 대형 화재 체험…
대피 요령 배운다

[스포츠9 헤드라인]

출처: KBS 홈페이지

128

동정을 여러 리포트와 단신으로 이리저리 분산배치하면서 스트레스를 받았을 것이다. 한국 시청자는 이른바 '땡전 뉴스'의 아픈 추억이 있어 청와대 뉴스가 지나치게 많으면 좋아하지 않는다.

다음으로 주목할 만한 리포트는 11번째 리포트인 "설훈 '천안함 사태 북 소행 아닐 수도'… 여 '사퇴' 야 '곤혹'"과 20번째 리포트인 "북, 자체 생산 비행기 첫 공개… 김정은 시험 비행"이다. 설 의원의 발언은 천안함 피격사건을 역사 교과서에 실어야 하는지를 두고 언론사에 출연해 토론하는 과정에서 나왔다. 이 두 개의 리포트는 분명 북한 관련 뉴스이지만 연속적 묶음뉴스로 배열하면 시청자의 오해를 살 수도 있다. 시청자가 설 의원의 천안함 발언 논란을 본 직후 북한의 군사력 증강을 시사하는 항공기 개발 리포트를 접하면 설 의원의 발언이 논란보다 더 잘못된 발언으로 비춰질 수도 있다.

김정은이 새로 만든 항공기에 탑승하는 모습은 하나의 상징이 되어 메시지를 훨씬 강화시킨다. 사실 북한의 이 영상은 의도적인 선전영상으로 만들어낸 것이다. 물론 이 리포트를 제작한 기자는 북한에 대해 부정적 시각으로 원고를 썼다. 뉴스 편집배열에 따라 설훈 의원의 발언은 부적절성이 크게 부각될 수 있고 약화될 수도 있다. 이럴 경우 노련한 TV뉴스 편집제작자는 두 개의 리포트 사이에 충분한 시간을 두어 분리시킨다. 그리고 그 자리를 두 리포트와 전혀 관계가 없는 이슈로 채운다. 뉴스 아이템의 시공간 이동을 통해 균형 감각을 유지하는 것이다. 정파적 입장을 가진 시청자의 기대를 채워주는 실수를 비켜간다. TV뉴스 제작자는 이런 편집이 공정성을 확보하는 데 도움이 된다고 믿는다.

기자가 만든 리포트 25개를 〈KBS 뉴스 9〉에서 소화했다. 앵커가 직접 소화하는 단신 2건, 일반 단신 9건이다. 리포트 주제별로는 22개 아이템인데 호남고속철 개통 관련 뉴스가 3건, 노사정 대타협 관련 뉴스와 세월호 침몰사고 보상 관련 리포트가 각각 2건씩 묶음뉴스로 나갔다.

AGB닐슨 조사에 따르면 전체 시청률은 17. 7%(점유율 11. 3%)로 시작 시청률인 19%를 넘어서지 못했다. 이날 선행 일일드라마〈당신만이 내사랑〉의 시청률은 26. 5%(점유율 41. 6%)였다.

아이템별 최고 시청률은 "학원차량 개문 발차 사고"가 20%, 최저 시청률은 "임원 직원 연봉 격차" 15%였다. 최고 시청률을 보인 "학원차량 개문 발차 사고" 등 사건·사고 뉴스는 MBC 일일드라마가 끝나고 광고가 나가는 시간에 배치됐다. 이른바 변곡점 공략이다. 포털 다음의 '많이 본 뉴스' 역시 "학원차량 개문 발차 사고"였다. 이렇게 실시간 시청률과 VOD 클릭 순위가 1위로 일치한다는 것은 TV뉴스 제작자가 시청자가 가장 좋아하거나 궁금해 하는 뉴스를 정확하게 안다는 뜻이다. 그렇지 않고서는 4월 1일〈KBS 뉴스 9〉진행 큐시트에 해당 리포트가 귀신처럼 배치됐을 리 없다. 이런 뉴스배치는 뉴스 중후반부의 시청률을 다시 한 번 끌어올리므로 뉴스 전체 시청률에 수훈 '갑'이 된다.

불행하게도 이날 국제뉴스는 밤 9시 30분이 지난 지역뉴스 시간대에 배치돼 지역 시청자는 국제뉴스를 보지 못하고 지역 9시 뉴스를 봐야 했다. 어떤 이는 메인뉴스의 이런 뉴스 배열이 지역 시청자를 홀대하는 무례라고 공격하기도 한다. 메인뉴스 뉴스 제작자는 국제뉴스에 대한 시청자의 반응이 그리 뜨겁지 않다는 이유를 댄다. 뉴스가치를 자세히 살펴보면 국제뉴스가 후순위로 밀려날 이유가 없다. 단지 시청률 우선이라는 생각이 국제뉴스의 홀대를 만들어낸다.

스포츠뉴스가 시작되는 순간 시청자는 다른 세계로 접어든다. 스포츠뉴스는 일반뉴스와 구분된다. 시작부터 경쾌하고 빠른 배경음악이 등장하고 앵커의 리딩 속도도 빨라진다. 영상 편집기법도 현란하다. 현실세계를 있는 그대로 보여주지만 편집기법의 현란함으로 빠른 것은 더 빠른 것으로, 아름다운 것은 아주 느린 영상으로, 잘 보이지 않는 땀방울은 빅 클로즈업(*big close-up*)으로 확대된다. 가장 현실에 충실한 스포츠 영상이 가장 극적인 영상으로 가공된다.

영상 구현기술이 진화하면서 스포츠 콘텐츠는 어느 장르보다 경쟁력 높은 콘텐츠가 되었다. 스포츠뉴스는 국내외 대규모 스포츠 이벤트와 경기순위와 기록경신, 스포츠 스타의 이야기 등 주로 화제성 리포트로 채워진다. 주요 스포츠 시즌이 아닐 때는 간혹 기획 리포트가 들어가지만 드문 경우이다. 스포츠뉴스는 우리 주변의 영웅의 이야기를 통해 시청자의 기분을 북돋우고 하루의 피로를 씻어준다.

시청자는 적어도 스포츠뉴스에서만은 심각한 스토리를 원하지 않는다. 단순하고 간결한 이야기를 원한다. 이것은 스포츠의 세계가 아마추어와 프로페셔널리즘, 개인경기와 집단경기, 내셔널리즘과 국제협조주의, 남성 우월주의와 페미니즘 등 정치적 요소를 함축하는 것과는 상반된다. [3]

스포츠는 정보가치가 곧바로 상품가치로 전환되는 분야이기도 하다. 스포츠 상품을 필요로 하는 고객은 스포츠팬, 방송사, 스포츠 상품 생산기업 등이다. 스포츠팬은 경기를 관람할 기회를 구입하며, 미디어는

---

[3] 김성길 (2012). 《스포츠 콘텐츠의 이해》. 파주: 한울.

중계방송의 권리를, 기업은 스포츠 상품을 이용해 마케팅할 권리를 구입한다.

편집팀과 취재팀, 누가 위에 있나?

방송사의 뉴스룸에서 뉴스 제작을 담당하는 편집부서와 취재부서는 건강한 긴장관계를 유지해야 한다. 편집과 취재부서는 내·외근 부서이면서 정기적으로 순환보직 인사를 한다. 신문사 뉴스룸이 편집기자와 조사기자, 취재기자로 나뉘어 거의 순환인사가 되지 않는 것과는 크게 다르다. 따라서 전문성으로만 평가했을 때 방송사 뉴스룸의 편집부서와 취재부서의 우열을 가리는 것은 의미가 없다.

그러나 방송사 뉴스룸이 항상 평온하지는 않다. 편집과 취재부서의 긴장관계가 지나쳐 심각한 갈등으로 치닫는 경우도 잦다. 취재부서의 불만은 대략 다음과 같다. '취재제작한 리포트의 방송이 타당한 이유 없이 미뤄졌다', '중요하고 완성도 높은 리포트인데도 뉴스 배열에서 순서가 뒤로 밀렸다', '메인뉴스에서 방송되지 않고 아침뉴스나 심야뉴스 등 비중이 떨어지는 뉴스에서 나갔다', '여러 차례 방송되어야 마땅한 리포트가 한 번만 방송됐다', '취재기자에게 생방송 출연 기회를 줘야 하는데 고의로 주지 않았다', '취재 계획서를 올려 회의에 올렸으나 편집회의의 판단착오로 취재 자체를 막았다', '편집부서에서 반드시 필요하지도, 중요하지도 않은 취재를 지시했다' 등이다.

이밖에 더욱 미묘하고 이념적 배경이 숨어있는 비판이 기자협회와 노동조합을 통해 제기되기도 한다.

취재제작의 자율성과 게이트키핑, 조금 더 구체적으로는 업무 지시권과 관련한 뉴스통제 시스템에서 이런 갈등이 비롯된다. 특정 이슈(뉴스룸에서는 이를 '아이템'으로 부른다)의 방송 여부와 방송 분량, 방송 시기, 방송 방법, 뉴스 생산량에 대해서는 취재부서보다 편집부서가 주도권을 쥔다. 편집부서가 뉴스를 취사선택할 권한이 커질수록 취재부서의 거부감도 상승한다. 통상적으로 뉴스룸에서 편집부서는 취재부서보다 더욱 엄격한 게이트키핑 잣대를 들이댄다. 편집부 기자는 정파적 냄새가 나거나 특정 제품이나 브랜드를 홍보하는 듯한 기사를 귀신같이 걸러낸다. 상업적 조직의 제품이나 서비스를 간접광고하려는 기미가 보이면 왜 그것이 꼭 방송되어야 하는지 질문한다. 타당하고 합리적인 근거를 설명하지 못하면 그 아이템은 채택되지 못한다. 서로 다른 견해는 뉴스 편집제작회의를 통해 대부분 원만하게 조정된다. 그러나 편집부서와 취재부서의 견해가 크게 다를 때는 갈등이 불거진다.

갈등 요인을 좀더 구체적으로 들여다보자. 첫 번째로, 외근 취재기자는 내근 편집기자를 간부의 생각을 반영하는 친위대로 여긴다. 실제로 방송사 뉴스룸의 편집부서 구성원 역시 매우 높은 수준의 제작 자율성을 가지고 일하지만 중요한 이슈의 경우 보도국장이나 부국장, 편집부서장의 지시에 따라 업무를 추진한다. 예를 들어, 재해·재난이나 돌발적 사건·사고에 대해 취재역량을 집중한다거나 속보와 특보방송을 추진하는 것은 전적으로 편집부서가 장악해 추진한다. 취재부서는 소단위 전투를 벌이지만 편집부서는 보도의 방향성과 인적, 물적 자원을 통합하고 분배하는 방송의 전술, 전략적 측면을 고려한다. 이런 요인을 잘못 관리할 경우 언제든지 취재부서의 반발을 부를 수 있다.

두 번째로, 편집부서는 보도국장 라인을 통해 결정되는 뉴스의 생산량 그리고 품질을 관리한다는 점이다. 뉴스 생산량은 기자의 역량에 맞게 설정되어야 한다. 기자를 너무 지치게 만들면 뉴스룸의 활력을 해칠 수 있다. 편집라인은 여러 경로를 통해 수집되는 정보를 분석하고 종합해 담당부서에 취재를 지시할 수 있다. 이때 지시가 무리하거나 부당할 경우 취재부서의 저항을 부를 수도 있다.

편집부서는 매시간 방송하는 뉴스마다 차별화된 콘텐츠를 공급해 뉴스 경쟁력을 높이고 싶어 한다. 뉴스의 다양성도 고려하여 개별기사에 대한 후속기사와 새로운 영상을 끊임없이 취재부서에 요구하게 된다. 취재기자의 노동 강도와 직결되는 일련의 과정을 더 세심하게 관리할 필요가 있다. 편집부서는 뉴스의 최적 생산량을 정교하게 판단해 신속하게 결정해야 취재부서와의 갈등을 줄일 수 있다.

세 번째, 뉴스의 취사선택과 유통기한에 관한 것이다. 뉴스는 반복되지만 뉴스 시간은 한정되어 있고 취재는 경쟁적으로 이뤄진다. 한국의 지상파 메인뉴스의 길이는 길어도 45분을 넘지 않는다. 이 시간 안에 소화할 수 있는 리포트는 23~24개 정도, 주제별로는 개략 20개 안팎이다. 취재부서가 생산하는 리포트 수는 메인뉴스에서 소화할 수 있는 양의 서너 배에 이른다. 메인뉴스에서 소화하지 못하는 리포트는 심야나 다음 날 아침뉴스 등에서 소화한다. 편집부서는 큐시트를 통해 취재부서의 아이템을 취사선택한다. 메인뉴스는 시청률이 높고 영향력이 크므로 취재기자뿐 아니라 편집부서, 데스크 모두 최선을 다해 자신의 부서에서 제작한 리포트가 메인뉴스에서 소화되길 바란다.

그러나 특정 취재부서의 리포트가 계속 메인뉴스에서 누락되면 편집부서에 대한 불만이 쌓이게 된다. 뉴스생산량이 많을 때 선택의 폭은 넓어지고 고품질의 리포트를 골라 쓸 수 있다. 반면 개별리포트가 다양한 뉴스 시간을 통해 여러 번 방송될 수 있는 기회는 낮아진다. 즉, 뉴스생산량이 많으면 뉴스 유통기한이 짧아지는 경향을 보인다. 취재기자는 애써서 제작한 리포트가 한 번만 보도되고 홈페이지에서 VOD로만 볼 수 있는 상황을 좋아하지 않는다.

　　편집부서와 취재부서의 갈등은 정확성과 속보성 때문에 생기기도 한다. 취재의 정확성을 확보하기 위해 최소한의 확인절차와 시간이 필요하다. 시간이 있다면 필수적으로 여러 번 검증해야 한다. 정확성은 취재부서의 몫이지만 이를 바탕으로 실제로 속보방송을 하는 곳은 편집부서이다. 편집부서는 경쟁사보다 빠른 보도를 위해 취재부서를 압박한다. 실제로 '북한이 핵실험을 했다'는 사실이 확인되면 정규 뉴스 시간이 아니더라도 자막으로 속보를 전한다. 그다음 뉴스속보와 뉴스특보를 진행한다. 경쟁 방송사가 자막속보를 냈는데도 취재부서의 사실 확인이 늦어지면 편집부서의 압박은 최고조에 이른다. 신속하고 정확한 보도가 가장 바람직하지만 경쟁적 상황에서 두 가지 요건을 모두 만족시키기는 힘들다. 빠른 만큼 정확성이 떨어질 위험을 안게 된다.

　　취재부서는 관심이 없지만 회사 차원에서 고려해야 하는 사정이 있다. 편집부서는 이를 감안하여 뉴스를 제작하고 편집에 반영한다. 예를 들어 KBS의 경우, 수신료에 대해 정치적 영향력을 행사하는 국회 상임위원회나 시청자 단체, 수신료를 통합고지하는 한국전력과 관련된 뉴스에는 매우 민감하다. 이런 사안은 취재부서에게 불만요소로 작용한다. 그래서 뉴스룸 안의 편집제작회의에서는 편집부서와 취재부서 간에 고성이 오가는 일이 생기기도 한다. 9시 뉴스 방송 직전에 취재부서장이 9시 뉴스 제작부서장에게 거칠게 항의하는 경우도 있다.

뉴스룸의 소통 활성화를 위해 편집부서와 취재부서 사이에 격렬하면서도 건강한 토론을 권장한 보도국장이 있는가 하면 싫어하는 사람도 있다. 편집부서의 권한이 지나치게 강해지는 것을 견제하는 사장도 있었다. 2007년 무렵 KBS 정연주 사장은 큐시트의 리포트 제목을 가능하면 출고부서에서 달 것을 권고했다. 편집부서가 큐시트의 리포트 제목부터 주도하면 취재기자가 제작하는 리포트는 편집부서의 영향을 받을 가능성이 있다는 지적이었다. 정 사장은 취재부서의 제작 자율성을 편집부가 침해할 수 있다는 점을 염려했다. 뉴스룸 안에서 편집부서와 취재부서가 활발하게 토론하며 소통할 때 뉴스의 경쟁력이 높아진다.

기습전과 장기전, 속보와 특보

2015년 3월 5일, 리퍼트 주한 미국 대사가 흉기로 공격당한 초유의 사건이 발생했다. 이 사건이 발생한 건 오전 7시 42분이다. 사건이 발생한 당일 낮 동안 지상파 3사와 JTBC는 비교적 '쿨하게' 이 사건을 다뤘다. JTBC는 사건발생 이후 오전 10시 20분부터 오후 1시까지 〈유자식 상팔자〉와 〈비정상회담〉을 재방송했다. 예능 프로그램이다. 그것도 본방 아닌 재방이다. 한편 이 시각, CNN은 속보방송으로 전환했다.

KBS 1TV는 오전 8시 10분에 2분, 8시 57분에 5분 정도 정규편성 사

그림 2-5. 주한 미국대사 흉기피습 속보

출처: 연합뉴스 TV

이에 속보를 편성해 이 사건을 전했다. 지상파 가운데 가장 빨랐다. 이 시각은 취약 시간대이다. 새벽 4시쯤 출근한 〈뉴스광장〉 팀이 방송을 끝마칠 무렵이다. 이른바 조출(早出) 팀이 기진맥진해 본관식당으로 향할 무렵 1보가 전해졌을 것이다. 비상대기조가 남아 있어서 기민한 대응이 가능했던 것으로 보인다.

이후 〈KBS 930뉴스〉는 물론 〈토요12시 KBS 뉴스〉까지 건조한 흐름을 이어갔다. 〈KBS 930뉴스〉가 진행되는 동안 경찰이 사건경위를 처음으로 발표했으나 KBS 뉴스룸은 어찌된 영문인지 이 시간에 산불, 황금박쥐 발견 등의 아이템을 방송했다.

이 시간에 종편과 YTN은 경찰의 사건경위 발표를 중계했다. 경찰의 첫 발표는 경호경비와 관련하여 주목할 만한 정보가 나올 수 있는 자료였던 것으로 보인다. 〈토요12시 KBS 뉴스〉 역시 10여 분 동안 사건 관련 소식을 전한 뒤 통상적 뉴스를 이어갔다. 12시 뉴스는 한 시간짜리 대형뉴스이다. 이 시각 YTN, TV조선, 채널A는 현장 연결과 전문가 출연 대담 등으로 특보체제를 계속 유지했다. 초기 대응은 좋았는데 스크롤 자막 소홀 등 긴장도가 급격하게 떨어진 배경이 궁금하다.

대형사건이 발생했을 때 뉴스룸의 긴장도와 전문성은 속보·특보 경쟁에서 곧바로 드러난다. 범인은 현장에서 체포됐다. 따라서 이번 사건은 급박한 위험을 경고해야 하는 재난은 아니었다. 그러나 그 파장이 대단히 우려되는 초대형사건이었다. 사건 이슈에 대한 분석과 해석의 비중이 더 큰 사건이라는 뜻이다. 뉴스룸의 대응 수준과 강도는 특정 언론기관의 이데올로기를 반영한다. 이 경우 뉴스룸에서 무엇을 준비해야 하는지 개략적으로 정리해 보자.

뉴스 속보는 뉴스룸의 긴장도를 반영

방송사가 뉴스 이외의 프로그램을 방송하고 있다고 가정하자. 1보는 속보자막이다. 방송사마다 기준을 정해둔다. 현재 방송되는 화면 위에 자막을 넣는다. '오늘 오전 주한 미국 대사 민화협 주최 강연장에서 흉기로 피습, 중상' 정도가 될 것이다. 그 시간에 광고가 나가도 인정사정 볼 것 없다. 사실이 확인되면 곧바로 자막으로 처리해야 한다. 이번 사건을 관찰해 보면 TV조선과 YTN은 속보자막을 대형밴드 형태로 광고 영상 위에 겹쳐서(superimpose) 내보냈다. 속보체제와 그 절차가 뉴스룸 문화로 자리 잡았으며 긴장도가 대단히 높은 분위기임을 보여준다. 1보 처리가 끝나면 편집팀은 스크롤 자막을 계속 준비해 업데이트해야 한다. KBS의 경우 1TV와 2TV 모두 마찬가지로 스크롤 자막을 넣어야 한다. 이번 경우 KBS 1TV는 오전 동안 드라마 〈대조영〉을 재방송하

그림 2-6. 뉴스 특보 진행 모습

출처: KBS

면서 하단 자막을 제대로 넣지 않았다.

사건 발생 후, 최대한 빨리 생방송으로 관련 속보를 전해야 한다. 교양이나 오락 프로그램을 생방송으로 진행하고 있더라도 해당 프로그램의 MC가 현장기자나 뉴스룸에 있는 기자를 불러 방송을 물리면 된다. 이 경우 해당 프로그램의 담당 PD는 무척 싫어할 것이다. 따라서 비상 상황에 대한 이해와 교육, 평소의 소통이 전제되어야 신속하게 대응할 수 있다. 실제로도 KBS 1TV 〈아침마당〉 시간에 재해·재난 방송을 생방송으로 진행한 경험이 많다. 진행하고 있는 방송을 급히 끊고 뉴스 속보를 편성하는 것이 가장 바람직하다. 이런 상황은 뉴스룸에 MC와 카메라맨, 주조정실 엔지니어 등이 대기(standby) 상태가 되어있지 않을 경우에 해당하는 응급조처이다.

그림 2-7. KBS 중계차

출처: KBS

소스 늘이기와 현장 전개

일단 속보체제로 돌입하면 뉴스 소스(*news source*)를 계속 늘려나가는 것이 중요하다. 뉴스룸의 노련한 제작자는 대형사건·사고가 발생하면 곧바로 기자 파견위치와 중계차 배치장소, 특파원 연결 포인트, 전문가 섭외, 관련자료 검색, 비디오 파일제작 등의 지시를 동시다발적으로 내린다.

뉴스룸에는 위성 이동중계 장비(SNG: *satellite news gathering*)를 탑재한 기동력 좋은 소형 밴이 있다. 스태프가 당직기자와 함께 야간 숙직을 하기도 한다. 1보를 막자마자 민첩성이 뛰어나고 위성을 이용해 거의 모든 상황에서 현장중계가 가능한 소형 중계차가 현장으로 달려 나간다. 대형 중계차와 CP(*command post*) 차량이 SNG 밴을 뒤따른다. CP 차량은 대형 버스를 개조한 이른바 지휘차량이다. 현장 데스크와 기자들이 기사를 작성하고 휴식하기도 한다. 냉난방이 되어 혹한·혹

그림 2-8. 재난방송 전용 스튜디오

출처: KBS

서기에도 안정적으로 취재할 수 있도록 돕는 이동식 사무실이다. 장기 취재에 들어가면 먹을 것과 마실 것을 준비하기도 한다.

속보는 자막 처리, 스크롤 자막, 짧은 속보, 20분 이상의 뉴스특보 순으로 진행된다. 동시에 진행되기도 하며 순서를 건너뛰기도 한다. 특보체제가 장기화되면 기자와 전문가를 출연시켜 긴급대담 프로그램을 방송하기도 한다.

재해·재난과 대형사건·사고가 터졌을 때 초기단계의 뉴스룸은 대단히 소란스럽다. 어떨 땐 불난 집 같다. 아마 옆에서 폭탄이 터지는 전쟁터의 군인도 그러하리라. 다양한 커뮤니케이션 시스템이 갖춰져 있는데도 가장 강력한 커뮤니케이션 수단은 역시 큰 목소리인가 하는 생각이 들 정도로 혼란스런 상황이 계속된다. 뉴스룸 시스템이 아무리 잘 갖춰져 있다고 하더라도 역시 속보와 특보, 재해·재난에 대비하는 교육이 몸에 배어야 정확하고 신속한 방송이 가능하다. 교육은 생각과 행동을 바꾸는 것으로, 제도나 법을 바꾸는 것보다 시간과 비용이 많이 든다. 그만큼 의식을 바꾼다는 것은 힘들다.

뉴스룸과 편성팀의 소통이 핵심

지상파와 종편 방송사의 경우 편성과 뉴스룸의 유기적 협력 관계가 필수적이다. 예컨대 생방송이나 녹화방송을 끊는 등 속보·특보의 편성을 수시로 협의해야 하기 때문이다. 때로는 의욕적으로 많은 돈을 들인 프로그램이 두 동강나기도 하고 심지어 불방(不放)되는 경우도 있다. 담당 제작자는 분통이 터질 일이다. 그러나 자기 방송만을 고집하다가는 한 방송사의 브랜드 이미지가 결정적으로 손상될 수 있다. 그래서 상황이 닥치기 전에 평소 협력관계를 형성하는 것이 대단히 중요하다.

2016년 9월 12일 경주 강진이 났을 때 재난방송 주관방송사인 KBS의 대응을 살펴보자. KBS는 당일 밤 9시 뉴스를 준비하다 재난방송을 실시했다. 자막속보에 이어 19시 59분과 20시 45분에 KBS 1TV를 통해 3~4분 길이의 속보를 방송했다. 첫 뉴스 속보는 규모 5.1 지진이 발생한 지 15분 만에, 두 번째 속보는 규모 5.8의 사상 최대 강진 발생한 뒤 13분이 지나서 이뤄졌다.

정규 방송을 중단하고 프로그램 중간에 속보를 편성한 건 높이 평가할 만하다. 그런데 1차 지진 후 사상 최대규모의 강진과 여진이 잇따르는 사이 KBS 1TV는 〈우리말 겨루기〉, 일일드라마 〈별난 가족〉, 〈문화산책〉을 방송했다. 심야에는 〈역사저널 그날〉과 〈다큐 공감〉 프로그램을 재방송했다. 이 시각 지진 피해지역 주민들은 공포에 떨며 뜬눈으로 밤을 새웠다. 시청자는 국민의 기대와 눈높이를 충족시키지 못하는 KBS에 대해 분통을 터뜨렸다.

KBS의 재난방송은 적어도 초기 대응에서 뉴스전문채널에 비해 충분하지 못했다. 재해·재난을 보는 뉴스룸의 수준 낮은 인식과 정규 프로그램의 손상을 본능적으로 싫어하는 무모한 이기심을 시청자에게 들켰다. 재해·재난 방송 편성전략은 뉴스룸과 특정 방송사가 현재 벌어지고 있는 급박한 위험을 어떻게 인식하고 있는지를 그대로 반영한다.

KBS의 경우 재해·재난 주관방송이라는 걸 항상 염두에 두어야 한다. 이는 KBS가 시청자에게 봉사해야 할 공적 책무에 해당한다. 소홀히 할 경우 정치권과 시민사회의 공격을 피할 수 없다.

오감을 동원한 생방송

다음으로 기자의 생방송 능력을 이야기해 보자. 지금은 많이 나아졌으나 아직 갈 길이 멀다. KBS는 생방송 연습 프로그램을 저널리즘 스쿨 교육 과목으로 채택하면 좋을 것이다. 여객기 추락이나 여객선 침몰 등 재해·재난 영상을 보여주면서 이를 묘사 또는 설명하는 간단한 프로그램이다. 내가 부산방송총국장으로 있을 때 이 교육을 도입했다. 부산총국 기자들이 김밥으로 저녁을 때우며 열정을 쏟고 또 재미있어했으며 생방송 능력을 실제로 높일 수 있었다.

내가 생각하는 생방송 실전연습이란 영상을 현장으로 생각하고 관찰보고를 계속해보는 것이다. 군에서 관측보고를 할 때 '좌에서 우로, 먼 곳에서 가까운 곳으로'라는 요령이 있다. 마찬가지로 눈앞에 벌어진 현장을 그대로 전하는 것이다. 역시 세심한 묘사가 중요하다.

여객기가 조종석 쪽으로 3분의 1 부분에서 두 동강이 났습니다. 유리창이 거의 다 깨져 유리조각 파편이 주변 50m 이상 흩어져 있습니다.

눈앞에 벌어지는 현장을 자세히 들여다보고 집중하면 세심한 묘사는 무한정 가능하다.

오감을 동원한 방송을 시도해도 좋다. '매캐한 냄새가 코를 찌릅니다. 고무가 탈 때 나는 냄새입니다', '귀를 먹먹하게 하는 폭음이 터집니다', '공기 중의 분진이 손에 묻어날 정도입니다' 등이 예가 된다. 어떤 소설이 이야기가 시작되는 처음부터 방 안의 책장, 책상 위에 놓인 물건, 벽에 걸린 그림, 사람들의 표정까지 모두 묘사하듯 사건현장에서도 세세하게 현장을 묘사하고 설명해야 할 필요가 있다.

생방송 능력을 타고난 사람도 있다. KBS의 중견기자 중 현재 〈KBS 뉴스9〉 앵커인 황상무는 생방송 능력을 타고났다. 국장급인 이춘호 기자도 헬리콥터에 탄 채 원고 없이도 홍수가 난 한강 모습을 막힘없이 스케치할 수 있는 능력이 있다. 하지만 보통의 능력을 가진 사람도 돌발 상황에 대비해 웬만큼 연습하면 잘할 수 있다. 특히, 대형재해·재난의 경우 초기의 수 시간 동안 콘텐츠를 말과 영상으로 채워야 한다. 준비된 기자만이 대형사건·사고 때 스타가 되어 벌떡 설 수 있다. 황상무 앵커는 삼풍백화점 생방송으로 일약 스타가 됐다. 타고난 말재주를 가졌다고 생각했으나 본인은 대형사건·사고를 가상한 후 수없이 마음속으로 생방송 연습을 한 것이 큰 도움이 됐다고 실토했다.

뉴스룸의 간부와 현장의 데스크가 반드시 지켜야 할 수칙도 있다. 재난현장에 파견된 기자가 현장을 생중계할 경우 방송이 진행되는 동안 최대한 자료화면 사용을 자제해야 한다. 중계차로 보여주는 화면은 지금 일어나는 상황, 즉 현재 카메라로 잡히는 생생한 현실을 시청자에게 보여주어야 하는 것이 원칙이다. 시청자가 가장 강력하게 보고 싶어 하는 영상은 지금 일어나는 현장의 실제상황이다. 그다음은 기자가 현장을 전하는 모습, 바로 기자의 얼굴이다. 카메라를 응시하며 보도하는 기자의 얼굴은 매우 매력적이다. 그래서 기자의 의상은 현장과 어울려야 하며 손짓, 발짓 등 모든 보디랭귀지(body language)가 연극배우 정도는 되어야 한다. 나는 TV 기자가 연기지도를 받는 것을 바람직하다고 생각한다.

재난방송도 유비무환

긴급한 대형재난이나 대형사고도 준비를 잘해두어야 신속하고 경쟁력 있는 방송을 할 수 있다. 유비무환(有備無患)의 원칙은 속보·특보에도 적용된다. 예를 들어, 북한 핵실험에 대비해 북한의 핵개발 일지와 기술 수준, 국제적 북핵 제재 현황 등을 담은 리포트가 미리 준비되어야 한다. 뉴스룸에선 이런 사전 제작물을 필러(filler) 리포트라고 부른다. 2003년 1월 이라크전이 터졌을 때 KBS 뉴스룸은 사전에 이라크 지형을 미니어처로 만들고 가상 스튜디오도 제작해 방송에 활용했다.

고은 시인이 노벨문학상 후보로 거론됐던 수년 동안 그의 문학활동과 작품세계 등을 담은 여러 필러 리포트를 만들어두고 노벨상 발표를 기다리곤 했다. 심지어 노벨상 수상을 대비해 전문가까지 스튜디오에 대기시켰다. 국제적 중대 발표가 예상될 때는 뉴스가 발생하는 나라의 언어에 정통한 동시통역사를 대기시키기도 한다. 간단한 사건·사고의 경우, 해당 부서에서 간략한 원고를 미리 작성해 누구든지 사안이 터지면 곧바로 읽을 수 있도록 보도정보 시스템에 저장해둔다. 오래전 고문경감 이근안이 도피하다 검거되었을 때도 사회부에서는 검거에 대비해 사전에 원고와 영상을 준비해두었기 때문에 검거를 확인하자마자 생방송 〈KBS 뉴스 9〉 중간에 전화 리포트가 가능했다.

생방송 중계보도, 전략에 따라 승패가 갈린다

생방송 현장중계는 몇 가지 전략적 요소와 결정적 판단이 방송의 승패를 가르기도 한다. 2003년 이라크 전쟁 때 MBC 이진숙 특파원은 위험을 무릅쓰고 바그다드를 떠나지 않았다. 그 덕분에 국내 언론사 기자로는 유일하게 바그다드 공습상황을 특종으로 전하면서 스타 종군기자로 떠올랐다.

구포역 무궁화호 열차 전복사고의 경우, 현장에 도착한 기자가 첫 취재를 마치고 현장을 뒤로 한 채 KBS 부산본부로 복귀하는 바람에 초기 영상을 확보하는 데 실패했다. 믿기지 않는 일이지만 KBS 기자는 가장 먼저 현장에 도착했다고 착각했다. 그리고 특종 욕심에 현장영상과 상황을 짧은 시간 동안 취재한 뒤 회사로 복귀했다.

반면 먼저 현장에 도착한 MBC 기자는 취재한 영상을 부산 MBC로 보낸 뒤 현장에 남아 후속취재를 계속했다. 당시 폭우 속 부산의 교통상황은 그야말로 엉망이어서 한번 현장을 빠져 나오면 다시 현장에 접근하는 데 오랜 시간이 걸렸다.

카메라를 들이대기만 하면 아수라장의 사건현장이 생생히 포착되는데도 현장을 버린 결과는 처참했다. 초기 수 시간 동안 MBC보다 보잘

그림 2-9. 구포역 무궁화호 열차 전복사고 현장

출처: KBS

것 없는 현장영상으로 생방송 특보가 계속됐다. 대형재난 발생 초기의
미숙한 판단이 초기 속보 경쟁에서 패배하는 결과를 낳았다.

　언젠가 폭설로 전국의 고속도로가 마비된 적이 있었다. 수많은 차량
이 고속도로에 갇혀 옴짝달싹 못 하는 비상상황이 벌어졌다. 당시에는
휴대전화가 없었고 위성중계만 가능했다. 폭설이 쏟아지기 시작할 무
렵, SNG 중계차와 지휘차를 경부 고속도로에 진입하게 했다. 기자들
은 라면과 식수, 빵 등 생필품을 잔뜩 준비해 스스로 눈 속에 고립됐다.
그렇게 폭설 속에서 고속도로에 고립된 상황을 아주 생생하게 뉴스로

그림 2-10. 금강호 첫 출항

출처: 〈연합뉴스〉

전할 수 있었다.

1998년 11월 18일 오후 금강산 관광 뱃길이 열렸을 때 중계보도를 하면서 장비를 잘못 선택해 빚어졌던 실패담도 있다. 유람선 금강호는 북한 장전항으로 가기 위해 동해항에 정박해 출항을 기다리고 있었다. 정주영 명예회장과 정몽구, 정세영 씨 등 현대그룹 최고 경영진은 남북 관광시대를 여는 벅찬 감회에 젖어 금강호에 승선했다. 출항을 알리는 뱃고동이 울리기 직전, 갑자기 대형 크레인이 나타나 금강호의 브릿지로 다가갔다. MBC 중계팀이 운용하는 45m 대형 크레인이었다. 크레인 끝에 매달린 중계 카메라 옆에는 MBC 기자가 마이크를 들고 서 있었다. 기자는 갑판으로 몰려나온 많은 관광객 사이에 서 있는 현대그룹 경영진을 인터뷰하기 시작했다.

현장 CP로 중계차 연출을 맡고 있던 나는 경악하고 말았다. KBS는 중계보도를 준비하면서 대형 크레인보다 훨씬 작은 지미집 카메라를 사용했다. 지미집으로 유람선 브릿지까지 접근하는 것은 불가능했다. 완전히 물을 먹고 발만 동동 굴렀다. 골리앗과 다윗의 싸움이었다.

KBS 중계 카메라 감독은 금강호가 첫 항해를 마치고 동해항으로 귀환할 때 45m 대형 크레인 카메라를 동원할 생각이었다.

금강산 유람선 출항과 귀환 중계보도는 역사적 의미가 큰 만큼 첨단 중계 장비와 기술이 총동원됐다. 해상 군사분계선을 넘어 이동하는 유람선에 취재진이 승선해 생방송을 했다. 중계 장비를 설치한 헬리콥터와 선박이 유람선 금강호가 북진하는 장관을 실시간으로 중계했다. 육상에서는 금강호가 이동하는 경로를 따라 마이크로웨이브 중계 장비를 여러 군데 설치해 서울 본사까지 다단계로 중계했다. 기술적으로도 매우 까다로운 중계였다. 이런 중계 전쟁에서 대형 크레인 카메라 운용을 잘못했으니 뼈아픈 실책이었다.

중계 현장에서는 이처럼 어떤 장비를 언제 사용하는가에 따라 승패가 엇갈린다. 현대전에서의 무기체계전과 비슷한 원리가 작동한다. 또한 속보·특보 전쟁은 기습전과 장기전이 있고, 가장 빨리 현장 중계방송 채비를 갖춰 생방송을 해야 하는 신속기동군 개념도 있다. 현장에 누가 가장 먼저 접근해 생방송을 시작하느냐가 가장 중요하다. 이에 따라 승패가 갈린다. 이 모든 것이 평소의 교육훈련과 경계태세, 유비무환의 자세에 달려 있다. 속보 경쟁의 전술 전략적 변수는 전쟁상황과 별반 다를 게 없다.

에피소딕과 테마틱, 무엇이 재미있나?

테마틱(*thematic*) 보도는 서사구조가 주제에 따라 기승전결의 형식을 갖추는 등 논리적으로 배열된 보도를 지칭한다. 정책보도, 탐사보도는 필연적으로 테마틱 보도이다. 예를 들어, 시위에 대한 쟁점과 사회적 갈등을 불러온 과정 및 원인을 취재보도하면 테마틱 보도가 된다.

반면 에피소딕(*episodic*) 보도는 말 그대로 삽화 중심, 또는 사람의 행위나 발언을 중심으로 한 보도를 말한다. 시위를 영상 위주로 보도하면 에피소딕 보도에 속한다. 또한 지금은 없어진 YTN의 '돌발영상'은 대표적 에피소딕 보도이다.

모든 뉴스 영역에서 테마틱한 뉴스 제작이 바람직하지는 않다. 뉴스를 재미있다, 또는 유익해야 한다는 이분법으로 나눈다면 테마틱 보도는 유익하지만 재미는 없다. 선거보도에서도 정책보도가 유권자에게 실질적 도움을 주지만 시청률은 대체로 낮다. 반면 에피소딕 보도는 테마틱 보도보다 수용자에게 재미있게 다가가지만 항상 유익한 것은 아니다. 시청률로 먹고 사는 상업방송이 테마틱한 보도를 좋아하지 않는 이유도 여기서 발견할 수 있다. KBS는 공영방송이기 때문에 적어도 우리 사회의 주요 이슈와 관련해선 테마틱 보도를 하는 것이 바람직하다.

공영방송이건 상업방송이건 뉴스룸 문화와 뉴스 제작기법은 에피소딕 보도에 길들여진 것으로 보인다. 우선 방송기자는 리포트 제작 여부를 결정할 때 특정 주제에 대한 구체적 사례를 영상으로 구현할 수 있는지 따진다. 이것은 뉴스가치를 판단하는 중요한 요인이다. 주요한 이슈도 영상이나 구체적 사례를 찾지 못하면 리포트가 성립되지 않는다.

리포트 제작기법을 자세히 살펴보자. 상당수의 리포트는 구체적 사례로 시작해 주제를 풀어나간다. 여기에는 시청자가 이해하기 쉽고 뉴스가 인상적으로 기억에 남는다는 장점이 있다. 그러나 한정된 짧은 리포트에서 절반 가까이 영상 중심으로 사례를 나열하다 보면 정작 핵심 메시지는 짧아지고 수박 겉핥기가 될 수도 있다는 부작용도 있다.

에피소딕 보도의 위력을 간파한 언론인이 있다. UPI 통신사 사장 하워드(Roy Howard)는 "사람이 하는 일보다 사람 자체가 훨씬 더 재미있다. 사람을 드라마화하라"라며 인터뷰 기사작성을 독려했다. 그는 고위공직자의 이름과 직책은 거짓말도 뉴스가 될 수 있다고 믿었다고 한다.

수십 년 전 미국 언론인 화이트(Theodore White)는 선거를 국익수호를 위한 영웅 간의 투쟁이자 드라마로 보았다. 화이트는 《대통령 만들기》(The Making of the President)라는 저서를 통해 인물중심 보도를 더욱 심층적으로, 더욱 화려하게 꾸미는 새로운 기법을 선보였다. 그는 정치보도를 퍼스낼리티(personality) 간의 투쟁으로 그렸다. 이 보도기법에 따르면 대통령 선거는 드라마, 서스펜스, 로맨스, 어드벤처로 가득찬 야망의 격전장이 되고 민주주의 과정은 '인간화'되는 동시에 신화가된다. 화이트는 지도자의 퍼스낼리티가 리더십의 질을 결정한다고 믿었다.[4] 그는 영웅사관(英雄史觀)의 철저한 신봉자였으나 말년에 위대한 인물이 역사를 움직일 수 있다는 생각을 바꾸었다고 한다. 언론학자 강준만은 《TV와 이미지정치》에서 영웅사관을 "뉴스에 어울리는 표현으로 바꾼다면 '의인화'(personfication)와 '개인화'(personalization), 즉 사

---

4 강준만(2010). 《미국사 산책 9: 뉴 프런티어와 위대한 사회》. 서울: 인물과사상사.

람 중심으로 보도하는 것"으로 봤다.

대기업의 인재 개발실 임원은 뇌교육 기반 조직활성화 인재 프로그램을 운영하면서 '뇌는 에피소딕할 때 가장 기억을 잘 한다'[5]는 점을 활용한다고 말했다. 다시 말해, 단순한 암기보다 이야기 구조가 더 오래 기억에 남는다는 것이다. 그는 뇌과학을 바탕으로 배우고(*learn*) 변화하고(*change*) 실행하는(*performance*), 이른바 LCP 모델의 인재교육을 강조했다. 또한 뇌과학적으로 인간의 행동 중 96%는 감성에 의해 좌우된다고 설명한다.

자전거 타는 법을 기억하는 것은 암묵지에 해당하고, 법칙이나 역사적 사실을 외우는 것은 형식지이다. 자신의 경험을 기억하는 것은 에피소딕 기억에 해당된다. 반에서 꼴찌인 학생은 형식지에는 약하지만 에피소딕 기억이 뛰어나 작년에 친구와 함께 먹은 음식, 색깔, 가격, 양념 등을 다 꿰뚫을 수 있다. 이런 것들은 기업과 학교에서 사람을 교육하기 위한 수단으로 개발되었지만 뉴스 역시 에피소딕한 것이 시청률이 높고 오래 기억된다.

---

5 고동록(2013). "뇌교육 기반 조직활성화 & 학습력, 주의력, 집중력 향상". 〈이코노믹 저널〉, 2013년 12월호.

날씨에는 북한이 있다? 없다?

국내 TV 기상정보에는 북한이 없다. 주간 프로그램인 KBS의 〈남북의 창〉, MBC의 〈통일전망대〉에도 북한 날씨는 없다. 〈지구촌 뉴스〉 중 '세계의 날씨'는 있다. 왜 뉴스에 북한 날씨가 없을까. 북한이 미워서? 혹시 〈국가보안법〉 위반이어서? 북한에는 사람이 살지 않아서? 누구도 북한 날씨에 관심이 없어서? 대한민국의 주권이 미치지 않는 남의 나라여서? 아무것도 답이 되지 못한다.

이는 우리 스스로 대한민국의 정통성을 한반도의 남쪽으로만 고립시킨다는 징표이다. 대한민국의 기상정보 북방한계선은 백령도와 철원, 속초를 잇는 선에 머무른다. 사과재배 북방한계선도 계속 북상하는데 기상정보는 맨날 그 모양이다. 북한 날씨를 전하는 데는 제작비가 더 들지 않는다. 기상캐스터가 매일 "오늘 평양은 영하 5도, 함흥은 영하 10도, 백두산은 영하 15도입니다. 맹추위 주의하기 바랍니다"라고 방송한다면 어떤 효과가 있을까?

2015년 연초에 "날씨에 북한은 없다"라는 짧은 글을 페이스북 〈이화섭의 방송이야기〉 페이지에 올렸다. 한 일간지 독자투고를 본 뒤 나의 느낌을 간략하게 정리한 것이다. 대한민국의 기상정보에 북한 날씨가 나와야 한다는 다소 튀는 이야기였다.

몇몇 현직 KBS 기자가 댓글을 통해 반응을 보였다. 1월을 넘기지 않아 KBS 뉴스의 기상정보에 북한지역 날씨가 나오기 시작했다. 〈KBS 뉴스 9〉 등 몇몇 주요 뉴스에 평양, 함흥 등의 지명과 기온이 표기됐다. KBS 기상정보에 안 나오던 북한 날씨가 왜 나오게 됐는지 구체적 배경

그림 2-11. 〈KBS 뉴스 9〉의 날씨뉴스

출처: KBS

은 나는 잘 모른다.

KBS 기상정보에 북한 날씨가 포함된 건 다행스런 일이다. 뒤늦게 파악했지만 〈YTN 날씨〉에는 크게 못 미친다. 〈YTN 날씨〉는 지역별 날씨, 동네 예보, 바다 예보, 세계 날씨와 함께 북한 카테고리를 둔다. 홈페이지를 보면 YTN은 2013년 4월부터 북한 날씨를 예보하기 시작했다. KBS 기상정보보다 훨씬 앞서 북한 날씨를 전했다. 국가기간방송에다 재난방송 주관방송사인 KBS가 YTN보다 북한 기상정보에서 뒤처진 건 어색하다.

기상청은 1979년부터 북한지역에 대한 예보를 생산·발표했다. 기상청은 국가안보와 위기관리 차원에서 북한 기상정보를 종합적으로 관리하기 위해 2009년부터는 상시·상세 예보체계를 구축했다고 밝혔다. 대한민국의 미디어는 기상청이 생산한 북한의 기상자료를 오랫동안 활용하지 못 했다. 아쉬운 일이다.

북한 날씨에 관심을 보인 사람 가운데 한 명은 이명박 전 대통령이다. 내가 KBS 보도본부장으로 재직할 때이니 이명박 정부 말기쯤 되나 보다. 이명박 대통령의 관심을 전해준 이는 나와 KBS 입사 동기인 당시 기상청장 조석준이다. 개성공단에 대한민국 근로자가 매일 드나들기도 하거니와 탈북자에게도 도움이 되고 임진강 수계는 북한의 날씨 영향도 받지 않느냐 하는 정도의 이야기를 전해 들었다. 나는 당시 이런 점 이외에도 북한 날씨를 전해주면 대한민국의 정체성을 굳건히 하는 데 도움이 되고 실향민도 좋아할 것이라고 판단했다.

〈헌법〉 제3조에 "대한민국의 영토는 한반도와 그 부속도서로 한다"라고 되어있으니 마땅히 북한 날씨도 전해야 한다는 생각을 당시에는 하지 못했다. "날씨에 북한은 없다"라는 글에서 지적한 대로 우리는 '할 수 있는 일, 그리고 해야 하는 일'을 깜빡 놓치는 경우가 있는 법이다. 당시 KBS 과학재난부장은 '우리 기상정보에 북한지역의 날씨도 전해 보자'는 나의 제언을 듣고 일부 KBS 뉴스의 기상정보에 북한 날씨를 포함시켰다. 그러나 담당부장이 여러 명 바뀌는 동안 KBS 기상정보에서 북한 날씨는 또 슬그머니 사라졌다.

여러 지방자치단체장은 해당 지역의 날씨를 KBS 본사 기상정보를 통해 전국적으로 전해주길 바란다. 특정 지역 이름이 매일 방송되면 지역민의 자긍심과 자기 고장의 브랜드 가치를 키우는 데 도움이 되기 때문으로 보인다. 그렇지만 북한 날씨는 꼭 내달라고 부탁하는 사람이 없다. 설사 빠지거나 엉터리로 나가더라도 북한 당국이 항의할 일도 전혀 없다. 어찌 보면 그것도 북한 날씨에 둔감할 수밖에 없는 한 이유이다.

KBS는 독도(獨島)에 파노라마 CCTV를 설치해 실시간으로 독도 영상을 전한다. 실제로 독도 영상을 대형 HD화면으로 보면 아름답기 그지없다. 파도 소리, 물새 소리도 잘 들린다. 시청자로부터 좋은 반응을 얻어 KBS는 여러 공공기관에 KBS가 확보한 독도 영상을 실시간 제공한다. 독도 영상을 볼 수 있는 어플리케이션도 있다. 일본이 대한민국의 부속도서인 독도를 자기 땅이라고 우기는 상황에서 실시간 독도 영상은 국민에게 알게 모르게 깊은 인상을 심어줄 것으로 믿는다.

마찬가지 논리로 북한 날씨를 매일 전하면 국민이 북한을 남의 땅이라고 여기지 않는 의식이 조금씩 자라지 않겠는가. 손때가 묻어 익숙해지는 것처럼 '눈때'도 있다. '눈때'는 내가 지어내 오래전부터 사용해오는 단어다. '눈때가 묻는다'라는 말은 '자꾸 보면 익숙해지고 사랑하게 된다'는 뜻이다. 나는 대한민국의 모든 미디어가 북한 날씨를 전하게 되면 통일 교육에 큰 도움이 될 것으로 기대한다. 날씨에는 '북한이 있다'.

자막 사고, '안 나는 게 이상하다'

한국 텔레비전에서는 자막이 폭포처럼 쏟아진다. 자막이 시청률을 높이는 효과가 있다는 일부 연구 결과를 맹신한 탓인지 그야말로 자막 홍수시대이다. 해외 어느 방송사보다 많은 자막을 사용하는 게 어느새 관행처럼 굳어버렸다. 뉴스는 말할 것도 없고 예능 프로그램에선 자막이 상하좌우에서 쏟아지는데다 그래픽까지 겹쳐진다. 그런데 자막이 꼭 필요하지 않은 상황에서 일부러 자막을 넣는다고 해서 전달력이 더 높아지지는 않는다. 영상과 오디오만으로도 전달력을 극대화할 수 있다면 굳이 자막을 넣을 필요가 없다.

KBS 뉴스룸에서 자막을 얼마나 사용하는지 조사한 적이 있다. 13개 뉴스에서 하루 동안 처리한 자막을 글자 수로 세어봤더니 무려 3만 자 가까이 됐다. 〈뉴스광장〉은 6,357자, 〈KBS 뉴스 9〉은 4,445자, 〈뉴스라인〉은 2,126자, 〈뉴스네트워크〉는 1,011자 순으로 나타났다. 하루에 3만 자라면 200자 원고지 150매 분량이다.

들어가야 할 핵심 인터뷰의 녹취 품질이 나쁘거나 사투리가 심해서 잘 알아들을 수 없을 때 리포트의 완성도를 위해 자막을 넣는 것은 충분히 이해할 수 있다. 기자만 알 수 있을 뿐 시청자는 전혀 알아들을 수 없을 정도의 녹취를 사용하는 것은 방송 사고에 버금간다. 이럴 때는 녹취한 내용을 원고로 작성해 기자가 서술하는 것이 바람직하다. 하지만 녹취물의 오디오가 또렷한데도 공식·비공식 인터뷰와 현장 사운드바이트에 자막을 넣는 것은 불필요하다. 그런데도 잘 알아들을 수 있는 녹취에 자막을 넣는다. 자막의 과잉은 화면을 복잡하게 만들어 오히려 시청자의 몰입도를 낮출 수 있다.

해외의 유수 방송사는 한국의 방송처럼 자막을 많이 넣지 않는다. 영국 BBC와 미국 ABC는 취재원의 직업과 성명만을 자막으로 제시한다. 미국의 CBS는 기자 멘트에 아예 취재원의 직업과 성명을 포함시켜 보도한다. 이런 뉴스 제작기법은 자막을 현저하게 줄이는 효과가 있다.

자막을 많이 사용하면 자막 오류도 늘어나기 마련이다. 대형 자막 사고에는 반드시 책임 추궁이 따른다. 시청자도 그냥 넘어가지 않는다. 모든 시청자는 자막의 감시자이다. 자막 사고는 때로 방송인의 자질을

그림 2-12. MBC 〈정오뉴스〉 서브타이틀 자막 오기

출처: MBC (2012. 10. 16).

그림 2-13. 예능 프로그램 〈일밤〉 자막 오기

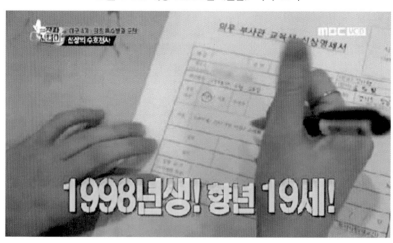

출처: MBC (2016. 2. 21).

의심케 하는 어처구니없는 오보로 연결되기도 한다. 그만큼 언론의 신뢰도에 미치는 영향은 크다.

자막 사고가 일어나는 원인은 다양하지만 몇 가지로 대별해 보자. 우선, 자막을 제작하는 과정에서 프로그램 제작자가 의뢰한 자막과 다르게 제작되는 경우로 대부분 맞춤법과 어문능력이 떨어져 생긴다. 별 생각 없이 자막을 기계적으로 생산하다 일어나는 자막 사고가 〈그림 2-12〉의 경우이다. '100만 달러'를 '100달러'로 잘못 표기했다. 뉴스의 맥락을 조금만 생각하면 자막 오류를 막을 수 있다.

〈그림 2-13〉의 예처럼 '방년'을 '향년'으로 잘못 만든 자막은 어문능력의 의심케 하는 자막에 속한다. 향년(享年)은 '한평생(-平生) 살아 누린 나이'라는 뜻으로 죽은 사람의 나이를 말할 때 사용한다. 스무 살 전후의 여성 나이를 뜻하는 방년(芳年)을 잘못 표기한 경우이다.

외국어 능력이 부족해 자막 오류가 일어나는 경우도 많다. 〈그림 2-14〉의 예가 여기에 속한다. 런던올림픽 중 남자 유도에서 조준호 선수가 석연치 않은 판정 논란 끝에 동메달을 땄다. 66kg급 조준호 선수는 일본의 에비누마 선수와 8강전에서 맞붙었고 연장접전 끝에 심판 전원일치 판정승을 거뒀다. 그런데 강적을 꺾은 기쁨도 잠시, 비디오 판독을 거치자 주심은 에비누마 선수의 우세를 선언했다. 조준호 선수는 패자부활전에 나서 값진 동메달을 땄다.

이런 과정을 리포트하면서 자막 사고가 일어났다. "아무래도 한국 사람이 봤다면 그 판정이 굉장히 좋지 않다고 느꼈을 것입니다"라는 에비누마 선수의 인터뷰를 "조준호가 이긴 게 맞다. 판정이 바뀐 건 옳지 않다"라는 자막으로 내보냈다. 스포츠 애국주의가 결합해 일어날 수 있는

그림 2-14. 일본 에비누마 선수의 인터뷰 자막 오기

출처: KBS 1TV (2012. 7. 30).

그림 2-15. 〈걸어서 세상속으로〉 인터뷰 인물 자막 오기

출처: KBS 1TV (2014. 8. 9).

자막 사고이다. 아무런 악의가 없었지만 방심위의 징계를 피할 수 없었다. 이 보도만 보면 우리 선수와 맞붙은 일본 선수가 편파판정을 인정한 셈이어서 한국의 시청자는 분통이 터질 수밖에 없었다. 잘못된 자막하나가 한일관계에 영향을 미칠 수도 있는 것이다.

〈그림 2-15〉의 예는 프로그램 제작자의 윤리의식 실종으로 일어난대형사고에 해당한다. 프로그램 제작자는 인터뷰한 이탈리아 시민들의이름을 적은 메모를 분실했다고 한다. 그래서 이탈리아 프로 축구선수의 이름을 엉터리로 갖다 붙였는데 시청자가 이를 그냥 지나칠 리 없다. 시청자를 우롱하는 참으로 무모한 행위이다.

이밖에도 프로그램 제작자나 자막 제작자의 상식 부족으로 행정구역을 잘못 표시하는 경우 해당 지역주민에게 거센 항의를 받기 마련이다. 특히, 시를 군이나 면 단위로 격하시키거나 경상남도와 경상북도, 또는 전라남도와 전라북도를 헷갈리게 사용했다가는 뭇매를 맞는다. 이것은 해당 지역주민의 자존심을 건드리는 사고이다.

예능 프로그램 PD는 제작 과정의 맨 마지막 단계인 종합편집을 하면서 관행처럼 자막폭탄을 만들어내는 듯싶다. 예능 PD는 현장에서 촬영한 영상이 포착해내지 못한 부분과 출연자 대담 가운데 보완해야 할 내용을 찾아 자막으로 보완한다. 주로 감성적 느낌을 주는 자막이나 개그성 자막을 삽입해 프로그램 완성도를 높이려는 의도이다. 프로그램 자체보다 덧칠로 만든 자막이 더 웃기는 경우도 있다. 예능 PD를 만나보면 말풍선 자막이 실제로 시청자의 흥미를 유발해 시청률을 높이는 효과가 있다고 믿는 것을 알 수 있다.

PD는 기획이 끝나고 출연자 섭외가 완료되고 대본이 작성되면 녹화용 큐시트를 작성하는데, 이때 연출자는 머릿속으로 가상의 프로그램을 제작해 본다. 이 과정에서 흐름상 무리한 부분, 녹화상황에서 불가능한 부분, 녹화순서를 바꿔야 할 부분, 프로그램의 하이라이트인 부분 등은 어디인지, 프로그램의 리듬은 어디서 빨라지고 느려지는지, 방송될 때 기대되는 순간 시청률은 어느 정도인지 등을 파악한다. 6

녹화 상황에서는 출연자의 말을 자막으로 처리할 수 없다. 프로그램 제작자는 녹화가 끝난 후 녹화물을 여러 번 돌려보면서 웃음과 재미 코드를 읽어낸 다음 '말풍선 자막'을 넣는다.

장르별로 또는 시청 대상층마다 자막의 유용성은 다르게 평가받는다. 예를 들어 한국인이 자막 처리된 외국 영화를 본다고 하자. 영화배우의 연기나 미장센을 제대로 볼 수가 없다. 특히, 배우의 표정이나 손놀림 같은 섬세한 몸짓이나 동작은 눈에 잘 들어오지 않는다. 자막을 읽으면서 스토리를 쫓기 때문이다. 그럼에도 영화 마니아는 우리말 더빙보다 자막 처리한 영화를 즐겨 본다. 젊은 시청자일수록, 또 교육 수준이 높을수록 그런 경향이 강하다고 한다. 실제로 더빙 제작한 KBS 외화보다 자막 제작된 EBS 외화의 경쟁력이 더 높다고 평가하는 사람이 많다. 대사에 녹아 있는 감정까지 느끼려면 원어 영화를 봐야 한다는 것이다.

자막을 이왕 제작한다면 정확해야 한다. 그런데 현실적으로 자막 제작자의 전문성은 현저히 낮다. 자막 제작과정을 살펴보자. PD나 기자 등 프로그램 제작자가 자막 문안을 뽑아서 문자 그래픽 디자이너(CG 담

---

6 〈연출에 살고 연출에 죽으리라〉. URL: http://cafe.daum.net/kbapd

당자)에게 의뢰한다. 완성된 자막은 방송하기 전에 교정·교열 과정을 거쳐 생방송이나 녹화 때 사용된다.

자막 오류의 원인을 살피기 위해 KBS 프로그램의 자막 담당자의 전문성을 조사해 본 적이 있다. 프로그램마다 담당자의 소속이 달랐고 전문성도 차이가 있었다. KBS에는 자막 제작 종사자가 몇이나 될까? 2012년, 외주제작 프로그램을 제외한 KBS 프로그램 자막 담당자를 조사해보니 79명이었다. 이들 가운데 국어 능력인증시험이나 KBS 한국어 능력시험을 거쳐 일정한 자격을 갖춘 사람은 아무도 없었다.

자막 담당자 수가 예상보다 많고 전문성이 매우 중요한데도 일정한 자격을 갖추지 않은 사람이 여전히 자막을 제작하고 있다. 놀라운 일이다. 더구나 교정·교열을 맡은 사람 역시 기자나 PD이니 교정·교열 전문가라고 볼 수 없다. 이를테면 정규뉴스 자막 제작자는 보도기술국 보도그래픽부 문자그래픽팀이, 예능·교양·다큐 등 콘텐츠본부 프로그램은 TV 기술국 콘텐츠 특수영상부 프리랜서 CG 담당자가, 16개 지역국 자체 프로그램은 KBS 미디어텍 문자팀 편성 및 보도 CG 담당자가 담당한다. 스포츠 프로그램은 스포츠중계부 문자팀이, 시사제작국 프로그램은 보도본부 소관이지만 프리랜서가 자막을 제작한다.

전문가가 자막 제작을 돕는 유일한 프로그램이 있다. 바로 〈KBS 뉴스 9〉이다. 〈KBS 뉴스 9〉은 기자가 의뢰한 자막을 CG 담당자가 제작한 뒤 국어자문단이 최종 교정작업을 한다. 국어자문단은 한국어를 전공한 석사 이상의 자격 소지자이다. 이들은 순서를 정해 매일 한 명씩 오후 6시쯤 KBS 뉴스룸에 도착해 기자의 원고를 점검하고 자막을 교정한다. 다른 프로그램과 달리 〈KBS 뉴스 9〉이 자막 사고가 거의 없는 것은 이런 이중·삼중 장치를 거쳐 자막을 제작하기 때문이다.

자막은 분명히 TV 프로그램의 필수 요소이다. 자막은 정확성이 생명이며 방송사의 신뢰도 형성에도 큰 영향을 준다. 자막 오류로 방송사가 방심위 등 규제기관의 징계를 받는 경우도 적지 않다. 징계도 징계지만 시청자가 자막 불량품이 많은 방송사를 믿을 리 없다. 아울러 정확한 자막 제작에는 우리말을 지킨다는 의미와 함께 교육적 요소도 있다. KBS가 실제로 표준말과 표준 발음의 교과서인 것처럼 자막 역시 그러해야 한다. 이런 중요성에 비하면 자막 제작은 대단히 소홀하게 이뤄진다. 자막 제작자가 되려면 최소한 국어 전문자격증 정도는 갖추도록 하는 제도적 보완이 시급하다.

뉴스룸 밤, 낮

뉴스룸은 '이야기공작소'이면서 동시에 그날의 역사를 기록하는 공간이다. 전통적 의미의 뉴스룸은 매일 일어나는 일 가운데 중요하고 의미 있는 것을 골라내 스토리를 만들어 유통시키는 일을 하는 곳이다.

KBS 뉴스룸은 세계적으로 따져도 규모가 가장 큰 뉴스룸 중 하나이다. 뉴스룸 구성원은 전국적으로 1천 명이 넘는다. 본사에만 500명 이상의 취재기자와 100명이 넘는 촬영기자가 근무한다. 1TV 전체 프로그램에서 보도본부가 제작하는 뉴스와 제작물의 편성 비율은 30%가 조금 넘는다. 뉴스 프로그램과 스포츠, 시사 프로그램, 라디오 프로그램 등 모두 50개 가까운 프로그램을 제작한다.

그림 2-16.
통합뉴스룸 조직도

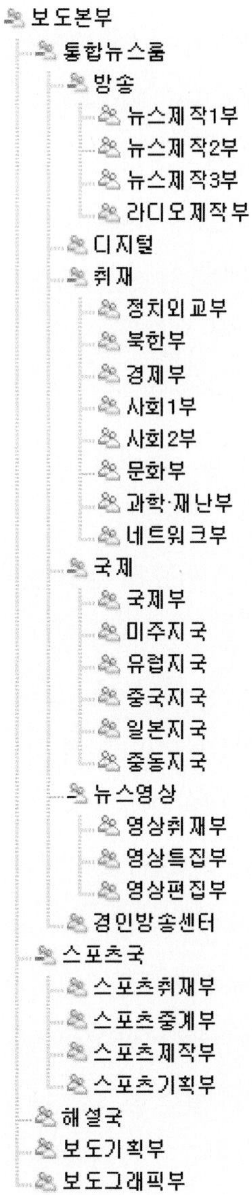

- 보도본부
  - 통합뉴스룸
    - 방송
      - 뉴스제작1부
      - 뉴스제작2부
      - 뉴스제작3부
      - 라디오제작부
    - 디지털
    - 취재
      - 정치외교부
      - 북한부
      - 경제부
      - 사회1부
      - 사회2부
      - 문화부
      - 과학·재난부
      - 네트워크부
    - 국제
      - 국제부
      - 미주지국
      - 유럽지국
      - 중국지국
      - 일본지국
      - 중동지국
    - 뉴스영상
      - 영상취재부
      - 영상특집부
      - 영상편집부
    - 경인방송센터
  - 스포츠국
    - 스포츠취재부
    - 스포츠중계부
    - 스포츠제작부
    - 스포츠기획부
  - 해설국
  - 보도기획부
  - 보도그래픽부

출처: KBS

통합뉴스룸에는 뉴스 프로그램 제작을 총괄하는 방송주간, 인터넷뉴스와 유관뉴스 플랫폼을 관장하는 디지털주간, 취재를 총괄하는 취재주간, 국제뉴스를 담당하는 국제주간, 영상을 책임지는 뉴스 영상주간, 스포츠국장, 해설실장이 있다. 모두 국장급 직위이다.

뉴스룸의 편집부 조직은 뉴스 프로그램별로 담당부장을 둔다. 뉴스제작 1부장은 오후 5시, 7시, 9시 뉴스를 담당한다. 2부장은 〈뉴스라인〉과 심야뉴스를, 3부장은 〈뉴스광장〉부터 정오뉴스까지 오전시간대 뉴스를 담당한다.

24시간 뉴스체제를 갖추기 위해서 편집부서는 시차제로 근무한다. 이를테면 〈뉴스광장〉 담당자는 새벽 4시 이전에 출근하고 〈KBS 뉴스 9〉 담당자는 오후 2시에 출근하며, 낮 뉴스 담당자는 정상 출퇴근에 가깝다. 편집부는 이렇듯 시간대별로 교대근무를 하지만 취재부서의 근무형태는 완전히 다르다. 데스크를 포함한 취재기자는 오전 8시 전후로 대부분 뉴스룸이나 취재현장 또는 출입처 기자실, 세 곳 중 한 곳에 있다. 사건기자는 새벽 6시 전후로 현장에 투입된다. 밤 〈KBS 뉴스 9〉이 끝나기 전에 퇴근하는 기자는 드물다.

국제방송센터 3층의 KBS 통합뉴스룸에는 디지털 뉴스제작 송출 설비와 TV 편집부서, 재난방송센터, 사회부, 국제부 등이 배치돼 있다. 영상편집실과 외신영상 수신룸, TV 부조정실, 뉴스 스튜디오가 최대한 가까이 있어 긴급상황에 효율적으로 대응할 수 있다. 국제방송센터 4층에는 정치, 경제, 사회, 문화 등 취재부서와 인터넷 뉴스팀, 해설위원실이 있다.

외부인이 뉴스 스튜디오에 들어갈 기회는 좀체 주어지지 않는다. 방송국 자체가 1급 보안시설인데다가 매시간 생방송 뉴스가 진행되기 때문이다.

KBS 편성표는 KBS 1TV와 2TV가 번갈아 가며 매 시간 뉴스를 전하도록 설계된다. 예를 들어 1TV 〈KBS 뉴스 12〉와 오후 4시에 방송되는 〈KBS 뉴스 집중〉 사이인 오후 2시에는 2TV로 〈뉴스타임〉이 방송된다. 또한 1TV 〈KBS 뉴스 5〉와 〈KBS 뉴스 7〉 사이에 오후 6시에 2TV로 방송되는 〈KBS 뉴스타임〉이 있다. 특화된 뉴스로는 스포츠 하이라이트, 인터넷 뉴스와 지구촌 뉴스, 글로벌 24, 뉴스 투데이 등이 방송된다. 물론 매시간 KBS 1, 2라디오 뉴스도 있다.

재해·재난 등 중요한 속보는 SMS 속보 휴대전화 메시지로 실시간 전달된다. 뉴스속보와 특보도 수시로 있기 때문에 늘 긴장된 분위기가 이어진다. 하지만 분야별로 고도로 숙달되어 웬만한 일은 큰 소리 없이 정해진 절차에 따라 민첩하게 이뤄진다.

모든 길은 메인뉴스로 통한다

지상파 방송국의 시계는 메인뉴스를 중심으로 돌아간다. 그래서 뉴스룸의 밤 풍경이 가장 매력적이다. KBS는 밤 9시, MBC와 SBS는 밤 8시가 기준이다. 메인뉴스에는 뉴스룸이 생산하는 뉴스 콘텐츠 가운데 최고의 상품이 진열된다. 또한 뉴스유통의 출발점이자 기준점이 된다. KBS의 경우, 〈KBS 뉴스 9〉에 보도된 아이템은 길게는 다음날 낮 12시에도 반영된다. 물론 시간이 흐르면서 같은 주제라도 후속취재를 통해 계속 버전업(version-up)된다. 모든 회의도 메인뉴스 중심이다. 발생뉴스 이외 기획뉴스 가운데 뉴스가치나 완성도가 조금 떨어지는 제작물은 심야나 아침뉴스로 넘어간다. 오전에 처음으로 발제된 아이템은 시간이 흐를수록 숙성되거나 도태된다. 메인뉴스에는 가장 강력하고 매력적인 아이템만 살아남는다.

낮 동안 비교적 평온하던 보도본부는 저녁 5시쯤부터 가장 바쁘게 돌아간다. 통상의 직장인은 퇴근 무렵이지만 〈KBS 뉴스 9〉 준비는 이때 본격적으로 시작되기 때문이다. 출입처에서 돌아왔거나 현장취재를 마친 기자는 리포트 원고를 작성하느라 정신없이 움직인다. 대략 6시쯤부터 리포트 원고를 데스킹(desking: 기사 손질)하는데 늦을 경우 이 작업은 8시 넘게까지 계속된다. 기자는 원고를 쓰다 말고 부족한 취재를 보완하는가 하면 취재한 영상과 인터뷰를 파악하느라 정신이 없다.

원고를 데스킹하는 동안 담당 기자는 데스크 옆에 앉아 의견을 주고받는다. 미진한 취재와 어설픈 원고에는 불호령이 떨어진다. 저녁 7시 무렵이 가장 바쁘기 때문에 데스크나 담당 기자는 보통 식사를 거른다. 부서별로 김밥이나 피자, 튀김 등을 시켜놓고 오며가며 먹는다.

한편, 영상 편집실은 피 말리는 시간 싸움을 한다. 〈KBS 뉴스 9〉를 제시간에 납품해야 한다. 같은 주제의 리포트를 잘게 쪼개서 편집할 때는 더욱 힘들다. 리포트별로 영상이 겹치지 않도록 조정하고 한정된 영상을 가장 효과적으로 편집하려고 애쓴다. 〈KBS 뉴스 9〉 아이템은 하루에 24개 안팎인데 뉴스가 진행되는 동안 아슬아슬하게 납품되는 것이 예닐곱 개는 된다. 리포트가 순서대로 방송되지 않으면 전체 프로그램의 스토리텔링이 망가진다. 일주일에 한두 번은 납품 지연사고가 일어난다.

뉴스를 보다가 한 사건을 두고 앞에 나갈 리포트와 뒤에 나갈 리포트가 뒤바뀌었다는 생각이 들면 리포트 납품 지연사고가 난 경우이다. 담당 기자는 물론이고 뉴스 진행팀까지 애간장을 태운다. 중대한 납품 지연사고에 대해서는 당연히 책임을 묻는다. 담당 데스크와 기자는 다음 날 평가회의에서 혼쭐이 난다. 수년 전까지만 해도 영상편집실에서 리포트 제작을 막 끝낸 기자들이 생방송 부조정실까지 긴 복도를 내달리는 모습은 진풍경이었다. 뉴스 진행 PD는 CCTV를 통해 지켜보면서 리포트 납품이 늦어지는 돌발상황에 대비한다.

〈KBS 뉴스 9〉이 진행되는 동안에도 긴장감은 계속된다. 〈KBS 뉴스 9〉 부장은 스태프보다 조금 높은 오디오 콘솔 옆 좌석에 앉아 진행을 총괄 지휘한다. 급작스럽게 들어오는 단신이나 리포트를 챙기고 납품이 되지 않은 아이템이 있을 경우 현장에서 즉시 아이템 순서를 바꾼다. 특히, 경쟁매체의 편집 흐름을 예의주시하면서 KBS와 경쟁사의 강약점을 파악한다. 이른바 '물먹은 기사', '누락된 기사'는 확인을 거쳐 뉴스 말미에 단신으로 처리하기도 한다. 뉴스가 끝난 뒤 평가회의를 통해 하루를 결산하며 보고서로 작성한다.

그림 2-17. KBS 뉴스룸

그림 2-17. KBS 뉴스룸

출처: KBS

　〈KBS 뉴스 9〉이 진행되는 동안 취재부서 데스크는 특별한 약속이 없으면 자리를 지키고 자신의 부서에서 제작한 리포트가 방송되는 상황을 지켜본다. 부서원은 비로소 삼삼오오 모여앉아 〈KBS 뉴스 9〉을 보며 하루를 결산하고 출입처에서 일어난 정보를 교환하기도 한다. 편집부서는 전쟁 중이지만 취재부서에게는 가장 평화로운 시간이다. 데스크는 분야별로 다음날 취재 계획을 보도정보망에 입력한 뒤 퇴근한다. 일러도 밤 9시 30분쯤이다.

　뉴스 제작 편집책임자에게 가장 고통스런 건 하루 종일 비슷한 뉴스를 반복해서 봐야 한다는 점이다. 뉴스 내용과 영상을 환히 꿰고 있는 뉴스를 몇 번씩 다시 본다는 건 여간 힘든 일이 아니다. 〈KBS 뉴스 9〉이 끝나면 기자는 〈뉴스라인〉 대담에 출연하는 기자를 제외하곤 썰물같이 보도본부를 빠져나간다. 하루가 끝나고 비로소 평온이 깃드는 순간이다.

그림 2-18. KBS 국제방송센터 전경

출처: KBS

〈KBS 뉴스9〉 편집부장 시절, 뉴스를 마칠 때면 아이템의 순서, 내용, 인터뷰이(*interviewee*) 이름까지 저절로 꿰고 있었던 기억이 새롭다.

〈KBS 뉴스9〉이 끝나면 뉴스룸은 갑자기 썰렁해진다. 심야뉴스 제작진과 야근자만 남는다.

뉴스룸은 24시간 불이 꺼지지 않는다. 야간 숙직자가 반드시 자리를 지킨다. 사회부 경찰기자와 전국부 야근기자는 전국에서 일어나는 사건·사고와 재해·재난상황을 확인한다. 국제팀 야근기자는 시시각각 쏟아지는 지구촌 뉴스를 챙긴다. 이들은 새벽 〈뉴스광장〉 팀 조근기자가 쏟아져 들어올 때까지 뉴스를 챙긴다.

야간 당직국장은 심야에 일어나는 모든 일을 책임지는 야전사령관이다. 속보와 특보 등 긴급상황을 먼저 조처한 후에 보고한다. 사회부 사건기자, 국제부 야간근무자, 야간대기 카메라기자, 비상대기 아나운서, 영상 편집요원, 생방송용 SNG와 중계차 팀원, 지역국 야간당직자까지 통솔해 지휘한다. 대략 밤 10시부터 아침 7시까지 일어나는 사안에 책임을 진다. 대형재난이 일어났을 때는 즉각 조처하고 동시에 보도본부 구성원을 비상소집해야 한다. 통상 부장급 이상 간부가 야간 당직 국장을 맡는다.

대략 새벽 3시 반 전후로 〈뉴스광장〉 팀 기자가 출근한다. 조용하던 보도본부는 다시 활기에 넘치고 간간히 준비상황을 점검하는 큰 목소리도 들린다. 2시간 가까이 진행되는 〈뉴스광장〉 준비 때문이다. 톱뉴스를 정하고 뉴스를 배열하며 간밤에 새로 발생한 리포트를 점검하다보면 금세 날이 밝아 온다. 〈뉴스광장〉 팀 데스크는 조간신문은 물론 동시간대에 방송되는 다른 지상파와 뉴스전문채널, 종편뉴스까지 모니터해야 하므로 체력적으로 강건해야 한다.

아침뉴스에서 국제뉴스의 비중은 대단히 크다. 워싱턴, 런던, 파리, 도쿄, 베이징, 두바이 등 8곳에 상주하는 특파원만 24명이다. 뉴욕 등 5곳에는 PD 특파원도 둔다. 시차 때문에 미주 지역의 전날 낮 주요 국제 이슈가 한국에는 아침에 보도된다. 도쿄의 경우 특파원이 당번을 정해 매일 새벽 조간신문을 확인하고 NHK 등 방송을 면밀히 관찰해서 국제부장에게 메일로 보고한다.

뉴스룸 국제부 기자는 해외에서 일어나는 주요 이슈와 사건·사고를 특파원보다 먼저 알아차린다. 로이터와 APTN 등 통신사의 영상은 시간대별로 스크립트(script)와 함께 서비스된다. 영국의 BBC, 일본의 NHK, 독일의 ZDF, 미국의 ABC, 중국의 CCTV 등 주요 해외 방송사 뉴스도 실시간으로 확인하여 외신 번역요원이 자막을 붙여 국제뉴스 제작에 활용한다. 이런 방식으로 현지 특파원보다 국제부 기자가 국제뉴스의 흐름을 더 잘 읽을 수 있다. 국제부에서는 특파원에게 수시로 현지 출장취재를 지시하거나 기획 아이템을 주문한다. 물론 현지 사정에 밝은 특파원의 판단이 가장 우선이다.

대형사건·사고나 특보 속보가 없다면 뉴스룸의 낮 풍경은 게으른 사람들이 모인 것처럼 보인다. 그렇다고 긴장을 늦추지는 않는다. 내근하는 편집부서 기자는 뉴스가 없는 대기시간에 대부분 TV를 보거나 신문을 읽으면서 지낸다. 신문을 꼼꼼히 읽는 것도 취재와 편집에 큰 도움이 되므로 게을리 할 수 없다. 보도본부장, 보도국장을 비롯한 모든 간부는 휴식시간에도 텔레비전을 보는 게 습관이다. 긴장을 풀고 책상 위에 다리를 얹어놓은 최대한 편안한 자세로 텔레비전을 보는 모습은 익숙하다. 뉴스룸에는 곳곳에 모니터가 비치되어 어디에 있더라도 24시간 내내 국내외 주요 방송사의 프로그램을 시청할 수 있다. 그러나 대형사건·사고가 터지면 뉴스룸의 평온은 일순간에 깨지고 속보 경쟁을 벌이는 전쟁터로 돌변한다.

전체 부서장이 참석하는 회의는 오전 9시와 오후 2시 20분, 하루 두 차례 열린다. 오전회의에는 거의 아침을 거르고 오기 때문에 회의실에 차려진 커피와 주스, 우유, 빵 그리고 약간의 과일은 금세 동이 난다. 그래도 데스크에겐 회의를 기다리면서 잠깐 즐기는 이 시간이 하루 중 편안한 시간이다.

전체회의가 끝나면 취재부서별 회의가 열린다. 부장과 차장, 내근 당번기자가 모여 회의를 열고 공유할 정보와 보완할 취재 항목을 점검한다.

디지털 뉴스룸 혁명

디지털 혁명으로 뉴스 제작환경도 완전히 달라졌다. 방송사 편집실과 송출 부조정실에서도 영상 테이프를 볼 수 없다. 〈KBS 뉴스 9〉 마감에 대기 위해 편집본 리포트가 담긴 테이프를 들고 편집실에서 생방송 진행 중인 부조정실까지 달려가는 일도 없다.

KBS는 2010년부터 디지털 뉴스룸 구축사업에 착수해 2013년에 이를 마무리했다. 시스템 이름은 NIS (*news integrated system*), 이른바 뉴스통합 시스템이다. 기사작성과 승인, 큐시트 작성, 영상 수신, 영상 편집, CG, 부조 송출 등 일련의 제작송출 워크플로를 파일기반으로 한다. 뉴스룸을 네트워크 기반의 온라인 제작환경으로 전환한 것은 TV 발전사에 있어 거의 혁명 수준이다.

디지털 뉴스룸의 차세대 뉴스 제작송출 시스템은 방송제작에 관한 모든 일을 빠르고 손쉽게 해결한다. 디지털 뉴스룸의 주요 구성은 '보도정보 시스템', '보도영상 관리 시스템', '대용량 저장장치에 연결된 NLE 시스템' (*non-linear editing system*: 비선형 편집 시스템), '수신영상의 파일 인코딩 시스템', '자막 및 뉴스 CG 송출시스템' 등이다. 보도정보 시스템에서 기사와 영상을 미리 확인할 수 있다. 데스크 컴퓨터에서 영상 편집본을 온라인으로 모니터링할 수 있다. 종래의 VCR 편집을 NLE 편집으로 전환해 파일기반의 워크플로 (*workflow*) 가 구현된다.

디지털 뉴스룸에서 큐시트는 더욱 빠르고 정교하고 편리하게 제작된다. 뉴스 편집제작 담당자는 취재부서에서 입력한 아이템을 토대로 자신의 책상에 있는 데스크톱이나 노트북으로 큐시트를 짠다. 메인뉴스에 들어갈 아이템 제목의 입력과 수정, 조정도 얼마든지 가능하다. 취재부서의 취재 계획서나 출고기사, 관련 영상을 클릭 한 번만으로 언제든 꺼내볼 수 있으며 취재영상 모니터가 가능한 것은 물론 아카이브의 자료영상도 확인할 수 있다.

KBS 디지털 뉴스룸 구축 사업에는 2010년부터 3년 동안 140억 원이 투입됐다. 첫해에 뉴스 라이브러리를 구축했다. 보도영상 보관자료의 HD 영상만 7천 시간에 이르렀다. SD급 국제뉴스 영상 1만 3천 시간은 아카이브로 이관했다. 이듬해에 디지털 메인시스템 작업이 이뤄졌는데 NLE 편집으로 전면 전환했다. 촬영기자용 현장 편집 및 메일 전송용 노트북도 지급됐다. 수신영상은 1,005개 파일로 인코딩했으며 채널은 개략 40개 정도였다. 보도영상을 검색하고 미리 볼 수 있는 시스템 역시 구축됐다.

3년차인 2012년에는 디지털 뉴스룸 고도화 작업이 진행됐다. 보도정보 시스템의 전면 업그레이드가 이뤄졌고 뉴스 CG 통합송출 서버도 완성됐다. 모든 작업에서 시스템 구축과 사용자 교육이 병행해 실시됐다. 현재 디지털 뉴스룸에서는 데일리 뉴스, 국제 뉴스, 스포츠 뉴스, 시사 기획물, 인터넷 뉴스를 제작한다.

디지털 뉴스룸에는 인제스트 관리자와 영상 입력요원, 아카이브 관리자, 뉴스룸 운영자가 24시간 근무한다. MBC의 경우 2010년에 뉴스 NPS(NLE 기반의 뉴스 편집 시스템)을 오픈했다. 2014년에 상암동 본사로 이전하면서 보도정보 시스템과 송출 시스템을 연계구축했다. SBS는 2004년 2월 SD급 디지털 뉴스룸 구축 후 2010년 1월 NDS(HD디지털 뉴스룸) 사업에 착수했다. 이밖에 YTN, OBS, MBN, 한국경제TV

등도 디지털 뉴스룸을 구축했다.

　KBS는 디지털 뉴스룸이 구축되면서 뉴스의 다채널 멀티 플랫폼 서비스를 위한 원소스 멀티유즈(*one source multi use*) 구현이 가능해졌다. 제작시간이 단축돼 뉴스 진행의 안정성도 물론 높아졌다. 이와 함께 소셜 네트워크 서비스, 시청자 제보시스템 등 쌍방향 뉴스를 위한 기반이 조성됐다.

후진적 재난방송

테러의 미디어엘리티

요즘은 영국의 BBC나 일본의 NHK, 프랑스와 독일의 공영방송 뉴스를 언제 어디서든 볼 수 있다. 수용자는 IPTV나 위성채널, 케이블 TV, 모바일 등 다양한 플랫폼으로 미디어를 소비한다. 그런데 전쟁이나 테러 등 대형 재난사건 때 국내 방송을 보다가 해외 방송사의 재난방송 영상을 보면 상당히 낯설다. 국내의 대형 재난사건 보도는 붕 떠있고, 해외 유수 방송사의 재난방송은 차분하다.

2015년 11월 13일에 일어난 프랑스 파리 동시 테러사건 보도만 살펴봐도 이런 차이를 금세 느낄 수 있다. 재해·재난 사건을 보는 프레임과 영상 편집기법의 차이에서 나온다. 미디어는 실제 일어나는 현실을 미디어의 프레임으로 변형시켜 미디어엘리티를 만들어낸다. 시청자가 보는 재난보도는 미디어를 통해 재구성된 재난이라 볼 수 있다.

2001년 9월 11일, 누구도 상상할 수 없었던 큰 뉴스가 지구촌을 충격으로 몰아넣었다. 미국에서 일어난 항공기납치 동시다발 자살테러로

그림 2-19. 미국 9·11 테러 참사

출처: KBS 1TV (2001. 9. 12). 〈KBS 뉴스 9〉.

로 3천 5백여 명이 목숨을 잃었다. 테러범은 여객기 4대를 납치해 뉴욕 세계무역센터(World Trade Center) 건물과 국방부 건물을 향해 자폭테러를 감행했다. 21세기 첫 전쟁인 '테러와의 전쟁'은 이 사건으로 시작됐다. 동시다발 테러는 충격적 영상으로 재구성되어 전 세계의 시청자에게 전달됐다. 여객기가 쌍둥이 건물을 들이받아 110층짜리 쌍둥이 건물이 붕괴되는 영상은 영화 속의 그래픽 영상보다 더 충격적이었다.

미국 CNN은 9월 11일 오전 9시 3분, 두 번째 여객기가 세계무역센터 건물을 들이받는 순간을 생중계했다. 부시 미국대통령이 첫 보고를 받은 9시 5분보다 2분 빨랐다. 미국 뉴욕에서 일어난 대형 테러사건을 국내외 뉴스 방송사는 어떻게 보도했을까?

나는 석사학위 논문을 쓰면서 비행기가 건물을 들이받는 영상, 건물이 붕괴되는 영상, 이를 그래픽 처리한 영상을 컷 단위로 세어 횟수를 기록했다. 이른바 코딩작업이다. '컷'(cut)이란 한 번에 촬영된 한 장면이다. 기술적으로 길건 짧건 간에 연속적으로 찍힌 ENG의 단일촬영분으로 볼 수 있다는 점에서 '숏'(shot)이란 용어와 같다. 이런 충격적 영상을 몇몇 학자의 견해를 차용해 폭력적 영상으로 규정했다.

테러발생 당일부터 10일간 국내 지상파 3사, 미국의 ABC, 일본의 NHK, 영국의 BBC 메인뉴스를 분석한 결과는 믿기지 않았다. 폭력적 영상의 뉴스 시간당 노출빈도는 SBS의 경우 26.1회, KBS는 23.3회, MBC는 19회인 반면, BBC는 6.9회, NHK와 ABC는 각각 4.6회였다. 국내 지상파 메인뉴스는 이른바 '폭력적 영상'을 최소한 3~5배 정도 더 많이 사용했다. 심지어 전형적 상업방송에다 테러사건이 발생한 당국인 미국 ABC보다도 충격적 영상을 무절제하게 사용한 것이 확인되었다. 석사논문을 심사했던 여러 교수는 이런 결과를 믿지 못해 몇번이고 사실인지 물었다. 이분들은 미국에서 공부한 언론학자로 누구보다 미국 방송사의 선정성, 폭력성을 잘 알았다.

국내 지상파 3사의 폭력적 영상 평균 노출빈도는 204회였다. 10일간 메인뉴스에서 비행기 충돌 장면과 붕괴 장면, 이를 그래픽으로 제작한 영상을 이만큼이나 내보냈다. 폭력적 영상이 화면을 통해 폭탄 수준으로 방송됐다. 미국 ABC의 메인뉴스 〈월드 뉴스 투나잇〉(World News Tonight)에서 사용한 횟수보다 8배 이상 많았다. 특히, 테러발생 당일부터 초기 5일 동안은 폭력적 영상 노출빈도가 최고조에 달했다. 반면 NHK는 9월 15일부터, ABC는 9월 18일부터 여객기가 세계무역센터 건물을 들이받는 폭력적 영상이 메인뉴스 화면에서 거의 사라졌다.

미국 ABC가 폭력적 영상을 가장 적게 사용한 것은 예상 밖이었다.

시청률을 의식하는 미국 상업방송의 본능에도 불구하고 ABC는 방송이 미치는 영향력과 폭력적 영상이 시청자에게 미치는 부작용을 의식했던 것으로 보인다. ABC 회장 웨스틴(David Westin)은 폭력적 영상을 화면에서 걷어낸 이유를 이렇게 설명했다.

그것은 우리 시대의 가장 강력한 이미지이다. 어린아이는 그 장면을 또 테러 공격이 일어난 것으로 오해한다고 정신과 의사가 말했다. 이제 그 이야기는 충분하다.

부시 대통령 부인 로라(Laura Bush)도 5개 방송에 출연해 충격적 영상 사용의 자제를 호소했다. 충격적 영상을 반복적으로 보여주면 국민에게 심리적 후유증이 남을까 우려한 까닭이다. 이런 노력 덕에 CNN과 FOX도 폭력적 영상 재방을 자제하는 분위기로 돌아섰다. 미국의 상업방송사마저 국가적 재난상황에서 광고 자제는 물론 자극적 영상을 사용하지 않는 자세는 국내 방송사에게 시사하는 바가 적지 않다.

대형 재난사건이 터지면 한국의 텔레비전 뉴스가 안고 있는 선정적 보도형태의 민낯이 드러나곤 한다. 이런 선정적, 폭력적 경마(競馬) 보도는 세월호 침몰사고 때도 반복되었다. 9·11 테러가 난 지 14년이 지났지만 국내 지상파의 재난방송 형태는 크게 달라지지 않았다. 반성은 그때뿐 재난방송의 근본적 프레임은 바뀌지 않는다. 잊을 만하면 대형 참사가 되풀이되는 것처럼.

위기는 실제 위기상황과 TV뉴스의 위기적 해석이 덧붙여지는 과정이자 그 효과라고 말할 수 있다. 전규찬 교수의 지적에 따르면 TV뉴스가 그 원인과 해결방향을 어떻게 보도하는가에 따라 위기의 의미는 결정적으로 달라진다. 한국의 방송사, 특히 국가기간방송인 KBS 종사자는 이런 말을 귀담아들어야 할 때가 됐다.

왜 폭력적 영상 과잉인가?

테러 같은 재난방송의 영상을 선정적으로 편집하는 이유는 뭘까? 나는 9·11 테러의 사례를 분석하면서 여러 영상편집 담당자를 만났다. KBS뿐 아니라 MBC와 SBS 직원도 있었으며, 실무 편집자에서부터 담당부장까지 다양했다. 편집실에서, 더러는 음식점과 술집에서 녹음하며 편안하게 전문가와 대담했다. 매우 유용한 인터뷰였다. 대부분은 선정적, 폭력적, 충격적 영상을 과다하게 편집하는 점을 걱정했다. 그러나 현실은 그들의 전문성을 수용하지 않고 있었다.

가장 큰 첫 번째 문제는 '시청률을 의식한 영상 편집'이었다. 영상 편집 담당자는 시청률에 대한 압박감으로 '시청률의 포로'가 된다. 당시 KBS 시청자위원회에서 사장이 언급한 말은 놀랄 만하다. 9·11 테러 당시 〈KBS 뉴스 9〉 주중 시청률은 20% 전후로 평소보다 5%p 정도 상승했다. 이를 두고 KBS 사장은 "국가기간방송의 위상을 스스로 재확인했다. KBS는 시청률 지상주의는 절대 아니지만 국민의 방송으로서 일정 수준의 시청률을 유지하는 경쟁력도 있어야 한다"고 말했다. 이 발언은 KBS 시청자위원이 9·11 테러 보도영상이 폭력적, 자극적이라 지적하자 답변한 것이다. 국가기간방송의 역할을 잘못 인식하고 있는 단적 사례이다.

두 번째로는 영상 편집기법의 차이에서 오는 문제점이다. 이미 촬영된 숏을 어느 정도의 길이로 편집하느냐의 문제는 편집 전문가마다 다른 견해를 보인다. 한 숏을 컷으로 가공하는 것은 단순한 기능적 차원을 넘어선다. 여기에는 방송철학의 문제가 숨어있다. 미국 ABC와 영국 BBC, 일본의 NHK는 9·11 테러보도에서 여객기 충돌과 건물붕괴 직후 사람들이 대피하는 숏을 짧게 자르지 않고 가능한 한 롱테이크 (long take)로 길게 편집해 방송했다. 현실감을 살리는 편집이다.

국내 지상파 방송의 편집방식은 완전히 달랐다. 동서남북 방향에서 촬영한 충돌화면을 3~4초 단위로 짧게 끊어 편집하는 경향이 두드러졌다. 여객기 충돌과 건물붕괴 화면의 노출빈도가 높으니 당연히 재난보도의 영상이 폭력적, 선정적으로 나타날 수밖에 없다. 시청자는 처음엔 충격을 받다가 반복해서 보면 점점 길들여진다. 짧은 컷 중심의 반복적 영상 편집기법의 폐해이다.

예를 들어 9월 12일 〈KBS 뉴스 9〉은 "정부, 비상 안보대책회의 논의" 아이템의 앵커 멘트가 나가기 직전, 20초짜리 비디오 브레이크 (video break)를 구성했다. 이 비디오 브레이크에는 여객기 충돌과 건물붕괴 영상이 3~4초 단위로 무려 6번이나 반복 편집되어 방송됐다. 같은 날 "한국경제 비상"이라는 아이템에서는 리포트 처음 부분에 티즈 (tease) 형식으로 비슷한 영상이 3번이나 반복 편집됐다. 리포트 내용과 관련 없는 영상을 사용한 것은 국내 다른 지상파 방송도 마찬가지였다.

짧게 반복 편집되는 영상은 역동성을 유지하고 주목 효과를 높일 수 있다. 그러나 선정적이고 폭력적인 영상의 과다 사용은 많은 부작용을 낳는다. 비교 대상이 된 외국 방송사는 여객기 충돌과 건물붕괴 화면을 롱테이크로 20초 이상 보여줬다. 롱테이크는 화면을 끊지 않고 공간을 전환하지 않는 화면을 말한다. 미국 ABC마저도 테러발생 당일, 흥분하지 않은 전체적으로 차분한 방송이 이어졌다. BBC와 NHK 역시 9월 13일 방송분부터 사람들이 붕괴현장에서 먼지를 뒤집어쓰고 혼란스럽게 대피하는 장면은 거의 내보내지 않았다. 특히, 세계무역센터 건물에서 사람들이 뛰어내리는 모습은 국내 방송사와는 달리 거의 사용하지 않았다.

세 번째, 뉴스 포맷의 차이는 재난방송의 폭력적 영상 사용을 증가시킨다. 우선 한국의 지상파는 메인뉴스 길이 자체가 길다. 특정 사건이 터지면 아이템을 잘게 쪼개 대량으로 퍼붓는다. 동일한 주제, 즉 해외에서 발생한 대형재난을 두고 20~30개씩 아이템을 잘게 쪼개면 제한된 영상을 반복 사용하는 걸 피할 수 없다. 요즘 심층뉴스 강화 흐름으로 이런 현상이 다소 완화되기는 했으나 갈 길은 한참 멀어 보인다.

디지털 방송으로 전환하기 전 아날로그 시절에는 대형사건이 나면 서로 좋은 영상을 먼저 사용하려는 기자 때문에 편집실은 그야말로 전쟁터가 되곤 했다. 지금은 파일 기반으로 저장된 영상을 어떤 편집기로도 언제든지 동시에 꺼내 사용할 수 있어 이런 북새통은 사라졌다. 그렇지만 특정 영상을 동시에 공유할 수 있는 기술적 진전이 오히려 폭력적, 선정적 영상을 더 많이 사용하게 되는 계기를 제공할 수 있다. 이런 부작용을 피하기 위해 편집자와 기자의 인식개선이 반드시 필요하다.

1분 20초 기준으로 제작되는 국내 지상파의 리포트와 달리 외국 방송사의 리포트는 사안별로 아주 길게 방송한다. 9·11 테러의 사례를 보

자. ABC의 경우, 첫날 보도에서 "동시다발 테러참사"를 6분 18초, "FBI의 뉴욕본부가 이번 상황 주도적으로 조사"를 5분 26초, "아랍계 미국인에게 적대감 높아" 리포트는 4분 7초간 방송했다. BBC는 "테러 공격으로 세계무역센터 건물붕괴"를 9분 36초, "각국 비난성명"은 3분 56초, "블레어 총리 테러 근절촉구"를 3분 40초간 방송했고, NHK는 "테러 발생 개요"를 3분 30초, "펜타곤 테러 목격자 증언"을 2분 50초, "소방관 실종, 목격자 증언, 테러일지" 등을 8분 20초간 방송했다.

또한 대형 재난보도에 있어 외국 방송사는 전문가 출연대담과 현장 생방송 연결을 선호하며 자료화면은 거의 사용하지 않는다. 이런 제작 방식은 폭력적, 선정적 화면을 현저하게 감소시킨다. 국내 방송사가 출연자의 얼굴을 덮는 자료화면을 즐겨 사용하는 것과는 완전히 다르다.

특히, 현장보도는 시청자가 보도의 현장을 직접 느낄 수 있도록 제작된다. 현장보도는 특정 사건을 가깝게 인식하고 흥미를 느끼게 해주는 양식이라는 점에서 장점이 대단히 많다. 또한 시청자에게 신뢰감을 준다. 기자는 카메라를 보고 말하면서 시청자와 눈을 맞춘다. 때문에 그 자체가 완전한 보도이기도 하며 분명 가장 인기 있는 현대적 보도기법 중 하나이다.

그런데 국내 지상파의 경우, 중계하는 기자가 한두 마디 하고 나면 기자 얼굴 위에 영상을 덮어 버린다. 기자의 리포트 서사구조와 평행을 이루지 않는, 말하자면 보도하는 오디오와 전혀 상관없는 그림을 깔아 오히려 전달력을 떨어뜨리기도 한다. 거기에다 자료화면 역시 폭력적이고 선정적이다.

한 방송사의 영상 편집 데스크의 말이다. 방송사 고위간부로부터 시청률을 의식하는 편집 지침이 현장에서 반영된다고 털어놓았다.

우리 뉴스는 자극적으로 극화시키는 것이 문제입니다. 타이틀 오프닝으로 건물충돌과 붕괴화면을 영상으로 구성하기도 했습니다. 극적인 컷을 사용하려 했어요. 리포트 제작기자의 요구도 컸습니다. 시청자 시선을 끌기 위한 무리한 화면 구성이 항상 문제죠.

또 다른 방송사의 국제부 차장 한 명은 테러리즘 보도의 문제점을 정확하게 지적한다.

테러 상황을 가장 잘 설명하는 그림을 사용해야 시청자가 좋아합니다. 시청자의 기대가 테러리스트의 희망사항과 일치하는 경우도 있을 수 있다고 봅니다. 테러 같은 재난방송의 보도준칙이 있지만 영상 편집에 매달리는 동안 무시하게 됩니다. 시청률을 의식하죠. 방송기자도 리포트의 전달력을 높이기 위해 강박관념에 사로잡힌 것 같습니다. 그래서 영상을 충격적으로 편집하는 걸 바라죠.

영국의 BBC나 일본의 NHK의 전쟁과 테러보도, 재난방송을 보면 전반적으로 차분하다. 자극적이지도 않다. 사람들이 울부짖는 영상은 극도로 절제된다. 많은 영상을 확보했는데도 스틸 영상(still image: 정적인 화면)으로 처리해 오히려 비장미(悲壯美)를 드러낸다.

한국의 방송을 보면 자극적인 데다 더러는 방송인이 먼저 흥분해 시청자를 불안하게 만든다. 그 때문에 불필요한 위기감이 확대된다. 대한민국은 고위험사회이다. 땅은 좁고 사람은 많고 위험한 산업시설은

밀집해 있다. 또한 분단국으로 항상 전쟁 위험을 안고 살아간다. 한국의 방송사는 재해·재난 방송의 프레임을 획기적으로 바꿀 필요가 있다. 아무리 피해가 큰 재해·재난이더라도 시청자가 보기에 지루하고 따분하게 느낄 정도로 확 바꾸어야 한다.

폭력적 영상, 마약보다 더한 중독성

방송사 뉴스룸에서 일하는 영상 전문가 가운데 현재 국내뉴스의 영상 편집기법은 한국 시청자가 가장 좋아하는 형식이라는 주장을 펴는 이들이 있다. 그들은 "할리우드 영화처럼 박진감 넘치는 영상 편집기법이 한국 TV뉴스에 이미 정착됐다"라고 말한다. 이 말 속에 느슨하고 편안하게 영상을 편집하면 뉴스 시청자가 떠나갈 것이라는 두려움이 있다.

실제로 방송사 영상 편집실을 들여다보면 리포트를 제작하는 기자가 좀더 자극적인 영상을 고르느라 많은 공을 들이고 있음을 알 수 있다. 특히, 사건·사고 담당 기자는 더욱 심하다. 좋은 영상이 확보되면 상황 설명 위주의 리포트 원고 작성에 많은 시간을 할애한다. 이러니 사건·사고의 원인과 문제점 분석에는 소홀해질 수밖에 없다.

사건·사고 담당 기자는 대개 입사 5년차 이내로, 초년병 시절부터 이런 영상 편집문화에 길들여진다. 모두 다 그런 것은 아니지만 상당수의 사건 담당 데스크는 자극적 영상을 사용하도록 부추긴다. 롱숏으로 10초 정도 편집된 영상이 있다 하자. 데스크는 이걸 참지 못한다. 4초 이내의 두세 컷으로 쪼개라고 지시한다. 데스크는 다음날 아침회의에서 보게 될 뉴스 아이템별 시청률 성적표를 의식한다. 그들은 자극적 영상 또는 자극적으로 편집된 영상이 많이 들어간 리포트가 시청률이 더 높을 것이라는 환상을 갖고 있다.

연세대 최양수 교수는 자극적 영상으로 뉴스를 구성하면 정보가 논리적으로 전달되지 않는다고 지적했다. 시청자를 감정적으로 몰입하게 만들기 때문이다. 영상 메시지는 문자보다 시청자를 더 잘 속일 수 있다. 그는 텔레비전의 기만적 속성이 카메라기자와 취재기자, 편집 데스크가 사실과 현상을 1분 20초로 가두는 순간부터 시작된다고 비판한다.

"텔레비전 뉴스의 국제보도 비교"라는 논문에 나온 자료는 한국의 편집 문화를 잘 분석했다. 연구자는 각국의 TV뉴스가 30초 동안 사용한 컷의 수를 세었다. KBS는 4. 79컷, F2는 3. 17컷, ZDF는 2. 38컷, NHK는 2. 91컷, BBC는 2. 89컷을 사용하는 것으로 나타났다. 이 분석은 20년 전에 나왔다. 그러나 지금도 크게 달라지지 않았다.

영상을 짧게 끊어 편집하면 같은 시간이라도 컷이 많아진다. 독일과 영국, 일본의 공영방송은 뉴스 영상을 좀더 느슨하게 편집한다는 뜻이다. 컷이 많으면 화면은 빠르게 전환된다. 영상을 연구하는 학자는 화면 전환이 빠를수록 논리적 도약이 많아진다고 여긴다. 따라서 화면 전환을 지나치게 많이 사용하면 정확성, 완전성의 범주에서 벗어나게 될 수 있다. 그 결과 시청자가 보도 내용보다는 영상으로 사건을 이해할 가능성은 높아진다.

한 방송사 국제부 차장은 미국 9 · 11 테러 당시 어린 딸의 말을 듣고 놀랐다고 전했다.

중학교 1학년인 딸이 여객기 충돌과 건물붕괴 영상을 처음 볼 때는 충격을 받는 모습이었다. 그런데 며칠 지나고 나서는 건물 무너지는 걸 멋있다고 말하기에 아주 놀랐다. 아마도 반복적으로 그 영상을 보다가 자신도 모르게 그런 말이 튀어나온 게 아닌가 싶은 생각이 들었다.

성균관대 김정탁 교수는 일본의 위기대응 체제와 행위를 연구했다. 그는 방송기자가 실제로 일어난 사건을 다루면서 사건에 이름을 붙이고 텍스트로 구조화시키며 수용자가 쉽게 이해할 수 있는 스타일과 패턴으로 변형시킨다고 설명했다. 그는 삶과 죽음의 상황, 운명적 결정, 잊을 수 없는 강한 시각적 이미지 등 극적 이미지가 사용된다고 보았다.

미디어의 폭력성에 대해 언론학자가 대체로 인정하는 관점은 다음과 같다. 첫째, 폭력적 내용을 많이 보는 어린이는 더욱 폭력적이게 된다. 둘째, 폭력에 대한 두려움이 커진다. 셋째, 남에게 폭력을 행사하는 것을 보아도 냉담해진다. 여러 연구마다 차이가 있긴 하지만 TV에서 재현하는 폭력과 공격성 사이에는 분명하고도 주목할 만한 상관관계가 있다는 결론이다.

한국의 방송사는 폭력적이고 자극적인 영상 편집기법을 만들어냈다. 방송사 기자가 먼저 폭력적이고 자극적인 영상에 중독됐고 그들이 오랫동안 생산한 뉴스 영상물에 시청자를 중독시켰다. 마치 혀와 뇌가 MSG에 중독된 것처럼 이제 시청자는 밋밋한 영상을 견디지 못하며 폭력적 영상에 길들여졌다.

무엇부터 시작해야 하는가? 방송사가 먼저 나서 우선 재난방송의 폭력적 영상부터 걷어내야 한다. 그 선봉에 공영방송 KBS와 MBC가 서 있기를 바란다. 폭력적이고 절제되지 않은 영상은 인터넷만 봐도 차고 넘친다.

또 다른 폭력, CG 애니메이션

한국 지상파의 '파리 동시다발 테러' 특집뉴스를 보면서 컴퓨터 그래픽 애니메이션(computer graphic animation)의 과잉을 생각한다. 테러보도 같은 재난방송에서 '부적절하고 불필요한 CG 애니메이션'은 폭력적 영상의 사용으로 규정할 수 있다. 피해 당사자 가족은 물론, 어린이 등 정서적으로 불완전한 시청자에게 정신적 충격을 주고 불필요한 공포를 확산시키기 때문이다.

2015년 11월 14일 메인뉴스 가운데 KBS와 MBC의 컴퓨터 그래픽 애니메이션 사례를 살펴보자. 특집 〈KBS 뉴스 9〉의 2번째 꼭지는 록 공연이 열렸던 '바타클랑극장 테러' 리포트였고 12초 길이의 그래픽 애니메이션이 담겼다. 테러범들이 총기를 난사하는 CG 애니메이션이다. "처음에는 허공을 향해 총을 쐈다가, 놀란 관객이 도망치자 미처 도망치지 못한 관객들을 인질로 잡았습니다. 이어 범인들은 인질들에게 무차별 총격을 가하기 시작했습니다"라는 리포팅을 하는 동안 오락물 같은 CG 애니메이션이 흘렀다.

같은 날 MBC 〈뉴스데스크〉 2번째, 3번째 꼭지에서도 CG 애니메이션이 등장했다. "'밀집지역 노렸다' 동시다발 '군사작전급' 테러"라는 리포트에서는 총기를 난사하는 애니메이션이 6초 동안 나왔다. "테러범

그림 2-20. 프랑스 바타클랑 극장 테러 CG

출처: KBS 1TV (2015. 11. 14). 〈KBS 뉴스 9〉.

은 근처 캄보디아 식당에도 총을 난사해 모두 14명이 숨졌습니다"라는 멘트를 덮는 영상이다.

〈뉴스데스크〉 3번째 꼭지 '록 공연장 테러' 보도에서는 좀더 폭력적인 CG 애니메이션이 등장했다. 목격자 2명의 인터뷰 사이에 13초 길이의 CG 애니메이션을 보여줬다. "생존자들은 검은색 옷차림에 마스크를 쓰지 않은 4명의 테러범이 공연장 뒤쪽으로 들어와 무차별적으로 총기를 난사했고 바닥에 머릴 감싸고 누워있는 이들에게까지 총격을 가했다고 전했습니다"라는 원고 부분이다. 무장한 테러범이 총기를 난사하는 동영상은 폭력적 게임에서 익숙하게 본 것들이다. 반면, 동일한 주제의 〈SBS 8뉴스〉 보도에는 CG 애니메이션이 등장하지 않았다. 오히려 부분적으로 스틸 화면을 사용해 절제미를 보였다.

BBC나 NHK 등 해외의 어느 뉴스에서도 이런 종류의 CG 애니메이션을 찾아 볼 수 없었다. 그런데 품격을 중요하게 여기는 한국의 대표적 공영방송 KBS와 MBC 뉴스에선 '부적절하고 불필요한' CG 애니메이션이 등장했다.

리포트를 담당한 기자는 1분 30초 안팎의 리포트를 제작하면서 원고에 적절한 영상 구성을 고민한다. 많은 인명이 희생된 테러 현장에는 처참한 결과만 남아있고 총기난사 당시의 영상은 없다. 이럴 경우 테러와 관련한 상징영상이나 테러가 벌어진 이후의 현장영상을 촬영해 사용하면 된다. 경찰 저지선이 설치된 건물을 롱테이크로 담는다든지, 총알이 뚫고 지나가 금이 간 유리창을 크게 클로즈업한다든지, 피해자의 신발과 모자 등의 유류품 등을 촬영하면 된다. 그런데 기자는 부족한 영상을 메우기 위해 CG 애니메이션을 생각해낸다. 같은 주제의 리포트를 제작하는 KBS, MBC 양사의 기자는 소통하지 않고도 꼭 같은 생각을 했다.

이것은 우연이 아닌 필연이다. 한국 방송기자는 테러 같은 재난을 보도할 때 이런 제작기법을 즐겨 활용한다. 이런 잘못된 리포트 제작기법을 게이트키핑 담당 데스크가 용인하고 권장한다는 것은 더욱 심각하다. 기자는 자신의 원고에 CG 애니메이션이 들어갈 부분을 반드시 표시해야 한다. 이 표시를 보고 뉴스룸의 데스크가 '부적절하고 불필요한 CG 애니메이션이다'라고 한마디만 던지면 담당 기자는 대부분 이를 따른다. 그리고 이를 대체할 다른 영상을 찾는다. 그러니 재난방송에서 '불필요하고 부적절한 CG 애니메이션'은 무지한 기자와 무능한 데스크의 합작품으로 부를 수밖에 없다.

잘못됐다고 말하는 이유는 또 있다. 특정 방송사가 파리 바타클랑극장 테러 CCTV 화면을 확보했다고 치자. 그렇더라도 총기를 난사해 무고한 인명을 살상하는 실제영상은 사용할 수 없다. 모자이크로 처리하더라도 상식적으로 대부분의 방송사는 '사용할 수 없다'는 결론을 내릴 것이다. 저널리즘 윤리와 방송제작 가이드라인 위반임을 잘 알기 때문이다. 방송사의 재난방송 관련 가이드라인은 비탄에 빠진 유족에게 충격을 줄 수 있는 영상은 사용하지 않도록 사실상 금지한다.

실제영상은 사용할 수 없으나 가공의 CG 애니메이션은 사용할 수 있다고 동의하는 것은 비정상이다. 더구나 오락물 같은 CG 애니메이션은 반인륜적 테러범죄의 심각성을 단순화시키고 시청자의 불감증을 키우기 마련이다. 뉴스의 현장감은 실종되고 사실은 CG 애니메이션을 통해 왜곡, 축소, 확대된다.

2001년 9·11 테러 때를 되돌아보자. 여객기를 납치해 세계무역센터 건물을 자폭테러하는 영상은 다수가 있었다. 그럼에도 국내 방송사는 '여객기가 건물을 들이받는 영상'을 CG 애니메이션으로 제작해 방송했다. 테러 당일부터 10일 동안 국내 지상파 3사가 사용한 CG 애니메이션은 KBS와 SBS가 10차례, MBC는 3차례였다. NHK는 3차례, ABC는 1차례 사용했으나 여객기 좌석배치도 등이었다. 영국 BBC는 단 한차례도 여객기가 충돌하는 CG 애니메이션을 사용하지 않았다.

CG 애니메이션의 사용 과잉은 국내 방송사의 뉴스 제작 문화를 반영한다. 2001년 9월 12일 〈KBS 뉴스 9〉의 '참극 마지막 상황 시뮬레이션 재현' 리포트는 그 결정판이다.

한국의 방송기자가 CG 애니메이션을 남용하는 것은 9·11 테러 때나 지금이나 크게 달라지지 않았다. 세월호 침몰사고 때는 기울어진 선실에서 필사적으로 매달린 학생들이 바닥으로 떨어지는 CG 애니메이션이 나오기도 했다. 첨단 뉴스 스튜디오에서 전투 폭력기가 휙휙 소리를 내며 날아다니는 영상이 구현되기도 한다.

뉴스에서 CG 사용을 권장하는 경우는 제한적이다. 기상예보나 선거보도, 경제지표 관련 보도에 CG를 사용하면 시청자의 이해를 돕는다는 장점이 있다. 건물 배치도나 선박이나 항공기의 기내 좌석배치도 CG는 사건 경위파악에 도움을 준다. 복잡한 사건의 연결고리를 설명하는 계통도도 뉴스에서 흔히 볼 수 있다. TV 저널리즘이 CG 애니메이션을 절제하는 것은 TV뉴스 역시 팩트의 재구성이긴 하나 최대한 '사실성'에 기초하기 때문이다.

CG는 취재되지 않은 사실의 재구성이다. 이미 발생했고 결과만 남은 사건·사고의 경위를 목격자의 진술과 현장조사 결과를 토대로 추정해 재구성하는, 엄밀한 의미에선 논픽션이다. 시청자에게 사건·사고 발생 경위를 더욱 쉽게 전달하고 촬영된 영상과 촬영하지 못한 영상의 공백을 보완하기 위해 불가피할 경우에만 사용해야 한다. 한국의 방송사가 부적절하고 불필요한 CG 애니메이션을 경쟁적으로 사용하는 것은 시청자에게 또 다른 폭력을 행사한다. 시청률을 의식하는 영상의 구성은 포르노그래피로 시청자를 유인하는 것과 다를 바가 없다.

북 핵실험 '영상 실명제' 실종

2016년 1월 6일 북한이 발표한 '수소폭탄 실험 성공' 관련한 여러 TV 보도를 보면서 이른바 '영상 실명제'가 실종됐음을 본다. '영상 실명제'란 주요 사건·사고 영상의 출처와 촬영일시를 밝히는 것을 말한다. 메이저 언론사마저 확인되지 않은 핵무기 실험 영상을 사용해 시청자에게 잘못된 정보를 제공하고 불필요한 공포를 확산시키고 있다.

KBS, MBC, SBS, 지상파 3사는 헤드라인에서부터 리포트, 특집에 이르기까지 정체불명의 핵실험 영상을 무차별적으로 사용했다. 보도에는 땅이 꺼지면서 분화구가 형성되거나 버섯구름이 피어오르는 영상이 등장했다. 그러나 이런 영상은 핵개발국이 오래전에 선전용으로 공개한 지하 핵실험이나 공중 핵실험 영상일 가능성이 높다.

2016년 1월 6일, 〈KBS 뉴스 9〉의 헤드라인을 보자. 이 영상은 북한 수소폭탄 실험과는 아무런 관련이 없다. 북한은 4차 핵실험과 관련해 폭발 모습이 담기거나 땅이 함몰하는 영상을 단 1초도 공개하지 않았다. 국내외 정보당국도 그런 영상을 확보하지 못했다. 그러므로 지상파 3사가 북한의 수소폭탄 실험 관련 보도를 하면서 자료화면 표시나 영상의 출처를 표기하지 않고 핵무기 폭발 모습을 사용하는 것은 왜곡이자 과장이며 심하게 말하면 오보에 해당한다.

TV 보도는 내레이션과 영상이 평행하며 일치하도록 제작된다. 리포터가 던지는 메시지와 직접적으로 관련이 있는 영상이 아니라면 시청자가 이런 내용을 알 수 있게 표기해야 할 의무가 있다. 방송사의 자막 표기 기준에는 특정 영상의 주제와 촬영일시를 표시하도록 되어있다.

그림 2-21. 핵실험 자료화면

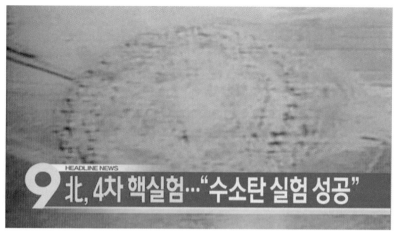

출처: KBS 1TV (2016. 1. 6). 〈KBS 뉴스 9〉.

　이른바 '영상 실명제'이다. TV 보도영상의 출처를 밝혀 뉴스의 공정성을 높이고 시청자의 신뢰를 얻자는 게 그 목적이다. 식품이나 공산품에 원산지를 표기해 소비자의 신뢰를 높이는 것과 마찬가지이다.

　KBS, MBC, SBS, 지상파 3사가 '영상 실명제'를 지키지 않는 것과 달리 JTBC는 관련 없는 핵실험 영상을 사용하지 않았다. JTBC는 꼭 필요할 경우 '자료화면'이라는 자막을 표기한다. 이는 윤리적 차원의 문제가 아니라 TV 저널리즘의 전문성에 해당한다. 상업방송인 종편이 공적 책무가 훨씬 강조되는 공영방송보다 TV 저널리즘을 더 충실하게 이행한다는 사실은 그냥 흘러버려도 되는 기우인가?

'돌연변이 테러' 경고음

최근 들어 동남아 지역까지 확산된 '소프트 타깃 테러'를 두고 '테러의 진화'라는 말이 나온다. 소프트 타깃 테러는 정부나 공공기관 대신 불특정 다수를 대상으로 하는 테러이다. 그렇지만 앞으로의 테러는 '진화'하는 수준을 넘어 이른바 '돌연변이 테러'가 나타날 가능성이 크다. 돌연변이 테러는 기존의 예측과 상식을 깰 수도 있다. 돌연변이 테러가 일어날 수 있는 배경에는 누구나 이용할 수 있는 과학기술과 전자통신, 소셜 미디어 발전이 있다.

언론학자의 말을 빌리면 테러는 무력한 현실을 상쇄하기 위한 약자의 무기이다. 약자는 정치적이나 군사적으로 승리할 수 없다. 대신 약자는 테러라는 극적 행위를 통해 공포에 사로잡히게 하거나 관심을 유발하는 드라마를 만들어낼 수 있다. 그것이 바로 테러리즘이다.

시각적으로 자극하는 폭력은 자본주의 사회에서 매력 있는 상품이 된다. 텔레비전을 비롯한 매스 미디어는 자극적 폭력을 소비하면서 이 폭력으로 조장된 두려움을 전파한다. 테러리스트는 잔인한 테러 행위로 사람들의 마음을 움직이고 태도 변화를 일으켜 궁극적으로는 정치적 영향력을 행사하려 한다. 그러나 언론학자의 이런 주장은 사실상 더 이상 유효하지 않을 수 있다.

돌연변이 테러리스트는 미디어에 보낼 메시지를 스스로 생산할 수 있다. 굳이 위험을 무릅쓴 테러를 감행하지 않더라도 효과적으로 자신의 정치적, 경제적 의지를 전달할 수 있다. 앞으로의 테러는 지금의 '소프트 타깃 테러'와도 또 다른 양상으로 전개될 것이다. 누구에게나 개방된 과학기술과 손쉽게 활용할 수 있는 소셜 미디어, 그리고 안전을 보장받는 전자통신 수단은 테러리스트를 고무시킨다. 테러리스트는 이를 기반으로 지금도 새로운 형태의 테러를 개발하기 위해 온갖 머리를 다 짜내고 있을지 모른다.

드론은 아프가니스탄 등에서 테러리스트를 잡는 첨단병기로 힘을 발휘한다. 그렇지만 머지않아 역으로 테러리스트가 좋아하는 가공의 무기가 될 수도 있다. 2016년 4월에 있었던 핵안보 정상회의에서는 IS(Islamic States: 이슬람 극단주의 테러리스트 집단)의 핵 테러 우려를 비중 있게 다뤘다. IS가 병원·대학·공장 등에서 방사성 물질을 입수할 가능성이 있고 10g의 방사성 물질과 재래식 폭발물로 '더티 밤'을 만든 후 드론으로 터뜨리면 도시가 초토화될 수 있다고 전문가는 경고했다.[7] 고성능의 드론이 쏟아져 나오고 가격 또한 파격적으로 저렴해지는 현상은 한편으론 우려스럽다. 세균과 화학물질을 사용한 테러는 테러방지 대책을 더욱 어렵게 만든다.

사이버 테러는 사회간접자본을 파괴해 순식간에 한 사회를 극도의 혼란에 빠트릴 수 있다. 2007년에 개봉한 영화 〈다이하드 4.0〉(Die Hard 4.0)에 나오는 사이버 테러 '파이어 세일'(fire sale)[8]은 영화가 나온 지 10년도 되지 않아 현실이 되고 있다. 사이버 테러로 2010년에는 이란 핵시설의 원심분리기가 오작동을 일으켰고, 2012년에는 이스라엘

---

7 정재홍(2016. 4. 4). "오바마, 드론 이용해 핵물질 뿌리는 '더티 밤' 테러 경고". 〈중앙일보〉, 종합 16면.
8 3단계에 걸쳐 사회간접자본을 파괴하는 테러. 교통기관 시스템 마비가 1단계, 금융망과 통신망 마비가 2단계, 가스·수도·전기·원자력 체계의 마비가 마지막 3단계이다.

제 3의 도시 하이파의 교통망이 마비되기도 했다. 2014년 한국의 원자력발전소도 해킹당해 설계도면이 빠져나갔다. 2013년 북한의 KBS, MBC, YTN과 금융기관 사이버 테러 때 내 노트북 자료도 모두 날아갔다가 힘겹게 상당 부분만 복구할 수 있었다.

테러리스트가 소셜 미디어를 적극적으로 활용한다는 사실은 무척 괴롭다. 자신의 생각을 전달할 수 있는 수단을 가지면 테러의 유혹에 빠질 수 있다. 반면 피해 당사자에게는 견디기 힘든 고통을 안겨준다. 이것만으로도 테러리스트의 정치적 목표는 일정 부분 달성된다. 테러리스트는 휴대전화와 노트북만으로도 상당한 수준의 영상물을 제작해 소셜 미디어를 통해 전 세계에 뿌리곤 한다.

테러리스트는 소셜 미디어 덕분에 스스로에게 조금 더 안전한 테러 수단을 고안할 수 있게 되었다. 그렇다고 가공할 영상을 만들어내는 소프트 타깃 테러를 멈춘다는 말은 아니다. 다만 기상천외한 수단을 동원한 '돌연변이 테러'가 등장할 가능성이 높다는 말이다. IS의 외국인 참수와 팔루자 문화유산 파괴가 거의 실시간으로 영상으로 제작되고 소셜 미디어를 통해 지체 없이 지구촌에 뿌려지는 것은 시작에 불과하다. 테러리스트는 사람이 많이 모이는 도심이 아닌 외딴 섬에서도 인류에게 고통을 주는 영상을 만들어 유통시킬 수 있다.

우리는 뉴스 생산자와 소비자가 모호한 세상에 살고 있다. 테러리스트는 소셜 미디어생태계에서 뉴스 생산자이면서 배포자인 동시에 뉴스 소비자로 변했다. 전통적 미디어는 이들이 생산한 영상 메시지를 경쟁적으로 확보해 전통적 방식으로 확대재생산한다. 실제로 뉴스 생산자와 소비자의 역할이 뒤바뀌는 상황이다.

미국 니만연구소(NiemanLab)의 하지스(Hassan Hodges)는 2016년 한 해 동안 뉴스 소비자와 생산자의 구분이 모호해지는 현상이 가속화될 것이라는 전망을 내놓았다. 그가 제시한 여러 사례 가운데 테러리스트나 총기 난사범이 그들의 주장을 실시간으로 전하기 위해 소셜 미디어를 사용한다는 지적은 정확하다. 심지어 대중의 인기를 끄는 유명인사와 반사회적 소시오패스(sociopath)의 경계도 소셜 미디어 생태계에선 구분하기 힘들다고 말한다.

　연초부터 국가, 종교, 문화 간 갈등이 지구촌 곳곳의 테러로 얼룩지면서 나라마다 초비상 상황이 계속되었다. 여러 지표상 한국은 고위험 국가에 속한다. 테러방지법 도입 여부를 두고 정치권과 시민사회의 논란이 뜨겁다. 민주화된 사회일수록 테러 대책을 마련하는 것은 더 어렵다. 이른바 '돌연변이 테러'의 위험도와 발생 가능성에 대한 시민의 인식 공유와 공감대 형성은 생각만큼 쉽지 않다. 최근에 만난 현 정부의 한 각료는 법과 제도를 정비하고 제대로 운용하는 것은 한 사회의 안전을 지키고 사회적 비용을 낮추는 또 다른 사회간접자본이라고 강조했다. 이런 주장은 테러방지법에 가장 정확하게 들어맞는다.

　"테러리스트에게 대중적 명성(massive notoriety)을 부여해 그들을 고무시켜서는 안 된다"라고 말한 언론학자가 있다. 이 말은 언론학 교재에서 사라질지도 모른다. 테러리스트는 '스스로' 대중적 명성을 획득하면서 '외로운 늑대'를 키우고 독버섯처럼 번식하고 있다.

시청률의 그늘

시청률과 리포트 제작 길이 통제

기자가 제작하는 리포트 길이를 천편일률적으로 제한하는 것은 뉴스통제의 강력한 수단이 될 수 있다. 특정 방송사가 기자의 리포트 길이의 표준을 어떻게 설정하는가는 뉴스 프로그램의 포맷과 내용에 큰 영향을 미치기 때문이다.

통상 한국 지상파 방송사는 리포트 하나를 1분 20초 안팎의 길이로 제작한다. 이보다 10초가 줄어들면 기자는 리포트를 구성하는 데 애를 먹는다. 1분 10초짜리 리포트는 시청자에게 아주 빠른 속도로 전개된다. 60분짜리 드라마보다 30분짜리 드라마가 전개가 빠르고 영상 흐름의 속도감이 높아지는 것과 마찬가지이다. 리포트 영상의 컷 길이는 짧아지고 편집도 자극적일 수밖에 없다. 리포트의 설명력을 높이기 위해 그래픽을 과다 사용하는 부작용도 나타난다.

리포트의 완성도를 좌우하는 구성요소는 현장화면, 상징화면, 자료화면, 그래픽, 기자의 온 마이크, 인터뷰와 현장 사운드바이트, 리액

선숏이다. 취재 분량은 많고 리포트 할당 시간은 1분 10초나 20초라면 이런 것을 어떻게 편집해 넣을 것인가? 결국 리포트 제작자는 모든 영상을 잘게 쪼개 편집하는 길을 택하게 된다.

뉴스를 잘게 쪼개서 보도하는 데는 여러 가지 배경이 있다. 우선, 방송사 뉴스룸 데스크는 특정 주제를 여러 개의 작은 소주제로 나누는 데 발군의 실력을 보인다. 아무리 심각한 사건·사고나 정부 발표더라도 재빨리 5~6개의 소주제로 나누는 능력이 있다. 취재기자에게 신속하고도 명확하게 업무를 부여한다. 한 개의 주제를 다양한 포맷을 동원해 길게 제작하는 것이 아니라 마치 벽돌처럼 획일화된 패키지 리포트로 배열한다. 이런 짧은 TV 리포트 제작은 한국적 제작 문화로 정착됐다. 방송기자도 여기에 길들여졌다.

두 번째로, 뉴스 제작자는 짧은 리포트를 연속적으로 배열하는 뉴스 편집방식이 시청률을 올리는 데 도움이 된다고 믿기 때문이다. 그러나 시청자의 입맛 변화와 기술발전으로 이런 믿음은 더 이상 유효하지 않다. 뉴스 스튜디오에는 가상 스튜디오와 증강현실 기법을 사용할 수 있는 디지털 장비가 도입됐다. 따라서 예전보다 훨씬 다양한 포맷으로 뉴스를 진행할 수 있다. 그런데도 지금도 짧은 패키지 리포트가 여전히 널리 받아들여진다고 믿는 건 맹신에 가깝다.

셋째, 짧은 패키지 리포트는 편집제작부서가 뉴스를 진행하는 데 매우 편리하다. 차곡차곡 포개진 짧은 패키지 리포트는 방송순서를 쉽게 바꿀 수 있다는 장점이 분명히 있다. 시청자는 눈치챌 수 없지만 뉴스 편집제작자는 시청률을 의식해 경쟁사의 프로그램이 끝나고 광고나 예고가 나가는 시간에 시청자가 좋아할 만한 아이템을 배치한다. 경쟁사

그림 2-22. 긴박한 취재 현장

출처: KBS

의 프로그램을 실시간으로 살피면서 광고가 시작되기 직전에 자극적 사건·사고나 인기 연예인의 스캔들을 소개하는 리포트를 배치하면 시청률이 올라간다. 만약 리포트 길이가 들쭉날쭉하고 뉴스 포맷이 복잡하다면 뉴스 진행순서를 급히 바꿀 수 있는 대응 능력은 떨어진다.

넷째, 리포트 제작 길이를 제한하는 것은 가장 효율적인 뉴스 콘텐츠 통제수단이 될 수 있다. 종합뉴스를 심층뉴스로 갈 것인지, 아니면 단발성 리포트를 모아 스토리텔링할 것인지는 매우 중요하다. 개별 리포트가 천편일률적으로 짧아지면 중요한 것이나 중요하지 않은 것이나 차이가 없어진다. 뉴스 심층화의 길은 멀어지고 언론의 사회감시 기능도 현저하게 떨어지고 만다.

반면 짧은 리포트 배열은 메인뉴스에 들어가는 리포트 수를 늘릴 수 있다. 한때 한국의 지상파 메인뉴스는 리포트를 30개 가까이 넣기도 했다. 개별 기자에게는 메인뉴스에 자신의 리포트를 반영할 수 있는 기회가 늘어난다.

실제로 뉴스룸에 뉴스 전문 PD가 양성되어 있지 않을 경우 뉴스 프로그램의 포맷 다양성은 기대하기 힘들다. 같은 내용의 뉴스를 전하더라도 연출에 따라 포맷이 달라지고 전달력 역시 달라진다. 연출력이 탁월한 뉴스 PD의 도움을 받으면 뉴스 프로그램의 역동성은 훨씬 높아진다. 유감스럽게도 KBS의 경우 아주 오래전에 뉴스 PD를 공채로 뽑았으나 키울 생각을 하지 못하고 방치해 뉴스 PD 모두 일반기자와 PD로 전직했다. 뉴스 PD 공채는 단 한 해로 끝났다.

한국방송학회의 한 보고서는 국내 방송사는 '뉴스 리포트당 90초 공식'에서 벗어나지 못한다고 지적했다. 1분 30초 안팎의 포맷이 기본이라는 것이다. 아마 MC 멘트 10초를 보탠 것으로 보인다. 영국의 BBC는 134초, 미국의 ABC는 107초, 미국 CBS는 104초라는 분석 결과와는 대조적이다.

뉴스 심층화가 무너진다

현재의 언론생태계에서 뉴스의 경쟁력은 심층화와 전문화에서 나온다. 뉴스 잘게 쪼개기는 결국 뉴스 심층화를 가로막는 요인이다. 뉴스 가짓수가 지나치게 많으면 의제의 차별성이 사라진다. 중요한 의제나 사소한 의제 모두 90초 룰에 갇혀 있다고 생각해 보라. 대부분의 TV뉴스에서 이런 현상은 매일 볼 수 있다. 예를 들어 국가기관의 도청사건 리포트와 그날의 날씨 스케치, 지하철역 안전사고가 비슷한 길이로 보도된다면 경중에 대한 변별력이 사라진다. 분명 심각한 문제이지만 뉴스 제작 현실에서는 비일비재하다.

취재기자는 리포트 길이의 제약으로 충분한 취재를 하고서도 심층 리포트를 제작하지 못하는 난처한 상황에 빠지기도 한다. 복수의 검증에 동원된 인터뷰나 전문가 인터뷰, 서로 상반된 견해를 담은 다양한 인터뷰는 담을 수가 없다. 어렵게 취재한 전문가의 인터뷰마저 말허리가 잘린 채 7~8초로 편집된다. 메인뉴스를 보면 말이 채 끝나기도 전에 잘린 인터뷰를 수도 없이 볼 수 있다. 의미 왜곡은 물론이고 인터뷰이를 대하는 예의에도 어긋난다. 시청자가 불편해하는 이런 인터뷰가 자주 등장하는 건 리포트 길이 제한 때문에 생기는 부작용이다.

취재기자는 리포트 길이의 제한을 심각한 통제로 인식한다. 지금은 사라진 이야기이지만 지역국이 힘들게 제작한 특종 고발물을 본사로 보내면 뉴스룸 담당자가 고발성 인터뷰를 마음대로 잘라 내거나 줄이기도 했다. 심지어 기자의 온 마이크까지 날아가기도 했다. 정치권력이나 경제권력이 압박을 가하면 시간제한이라는 틀 속에 가둬 리포트의 강도를 완화하거나 타협하는 수단으로 삼았다. 지금의 뉴스룸에서 이런 일은 거의 일어나지 않는다. 그렇지만 뉴스룸 책임자의 성향에 따라 뉴스를 잘게 쪼개 통제하는 방식을 선호하는 인물은 지금도 있다.

물론 대형사건·사고를 여러 개의 리포트로 나누어 대량 보도하는 것은 심층뉴스의 또 다른 방법이다. 방송기자는 이런 보도방식을 집중취재 또는 집중보도라고 부른다. 그러나 이 역시 한계가 있다. 이런 제작방식은 나무는 보지만 숲을 보지 못하는 상황을 초래할 수 있다. 뉴스의 통찰력과 거시적이고 장기적인 관점이 사라질 가능성이 높다.

뉴스 포맷이 진화하고 있다지만 여전히 뉴스 리포트당 90초 공식은 통용된다. 90초 공식으로는 시청자의 몰입과 흥미를 유발할 수 있는 리드미컬한 뉴스 아이템을 편성하기 힘들다. 단조로움을 탈피해야 한다. 이슈 중요도에 따른 탄력적 심층보도와 앵커 단신보도로 속도감 있는 뉴스를 편성할 필요가 있다. KBS의 뉴스 개선을 위한 연구를 수행한 한국방송학회는 외국 뉴스 프로그램의 경우, 중요한 이슈라면 다양한 길이의 뉴스 리포트로 변화를 줌으로써 프로그램이 전반적으로 리드미컬하게 흘러가는 듯한 느낌을 준다고 분석했다. 이슈의 중요도에 따라 3~5분 심층 리포트를 보도하고 이후 앵커의 단신을 다수 배치하여 속도감 있게 뉴스를 진행한다는 것이다.

뉴스 리포트당 90초 공식으로 시청률을 올릴 수 있을 것이라는 막연한 기대는 더 이상 유효하지 않다. 전쟁 양상이 달라지면 싸우는 방법과 수단이 달라진다. 시청자의 뉴스 소비패턴 역시 종전과는 크게 달라졌다. 정치·경제 심층뉴스에 대한 기대감도 크게 높아졌다. 선호하는 뉴스가 달라지면 뉴스 생산 시스템도 이에 걸맞게 달라져야 한다.

리포트 제작 길이를 과도하게 제한하는 것은 TV뉴스 편집제작부서가 취재부서보다 우위에 있을 때, 그리고 취재부서 사이의 협력보다 경쟁이 강조될 때 더 심해지는 경향이 있다. 대체로 권위주의적 뉴스 제작환경도 한몫한다. 90초 공식은 협업보다 분업이 강조된다. 반면 심층뉴스 제작은 분업보다 협업이 효율적이다. 이를테면 현장에서 취재하는 기자, 원고 작성을 전담하는 작가, 마이크를 들고 보도하는 기자가 협업해야 한 편의 훌륭한 심층뉴스를 제작할 수 있다.

'응답하라 1999' 시청률 전성시대

20세기 마지막 해, 1999년은 지상파 방송사의 메인뉴스 시청률 경쟁이 극한으로 치닫던 시기였다. 〈KBS 뉴스 9〉과 MBC 〈뉴스데스크〉 사이의 시청률 경쟁은 계속됐다. 새로운 세기 밀레니엄이 다가오고 있었지만 지상파 거대공룡은 시청률 싸움에 정신이 팔려있었다.

〈KBS 뉴스 9〉이 MBC의 〈뉴스데스크〉 시청률을 앞지른 시기는 1995년쯤이다. 혹자는 〈뉴스데스크〉가 〈KBS 뉴스 9〉에 시청률을 역전당한 것을 도저히 이해할 수 없는 불가사의라고 말하기도 했다. 그동안 MBC 〈뉴스데스크〉의 신뢰도와 영향력은 하늘을 찔렀다. KBS는 절치부심하며 총반격에 나섰다.

이즈음 MBC 일일드라마 〈보고 또 보고〉가 등장했다. 1998년 3월부터 이듬해인 1999년 4월까지 방송됐다. 당시 일일드라마 역사상 최고 시청률인 57.3%를 기록하기도 했다. MBC 〈뉴스데스크〉는 선행 드라마의 도움으로 〈KBS 뉴스 9〉 시청률을 수시로 앞질렀다.

MBC 일일드라마가 끝나고 한 달여가 지난 1999년 5월 19일, 〈KBS 뉴스 9〉의 시청률은 수도권 기준으로 30.8%를 기록했다. MBC 〈뉴스데스크〉는 22.3%였다. 뉴스 앞에 방송되는 일일드라마는 KBS가 25.1%, MBC가 18.9%였다. 한편, SBS 메인뉴스 시청률은 14.2%였다. KBS 2TV 저녁 8시대에 편성된 〈뉴스투데이〉 시청률은 9.6%로 SBS를 따라잡기 위해 분투하고 있었다.

메인뉴스가 시청률 30%를 기록한 다음날 KBS 뉴스룸의 분위기는 한껏 고조되곤 했다. 뉴스 시청률에 탄력이 붙었음을 확인한 보도국장은 자신감에 넘쳤다. 배가 불룩 나온 보도국장은 어깨를 활짝 펴고 뉴스룸을 이리저리 누비며 기자들의 어깨를 툭툭 치곤 했다. 병사를 다그치는 장군의 모습이었다.

보도국장은 오후가 되면 오전의 너그러웠던 얼굴 표정은 사라지고 맹수처럼 사나운 얼굴로 돌변했다. 큐시트에 잡힌 전체 아이템의 절반가량을 대체하기도 했다. 취재부서장은 일사불란하게 현장에 있는 기자들을 독려했다. 대체 리포트는 신속하면서도 완성도 높게 제작됐다.

어떤 날은 보도국장이 편집제작회의를 주재하다 말고 박권상 사장에게 불려갔다. 박 사장은 "어제 뉴스가 긴박하고 짜임새 있었다. 부장들을 격려해 달라"라고 전했다. 격려금도 전달됐다. 보도국장은 어깨를 으쓱했다. KBS 뉴스의 영향력이 급속도로 팽창되던 호시절이었다.

1999년 여름으로 접어들면서 첫 주 주말 시청률이 다시 MBC에 뒤졌다. 6월 5일 토요일, MBC 〈뉴스데스크〉 전에 방송된 축구중계 시청률은 무려 33%였다. MBC 〈뉴스데스크〉 시청률은 16.7%가 나와 〈KBS 뉴스 9〉 시청률을 0.5%p 앞섰다. 6월 6일 일요일의 MBC 〈뉴스데스크〉 시청률은 28.1%로 〈KBS 뉴스 9〉 시청률보다 7%p나 높았다. 〈뉴스데스크〉 선행 프로그램인 주말드라마 〈장미와 콩나물〉 시청률은 무려 37.2%였다. 드라마 시청자가 뉴스로 그대로 유입됐다. 8일 화요일의 〈KBS 뉴스 9〉 시청률은 24.8%, 〈뉴스데스크〉는 23.3%였다. 〈뉴스데스크〉는 평일인데도 1.5%p 차이로 바짝 추격했다. 선행 드라마의 시청률은 KBS 24.4%, MBC 18.9%였다. KBS 드라마를 본 시청자가 거꾸로 〈뉴스데스크〉로 옮겨가고 있었다. 이런 시청률 차이라면 광고를 감안했을 때 분명 시청률 역전이었다.

그림 2-23. KBS 뉴스 속 역사적 사건들

출처: KBS

MBC 일일드라마의 초강세 때문에 MBC 〈뉴스데스크〉가 힘을 받았던 시기는 KBS에겐 시련의 세월이다. 그럴 경우 KBS 뉴스룸은 MBC 일일드라마가 종방되는 날만 손꼽아 기다렸다. KBS의 어떤 보도국장은 MBC 드라마가 종방되기 전에 보도국장직을 떠나게 되자 '정말 운이 없다'고 한탄하기도 했다. 메인뉴스 시청률 전쟁에서 패배자가 되어 수치스러워했다. 그러나 선행 드라마의 도움으로 MBC 〈뉴스데스크〉가 탄력을 받는 경우도 시청률 패배의 변명꺼리가 되지 않았다. 그 당시 선행 드라마가 6%p 정도 차이가 나면 후속 프로그램의 시청률에 영향을 준다는 연구 결과가 나오기도 했다. 그만큼 뉴스 앞뒤로 편성된 프로그램의 경쟁력은 뉴스 시청률과 상관관계가 높았다.

시청률 싸움을 하다보면 맨 처음 주말 시청률이 잠식되다가 이윽고 주중 시청률이 하루 이틀씩 무너진다. 나중엔 일주일 내내 시청률이 뒤

집히면서 대세가 역전된다.

주말뉴스를 강화하기 위해 금요일에 부국장이 담당 데스크를 집합시켜 아이템 회의를 열었다. 차장급 데스크의 준비 부족이 드러나면 불호령이 떨어지고 심야에 부장단을 불러 모아 다시 회의를 열곤 했다. 시청률과 뉴스 경쟁력을 위해 취재부서장의 군기를 잡는 회의였다. 그러니 시청률이 부진하면 주말이 따로 없었다.

시청률 경쟁은 재해·재난이나 전쟁보도에 분명히 영향을 미친다. 제1차 연평해전이 발생한 다음 날인 1999년 6월 16일, 보도국 통신의 한 토막은 다음과 같았다. KBS 뉴스룸 수뇌부가 전달한 말을 내부 통신망을 통해 공유한 것이다.

오늘 보도의 관건은 흐름. 전체적 보도방향은 유지하면서도 전쟁 영화, 전쟁 드라마를 누가 더 잘 만드느냐가 관건이다.

남북한 교전을 전쟁 영화와 전쟁 드라마로 표현한다는 것 자체가 끔찍한 일이다. 유사한 제작방법은 전쟁보도와 재난보도에서 현저하게 나타난다. 시청률 경쟁은 냉철한 분석과 심층뉴스 제작을 거추장스런 것으로 만든다. 오로지 뉴스의 드라마화(dramatize)를 충동질한다.

1999년 6월 24일 취재수첩엔 "〈KBS 뉴스 9〉 리포트 제작 길이는 1분 10초가 기본"이라고 적혀있다. 이 역시 KBS와 MBC의 시청률 경쟁이 비정상적 극단으로 치달았음을 반증한다.

1999년 즈음에는 아침뉴스의 경쟁력도 지금의 메인뉴스 경쟁력에 버금갔다. 〈KBS 뉴스광장〉 시청률도 훨훨 날아 수도권 기준으로 15%

안팎을 오르내렸다. 아침뉴스 담당부장은 밤 9시 뉴스와 차별화하기 위해 밤새 야근기자가 제작한 리포트를 〈뉴스광장〉에 쏟아붓곤 했다. 주로 사회부와 해외 특파원이 리포트를 담당했다. 시청자는 출근을 준비하면서 밤새 일어난 국내의 사건·사고와 특파원이 전하는 국제뉴스에 관심을 보였기 때문이다.

그해 6월 10일 〈뉴스광장〉 시청률은 무려 17.7%로 경쟁사 아침뉴스 시청률을 멀찌감치 따돌렸다. 아침뉴스 담당부장과 야간 당직국장은 발생뉴스, 이른바 '동타성 리포트' 제작을 최대한 독려했다. 방송기자가 말하는 '동타성 아이템'이란 '뛰는 놈을 때린다'는 뜻의 은어이다.

KBS와 MBC가 시청률 전쟁에 몰두했던 1999년, 언론생태계를 뒤흔들 조짐이 나타나기 시작했다. 그해 6월 2일 '네이버' 포털 서비스가 시작되면서 국내 신문산업은 위기를 맞았다. 9 VOD 전송을 위해 미국에서 개발된 ADSL(*asymmetric digital subscriber line*: 비대칭 디지털 가입자 회선)이 한국에서 상용화되었다. VOD 서비스는 진화를 거듭해 지금은 각 가정에 광케이블 서비스를 제공하는 수준에 이르렀다.

KBS와 MBC는 한국의 공영방송임에도 시청률 경쟁에 몰입한 나머지 공적 책무에는 소홀했다. KBS 1TV는 광고를 하지 않으면서도 영향력 확보를 위해 시청률에 매달렸다. 일정 수준의 시청률과 점유율이 공영방송의 역할과 영향력을 극대화하는 지름길이라고 굳게 믿었다.

2016년 3월 23일 수요일, 지상파 3사의 메인뉴스 시청률은 TNMS의 서울·수도권 기준으로 KBS가 18.4%, MBC가 5.8%, SBS가 8.1%

---

9 KBS 혁신추진단(2015. 4. 10). 〈Road to 2015, KBS 미래를 위한 제안〉. 서울: KBS.

이다. 개략적으로 살펴봐도 지상파 메인뉴스 시청률은 16년 만에 반 토막이 났다. 막강한 매체 영향력을 자랑하던 지상파는 쇠락하고 있다. 현재의 지상파 3사의 메인뉴스 시청률과 비교하면 1999년은 정말 시청률 황금기였다. 지상파 3사의 시청률 경쟁도 불꽃을 튀기는 시기였다.

지금의 지상파 방송사에게 밀레니엄 직전의 상황은 꿈같은 이야기이다. 지상파 방송사는 우리 사회에서 '갑 중의 갑'이었고 독과점의 지위를 마음껏 누렸다. 그렇지만 지상파 방송사는 시청률 전성시대의 달콤한 꿈에 빠져 다가올 미디어생태계 변화를 제대로 예측하지도 못했다. 눈부신 기술발전과 급격한 방송정책 변화에 휩쓸려 다녔을 뿐 스스로 변혁하지 못했다. 지상파 방송사의 시청률 무한 경쟁은 뉴스의 선정성과 폭력성을 고무시켜 저널리즘의 위기를 재촉했다. 그 위기는 지금도 계속되고 있다.

앵커의 조건

황수경과 이현주

KBS 시청자위원 13명이 2012년 7월 10일 KBS 본관 6층 대회의실에
모였다. 시청자위원회는 정기 월례회의로 열린다. 아주 특별한 일이
아니라면 부정기 회의는 없다. 시청자본부 직원은 사장의 지시에 따라
특별 논의 안건이 있다며 시청자위원들을 급히 불러 모았다. 시청자위
원들은 KBS에 도착해서야 〈KBS 뉴스 9〉 여성 앵커 오디션 평가라는
사실을 알고는 모두들 깜짝 놀라는 기색이었다.

사장의 인사말 다음 보도본부장의 부연설명이 있었다.

앵커는 프로그램 경쟁력에 결정적 변수가 됩니다. 시청자위원의 눈높이
로 의견을 수렴하고자 합니다. 투표하는 것은 아니지만 충분히 의견을 개
진해주시길 바랍니다. 신뢰도, 영향력 1위의 뉴스 프로그램을 위해 현명
한 판단과 조언을 구합니다.

대형 프로젝트 빔이 설치되고 회의장 조명이 어두워졌다. 녹화된 오디션 자료가 돌아갔다. 여성 앵커 후보에는 황수경과 이현주, 두 아나운서만 올랐다. 앉은 모습의 버스트 숏(bust shot), 서서 진행하는 모습(standing position), 마지막으로 민경욱 앵커와 코앵커(coanchor)로 진행하는 모습이 리포트와 스트레이트 뉴스 순으로 녹화돼 있었다.

여기저기서 시청자위원의 탄성이 터졌다. 시청률이 가장 높은 KBS 메인뉴스의 여성 앵커를 낙점하는 일은 즐거웠다. 여태껏 앵커 오디션 평가를 KBS 시청자위원에게 맡겨본 적은 없었다. 9시 뉴스 앵커 선발은 통상 보도본부 차원에서 오디션 결과를 1차 평가해 앵커 후보자를 두세 명으로 압축한 뒤 방송 관련 임원의 2차 평가로 마무리되었고 1차 오디션 평가 결과 1위를 한 앵커를 최종 낙점하는 경우가 대부분이었다. 장단점이 극명하게 대비되는 두 여성 앵커 후보를 두고 시청자위원의 의견을 한번 들어보자는 건 김인규 사장의 아이디어였다. 아마 방송 경력이 충분하고 능력이 탁월하면서도 단지 나이가 많다는 이유로 앵커에서 소외되는 현실을 타개하려는 의지가 담긴 조처였을 것이다.

황수경과 이현주. 경력과 나이에서 확연히 대비되는 두 사람이었다. 황수경 아나운서는 KBS 공채 19기로 1993년 입사해 입사 19년차인 1970년생이었다. 당시 42살이었다. 이화여대 불어불문학을 전공했고 〈열린 음악회〉와 〈여유만만〉 프로그램을 진행 중이었다. 한편 이현주 아나운서는 KBS 공채 35기로 2009년에 입사한 3년차였다. 1984년생으로 29살이었으며 한국외대 신문방송학과를 졸업했다. 당시에는 〈남북의 창〉과 〈글로벌 성공시대〉, 두 프로그램을 진행하고 있었다. 두 아나운서는 나이로는 13살, 방송경력은 16년이나 차이가 났다.

황수경 아나운서가 당시 완숙의 경지에 이른 것과 비교해 이현주 아나운서는 사실 풋내기였다. 황수경 아나운서는 〈뉴스광장〉 앵커에 이어 1997년 〈KBS 뉴스 9〉 앵커를 지낸 바 있다. 한국방송대상 아나운서 상을 수상한 지도 10년이 지났다. 반면 당시 이현주 아나운서는 뉴스를 아는 둥 마는 둥 했을 것이다. 기자의 경우 입사 3년차면 사건기자 꼬리를 떼는 시기이다. 일일이 데스크의 지도를 받아야 하는, 패기 넘치지만 숙련되지 않은 기자이다. 더구나 아나운서 3년차라면 뉴스를 안다고 볼 수가 없다.

시청자위원들에게 오디션 대상자의 약력과 함께 굵은 글씨로 평가요령이 적힌 안내문이 배포됐다. 안내문에는 '평가요령과 앵커 지원자의 오디션 화면을 보고 전달력과 안정감 있는 진행, 호감도, 〈KBS 뉴스 9〉 적합도 등을 고려해 의견을 제시바랍니다'라는 내용이 담겨 있었다.

시청자위원의 오디션 결과를 채점하는 대신 종합적 평가를 듣는 것으로 했다. 황수경, 이현주 아나운서 모두 최고의 앵커 후보라는 데는 이론이 없었다. 시청자위원은 우열을 가리기 힘든 평가에 부담을 느끼면서도 진솔한 조언을 아끼지 않았다. 이현주 아나운서를 추천한 이유로는 참신하며 목소리가 좋고 부담 없는 인상이라는 의견이 많았다. 민경욱 앵커와 잘 어울린다는 평도 있었다. 한편 황수경 아나운서는 안정감이 있고 경륜이 돋보이며 뉴스 전달력이 좋다는 의견이 있었다. 나이든 사람의 경험을 KBS의 메인뉴스에 활용하자는 의견도 다수 나왔다. 황수경 아나운서에 대해서는 가볍다 혹은 무겁다는 양 갈래 평가가 나오기도 했다. 그가 무슨 프로그램이든 소화할 수 있는 능력을 갖췄다는 의견인 셈이었다.

그림 2-24. 민경욱, 이현주 앵커

출처: KBS

 황수경 아나운서는 뉴스 리딩도 힘이 넘치고 목소리도 기름칠을 해
놓은 듯 굴러갔다. 한마디 한마디가 귀에 쏙쏙 들어왔다. KBS가 키운
방송인 황수경 아나운서는 시청자위원의 탄성이 터져 나올 정도였다.
그런데 민경욱, 황수경 두 앵커를 투숏으로 잡고 녹화한 걸 보니 민경
욱 앵커가 잘 살지 않았다. 위엄 넘치는 남성 앵커가 여성 앵커의 카리
스마에 눌려 오히려 작아 보인다는 것은 예사로 넘길 일이 아니었다.
민경욱 앵커는 황수경 아나운서보다 1년 먼저 입사한 선배였다. 결국
황수경 아나운서는 최종 심사에서 아쉽게 탈락했다. 남녀 앵커 간 부조
화와 예능 프로그램을 오래 해서 굳어진 이미지가 황수경 아나운서에겐
걸림돌이 됐다. 뉴스 앵커 경험이 없는 신인 아나운서가 〈KBS 뉴스
9〉 앵커로 발탁된 건 이례적이기도 했다. 평가단은 그만큼 이현주의 잠
재력을 높이 평가한 것으로 보인다.

황수경 아나운서가 만일 〈KBS 뉴스 9〉 앵커 자리를 차지했다면 프리랜서 선언을 하지 않았을 것이다. 그에 대한 수식어는 다양했다. MC계의 교과서라는 찬사를 받으면서 무려 17년 동안 〈열린음악회〉를 매력 넘치게 진행했다. 황수경이 마이크를 잡으면 어떤 프로그램이든 빛났고 박수갈채가 쏟아졌다. 이현주는 〈KBS 뉴스 9〉 앵커 자리를 떠난 뒤에는 황수경이 진행했던 〈열린음악회〉 MC를 물려받았다.

황상무와 김민정

황상무 기자와 김민정 아나운서가 2015년 신년부터 〈KBS 뉴스 9〉 앵커를 맡았다. 대단히 어울리는 조합이다. 둘 다 건장하면서도 매끈한 외모이다. 황 앵커의 노련미와 김 앵커의 풋풋함이 9시 뉴스를 돋보이게 만든다.

남성 앵커의 목소리는 탁음이고, 여성 앵커의 목소리는 청음 계열이다. 탁음은 도드라지진 않지만 질리지 않는 목소리라 뉴스에 잘 맞는다. 황 앵커의 목소리는 탁음이면서도 역동적이다. 사석에서 대화를 나눌 때도 편안한 듯 긴장감을 불러일으키는 묘한 매력이 있다. KBS 강성곤 아나운서의 목소리 분류방법에 따라 평가하면 김민정 앵커는 크고 맑아 흔들리는 차 안 소음에서도 또렷하게 다가오는 목소리를 지녔다. 발레를 전공하면서 닦은 복식호흡의 내공이 대단히 운율적 리딩을 구사하는 힘이 되는 듯싶다.

황 앵커가 KBS 공채 18기, 김 앵커가 공채 38기이니 두 앵커는 공채

그림 2-25. 황상무, 김민정 앵커

출처: KBS

기수로 20기수나 벌어진다. 방송경력 차이가 대단히 크다. 황 앵커의
〈KBS 뉴스9〉 앵커 발탁을 만시지탄으로 여기는 방송인이 많다. 그는
특파원과 〈뉴스광장〉 앵커, 대선 토론회를 진행하면서 일찌감치 메인
앵커 발탁이 예견됐다. 또 타고난 방송인으로 애드리브에 대단히 강하
다. 풍부하게 책을 읽는데다 기억력과 요약 능력 또한 비상하다. 생방
송에 능할 수밖에 없다. 대한민국의 앵커 가운데 시사토크 프로그램의
1인자라 해도 지나치지 않다. 황 앵커는 '앵커란 무엇인가?'라는 나의
질문에 다음과 같은 메일을 보냈다.

뉴스에 연속성과 단절성을 불어넣어 시청자가 더욱 알기 쉽고 이해하기
편하도록 돕는 역할이 중요하다고 봅니다. 눈에 잘 보이지 않는 이런 역할
을 잘 수행하는 것이 앵커의 으뜸가는 역할이고 그다음은 낱낱의 뉴스를

잘 소개하는 역할 … 시작과 끝을 의미 있게 열고 닫는 역할을 해야 합니다. 자신을 드러내기보다는 뉴스의 흐름 속에서 자신의 보이지 않는 역할에 충실한 것이 앵커 본연의 역할이라는 생각이 듭니다.

황상무 앵커는 수년 전 〈KBS 뉴스9〉 앵커 자리를 놓고 민경욱 기자(청와대 대변인, 국회의원)와 경합을 벌였다. 앵커 오디션 최종 평가 결과, 이들에 앞서 〈KBS 뉴스9〉 앵커를 했던 박영환 앵커와 황상무 기자의 목소리가 비슷해 청음 계열의 목소리를 가진 민경욱 기자가 앵커로 낙점됐다.

〈KBS 뉴스9〉 앵커는 대부분 탁음인 기자가 진행했다. 민경욱 앵커의 목소리는 남자로서는 독특한 청음이다(청와대 대변인 당시 또렷하고 규범적인 목소리가 질릴 정도였다. 청음 계열의 목소리는 전달력이 뛰어난 반면 싫증을 느끼기 쉽다는 전문가의 이야기도 있다).

김민정 앵커는 입사 4년차로 종래 기준으로 보면 앵커 오디션 자체가 제한될 정도의 경력이다. 내가 KBS 부산총국장으로 재직할 무렵 본사에 입사해 곧바로 부산으로 발령 났다. 얼마 안 있어 지역 9시 뉴스 진행을 맡았는데 초년병이 뉴스를 꽤 잘 소화해 모두 놀라워했던 기억이 난다. 고향이 영남지역인데 발음이 대단히 정확했다. 발레보다 더 치열한 지적 노력으로 그 어렵다는 KBS 공채에 당당히 합격했다. 온몸을 뒤틀고 비틀며 인간의 체력적 한계를 두드려본 경험 덕분인지 김민정 앵커의 모습에선 기품과 위엄이 넘친다. 뉴스 리딩과 소화력도 눈부시게 발전해 너무 젊은 나이에 메인 뉴스 앵커로 발탁됐다는 우려를 말끔히 씻어냈다.

앵커의 영향력은?

뉴스 앵커는 시청자에게 선망의 대상이다. 특히, 지상파 3사의 메인뉴스 앵커는 특별하다. 〈KBS 뉴스 9〉의 평일 평균 시청률인 17~18%를 생각하면 매일 밤 700~800만 명이 시청하는 셈이다. 이들이 전하는 뉴스는 세상 돌아가는 걸 알려주며 생활의 길잡이가 된다. 자연히 그 영향력 또한 대단할 수밖에 없다. 지상파 방송의 메인뉴스 앵커는 막강한 매체 영향력과 방송국 이미지에 힘입어 시청자에게 큰 신뢰를 받기도 한다. 이러한 앵커는 방송사 나름대로의 엄격한 선발 절차와 치열한 경쟁을 통해 선발된다.

앵커의 영향력은 뉴스 앵커가 취재와 편집권까지 가질 때 극대화된다. 앵커가 뉴스룸의 실질적 권력자로 뉴스를 취사선택하고 방향성을 결정하며 최종 게이트키핑 역할을 하는 경우이다. 미국의 ABC, NBC, CBS, 3대 네트워크 앵커는 이러한 실질적 권한을 가지는 경우가 많다. 한국의 경우 지상파 TV의 메인뉴스 앵커가 실질적 보도책임자일 때 그 영향력이 매우 커진다.

이런 점에서 볼 때 현재 JTBC의 뉴스부문 사장 손석희는 분명 실질적 권한을 가진 앵커이다. 과거 〈KBS 뉴스 9〉 앵커였던 박성범, 최동호 보도본부장과 MBC의 이득렬, 엄기영, 권재홍 보도본부장도 뉴스룸의 수장이었지만 그 권한의 크기는 현재 손석희에게 한참 못 미친다. 그렇지만 손석희라 하더라도 연봉 수천만 달러를 받는 미국 네트워크의 앵커의 권한에는 비할 바가 아니다. 한국의 뉴스룸 문화는 앵커의 권한을 확장하기보다는 견제하는 방향으로 전개됐다. 앵커의 권한을 확장

그림 2-26. KBS 역대 앵커들

출처: KBS

할 경우 뉴스의 독립성이 흔들릴 수 있다는 우려가 한몫했다.

박광온의 석사논문에 따르면 조사대상인 방송기자의 89%가 '앵커가 미국처럼 뉴스 제작의 모든 책임과 권한을 갖는 데 반대한다'고 응답했다. '앵커의 편집권 부여에 동의한다'고 응답한 방송기자는 11%에 그쳤다. '앵커가 편집권을 갖게 되면 앵커에게 권한이 집중돼 뉴스의 편집 방향과 논조가 독단에 흐를 수 있다'는 의견은 응답자의 65.7%나 됐다. 방송사를 통제하려는 정치와 자본권력에 대한 견제심리가 이런 조사결과가 나오는 배경이 되었을 것이다.

앵커의 영향력을 설명할 때 유용한 이론 가운데 하나는 프라이밍 효과(priming effect: 점화 효과)와 프레이밍 효과(framing effect: 틀짓기 효과)이다. 프라이밍 효과는 '어떤 이슈를 선정하고 강조하는가?'에 따라 시청자가 영향을 받는다는 이론이다. TV뉴스는 사람들의 마음속에 무엇이 특별히 떠오를지, 혹은 무엇이 잊히고 무시되어야 하는지 결정하는 데 강력한 영향력을 발휘할 수 있다.

프레이밍 효과는 '이슈의 어떤 측면을 강조하는가?'가 핵심이다. 주제의 표현방식에 따라 동일한 사건이나 상황임에도 시청자의 판단이나 선택이 달라질 수 있다. 이때 제공되는 인식의 틀을 프레임이라고 부른다. 프레이밍 효과이론에 따르면 전략적으로 짜인 틀을 제시해 대중 사고의 틀을 먼저 규정하는 쪽이 정치적으로 승리하며, 이를 반박하려는 노력은 오히려 프레임을 강화하게 만드는 딜레마에 빠진다.

앵커가 취재와 편집권을 가지면 '특정 이슈를 다룰 것인가, 말 것인가?'와 '취재지시를 내린 주제를 어떤 방향으로 보도할 것인가?'를 판단하고 결정할 수 있다. 다시 말해 프라이밍 효과와 프레이밍 효과를 주도할 수 있다는 말이다. 이 경우 앵커의 영향력은 막강해진다. 실제로 정치권의 스핀 닥터가 설계한 정치적 의제와 인위적으로 만들어낸 사건에 방송사가 말려드는가, 아닌가는 대단히 중요하다. 방송사 앵커가 뉴스룸의 실질적 권력자라면 그의 판단과 결정이 반영된 뉴스가 생산된다. 이것은 경제와 사회, 문화 이슈도 마찬가지이다.

나아가 앵커가 뉴스의 생산량과 유통기한까지 관여하면 그 힘은 절정에 이른다. 특정 뉴스가 매 뉴스 시간마다 반복적으로 노출되는 상황을 생각하면 그 위력을 잘 알 수 있다. 취재와 편집권을 가지지 않아도 20초 이내로 전하는 리딩 멘트만으로 시청자에게 큰 영향력을 발휘하는 사람이 방송사 앵커이다.

앵커는 이렇게 선발한다

지상파 뉴스 앵커는 화려한 스포트라이트를 받는다. 영향력도 막강하다. 시청자는 앵커라는 역할에 과분할 정도의 신뢰를 보내기도 한다. 그래서 방송사의 앵커가 어떻게 탄생하는지 궁금해 하는 시청자가 많다.

앵커 선발 오디션은 봄·가을에 정기적으로 프로그램을 개편할 때와 신규 프로그램을 개설할 때, 또는 진행 중인 앵커가 인사와 해외연수 등 특별한 사정으로 유고가 생길 때 열린다. 여성 앵커의 경우 결혼하면서 앵커를 스스로 그만두는 경우가 많다. 출산을 준비하기 때문이다. 대형 방송 사고를 내지 않는 한 앵커가 강제로 교체되는 경우는 드물다. 오히려 한번 앵커가 되면 가능한 한 오랫동안 하기 위해 필사적으로 앵커 자리를 방어하려고 노력한다.

한국의 지상파 방송사가 앵커를 선발할 때 주로 고려하는 사항은 신뢰성, 전달력, 취재제작 능력, 조직 기여도, 남녀 앵커 조화, 경쟁사 비교우위, 방송 시간대에 걸맞은 이미지 등이다. 〈KBS 뉴스 9〉 같은 메인뉴스 앵커는 〈뉴스광장〉이나 〈뉴스라인〉 등 다른 대형 뉴스 프로그램을 진행하다가 마지막에 〈KBS 뉴스 9〉 앵커로 발탁되는 경로를 거친다. 메인뉴스의 여성 앵커의 경우 토막 뉴스 프로그램이라도 진행한 경력이 도움이 된다. 최근 들어 뉴스 진행경력이 없어도 발전 가능성을 높이 사 갑자기 메인뉴스 앵커가 되는 경우도 있다. 오전의 〈뉴스광장〉 앵커는 최대한 밝은 모습, 〈뉴스라인〉 같은 밤 11시대 심야 뉴스는 차분한 인상의 앵커가 발탁될 확률이 높다.

〈KBS 뉴스 9〉 여성 앵커 선발과정을 예로 들어 보자. 우선 앵커 선발공고가 나면 아나운서실에서 경력과 자질을 감안해 5~6명을 공식 추천한다. 그다음 2차례의 오디션을 거친다. 이런 절차는 메인뉴스 남성 앵커를 뽑는 과정도 비슷하다. 다만 남성 앵커를 선발할 때는 취재 능력과 경험, 그리고 조직 기여도를 감안한다는 점에서 차이가 있다.

앵커를 선발하는 날에는 오디션 광경이 보도본부뿐 아니라 KBS 대부분의 사무실에 실시간으로 중계된다. 뉴스 스튜디오와 뉴스 부조정실은 축제 분위기에 빠진다. 분장사는 후보가 최대한 조명을 잘 받도록 분장하고 머리를 예쁘게 다듬기에 바쁘다. 의상 코디도 가득 걸린 방송용 의상 중에 어울리는 옷을 고르느라 고심한다. 어떤 아나운서는 얼굴과 옷차림이 완전히 달라져 옆을 스쳐 지나치면서도 몰라보기도 한다.

1차 오디션은 선 자세로 〈KBS 뉴스9〉의 한 코너인 '이슈 & 뉴스' 앵커 멘트를 낭독하는 것이다. 다음으로 웨이스트 숏(*waist shot*)과 버스트 숏(*bust shot*)을 잡고 심층 및 리포트 MC 멘트와 단신 1건을 낭독한다. 원고는 오디션 직전에 나눠준다. 오디션 전 과정은 녹화돼 평가자료로 사용된다. 요즘 방송 진행의 역동성이 강조되면서 스탠딩 포지션이 특히 중요해졌다. 배우처럼 서서 스튜디오를 자연스럽게 이동할수 있어야 한다. 특히, 서 있는 자세가 반듯해야 한다. 앵커 후보를 옆에서 바라본 모습, 즉 프로필 영상과 각선미까지 좋아야 유리하다. 이목구비가 또렷해 얼굴이 아주 잘생긴 아나운서라 할지라도 키가 지나치게 작거나 자세가 구부정하면 실격이다.

1차 평가는 보도본부 간부진이 한다. 보도본부장, 보도국장, 취재와 편집주간, 〈KBS 뉴스9〉 편집을 담당하는 뉴스제작 1부장이 참여한다. 2차 평가는 임원이 한다. 사장과 부사장, 그리고 보도본부장을 포함한 방송제작 관련 본부장이 참여한다. 1, 2차 평가 모두 녹화자료를 여러 차례 돌려가며 오디션 참가자의 기량을 자세하게 본다. 평가하는 사이사이에 앵커 후보군의 강약점을 두고 활발한 토론이 전개된다. 방송의 프로들이 벌이는 토론은 정말 흥미진진하고 즐겁다.

평가방식은 전달력과 안정감, 호감도, 〈KBS 뉴스 9〉 적합도 등 4가지 항목으로 배점한다. 각 항목당 10점씩 배점해 평가단의 평가결과를 합산하고 1, 2등 2명을 복수 추천한다. 전달력은 '표준어 구사와 정확한 발음'이다. 안정감은 '안정감을 주는 용모와 인상'과 '뉴스 이해도', 두 가지다. 호감도에는 '친근감과 신뢰감을 주는 용모'에 '부드럽고 호감을 주는 음성'도 포함된다. 〈KBS 뉴스 9〉 적합도는 말 그대로 프로그램에 적합한지를 보는 것이다.

필수 자질, 그리고 롱런의 조건

이윤성, 정두언, 장성민 등 정치인이 종편에서 뉴스나 시사 프로그램을 진행하는 것은 예사로 넘길 일이 아니다. 정파적 인물이 시사 프로그램을 진행하는 것은 공영방송의 시각으로 보면 대단히 부적절하다. 본인은 한사코 부정하겠지만 혹시라도 정파적 입장이 노출돼 시청자에게 피해를 줄 수도 있기 때문이다. 차라리 방송 패널로 참여해 자신의 주장을 드러내는 것이 낫다. 하지만 서울언론인클럽은 2014년 〈시사탱크〉를 진행하는 장성민에게 '올해의 앵커상'을 주기도 했다.

공정성과 불편부당성에 대한 굳은 신념과 실천 의지는 뉴스 앵커나 시사 프로그램 진행자에게 가장 강조된다. 이는 물론 저널리스트 모두에게 적용되는 덕목이지만 영향력이 큰 앵커와 시사 프로그램 진행자에게는 더욱 엄격한 기준이 적용된다.

KBS, MBC, SBS 같은 한국의 주요 지상파 방송사는 뉴스 앵커를 선발할 때 신뢰성을 최우선적으로 평가한다. 신뢰성을 가늠하는 척도는 공정성에 대한 이해와 정파성 여부이다. 신뢰성 평가에는 공적·사적인 청렴성도 포함된다. 오랜 기자 생활을 하면서 공인으로서 품격을 지키고 윤리기준을 지켰는지 살펴본다.

한국의 방송기자 역시 앵커의 자질 가운데 신뢰성을 으뜸으로 꼽는다. 방송기자가 앵커 자질의 중요도를 신뢰성(공정·정확)-객관성-방송에 적합한 음성-뉴스 진행 순발력(애드리브와 침착성) 순으로 꼽는다는 연구 결과도 있다. 신뢰성을 최우선 순위로 두는 것은 아마도 한국의 방송사가 수시로 공정성 시비에 휘말리기 때문일 것이다.

방송 앵커의 필수 자질로 꼽히는 것은 방송에 적합한 청각적 요소(발음과 음성)와 시각적 요소(용모)이다. 미국 CBS 사장 레너드(William Leonard)가 제시한 4가지 덕목은 거액의 연봉과 뉴스룸 권력을 앵커에게 몰아주는 미국 상업방송의 특성을 잘 보여준다. 그는 앵커의 자질로 ① TV에 적합한 용모와 문장력·표현력·카리스마, ② 판단력·지도력·취재감각·추진력, ③ 위기 또는 돌발사태 대처 능력과 순발력, ④ 공적·사적 생활에 대한 신뢰감을 꼽았다.

오래 전인 1981년, 미국 CBS가 래더(Dan Rather)를 앵커로 선발할 때 적용한 기준은 대단히 구체적이다. ① 백악관 출입기자를 역임했는가? ② 해외 특파원 경력이 있는가? ③ 저널리스트로서 자질과 경력은 어떠한가? ④ 취재에서 어떤 전설적 일화를 남겼나? ⑤ 용모가 텔레비전에 맞는가? 등이 그것이다.

다섯 가지 항목 대부분이 객관적으로 평가할 수 있어 현실적이고 유용해 보인다. 한편 국내 지상파 방송의 앵커 오디션에 적용되는 신뢰성, 전달력, 호감도, 취재제작 능력, 조직 기여도 등의 평가항목 가운데 여럿은 상당히 주관적이다.

특파원 경력과 저널리스트로서 자질과 경력을 높이 평가하는 것은 미국이나 한국의 방송사 모두 마찬가지이다. 국내 지상파 방송사의 메인뉴스 앵커는 특파원 출신이 주를 이룬다. 국제적 뉴스 감각을 익혔다는 것이 큰 장점이다.

한국에서 청와대 출입기자 경력은 앵커의 필수 요건이 아니다. 자유분방한 백악관 기자실은 세계적 뉴스가 생산되는 장소이다. 반면, 폐쇄적인 청와대 기자실 운영방식은 기자의 활동을 제약하며 생산되는 기사 역시 대부분 청와대의 입 노릇을 한다. 그렇지만 청와대 출입기자 중에는 커리어가 검증된 기자가 많은 만큼 앵커 후보가 된다면 분명 경쟁력이 있을 것이다.

꽃미남을 선호하는 세태를 조금씩 따라가기는 하나 아직까지 한국의 앵커가 반드시 미남일 필요는 없는 듯하다. 미남은 아니라도 활기차고 믿음직스런 얼굴이면 충분히 매력적이다. 실제로 기자 출신 지상파 뉴스 앵커 가운데 아주 잘생긴 미남형은 많지 않다. 특히, KBS의 메인뉴스 앵커의 경우 류근찬 앵커처럼 우락부락하지만 이웃 아저씨 같은 스타일이 먹히곤 했다.

일단 방송 앵커가 되면 방송 중 한마디 한마디에는 엄격한 절제가 필요하다. 영국의 공영방송 BBC나 KBS의 공정성 가이드라인은 앵커를 포함한 프로그램 진행자는 완벽한 공인으로 해당 방송사를 대표하므로 공정하고 불편부당한 태도를 보여야 한다고 적시한다. 또 전문적 시각으로 논평할 수는 있으나 정치, 경제, 사회적 갈등사안에 개인적 견해를 밝히는 것은 금지된다. 이런 잣대를 적용하면 일부 정파적 방송 앵커나 시사 프로그램 진행자가 알게 모르게 시청자에게 주는 폐해가 크다.

어떻게 스타로 만들어지는가

앵커의 멘트는 힘 있고 거침없으며 시청자의 귀에 거슬리지 않게 잘 전달된다. 앵커가 하는 말과 앵커의 뒤쪽 화면, 어깨에 걸린 그래픽 배경, 단순하게 표현한 자막이 거의 일치하기 때문이다. 눈과 귀, 논리적 글자가 동시에 머릿속에 꽂힌다. 전문가는 이런 배열을 평행구조로 배열됐다고 한다. 앵커를 포함한 여러 분야의 전문가는 전달력이 가장 높은 평행구조 배열을 위해 협업한다.

앵커는 기자가 쓴 리포트 원고의 MC 멘트와 내용을 보고 우선 자신만의 멘트로 만든다. 그래픽 디자이너 역시 전송된 원고를 보고 핵심영상을 갈무리해 상징화면을 만든다. 적절한 영상이 없으면 여러 영상을 조합하거나 독창적 그래픽을 디자인한다. 자막은 편집부 기자가 뽑아 데스크의 첨삭을 받는다.

앵커와 그래픽 디자이너, TV 편집기자는 수시로 소통한다. 뉴스 앵커가 파티션 너머로 목을 빼고 편집 담당자와 함께 원고와 영상에 대해 수시로 의견을 나누는 건 뉴스룸에서 흔히 볼 수 있는 풍경이다. 그래서 TV뉴스 편집부원의 작업공간과 앵커실은 작은 소리로 말해도 알아들을 수 있을 정도로 가깝게 배치된다. 앵커는 자막을 수시로 살피면서 앵커 멘트가 자막의 단어와 최대한 일치하도록 수정한다. 거꾸로 앵커 멘트에 맞춰 자막을 수정하기도 한다.

〈KBS 뉴스 9〉 같은 메인뉴스는 편집주간이 최종 게이트키핑을 한다. 게이트키핑은 말 그대로 골키퍼와 같은 최종 데스킹 절차를 말한다. 이런 과정을 거쳐 앵커 멘트와 영상, 자막이 거의 완벽하게 일치하는 멋진 앵커 멘트가 탄생한다. 적어도 3개 분야의 협업은 뉴스 시작시간 두세 시간 전부터 동시에 진행된다.

앵커는 뉴스 스튜디오에 조명이 들어오면 뉴스데스크에 앉는다. 조명감독이 당일 그 시간에 앵커에게 쏟아질 조명을 다시 점검하고 조정한다. 얼굴의 주름이 보이지는 않는지, 턱 밑에 그늘이 생기지는 않았는지 살핀다. 의상 코디네이터와 분장사도 넥타이를 바로잡고 눈가의 주름이 보이지 않도록 화장으로 보완한다.

뉴스가 시작되면 보조원이 앵커 멘트를 프롬프터(prompter)를 통해 한 장 한 장 넘기며 보여준다. 앵커는 정면 메인카메라 바로 밑에 설치된 프롬프터에서 나오는 글자를 속사포처럼 읽어 내려간다. 프롬프터 담당자는 앵커의 말 속도에 맞춰 한 치의 오차도 없이 앵커 멘트가 적힌 원고를 차례대로 넘긴다. 앵커의 오디오가 끊기는 일은 거의 없다. 만일의 사고에 대비해 앵커는 프롬프터 담당자에게 넘긴 원고와 똑같은 원고를 따로 준비하고 아이템이 바뀔 때마다 한 장씩 넘긴다. 뉴스 앵커가 책상으로 고개를 살짝 숙이며 원고를 넘기는 건 일종의 연기이다.

뉴스를 진행하는 동안 속보가 터지면 비상상황에 돌입한다. TV 부조정실에 앉아 뉴스 진행을 지켜보는 뉴스 편집책임자가 취재기자와 편집기자, 그래픽 담당자, 자막 담당자에 곧바로 동시다발의 지시를 내린다. 리포트가 방송되는 동안 앵커의 이어폰으로 돌발상황을 알린다. 앵커의 순발력이 필요한 순간이다.

앵커가 쓰는 멘트를 데스킹하는 과정은 앵커의 위상과 뉴스룸 문화에 따라 다르다. 본부장 또는 국장급 앵커라면 데스킹할 상급자가 없으므로 멘트가 수정될 이유도 없다. 임원급 앵커는 작가가 딸리기도 한다. 그럴 경우 본부장 스스로 데스크가 되어 작가가 쓴 멘트를 자신의 호흡에 맞게 고친다. 중량급 앵커가 아닐 경우 TV뉴스 편집책임자가 읽어보고 일부를 고치기도 한다. 이럴 경우도 앵커의 견해를 최대한 존중하며 반드시 협의를 거친다. 손질이 가해지더라도 갈등사안에 대해 중립적 시각을 보강하는 수준이다. 한국의 지상파 방송 앵커의 멘트는 대부분 리포트를 요약·정리하는 정도이다. 앵커 멘트로 견해를 전달하거나 논평하는 경우는 매우 드물다. 공적 책무가 강조되는 공영방송에서 개인적 견해를 넣었다간 앵커자리를 내놓아야 한다.

앵커는 시청자의 사랑을 받는 존재지만 뉴스룸 속에서는 외롭다. 공정하고 불편부당한 멘트 작성을 위해 개인적 견해를 최대한 절제하며 스스로와의 싸움을 계속한다. 20초 이내의 결정적 멘트를 쓰기 위해 들이는 노력도 엄청나다. 앵커는 뉴스룸 기자는 물론 리포트, 진보와 보수매체, 대안매체, SNS 동향까지 챙기며 자신이 맡은 뉴스의 흐름을 잡는다. 방송 앵커는 완벽한 공인으로서 능력도 있어야 하지만 뉴스룸의 수많은 동료의 도움을 받아야 비로소 보석처럼 빛난다.

여성이 메인뉴스 단독 앵커가 되는 날은?

미국 ABC의 간판 여성 앵커 월터스(Barbara Walters)와 소여(Diane Sawyer)는 각각 85살과 69살에 앵커 자리에서 물러났다. 앵커는 아니지만 '토크쇼의 여왕'인 윈프리(Oprah Winfrey)는 61세의 나이에도 자신의 이름을 단 토크쇼를 제작한다. 이에 비하면 한국 여성 앵커의 경력은 너무 짧다. 성급한 꽃처럼 너무 일찍 피었다가 금세 사라진다.

한국의 지상파 메인뉴스에 여성 앵커가 등장한 역사는 40년이 넘는다. KBS 아나운서실 기록에 따르면 현재 〈KBS 뉴스 9〉를 진행하는 김민정 아나운서는 제17대 여성 앵커이다. 입사 5년차, 29살에 KBS 메인뉴스 앵커로 발탁됐다.

KBS 9시 뉴스의 첫 여성 앵커는 박찬숙 전 국회의원이다. 1976년부터 4년간 9시 뉴스 앵커를 했다. 그는 1968년 KBS 공채 1기 아나운서로 입사했으니 입사 9년차에 메인뉴스 앵커가 된 셈이다. 17대 한나라당 국회의원을 지냈다.

최장수 여성 앵커는 신은경 아나운서이다. 입사 1년차인 24살에 데뷔해 1981년부터 87년까지 무려 6년간 앵커로 활약했다. 신은경 아나운서는 함께 뉴스를 진행했던 박성범 앵커와 결혼했다. 그다음 메인뉴스 장수 여성 앵커는 두 번씩이나 9시 앵커를 했던 황현정 아나운서이다. 황현정 아나운서는 1992년부터 2년간, 98년부터 3년간 도합 5년 동안 메인뉴스 앵커를 맡았다. 황현정 아나운서는 다음 사장 이재웅 씨와 결혼했다. 세 번째 장수 앵커는 이규원 아나운서로 역시 입사 1년차인 24살에 앵커로 데뷔해 88년부터 4년 6개월간 9시 뉴스를 장식했다.

이렇게 장수 앵커가 있는가하면 단 6개월 동안 9시 뉴스를 진행하다 교체된 아나운서도 적지 않다. 이병혜, 윤금자, 정미홍, 홍지수 아나운서이다. 구체적 교체사유는 확인할 수 없다. 다만 교체시점으로 미뤄봤을 때 봄가을 개편 시기에 맞춰 앵커에서 하차한 것으로 보인다.

여성 앵커의 메인뉴스 데뷔 입사 연차는 1997년쯤부터 제한을 두었다. 뉴스 앵커 오디션을 할 때는 기수 제한을 두어 오디션에 참가한다. 아무리 발전 가능성이 높다 하더라도 뉴스 이해력이 너무 떨어지면 메인뉴스 앵커로서 부적절하다는 의견을 반영한 결과이다. 저널리즘에 대한 깊이 있는 이해를 기대하는 것도 어렵고 취재 경험도 거의 없는 아나운서가 메인뉴스를 진행한다는 것은 아무래도 무리가 있다.

뉴스에서 여성 앵커가 차지하는 비중도 세월이 갈수록 조금씩 높아졌다. 〈KBS 뉴스 9〉, 〈뉴스광장〉, 〈뉴스라인〉 프로그램에서 여성 앵커가 진행하는 꼭지는 대략 40% 수준에 이르렀다. 남성 앵커와 여성 앵커가 6 대 4 정도의 비율로 뉴스 아이템을 진행한다는 뜻이다. 예전 여성 앵커의 역할은 리포트 몇 건과 단신 리딩 정도가 고작이었다. 남성 앵커의 보조 역할에 만족해야 했다. 여성 앵커에 대한 홀대는 아나운서협회뿐 아니라 여성도 자주 문제를 제기했다. 방송에서 여성 앵커가 차지하는 비중은 시청자에게 곧바로 노출된다. 그래서 여성 앵커의 역할 강화는 여권 신장을 위한 효과적 수단이 된다.

여성 앵커의 비중이 높아졌다고는 하나 단독 앵커가 아닌 '코앵커'라면 앵커라는 명칭보다는 캐스터(caster)라는 이름이 한국에서 더 잘 어울린다. 뉴스를 진행하는 분량이 늘었다고는 하나 아나운서는 뉴스룸 구성원이 아니며 남성 앵커보다 재량권이 적기 때문이다. 일본과 영국

그림 2-27. 케이티 커릭

출처: pixabay.com

은 앵커를 캐스터로 부른다.

　미국의 여성 단독앵커의 효시는 2006년 〈CBS 이브닝 뉴스〉의 커릭 (Katie Couric)이다. 당시 48살이었다. 여성 앵커가 미국 3대 네트워크 의 오후 6시 30분대 전국뉴스를 맡자 미국의 방송계가 떠들썩했다. 그는 〈타임〉 선정 '세계에서 가장 영향력 있는 사람 100인'에 오르기도 했다. 미국의 방송사도 성차별이 있기는 하나 한국처럼 심하지는 않다. 한국 의 여성 방송인이 성차별과 경력단절을 극복하고 메인뉴스 단독 앵커로 등극하는 날은 언제쯤 올까? 중년의 여성 아나운서가 메인뉴스 단독 앵 커가 되어 친근하면서도 카리스마 넘치게 진행하는 날을 기대해 본다.

시각장애인 앵커, 희망을 '보다'

KBS 뉴스에는 장애인이 진행하는 코너가 있다. 장애인 앵커는 낮 12시 TV뉴스인 〈KBS 뉴스 12〉 중 '생활뉴스' 코너를 5분가량 진행한다. 지금의 장애인 앵커 임세은 씨는 이창훈, 홍서윤 앵커에 이어 3대 장애인 앵커이다. 그들은 장애인이라는 한계를 극복하고 각고의 노력 끝에 방송 앵커가 됐다. TV뉴스에서는 비장애인도 뉴스를 진행하기가 생각처럼 쉽지 않다. 장애인 앵커는 소외된 모든 이에게 희망이라는 선물을 쏘아올리고 있다.

KBS 초대 장애인 앵커인 이창훈은 시각장애인으로 세계적 주목을 받았다. 영국의 민영방송 채널 5가 KBS보다 2년 앞선 2009년 11월에 안면변형 장애인을 앵커로 기용해 시청자에게 신선한 충격을 주었으나 단 일주일뿐이었다. KBS가 시각장애인을 앵커로 기용한 것은 역사상 처음 있는 사건이었다. 그것도 1년 넘게 방송을 진행했다. 시각장애인이 TV뉴스 앵커를 한다면 누구든 무슨 일을 못하겠는가?

장애인 앵커를 기용하자는 아이디어를 낸 이는 김인규 KBS 사장이다. 김 사장은 2011년 장애인의 날을 맞아 KBS 장애인 동행 선언의 하나로 장애인 뉴스 앵커 선발을 공표했다. 장애인에게 사회참여의 기회를 넓히고 자신감을 심어줌과 동시에 장애에 대한 편견을 깨는 계기를 만들자는 의도였다. 김 사장은 장애인 동계올림픽인 스페셜 올림픽을 전폭적으로 지원하는 등 장애인에 대한 이해와 비전이 탁월했다. 김 사장은 KBS를 떠난 뒤 2016년 2월 한국장애인재활협회장에 취임했다.

장애인 앵커 선발은 처음 하는 일이라 어려움이 뒤따랐다. 보도본부

안에 태스크 포스(task force)를 꾸렸고 장애인단체와 사회복지학 전문가에게 일일이 자문을 구했다. 태스크 포스 팀장은 임홍순 부장이 맡았다. 곽우신 기자는 채용 일정과 전형 방법을 맡았고, 이재환 기자가 사내협조 등 공문 처리와 경비를 맡았다. 기현정 기자는 공모 SB 제작과 인터넷 공고, 이광열 기자는 전형실무 및 홍보를 맡아 고생했다. 이렇게 평생 잊지 못할, 보람 있는 일을 해냈다.

1차 서류전형에 523명이 응시했다. 모든 유형의 장애인에게 응시자격이 주어졌다. 서류전형 평가항목은 학력과 경력, 발전 가능성이었다. 서류전형 합격자는 30명이었다. 지체장애인 15명, 시각장애인 9명, 뇌병변장애인 3명, 청각장애인 2명, 안면변형장애인 1명이 뽑혔다.

2011년 7월 12일 한여름, KBS 뉴스 스튜디오 안은 후끈 달아올랐다. 2차 카메라 테스트가 시작됐다. 나눠준 원고로 30분 동안 연습하게 한 뒤 리포트 앵커 멘트 1개, 단신기사 2개를 낭독하게 했다. 카메라 테스트에서 중점적으로 평가한 사항은 비장애인 앵커와 크게 다르지 않았다. '용모'와 '음성 및 발음'을 각각 50%로 했다. 용모는 친근감, 개성, 현장감, 신뢰성, 안정감을 주는지, 또 부드럽고 호감을 주는지를 보았고 음성과 표준어 구사능력도 평가했다.

1, 2차 평가를 거쳐 최종 카메라 테스트에 남은 사람은 10명이었다. 서류전형 합격자 30명 가운데 1, 2차 관문을 통과하면서 3분의 1만 남았다. 지체장애인 5명, 시각장애인 3명, 뇌병변장애인 1명, 청각장애인 1명이었다. 이들을 대상으로 최종 장애인 앵커 시험이 진행됐다. 준비나 연습 없는 즉석 단신 낭독과 자기소개와 질의응답으로 소양을 파악했다. 인성과 가치관, 그리고 조직 적합성도 평가했으니 여느 입사

출처: KBS

시험보다 더욱 까다로운 통과의례가 있었던 셈이다.

이 관문을 뚫고 선발된 앵커가 시각장애인 이창훈이다. 당시 27살, 시각장애 1급이었다. 여러 유형의 장애인 가운데 시각장애인을 앵커 요원으로 선발하는 것은 큰 모험이었다. 엄청난 용기가 필요했다. 누구도 한 번도 가지 않은 길이었다. 이창훈 앵커는 선발된 후 13주 동안 앵커에 필요한 자질과 소양을 쌓는 교육을 받았다. 보도본부 내·외근 부서를 두루 돌면서 뉴스생산과 방송을 체험했고, 아나운서 신입사원 교육에도 참가해 정확한 발음법을 배워 전달력을 높였다. KBS 아나운서들은 특히 시선 처리를 교정하기 위해 개인적 지도를 아끼지 않았다.

2011년 11월 7일 국내에서 최초로 시각장애인 앵커 이창훈이 진행하는 뉴스가 송출되었다. 〈KBS 뉴스 12〉에서 '이창훈의 생활뉴스'라는 타이틀로 처음 방송한 뒤 16개월 동안 코너를 진행했다. 이창훈 앵커에게는 뉴스 원고를 점자로 출력할 수 있는 프린터와 단말기가 지급됐다. 또한 전담 도우미 인력이 배치돼 방송하는 데 지장이 없도록 도왔다.

2대 앵커 선발은 1차 선발 때의 부족했던 사항을 보완했다. 필기시험을 전형에 포함시켜 뉴스 진행자로서 기본적인 사회 관심도와 상식 수준을 평가했다. 국제회의실에서 작문시험도 보았다. 한글 맞춤법 등 기본적 어문능력을 보고자 했다. 서류접수 뒤에는 문자 알림서비스를 실시했다. 원서가 제대로 접수됐는지 민감하게 반응하는 장애인이 많았던 점을 배려한 조처였다. 104 대 1의 경쟁을 뚫고 홍서윤 앵커가 선발됐다. 홍서윤 앵커와 지금의 3대 앵커인 임세은 앵커, 둘 다 지체장애 1급이다.

비주얼 매체에서 앞을 볼 수 없는 장애인이 TV뉴스를 진행한다는 것만으로도 상식을 깨는 발상이었다. 비록 짧은 코너 진행이었지만 그 상징성은 대단했다. 세계의 여러 언론사가 이를 앞다퉈 취재했다. 일본의 〈마이니치〉 신문, 중국의 CCTV, 이슬람권 방송인 알자지라 등 많은 매체가 이창훈 앵커와 관련한 이야기를 보도했다. 세계의 장애인에게 희망을 주고 장애인 정책을 펴는 행정가에게도 큰 자극이 됐다.

이창훈 앵커는 정규직이 아닌 1년 계약의 프리랜서여서 아쉬움이 컸다. 일부 장애인단체는 한시적 비정규직 앵커 고용을 두고 KBS가 자사 홍보를 위해 쇼를 한 것이냐며 비난하기도 했다. KBS는 장애인 앵커를 발굴, 육성하는 인큐베이터 역할을 하면서 한번 기용한 장애인 앵커를 프리랜서로 다양한 방송 프로그램에 참여시킨다. 이창훈은 뉴스 앵커를 그만둔 뒤에도 KBS 2TV의 〈사랑의 가족〉 프로그램에서 '이창훈의 마주보기' 코너를 고정 진행한다. 이와 함께 KBS 장애인 라디오방송인 제3 라디오 〈내일은 푸른하늘〉과 예능 프로그램인 〈여유만만〉, 그리고 외부의 여러 방송국에도 패널로 출연해 걸쭉한 입담으로 능력을 발휘하고 있다.

KBS가 배출한 장애인 방송인이 어느덧 우리 사회의 중요한 구성원이 되어 수많은 사람에게 용기와 희망을 선물했다. KBS가 사회적 약자를 위한 의미 있는 공헌사업을 차근차근 해나간다면 수신료 현실화에도 큰 도움이 될 것으로 보인다.

제 3 부

대통령 선거방송은 전쟁이다

대선 개표방송 '각본 없는 드라마'

'전쟁' 같은 대선방송

20대 총선에서 새누리당 공천관리위원장이었던 이한구 의원은 "선거는 전쟁이다, 야당하고 여당하고 전쟁"이라고 말했다.

정치인에게 선거는 전쟁이며, 대통령 선거는 가장 큰 전쟁이다. 궁극적 목표는 권력쟁취이다. 정치 조직의 모든 역량이 동원되는 한 판의 승자독식(勝者獨食)이다. 대한민국 권력은 얼마나 달콤한가? 권력을 쟁취하면 대통령과 집권여당은 돈과 자리를 배분하는 주도권을 쥔다. 대한민국의 현행 단임 대통령제는 집권 후 무절제한 권력충동을 부추긴다. 집권은 단 한 번에 그치므로 이런 충동은 절제하기가 힘들다.

권력이 주무를 수 있는 돈은 과연 얼마일까? 2015년 중앙정부의 총수입은 382.4조원이고 총지출은 375.4조 원이다. 국회예산정책처가 전망한 2015년도 우리나라 경상 GDP는 1,543.1조원이므로 2015년 중앙정부의 총지출은 대한민국 GDP의 24.3%를 차지한다. 예산과 기금, 두 주머니를 꿰차면서 떡 주무르듯 요리하고 대선 승리의 공에 따라 자리도 나누어가질 수 있는 규모이다.

수많은 미디어는 대통령 선거운동의 도구로 활용된다. 날고 기는 스핀 닥터가 대선 캠프에 포진해 미디어생태계를 꿰뚫어보며 게임을 벌인다. 언론의 생태계를 통째로 흔들어 유리한 환경을 조성하기도 한다. 미디어는 대선 캠프에서 생산하는 메시지를 어떻게 반영하는가에 따라 동반자와 적대자로 나뉜다. 통제하는 권력과 이에 맞서는 언론이 갈리며 더러는 적극적으로 동반자 관계를 형성해 부역하는 언론도 이즈음 생겨난다. 공영방송은 반드시 중립지대에 남아있어야 한다. 그러나 그것은 희망이자 기대일 뿐 내외부의 거센 압력에 시달릴 수밖에 없다.

대선 캠프가 전쟁을 하는 동안 지상파 방송사도 대선방송 전쟁을 치른다. 당내 경선에서 후보 결정, 본선 대결, 공식 선거전 돌입까지 선거운동 기간이 길기도 하지만 방송사의 모든 역량이 총동원되기 때문이다.

2012년 대선 동안 나는 KBS 보도본부장직을 수행했다. 정확하게 2012년 1월부터 이듬해 5월까지, 대선을 치르고 이명박 정부에서 박근혜 정부로 권력이 이동한 뒤 물러났다. 17개월 동안 참 많은 걸 보고 겪었다. 길고 어두운 터널이었다. 어떤 때는 앞이 보이지 않다가 필사적으로 돌파해 환한 빛을 보기도 했다. 그렇게 터널을 벗어나자마자 거대한 장벽이 버티고 있기도 했다. 저널리스트라는 직업 자체가 불완전한 직업이라는 걸 실감한 적이 한두 번이 아니었다.

2012년 9월 21일 KBS는 대선방송 콘셉트를 '미래', '변화', '공감'으로 확정하고 본격적인 선거방송 채비에 들어갔다.

사우나에 모인 역대 대통령

18대 대통령 선거 당일 KBS 보도 책임자는 정치 패러디물 한 편으로 수난을 겪었다. 오후 5시쯤 새누리당 선거 캠프 공보 책임자와 공보단 관계자가 번갈아 전화를 걸어왔다.

"진짜 이렇게 할 거요? 공정하게 하란 말이오."

짧지만 분노가 묻어나는 항의였다. 한 사람은 방송사 고위간부 출신, 한 사람은 신문사 정치부장 출신으로 박근혜 후보 캠프에 몸담고 있었다. KBS는 한창 투표 중인 그 시각에 개표방송 특집을 방송하고 있었다. 마침 그 코너가 이상하다고 생각하던 차에 예상치 못한 전화를 받았다. 이른바 '반신욕의 제왕들'이라는 정치 풍자물이 화근이었다. 6분 7초와 5분 43초 분량의 제작물 2편이었다.

박정희, 김영삼, 김대중, 전두환, 노무현, 이명박 대통령이 가운을 입은 채 사우나에 등장했다. "역사의 전설이 땀 흠뻑 흘리려고 모였으니 이른바 '반신욕의 제왕들'. 불꽃같은 독재자 박정희, 정치 인동초 김대중, 대도무문 김영삼, 행복한 바보 노무현, 하나회의 별 전두환" 등 커다란 자막과 함께 내지르는 내레이션이 나왔다. 이명박 대통령은 내레이션 없이 자막만 '경제대통령 이명박'으로 나타났다. 대역 6명이 등장해 신랄한 대화를 나눴다. 비틀고 꼬집었다. 광주 학살, IMF 경제위기, 대북 퍼주기, 측근 비리 등 원색적 말이 터져 나온다.

역대 대통령을 모아놓고 벌이는 이러한 정치 패러디물을 보는 시각은 서로 다를 수 있다. 그렇지만 현재 대통령 후보인 박근혜의 아버지를 "독재자 박정희"라고 바로 들이대는 것은 패러디의 수준을 넘은 정치적

독설이라는 오해를 살 수 있다.

박근혜 후보 캠프 측은 KBS 1TV를 보다가 단단히 열을 받았다. 보수를 공격하는 직설적 메시지에 뚜껑이 열려버렸다. 분명히 유권자에게 부정적 영향을 준다고 판단했을 것이다. 사실 그러한 느낌을 주기에 충분했다. 지금 이 패러디를 전체적으로 살펴봐도 편향적이라는 생각이 들어 마음이 불편하다.

대통령 선거일. 지상파 방송사는 투표 종료 2시간 전인 4시부터 개표방송 특집에 들어간다. 오후 4시부터 2시간 정도는 현재 투표율과 투표소 스케치, 투표율 올리기 캠페인 등 다양한 프로그램을 방송한다. 이 패러디가 나가는 동안에도 텔레비전 화면에는 투표 인증사진과 메시지가 합성된 영상이 방송되고 있었다. 이 방송이 나간 2012년 12월 19일 오후 5시대의 투표율은 65%를 막 넘어섰다. 최종 투표율이 75.8%였으니 5시부터 투표 마감 시각인 오후 6시까지 줄잡아 400만 명 이상이 투표했다. 보수층과 노장년층 결집현상이 있었다는 선거 결과분석은 나중에 나왔다. 선거방송 가운데 예능 프로그램의 편향성을 읽은 보수적 유권자가 투표장으로 달려갔을 것이라는 지적도 이즈음 나왔다.

방송사 간부는 선거방송의 경우 관련 법규뿐 아니라 자체 대통령 선거방송 준칙을 토대로 공정성을 지키려 최대한 노력하고 주의를 기울인다. 이른바 게이트키핑이다. 그러나 선거방송 기획단 팀원이 〈개그 콘서트〉형식의 정치 패러디를 통해 편향성을 보이는 것을 어찌 다 막을수 있겠는가? 그것은 선의(善意)로 시작됐으나 몰라서 빚어진 실수일수도 있고 악의적 의도로 기획돼 교묘한 수법으로 데스크의 눈을 피해간 것일 수도 있다. 그래서 대선방송의 경우 공정성의 잣대는 예능과 드라마까지 당연히 확장되어야 한다.

특히, 영화배우와 가수, 개그맨 등 정치화된 문화권력이 공공연하게 활동하는 모습을 보면 이런 주장은 많은 이의 공감을 얻는다. 실제로 영국의 BBC는 대선뿐 아니라 대부분의 방송, 나아가 공공 캠페인까지 공정성을 확보하는 장치를 마련해야 한다는 보고서를 냈다. 실제로 BBC의 편집 가이드라인은 '투표 당일 오전 6시부터 투표가 끝나는 시간까지 캠페인 보도를 중지'하도록 규정한다. 이 시간 동안의 보도 범위는 투표소에 나타난 정치인의 동정이나 날씨 등과 같은 사실보도에 국한한다. 'BBC는 이슈의 대상이나 캠페인에 해당하는 주제, 또는 선거와 관련한 여타 논쟁적 문제를 투표 당일에는 다루지 않음으로써 투표가 진행 중인 시간에 BBC가 투표에 영향을 미치는 어떤 행위도 하지 않음을 분명하게 보여야 한다'고 명시한다.

오후 4시 개표방송?

투표 마감은 오후 6시인데 개표방송은 왜 오후 4시부터 할까? 선거 당일 KBS 대선방송 큐시트의 제목은 '제 18대 대선 개표방송 큐시트'로 오후 4시부터 방송하도록 짰였다. 실제로 개표는 일어나지 않지만 편의상 '개표방송'이라는 이름이 붙는다.

1부는 오후 4시부터 5시 반까지 "개표방송을 국민과 함께 축제로"이다. 2-1부는 5시 반부터 7시까지 "출구조사 결과 발표! 엇갈리는 희비", 2-2부는 7시부터 8시까지 "디시전-K 본격 가동, 첫 개표 소식", 2-3부는 8시부터 밤 9시까지 "혼전의 박빙 대결! 당선 유력 후보는?"이다. 3-1부는 10시부터 11시까지 "당선자 윤곽 잡히나?"이고, 3-2부는 11시부터 12시까지 "당선자 확정, 축하 무대", 3-4부는 자정부터 "대선 총정리"로 마무리된다. 보통은 복잡한 상황을 가정해 A, B, 두 가지 밤샘 큐시트를 만든다.

문제는 오후 4시부터 6시까지, 투표가 진행되는 동안의 생방송 특집이다. 선거방송을 축제의 장으로 만들고 유권자의 관심을 높여 투표율을 올리는 것은 긍정적인 평가를 받는다. 이를 위해 투표 인증사진과 시청자 메시지를 화면에 올리면서 쌍방향으로 방송한다. 중앙선거관리위원회는 투표율을 높이는 데 많은 돈을 쏟아붓고 언론사에 협조를 구하기도 한다. 투표율은 중앙선관위 활동의 중요한 성과지표이기도 하다. 18대 대선 투표에 들어간 예산은 2,363억 원. 유권자 한 명에게 5,830원이 든 셈이다.

투표가 진행되는 동안 방송되는 콘텐츠에는 항상 위험이 따른다. 방송 진행자의 멘트나 생방송 인터뷰, 정치 풍자물 등의 메시지가 편향될 경우 공정성을 위협할 수도 있다. 〈개그 콘서트〉의 '반신욕의 제왕들'이 그런 의심을 받았다. 사안에 따라 대선 결과에도 영향을 줄 수도 있다. 그런데 이런 위험에도 왜 오후 4시부터 개표방송 특집을 할까?

이는 오후 6시에 발표되는 출구조사 전까지 모든 수단을 동원해 시청자를 붙잡아야 하기 때문이다. 수십억 원의 예산을 들인 뒤 어떻게든 시청률 우위를 통해 매체 영향력을 확보하려는 계산이다. SBS는 지난 18대 대선 때 오전 9시부터 이른바 '개표방송'을 진행했다. 사실은 '준비방송'이지만 말이다. 영화 〈친구〉와 〈인디아나 존스〉(Indiana Jones)를 패러디한 영상과 3D 애니메이션도 등장했다.

위험은 기자뿐 아니라 여러 장르의 PD와 작가가 참여하면서 조금씩 고개를 든다. 재미있는 선거방송을 위해 개표방송 총연출을 예능 PD가 담당하는 게 요즘 대세다. 이들은 개표방송이라는 진검승부를 위해 선정적 콘텐츠를 경쟁적으로 제작한다. 선거방송에 무지한 작가가 대본을 쓰기도 한다. 쓰다 보면 사고가 터질 수도 있다. 이들에겐 기자에게 적용되는 데스킹, 이른바 게이트키핑 기능이 엄격하게 적용되지 않는다. 자칫하다간 편향적 콘텐츠가 나올 가능성이 높아진다.

대선방송을 평가한 프로그램에서 어떤 교수는 이렇게 지적했다.

투표가 한창 진행 중인 상황에서 개표방송을 진행하는 게 적절한가에 대한 지적도 나옵니다. 유권자를 향해 관심과 참여를 독려하고 투표율을 끌어올리는 데 일조한다는 점에선 긍정적이지만 진행자의 발언이 선거에 영향을 줄 수 있다는 우려 때문입니다.

수년 전에는 오후 5시 정도에 시작했던 개표방송이 요즘은 오후 4시부터 시작하는 경향이 있다. 그 콘텐츠도 위험수위를 오르내린다는 우려도 나온다. 모든 선거운동이 중단된 시간, 특히 투표가 진행되는 동안에는 건조하게 방송하더라도 공정성을 확보할 수 있는 방안을 찾기 위해 방송사가 지혜를 모아야 할 때이다.

엇갈린 예측, 각본 없는 드라마

대통령 선거과정은 어떤 드라마보다 더 재미있고 박진감이 넘친다. 대한민국 국민은 5년마다 대형 블록버스터를 구경한다. 하지만 어떤 행동심리학자는 누구를 대통령으로 뽑을지 결정할 때 들이는 노력이 어떤 햄버거를 사 먹을지 결정하는 노력보다 적다는 연구 결과를 내놓아 유권자가 참정권을 소홀히 여긴다는 점을 꼬집었다.

18대 대통령 선거는 조사기관의 예측이 엇갈리는 초박빙의 승부가 이어졌다. 12월 19일 오후 6시에 공개된 지상파 3사의 공동 출구조사 결과는 새누리당 박근혜 후보 50.1%, 민주통합당 문재인 후보 48.9%였다. 1.2%p 차이로 ±0.8%의 오차범위 안에 있었다. 뉴스전문채널 YTN의 예측조사로는 박 후보 46.1~49.9%, 문 후보 49.7~53.5%로 문 후보가 앞섰다. JTBC의 예측조사는 박 후보 49.6%, 문 후보 49.4%로 초박빙이었다. 막상 투표함을 모두 깨어보니 어느 예측조사보다 박 후보가 큰 차이로 문 후보를 이긴 것으로 나타났다.

박빙이다 보니 투표일 2~3일 전부터 선거 캠프는 물론 보수·진보

진영 모두 초긴장 상태라 매우 민감했다. 박근혜 후보가 지속적으로 우위를 보였지만 막판에 마치 뒤집어질 것 같은 아슬아슬한 조사결과가 나왔다. 보수진영의 동요가 심했다. 어떤 인사는 선거 당일 정오가 되기도 전에 속된 말로 거의 '멘붕' 상태를 보이기도 했다.

선거방송 기획단이 관장하는 출구조사의 중간집계 결과는 보도본부장인 나도 보고받지 않았다. 중간집계 결과를 돌려보는 행위는 〈공직선거법〉에 저촉될뿐더러 지상파 3사가 맺은 계약사항 위반이기도 하다. 물어보는 사람이 수도 없이 많아 자칫 업무가 마비될 수도 있다는 걸 경험적으로 알았다. 청와대 인사에서 기관원까지 다양한 인사가 출구조사 중간집계를 궁금해 했다. 그러나 그 정보는 오직 선거방송 기획단의 일부 직원만 알 수 있었다. 대선 출구조사는 오후 5시에 마감되기 때문에 약 5시 반쯤이면 결과를 알 수 있다. 당시 유력 언론사의 주필도 그 시각에 최종 출구조사 결과를 물어오기도 했으나 모른다는 대답에 매우 서운해 했다.

선거 당일 출구조사 중간집계 결과가 외부로 샌 적도 있다. 보도본부장을 비롯한 KBS 고위간부도 알 수 없는 정보였다. KBS 내부의 누군가가 알려준 내용을 다시 확인하느라 외부 인사가 전화를 걸어온 게 여러 번이었다. 새누리당 박근혜 후보가 낙선할까 조바심을 낸 인물 중한 명이 기억 속에 인상 깊게 남는다. 그는 선거 당일인 12월 19일 오후 2시쯤 4층 보도본부장실로 전화를 걸었다. 스카이라이프 사장이 전한바로는 오전 11시 30분 현재 출구조사 중간집계 결과 문재인 후보가 6.4%p 앞선다는데 맞느냐고 물었다. 18대 대선은 오후 늦게 노인층 투표율이 크게 높아졌다. 따라서 오전엔 문 후보가 앞서 있었을 가능성도 있다. 박 후보에게 불리한 하루 전 예측조사 결과까지 더해져 지지자 등을 혼란에 빠뜨린 것으로 보인다.

선거 하루 전인 12월 18일 코리아리서치 예측조사 결과, 박근혜 후보의 대구·경북 지역 지지율은 앞선 조사보다 7%p 하락한 것으로 나타났다. 지상파 3사의 마지막 예측조사는 MBC 주 계약사인 코리아리서치가 수행하고 데이터 처리에는 KBS 주 계약사인 미디어리서치가 참여했다. 인구, 성별, 지역, 학력별 천 명을 표집해 여론조사를 실시했는데 1, 2차 예측조사와 달리 문재인 후보가 박빙으로 앞서는 것으로 나왔다. 보수진영의 불안감은 커졌다. 반면, 진보진영은 막판 역전 가능성을 두고 한껏 고무됐다. 모두들 이른바 골든 크로스(*golden cross*)를 넘긴 예측조사에 민감한 상태였다.

지상파 3사는 '공동 출구조사 협의체'인 KEP(Korea Election Pool)를 구성해 출구조사를 진행했다. 출구조사의 정확도를 높이기 위해 예측조사도 실시했다. 방송 3사의 주 계약 조사기관이 2군데씩 참여해 세 차례 수행했다. KBS 주 계약사이면서 맨 마지막 3차 예측조사에 참여한 미디어리서치 김 모 상무는 데이터 처리방식은 어느 조사기관이나 동일하다고 장담했다. 보정(補正)이란 것도 의미가 없다는 대답도 들었다.

다만 코리아리서치 조사결과가 다른 조사결과보다 문재인 후보가 1%p 정도 높게 나타나는 흐름을 보인 게 막판에 지나치게 반영된 것 같다는 견해를 보였다. 그러면서 그동안의 예측조사를 종합하고 투표율을 감안하면 박근혜 후보가 1%p 정도 앞설 것이라 설명했다.

18대 대선은 여야의 대선 몰입도나 당력 동원 선거전략 등 어느 모로 보아도 새누리당이 강했다. 더구나 야권은 문재인, 안철수 후보 단일화가 계속 늦춰졌고 단일화 역시 뒷맛이 개운치 않게 마무리됐다. 대선 투표 이틀 전인 12월 17일 새누리당 선거대책위원회는 투표율을 70% 미만으로 추정하고 박근혜 후보가 3~5% 차이로 문재인 후보를 따돌릴 것이라는 자체 전망을 내놓았다. 개표 결과, 새누리당 박 후보가 51.6%, 민주통합당 문 후보가 48%로 박 후보가 3.6%p 차이로 이겼다. 108만 496표 차이였다. 다만 투표율은 75.8%로 새누리당 예측보다 훨씬 높았다. 박 후보를 지지하는 고령층 투표율이 현저하게 높았다. 박 후보의 연령별 득표율은 50대가 62.5%, 60대는 72.3%였다.

정치인이 발간한 대선 비망록을 들여다보면 각 선거 캠프는 출구조사 결과가 나오기 2~3시간 전에 이미 결과를 알았던 것으로 보인다. 지상파 임직원으로부터 출구조사 중간집계 결과를 미리 받았다고 실토하는 대목도 나온다. 여론조사 결과 공표는 선거일 6일 전부터 금지된다. 선거가 임박한 시점의 여론조사가 가져올 부작용을 막는다는 취지이다. 유권자는 이 기간 동안 요동치는 선거판 지지율을 전혀 알 수 없다는 폐단이 있다. 이 기간에도 각 언론사는 예측조사를 계속한다. 선거방송 담당자는 예측조사를 알아내려는 선거 관계자 때문에 투표 당일까지의 일주일이 가장 고달프다.

대선방송, 시청률의 힘

2012년 12월 19일 대통령 선거 당일 밤 11시, KBS 보도본부장은 사무실에 앉아 실시간 시청률 그래프를 본다. 응접용 소파 바로 맞은편에 설치된 데스크톱에선 지상파 4개 매체의 시청률 그래프가 쉴 새 없이 움직인다. KBS 1TV, KBS 2TV, MBC, SBS는 빨강, 파랑, 노랑, 초록으로 구분돼 오르락내리락한다. 제 18대 대통령 선거 개표 특집방송이다. 사무실 입구 쪽 벽면에는 수십 개의 텔레비전 모니터가 설치됐다. 보도본부장은 지상파의 실시간 방송 콘텐츠와 시청률을 표시하는 데스크톱을 번갈아 관찰한다. 이 시간, 온 국민의 눈과 귀는 개표방송에 쏠려있을 것이다. 맥주와 치킨이 잘 팔리는 특수(特需)도 일어난다.

보도본부장이 선거방송 기획단장에게 전화를 건다. 선거방송 기획단장은 KBS 공개홀 대선방송 특설 스튜디오 조정석에 앉아서 개표방송 현장을 장악하고 있다.

"출연자의 선거 결과 분석 토크가 시청자 관심을 끌지 못해요. 시청률이 뚝 떨어지고 있어요. 박근혜 후보의 동선을 추적하는 오토바이에 장착한 카메라 화면을 메인으로 전환하세요."

선거방송 기획단장은 실시간 시청률 그래프를 보지 못하고 있다. 그래서 보도본부장이 사내 유선전화로 시청자 반응을 알려준다.

오토바이에 장착된 MNG(*mobile news gathering*)가 박근혜 후보를 추적하는 영상이 나가자 시청률은 급상승한다. 시청자는 마라톤 중계 때 활용하는 오토바이 촬영영상에 열광한다. 박 후보는 길고 험한 대선 레이스가 끝내고 이제 막 대권을 거머쥔 기분으로 당사로 향한다. 조금

그림 3-2. 대통령 선거방송 메인 스튜디오

출처: KBS

있으면 박 후보는 대한민국 최초의 여성 대통령 당선인이 된다. 수많은
방송 중계차량이 비상등을 깜박이며 꼬리를 물고 올림픽 도로를 달리는
광경 그 자체도 장관이다. 카메라 앵글에 따라 차량 안에 앉아있는 당
선인이 어렴풋이 보이다가 말다가 한다.

박근혜 후보는 당선이 확실시되자 이날 밤 10시 40분쯤 서울 삼성동
자택을 나와 여의도 당사로 출발했다. 검정색 패딩 점퍼에 빨간 목도리
를 한 승자의 모습은 피로의 기색도 없이 환했다. 자택을 나온 박 후보
는 골목 양쪽에 길게 늘어서 환호하는 지지자와 일일이 악수하거나 손
을 흔들었고 백여 미터를 걸어간 뒤 여의도 당사로 향하는 차량에 올랐
다. KBS 개표방송 '디시전-K'로 당선이 확실시된다는 방송이 나오자
집을 나선 것이다.

시청자의 시선을 끌기 위해 PIP(*picture in picture*: 화면 분할) 기법이

동원되기도 한다. 박근혜 후보가 이동하는 모습은 메인화면이 되고 출연자 영상은 네모 속에 조그맣게 구현되어 메인화면을 설명하는 방식이다. 두 영상의 오디오는 PD의 연출에 따라 번갈아 나올 수 있도록 콘솔에서 조정한다. 이 기법은 방송 전문가가 시청률을 높이기 위해 자주 사용하는 프로그램 연출이다.

시청률 조사기관 AGB 닐슨이 제공하는 실시간 시청률은 가슴을 졸이게 만든다. 아무리 콘텐츠가 좋아도 시청자가 외면하면 힘이 빠지고 영향력도 낮아진다. 프로그램의 힘은 시청률에서 나온다. 시청자는 전문가 대담을 듣기보다는 당선인의 동선에 더 큰 관심을 보인다. 선거 결과 분석이나 앞으로의 정국 변화 전망에는 아예 관심이 없는 듯하다. 제18대 대선 개표방송 큐시트를 보면 10시 48분부터 KBS 기자와 김무성, 김부겸, 고성국, 이철희 씨가 패널로 나와 대선 결과에 따른 정국 판세를 전망하도록 짰었다. 그러나 시청률 조사기관은 시청자가 전문가 대담을 외면한다는 사실을 실시간 시청률 그래프로 명확히 알렸다.

많은 인력과 장비, 수십억 원의 예산을 들여 준비하는 선거방송은 방송사의 총력이 동원되는 큰 싸움이다. 정확하고 공정해야 하는 것은 물론이고 시청률 또한 높아야 한다. 공영성과 시청률, 두 마리 토끼를 다 잡아야 한다. SBS는 민영방송답게 현란한 방송기법을 과감하게 도입했다. 그러나 KBS는 SBS를 따라하다가는 품격이 없다는 비난을 감수해야 한다. MBC는 170일간의 파업으로 대통령 선거방송을 거의 포기하다시피 했다. 꼼꼼하게 준비할 수 있는 시간을 집안싸움으로 모두 날려버렸다. 결국 MBC는 초라한 성적표를 받아들어야 했다. 대선은 신병기가 도입되는 시기이기도 하다. 방송장비를 대여해주는 업체는 대선 특수를 대비해 신종장비와 방송 시스템을 선보이곤 한다.

2012년 대선의 시청률은 KBS가 압도했다. 대통령 선거 개표방송 다음날, 시청률 조사기관 AGB 닐슨은 지상파 3사의 시청률 성적표를 발표했다. KBS 14.9%, SBS 10.5%, MBC 5.7%로 KBS의 압승이다.

선정성의 유혹에 빠지지 않고 시청률의 제왕이 될 수 있다면 그는 달인이다. 방송의 품격과 시청률은 반드시 정비례하지는 않는다. 오히려 거꾸로 갈 때가 더 많다.

광화문 '미디어 파사드'

광화문 KT 사옥 벽면에 유권자가 쓴 메모가 쏟아져 내린다. 새가 춤추며 날아오른다. 건물 벽이 깨지더니 이윽고 봉황이 나타나 창공으로 솟구치다가 대통령 봉황휘장으로 변한다. 청와대의 푸른 지붕이 선명해진다. 출구방송 30초 카운트다운이 시작된다. 아름답고 웅장한 배경음악이 광화문을 휘젓는다. 박근혜, 문재인 두 후보는 거대한 벽면에 서 있는 영상으로 운명의 순간을 기다린다. 10초 전, 운집한 사람들이 십, 구, 팔… 하나까지 목청껏 함성을 지른다.

박근혜 50.10%, 문재인 48.90%. 황상무 앵커는 1.2% 차이가 오차범위 안에 있음을 여러 차례 알린다. 분할화면 속에서 양당의 희비가 박수와 침묵으로 교차된다. 누가 이긴 자인지, 누가 진 자인지 알기 위해서는 더 기다려야 한다. 광화문으로 나온 사람들도 숨죽인다. 꼬리를 물고 달리던 차량도 거대한 벽면에 표출되는 '미디어 파사드'(*media façade*)를 지켜보며 속도를 늦춘다. 미디어 파사드는 광화문 칼바람을 잠재운다.

2012년 12월 19일 저녁, 많은 사람이 칼바람 겨울 추위 속에서도 광화문을 찾았다. 세종문화회관 난간에는 현장방송센터가 설치돼 맞은편 KT 광화문 사옥 벽면으로 미디어 파사드 영상을 쏘았다. 가로 90m, 세로 60m의 화면에 구현되는 미디어 파사드 영상은 그 어느 불꽃놀이보다도 더 진한 감동을 안겼다. 미디어 파사드는 '건물의 중요한 앞면'이라는 프랑스어 파사드(*façade*)와 영어 미디어(*media*)의 합성어로 건물외벽에 LED 조명을 설치해 미디어 기능을 구현하는 장치이다. 지금은 건물외벽을 3D 스캐닝해 고해상도로 빔프로젝트를 투사시켜 건물을 전시공간으로 표현하는 방식으로 진화했다. 올림픽 같은 지구촌 규모의 축제에서 사용되기도 하고, 글로벌 기업이 신제품 홍보에 활용하기도 한다. 바로 이 방식을 KBS 대선 개표방송에 도입했다.

미디어 파사드 작업은 선거방송 기획단과 디스트릭트(d'strict) 사 최유진 수석이 협의해가면서 콘셉트를 정하고 스토리텔링했다. 최 수석은 "광화문이라는 장소가 갖는 상징성과 더불어 3분이란 짧은 시간 안에 대한민국의 희망과 변화의 의미를 담은 영상 메시지를 전달하기 위해 노력했다"라고 말했다. KBS의 대선 미디어 파사드는 오후 5시 50분 출구조사 예고편, 오후 6시 출구조사 결과 발표, 오후 8시 59분과 오후 10시 KBS 선거방송 타이틀, 당선자 축하 파사드 쇼로 방송됐다. KBS 개표방송 실황도 KT 벽면 미디어 파사드를 통해 볼 수 있었다.

개표방송은 선거방송의 꽃이다. 첨단장비와 신선한 아이디어가 등장해 방송은 한 단계 발전한다. KBS 선거방송 기획단은 임원회의에서 미

그림 3-3. KBS 대선방송 미디어 파사드

출처: KBS

디어 파사드를 소개하는 발표를 했다. 18대 대선방송에 미디어 파사드 기법을 도입하기 위한 설명회였다. 미디어 파사드 구현에는 수억 원의 돈이 들어가는데다 개표방송의 승패를 가름할 중대 결정사항이었다. 미디어 파사드는 첨단 광고·홍보기법으로 소개되었으나 그때까지 미디어 파사드 구현 영상을 본 사람은 기술직 임원 이외에 누구도 없었다. 실제보다 작은 프로젝터 화면이지만 입체음향과 함께 미디어 파사드가 구현되자 참석자 모두 눈이 휘둥그레졌다. 긴말이 필요 없었다. 더 고민할 것도 없이 미디어 파사드 도입을 결정했다.

　미디어 파사드 제작진은 한겨울에 KT 그 넓은 외벽에 하얀 시트지를 바르느라 고생했다. 출구조사 결과 발표는 정확히 오후 6시 정각. 어두운 밤일수록 더 잘 보이는 미디어 파사드 특성 때문에 겨울 해가 더 빨리 지기를 기대하며 수없이 창밖을 내다본 기억도 난다. 선거방송 기획단의 창의성과 열정으로 대선 미디어 파사드가 가능했다. 다음 대선에선 광화문 상공에 3D 영상의 당선인이 춤을 출지도 모를 일이다.

대선후보 검증의 위험성

진실검증단, 이름이 크면 의심한다

어느 날, 대선 자문단회의에서 한 언론학자는 '진실검증단'이라는 단어가 너무 무겁다고 지적했다. 이름 탓인지 KBS 대선후보 진실검증단은 가시밭길을 걸었다. 결코 정파적일 수 없었으나 '정파적 보도를 한다'는 비난에 자주 고통의 시간을 보내야 했다.

태스크 포스의 공식 명칭은 '대선후보 진실검증단'이다. 18대 대통령선거를 앞두고 유력 대선후보의 자질과 능력, 도덕성을 검증하기 위해 2012년 8월 19일 KBS 보도본부 태스크 포스로 만들어졌다. 팀은 단장과 팀장, 취재기자 5명으로 구성됐다. 검증단은 대선후보 진실검증단 '보도준칙'을 만들었다.

첫째, 정치·경제 등 내외부의 부당한 압력과 기자 개개인의 정치적 지향
　　　이나 신념으로부터 독립해 공정하게 보도한다.
둘째, 특정 후보자에게 의도적으로 유리하거나 불리하지 않도록 객관성과
　　　공정성을 유지한다.

셋째, 후보별 보도는 양적·질적으로 형평과 균형을 유지한다.

넷째, 사실·진실보도를 지향하되 당사자의 충분한 소명기회와 반론권을 보장한다.

당시 KBS 사장 김인규는 대선후보 검증에 강한 의지를 보였다. 그는 대선 과정에서 불완전한 검증보도가 가져오는 폐해를 누구보다 잘 알았다. 정파적 비판을 절제해야 하고 근거 없이 의혹만 키우는 보도는 여론 흐름을 왜곡시킬 수 있다고 우려해 정치부 기자가 즐겨 제작하는 동정 중심의 '에피소딕 보도' 대신, 주제의식을 가지고 깊이 취재하는 이른바 '테마틱 보도'를 강조하곤 했다.

김 사장은 "텔레비전 뉴스의 선거보도 의제 분석: 14·15·16대 대통령 선거에서 뉴스 프레임을 중심으로"라는 논문으로 2007년 박사학위를 받았다. 2002년 16대 대선의 경우, 〈KBS 뉴스 9〉은 야당 후보자에게 불리한 의혹사건을 집중적으로 보도함으로써 핵심 의제로 부각시키는 편파적 보도 태도를 나타냈다는 내용이다. 핵심 의제란 '이회창 대통령 후보의 아들 이정연 씨의 병역특혜 논란'이었다.

대선 기간 동안 진실검증단은 20건 미만의 리포트를 KBS 뉴스를 통해 보도했다. 리포트가 방송될 때마다 안팎에서 말도 많고 탈도 많았다. 리포트는 박근혜, 문재인, 안철수 후보만을 대상으로 이뤄졌다. 10월부터 보도된 진실검증단 리포트는 "박·문·안 세 후보의 가족 관련 의혹보도", "박근혜 삼성동 주택 소유과정", "정수장학회와 박근혜", "문재인 후보와 부산저축은행 관련 의혹", "문재인 후보 자택 부지 침범과 등기 과정", "NLL 발언 논란, 진실은?", "안철수 자택 매매 과정",

"정준길, 금태섭과 택시 타고 통화 시인" 등이었다.

대선후보 진실검증단은 명확한 내부준칙을 마련했다. 보도준칙에 나온 보도범주는 ① 후보자가 직접 상대후보에 대해 의혹을 제기해 공론화된 사안, ② 중앙언론 다수가 공통적으로 보도한 사안, ③ 검증단이 후보자의 자질과 도덕성 검증에 꼭 필요하다고 판단해 독자적으로 취재한 내용 등이었다. 어이가 없는 일이지만 '그런 걸 왜 취재하느냐', '문제가 없다는 리포트, 말하자면 털어주는 리포트를 방송하는 건 누구 좋으라고 하느냐' 등 힐난도 많았다. 이런 비판을 예상해 진실검증단은 논리적 방어막을 단단히 쳤다. 결코 정파적 보도는 하지 않겠다며 스스로를 추스르고 서로를 격려했다.

검증단에는 여야 정치권의 제보가 잇따랐다. 검증단은 제보된 내용이 합법적으로 취득된 것인지 판단했다. 불법의 소지가 있는 것은 기본적으로 검증에 나서지 않도록 했다. 그리고 제기된 의혹의 타당성 여부를 검토했다. 의혹이 어느 정도 근거가 있는지 1차 취재를 통해 확인하고 타당성이 있다고 판단되면 본격적으로 심층취재에 나섰다. 검증단이 할 수 있는 최대한의 심층취재를 통해 의혹이 어느 정도 사실에 부합하는지, 진실은 무엇인지를 파악한 후 있는 그대로 보도하는 것을 원칙으로 삼았다. 많은 오해가 있었으나 진실검증단은 팀 구성 초기부터 준칙을 마련하는 데 공을 들였다. 워크숍도 열고 전문가의 자문도 받았다. 무엇보다 과거의 대선보도 부작용 사례를 자세히 들여다보고 보완책을 마련했다.

예컨대 진실검증단은 NLL 논란과 같은 주요 사안의 경우 명백하게 진실 여부를 확인하지 못한다 하더라도 검증단이 최선을 다해 취재한 시점까지의 사실을 있는 그대로 전달했다. 또 준칙에 따라 후보 검증의 주제와 소재에 제한을 두지 않되 과도한 네거티브와 선정주의 등 정치 혐오증을 부를 만한 내용은 보도를 자제했다. 또 후보자의 사생활을 검증할 경우 자질과 도덕성 검증이라는 검증단의 취지에 부합해야 하며 국민의 알 권리 보호와 후보자 사생활 침해 정도를 비교해 검증 여부를 결정한다는 명확한 기준을 뒀다. 후보자에게 제기되는 사생활 관련 의혹은 이런 준칙에 따라 취재 여부를 신중하게 결정했다.

애초에 진실검증단 설치 문제가 나왔을 때 KBS 구성원 대부분은 동의했다. 가능하면 좋은 환경에서 성과를 낼 수 있도록 보도본부는 전폭적으로 지원했다. 유권자가 좋은 대통령을 뽑는 데 도움을 줄 수 있을 것으로 믿었다. 특히, 사생활 검증을 자제한 진실검증단의 기여는 지금도 긍정적으로 본다.

많은 비판에도 불구하고 검증단이 없었다면 정파적 공격을 경마 저널리즘으로 인용보도하는 리포트의 빈도가 매우 높아졌을 것이다. 선거 캠프는 경쟁 후보의 각종 의혹을 교묘하게 부풀려 제보했으나 진실검증단은 천천히 그리고 정교하게 취재해 검증된 내용만 보도했다. 적어도 정치꾼들에게 놀아나지는 않았다.

KBS 대선후보 진실검증단의 출발은 좋았으나 가시밭길을 걸으며 모진 풍파를 온몸으로 맞아야 했다.

'아킬레스건'을 건드리다

대선후보 검증 특집 1부 〈대선후보를 말한다〉 방송 직후 〈오마이뉴스〉 기사는 이렇게 평가했다.

> 감정이 앞설 수밖에 없는 TV토론에 반해 〈대선후보를 말한다〉는 정교한 검증과 취재를 통해 두 유력 후보의 의혹과 아킬레스건을 정리했다. 대통령 선거에 관심이 있어 12월 19일에 투표장으로 향할 시청자라면 TV토론과 함께 반드시 이 프로그램을 시청해야 한다.

이 프로그램은 공교롭게도 대선후보 토론에 이어 연속 편성돼 더 주목을 받았다. 각 후보의 '강점 뒤집어 보기', '원칙과 소신', '국정 경험', '도덕성과 비전', '각종 의혹규명' 등으로 구성됐다. 의혹 가운데는 부동산 문제, 세금탈루 여부, 논문 표절 여부, 역사관, 친인척 비리가 포함됐다. 이를 위해 시청자의 관심을 알아보는 설문조사와 의혹 규명을 위한 탐사보도 기법이 동원됐다. 대상은 박근혜, 문재인, 안철수 후보였으며 후보별로 정량적 균형을 맞춰 형평성을 유지하도록 애썼다. 후보 단일화가 이뤄지면서 한창 제작 중이던 안철수 후보 부분은 프로그램에서 빠지게 됐다.

다음은 프로그램의 주요 흐름이다. 프롤로그에 박근혜 후보와 문재인 후보의 출마선언 사운드바이트와 프로필이 흐른다. 제일 먼저 '박근혜는 누구인가?' 부분에서는 박정희 대통령의 영애에서 퍼스트레이디 역할을 하게 되고 정계에 입문, 한나라당의 대표가 되어 이른바 '선거의 여왕'을 거쳐 한나라당 비대위원장, 그리고 새누리당 대통령 후보가 되는 과정을 그렸다. 그다음으로 박근혜 후보가 내세우는 핵심과제, 이어서는 박 후보의 아킬레스건인 역사관을 건드렸다. 정수장학회 등 재단 문제와 각종 의혹 검증 순으로 구성되었다.

아버지 박정희 대통령의 유산을 이어받은 박근혜 후보의 역사관은 대선 과정에서 문재인 후보와 진보진영의 공격을 받았다. 제작진은 박 후보의 정치인생에서 해소되지 않는 의혹, 특히 유신과 인민혁명당 발언과 관련해 대선 당시 관련 기자회견에서 어떤 입장을 보였는지 총체적으로 정리했다. 정수장학회 문제는 이 프로그램의 핵심으로 정수장학회의 설립 과정과 강압 여부, 박 후보의 발언 변화와 논란을 짚었다.

박 후보와 관련 있는 5개 재단의 데이터를 분석해 이사진의 회전문 인사와 고액 후원금 내역을 분석했다. 대선 과정에서 김지태 씨 유족은 강탈의 정황증거와 자료를 들이대며 박 후보를 공격했다. 이런 상황도 프로그램에 반영됐다. 성북동 자택 소유과정의 논란과 박지만의 회사 인수 문제와 재산형성 과정, 주식거래 의혹까지 건드렸다. 부인 서향희 변호사가 박지만 씨와 결혼하기 전 맡은 사건은 31건에 불과했으나 결혼 이후 무려 268건을 수임한 것은 특혜 의혹이 있다고 지적했다. 기업을 대상으로 한 고문 경력도 놓치지 않았다.

프로그램 뒤쪽에 배치된 문재인 후보 부분도 방송 분량과 구성 순서는 동일했다. 인권 변호사로 출발해 청와대 수석과 비서실장이 된 과정, 노무현 서거 당시의 모습을 담아냄으로써 문 후보가 어떤 인물인지 설명했다. 문 후보의 아킬레스건은 노무현 대통령의 그림자였다. 참여정부와 친노세력의 대표로 이른바 왕 수석이었던 시절이 있었다. 그는 왕 수석으로서 실질적 국정업무를 추진했다. 그러나 검찰은 개혁에 실패했고 노무현 정부를 부산정권으로 불러 지역감정을 촉발시킨 점도 프로그램에 포함됐다.

그는 NLL 논란 끝에 선거 국면에서는 '참여정부 잘한 일도 많다'라는 입장에서 '과오와 한계 인정'으로 돌아섰다. 프로그램은 FTA 체결 당시 촛불집회에서 문 후보가 한 발언을 문제로 지적했다. 그는 FTA를 '불가피하다'고 했다가 정권이 바뀌자 '재협상해야 한다'고 입장을 바꿨다. 제주 강정마을 해군기지는 2004년과 2007년엔 '꼭 필요하다'고 했다가 2012년 대선 때는 '주민 뜻을 수용해야 한다'는 입장이었다. 2003년 민정수석 시절 금융감독원 국장에게 청탁전화를 걸어 부산저축은행 사건에 개입했다는 의혹도 담겼다. 2007년에 있었던 아들의 고용정보원 특혜입사 논란과 양산 자택 등 부동산 문제도 건드렸다.

우여곡절을 겪었던 대통령 후보 검증 특집, 〈대선후보를 말한다〉는 편집원칙까지 정했다. '첫째, 첨예한 문제를 다루는 만큼 효과와 그림 구성, 전체적 분량, 내용적 균형을 맞춰 특정 후보에게 치우치지 않고 불편부당성을 바탕으로 편집의 균형을 맞추는 데 만전을 기한다. 둘째, 상황이 지속적으로 유동적인 만큼, 전체 가편집안의 그림이 충분히 확보되도록 장면과 장면 사이 예비용 화면을 확보한다'는 기본 틀을 지키려 했다. 야권의 후보 단일화가 늦어지는데다 특집 편성 시점마저 유동적으로 변하자 검증단의 김태선 팀장, 금철영, 유원중, 김귀수, 강민수, 박경호 기자는 매우 힘들어 했다.

2편 〈대통령을 만드는 사람들〉은 이른바 킹 메이커(king maker)를 다룬 검증 프로그램이었다. 대선은 대통령 개인의 정권 획득이 아니라 대통령 중심 세력이 집권하는 것이므로 후보 주변 인물, 즉 대선 캠프 역시 또 다른 검증 대상이 된다. 대선 과정의 측근과 참모가 당선 이후 요직에 등용될 가능성이 크기 때문이다. 대선은 대통령이 꾸려갈 정부 각료와 청와대 주요 참모, 공기업 감사까지 함께 선출하는 것이라는 주장도 나온다. 따라서 캠프의 도덕성과 자질도 검증해야 한다.

2부 제작은 사회관계망 분석(SNA: social network analysis) 기법을 활용해 총 300여 명의 인사가 각 후보와 몇 단계의 인연 고리를 갖는지 조사했다. 선거대책위원장, 본부장, 실장, 단장만 셈했을 때 최종적으로 분석 대상이 된 각 캠프 인사는 박근혜 후보 측 152명, 문재인 후보 측 149명 정도였다. 해당 인물은 공식 발표되거나 언론에 이름이 나온 인사였다. 책임자 그룹의 검증은 재산과 본인과 자녀의 병역, 전과 유무, 싱크탱크 그룹의 논문 검증까지 이뤄졌다.

대선 검증 특집이 새롭게 조명하는 주제나 내용은 기대만큼 많지 않았다. 이미 알려진 내용을 KBS 제작진이 어떻게 분석하고 해석하는가에 관심이 집중됐다. 메이저 중 메이저 매체인 공영방송 KBS의 의제설정 능력이 시험대에 오른 것이다. 대통령 후보와 대선 캠프, 즉 건곤일척(乾坤一擲)의 승부를 벌이는 정파세력을 다루는 프로그램에서 제작진에게는 한 치의 정파적 입장도 용납되지 않았다. 제작진은 정파성과 자기검열을 극복하고 내외부의 압력에 굴하지 않는 독립적 프로그램을 만들기 위해 공을 들였다.

대통령 후보의 강약점을 정면으로 파헤친 두 프로그램은 KBS의 공신력을 높였다. 그렇지만 프로그램 제작자는 정파세력의 공격으로 마음고생이 심했다. 17대 대선 때도 〈시사기획 쌈〉 프로그램 시간에 대통령 후보 검증 특집 〈대선후보를 말한다 - 무신불립〉을 방송한 뒤 이회창 후보 측의 거센 항의를 받은 적이 있다. 18대 대선 때는 이보다 훨씬 완성도 높은 검증 프로그램을 만들었으나 정파세력의 공격을 피하기는 어려웠다.

두 개의 시선 '힐난과 격려'

'평온한 바다는 결코 유능한 뱃사람을 만들 수 없다'(A smooth sea never made a skillful mariner)는 영국 속담처럼 우리는 과연 역경을 딛고 더 성숙했을까? 진보와 보수가 대선후보 진실검증단을 보는 시각은 완전히 달랐다. 한쪽에선 힐난의 눈초리를, 다른 한쪽은 어색한 격려를 보냈다. 제작진에게 정파적이 되라고 떠드는 것은 역겹고 거추장스럽다.

사단은 특별기획 1부 〈대선후보를 말한다〉 방송 직후 벌어졌다. 방송 하루 뒤인 12월 5일, KBS 이사회가 열렸다. 갑자기 KBS 여당 추천 이사들이 "박근혜 후보에게 불리한 편파방송"이라며 비난을 퍼부었다. 길환영 KBS 사장조차 "편파 시비가 있었으며 게이트키핑에 문제가 있었다"라고 말했다. 이 말은 프로그램의 완성도에 문제가 있음을 시인하는 언급으로 해석됐다.

이사회에 불려 나온 KBS 대선후보 진실검증단장은 여당 이사들의 비난과 사장의 이 같은 발언에도 말을 아꼈다. 한 야당 이사는 "방송 보류 과정을 거치면서 기획했던 방향이나 내용에 있어 압력을 받은 일 있느냐?"고 물었다. 진실검증단장은 "그런 일은 없었으며 기획의도대로 방송했다"라고 답했다. 그리고 "무엇보다 제작진이 내외부의 압력을 받지 않고 제작할 수 있는 제작 자율성을 지키는 것이 가장 중요한 가치"라고 덧붙였다.

여당 이사 중 한 명은 특이하게도 프로그램 '구성 순서'에 문제가 있다고 지적했다. 앞부분에 박근혜 후보, 뒷부분에 문재인 후보가 구성되면 늦은 밤 방송인만큼 시청자가 박근혜 후보에 대한 의혹 제기 부분을 더 많이 보는 것 아니냐는 문제 제기였다. 밤 11시대 심야시간 프로그램의 경우 뒤쪽으로 가면서 시청자가 빠져나갈 수 있다고 추론하고 억지논리를 편 것이다. 오랜 방송생활을 했지만 이런 문제 제기는 처음 보는 광경이었다. 누구를 위해 봉사하는지 참 궁색해 보였다. 반면, 야당 이사들은 적극적으로 제작진을 옹호했다.

이사회에서 의연하게 대처하던 진실검증단장은 보도본부 사무실로 돌아가면서 검증단장 보직은 물론 해설실장 보직까지 사퇴하겠다는 뜻을 보도본부장에게 전했다. 보도본부장과 진실검증단장은 어깨가 처진 채 막 KBS 본관과 국제방송센터 IBC 건물을 잇는 실내 연결다리를 건너던 참이었다. 그의 실망은 이만저만이 아니었다. "다른 건 참겠는데 사장이 문제가 있다고 그러니 보직 유지는 도리가 아니다"라는 취지의 말을 했다. 이사회에서 늘 당하는 일이니 참고 견뎌내자고 설득했으나 이미 마음이 떠나 돌이킬 수 없는 상황이었다. 진실검증단장에 대한 사내의 평판이나 평소의 소신으로 비추어 마음이 상할 대로 상한 것이 분명했다. 그는 다음날 휴가를 떠나 연락도 닿지 않았다.

진보성향의 KBS 본부노조는 9월 12일 안철수 후보 뇌물살포 의혹을 벗겨주는 검증단 리포트에 대해 "대선보도의 표준을 제시하는 것"이라고 추켜세웠다. 11월 5일 KBS 내부 통신망 코비스에는 "대선후보 진실 검증단, 민주당에 줄섰나?"라는 검증단 리포트를 분석한 장문의 게시물이 올랐다. 그냥 있을 수 없는 혼란스런 상황이 계속되고 있었다.

검증단이 박근혜, 문재인, 안철수 후보 관련 리포트를 번갈아가며 순서대로 낼 수 없다는 것은 이해할 수 있다. 검증단이 활동하는 기간 동안 전체 리포트의 총량으로 형평을 맞추면 해결되는 사안이다. 그러나 각 후보의 의혹을 확인하는 개별 리포트의 내용과 구성까지 획일적으로 제작할 수는 없는 일이다. 상식대로라면 의혹을 살 만한 사안이 많은 후보에 대해 더 많이 리포트하는 것이 맞을 수 있다.

대선후보 진실검증단은 진보·보수 모두의 공격을 예상하고 질적·양적 균형까지 다 맞춘다는 기본 원칙을 정했다. 그러나 꼭 그대로 실천하기 어려웠다. 그것은 진실검증단의 딜레마이자 대선보도 공정성 확보의 근본적 한계이기도 했다.

정파성이 없는 인물로 하여금 객관적 시각으로 진실검증단의 그동안의 리포트 내용을 분석하도록 했다. 검증단 활동에 대한 중간평가가 대단히 궁금했다. '심하진 않지만 이대로 가면 편향성 시비를 부를 소지가 있다'는 결론이 나왔다. 보도본부장 이외의 누구에게도 공개되지 않았다. 이 보고서를 보고 걱정이 생겼지만 이후에 후보 검증 리포트를 관리하는 데 도움이 됐다. 완성도가 낮은 미숙한 리포트는 제작진이 숙고한 끝에 스스로 불방 처리하기도 했다.

대선후보 검증특집 '좌초 위기를 맞다'

18대 대선을 치르며 KBS 보도본부가 준비한 대형 특집 프로그램은 3편이었다. 특별기획 1부 〈대선후보를 말한다〉는 대선후보 진실검증단이 제작해 12월 5일 밤 11시 KBS 1TV 〈시사기획 창〉 시간에 50분간 방송했다. 2부 〈대통령을 만드는 사람들〉은 탐사제작팀이 제작했고 12월 11일 밤 같은 시간에 방송했다. 3부 〈정책검증 토론 프로그램〉은 정치부의 정책검증 결과를 바탕으로 해 토론방송으로 기획했으나 다른 프로그램으로 대체됐다.

1부에서는 박근혜, 문재인 두 후보의 능력과 도덕성 등을 정면으로 검증했다. 2부는 두 후보의 캠프 인사의 병역과 재산, 전과 등을 검증했다. 사실상 집권 후 중책을 맡을 수 있는 사람에 대한 예측 자료였다.

이 프로그램은 당초 2012년 11월 26일이나 12월 3일부터 사흘간 밤 10시부터 50분 동안 KBS 1TV를 통해 연속 보도하기로 기획되었다. 우여곡절 끝에 1, 2부 두 편만 대선이 임박한 시점 밤 11시에 정규 프로그램 특집으로 편성돼 일주일 건너로 방송되었다.

특집편성에서 정규편성으로, 밤 10시대 방송에서 밤 11시대 방송으로 바뀌는 것은 방송편성의 독립성에 속한다. 그러나 이런 변동사항이 던지는 KBS 내부권력 구도와 정치적 함의는 흥미롭다.

11월 20일 열린 편성제작회의는 이런 결론을 내렸다.

1, 2부의 경우, 기획 방향 및 방송 시점의 적절성 측면에서 기획의 조정·재검토가 필요함. 3부의 경우, 선거 관련 타 프로그램과 연계하여 방송할 것.

최상급 회의체인 편성제작회의에는 주로 다음 주 방송 예정인 프로그램 안건이 상정된다. 이 회의가 보도본부 대선 특집 프로그램에 대해 11월 26일 편성 여부를 논의한 결과, 적절성에 문제가 있다는 결론을 내린 것이다.

당시 편성제작회의 위원장은 길환영 신임 KBS 사장이었다. 편성제작회의는 KBS가 제작하는 모든 프로그램의 방송의 방향성과 내용, 방송 시기를 정하는 최고 의사결정기구이다. 통상 방송담당 부사장이 회의를 주재한다. 사장 취임 전이라 아직 방송담당 부사장을 선임하지 못했다. 그래서 길 사장은 취임식을 앞두고 직접 회의를 주재할 수밖에 없는 형편이었다. 미묘한 시기에 민감한 프로그램을 두고 방송을 보류하도록 했으니 내외부의 비판이 따가웠다.

제작진은 시사제작국장과 보도본부장에게 과연 방송이 가능한지를 따졌다. 나는 '손가락에 장을 지져도 반드시 방송한다'고 의지를 표명했다. 참 거칠고 촌스러운 말이었다. 그러나 확고한 생각을 전하려는데 달리 다른 말이 생각나지 않았다. 이 말은 순식간에 KBS 전체로 퍼져나갔다. 이 발언으로 길환영 사장과 보도본부의 긴장수위는 한층 더 높아졌다. 진실검증단과 탐사제작팀이 모두 동원돼 수개월 동안 취재한 제작물을 불방한다는 것은 있을 수 없는 일이었다. 더구나 프로그램의 완성도도 높아 안팎의 기대가 컸다.

편성제작회의의 방송보류 결정이 있은 지 일주일 만인 11월 27일, 진보성향의 KBS 본부노조는 격한 논조의 성명을 냈다. "정권의 개가 된 길환영, KBS를 팔아먹다"라는 제목이었다. 기자협회 역시 방송 연기를 "길환영 사장의 비뚤어진 충성심이 부른 일이다. 임명장에 잉크가 채 마르기도 전에 보은에 나서는 길환영 사장을 보면 애처롭기 그지없다"며 비판했다.

11월 27일 노조의 성명이 나온 날 오후, 편성국은 노조와 협회의 성명서를 반박하는 게시문을 냈다. '실무회의에서 통과된 것이 아니라 검토 의견을 붙여 편성회의에 넘어왔다.' 실무회의에서는 '선거가 임박한 시기에 정책과 공약 중심이 아닌 후보 관련 의혹과 주변인을 다루는 것이 대선 기획으로 적절한지에 대한 검토가 필요함', '선거를 앞두고 다양한 선거관련 토론 프로그램(양자토론, 초청토론, 심야토론)이 편성될 예정이므로 방송 일시, 토론 주제, 출연자 등은 확정된 프로그램과 연계하여 제작, 편성할 것'이란 의견과 함께 본회의에 상정했다'는 내용이었다.

노조와 협회가 주장하는 프로그램 불방설은 근거가 없다는 반박이었다. 게시문은 보류 결정은 불방 결정이 아니며 프로그램 전반에 대한 재검토 결정으로 봐야 한다고 친절하게 설명했다. 편성국의 말대로 '본회의 의견을 반영한 기획안이 재상정되면 편성제작회의에서는 본건을 재심의할 수 있다'고 덧붙이기도 했다.

당시 새누리당과 박근혜 캠프 측은 KBS가 제작하는 각종 검증 프로그램에 극도의 불만을 표출했다. 이런 기류는 직접적으로 전해지기도 했고 정치부 기자들을 통해 전달되기도 했다. KBS의 독립성을 흔드는 일이다. KBS 사장이나 캠프 측의 마음에 들지 않는다고 대선 검증 프로그램을 손질하는 것은 애초부터 불가능하다. 사려분별이 없는 정신 나간 판단이 이뤄지고 있었다. 그 위험성을 깨닫지 못하는 건 더욱 위험해 보였다. 편성제작국은 보도본부와 신임사장의 틈바구니에 끼여 곤란을 겪었다.

많은 인력이 오랫동안 일했고 제작비도 많이 들었다. 1부 제작비는 6천 8백여만 원, 2부 제작비는 8천 3백여만 원이었다. 권력이 싫어하는 프로그램을 무엇 하려고 자청해서 만드느냐고 묻는 이도 많았다. 사실 이 정도 프로그램 기획은 어느 정도 규모 있는 언론사가 아니면 엄두도 내지 못한다. 그런데 18대 대선 검증 특집 2편은 KBS 내부의 의사결정기구를 통해 방송일과 시간대가 뒤로 늦춰졌다. 물론 이런 과오에 대해 보도본부장을 비롯한 방송 관련 KBS 수뇌부는 결코 자유롭지 못했다.

특히, 대선후보 검증 특집 1편은 중앙선관위가 주관하고 지상파 3사가 공동 중계한 제1차 대통령 후보 합동토론 직후에 편성됐다. 당초 기획대로 방송하지 못하고 내부에서 진통을 겪으면서 방송 날짜가 순연됐다. 그러다가 불가피하게 그야말로 적절하지 못한 방송 시간대에 편성되는 결과를 낳았다. 박근혜 캠프는 토론방송과 대선후보 검증 프로그램이 연속 편성된 데 대해 상당히 분노했다는 이야기를 들었다. 시청자가 대선후보 검증 프로그램을 보면서 조금 전 보았던 박 후보의 토론 내용을 부정적으로 평가할 가능성을 염려한 듯하다.

편성본부는 특집 시간대를 별도로 배정하지 않고 보도본부의 정규 프로그램 시간대를 활용하도록 했다. 이런 편성 변경은 프로그램 방송 후의 후폭풍을 보도본부에 돌리려는 저의가 깔렸다는 의심을 살 수 있다. 대선후보 검증 프로그램이 방송된 전 과정은 KBS의 취약한 독립성과 불합리한 의사결정 구조를 고스란히 드러냈다.

'작은 실수'도 용납되지 않는다

언론인은 사실을 엮어 보도하더라도 그것이 공정한 보도인가 하는 물음을 스스로 던질 때가 많다. 성숙한 언론인일수록 고민은 더 깊다. 그래서 무식할 정도로 용감한 기자가 특종을 하는 경우가 더 많다는 우스개도 있다. 언론인에게는 복수의 검증은 물론이고 소스에 의한 오보나 악의에 휘둘리지 않아야 하는 책무가 있다. 이런 책무를 일일이 살피다가 실기(失機)하는 때가 있음을 경계하는 말이기도 하다. 정확한 사실보도라 하더라도 시기적으로 보도하기 힘든 취재물도 흔히 있다. 때로는 관련 가이드라인의 도움을 전혀 받을 수 없는 특수상황이 된다.

대선 투표일이 얼마 남지 않은 어느 날, KBS 보도국 정치부장이 심각한 얼굴로 최근 제보된 내용을 보도본부장에게 보고했다. 2012년 12월 9일이니 대선을 정확히 열흘 앞둔 시점이었다. 한 대북 소식통이 북한 인민군 차수 리영호의 녹취를 제공했는데 그 내용이 심각하다는 이야기였다. 녹취내용은 짧았지만 시사하는 메시지는 강력했다.

이렇게 해서 지금 강성대국을 일으켜 세우고 있다. 그러니까 우리는 핵무기도 가졌다. 그다음에 우주기술을 우리가 제작해서 지금 쏘아 올린다. 이거 인공위성 쏘아 올리는 게 뭐냐. 로켓 무기나 같다. 그 로켓에다 핵무기를 설치하면 미국 본토에 쏜다. 그러니까 뱃심이 든든하다.

인공위성 발사와 장거리 미사일 발사 원리는 기술적으로 동일하다. 인공위성 발사체와 대륙간 탄도 미사일(ICBM)이 다단계 로켓을 이용하는 건 마찬가지다. 리영호의 말대로 발사체에 핵탄두를 달면 핵무기 탑재 대륙간 탄도 미사일이 된다. 다만, 위성발사체는 우주로 날아가지만 대륙간 탄도 미사일은 대기권 밖으로 날아갔다가 낙하한다. 미사일이 대기권으로 재진입할 때 탄두를 감싼 부분이 고열에 견딜 수 있는 기술이 필요할 뿐이다.

녹취물을 KBS에 주겠다고 한 사람, 이른바 취재원은 해당 녹취록을 자신이 가지고 있으며 리영호가 평양 모처 고위간부 대상으로 한 강연회 내용이라고 설명했다는 이야기였다. 물론 어떻게 획득된 정보인지 밝히지는 않았다.

리영호가 누구인가? 그해 7월 해임되기는 했으나 김정일 체제에서 정치국 상무위원이자 조선노동당 중앙군사위원회 부위원장, 북한군 총참모장을 역임한 사람이다. 김정일 시대에는 북한의 군 총참모장이 인민무력부장보다 더 권한이 높다고 분석한 이도 있을 정도였다. 국제사회는 그동안 북한의 장거리 로켓 발사가 사실상 핵무기 운반수단 개발시험이라며 규탄했다. 즉, 대륙간 탄도 미사일 발사 실험이라는 것이다. 북한은 이를 부인하며 평화적 목적의 실용위성을 개발하고 있다고 주장했다. 리영호의 녹취는 사실상 로켓이 핵무기 운반수단으로 개발되고 있음을 시인하는 북한 실력자의 첫 육성이라고 볼 수 있었다.

대선을 앞둔 시기에 북한은 12월 29일까지 은하 3호 로켓을 쏘아 올리겠다고 선언한 뒤 발사 준비를 진행했다. 국제사회의 시선이 모두 쏠렸다. 당시 북한은 1단계 추진체 조종발동기의 기술적 결함을 보완하느라 발사시기를 계속 늦춰온 것으로 알려졌다. 발사 예고날짜의 다음날인 30일은 김정은이 북한 최고사령관으로 추대된 날로 북한은 연말

이전에 로켓 발사를 강행한다는 의지를 보인 것이다. 이 때문에 한미 양국은 평소보다 격상된 대북 감시체계를 유지하고 있었다.

이 녹취록이 진짜 리영호의 발언이라고 확인된다면 뉴스가치가 매우 높다. 그러나 대선을 코앞에 둔 민감한 시기였다. 아울러 녹취록 진위를 알 도리가 없었고 취재원의 제보 동기도 미심쩍었다.

그래서 정치부장은 이 제보를 분명 '뜨거운 감자'로 여겼다. 그 내용이 사실에 충실하고 뉴스가치가 있다고 하더라도 정치적 편향성 시비를 불러올 수 있다는 점을 누구보다 잘 알고 있었다. 대선 때 북한의 위협을 강조하는 북풍 공작이 확인돼 정치권이 소용돌이친 적이 한두 번이었던가?

이 소식통은 당초 녹취 자료를 넘기지는 않은 채 녹취 내용을 구두로 설명하며 보도 가능성 여부를 두드려본 것으로 보인다. 취재원을 밝히지 말라는 주문과 함께 KBS가 보도하지 않으면 다른 언론사에 이 자료를 넘길 것이라는 설명도 덧붙였다. 이런 건 상투적 압박이다. 사실이 확인돼 첫 방송을 타면 타 언론사도 같은 보도를 따라하는 건 불 보듯 뻔했다.

소식통은 첫 보도 협상자로 KBS를 선택했는지는 알 수 없지만 방송을 전제로 자료를 건네겠다는 조건도 달았다. 세련되고 경험이 많은 정보 제공자임이 분명했다. 우리가 처음으로 보도하지 않고 타 언론사가 한 보도를 따라간다면 놀림감이 될 수도 있다는 사실도 간파했다. 그는 '따끈한 물건'을 손에 쥐고 있었다.

보도본부장은 우선 정치부장이 취재원을 만나 그 녹취록을 건네받고 진위가 확인되면 보도하겠다는 KBS 입장을 전달하라고 지시했다. 검증의 문제이다. 일단 녹취록을 건네받은 뒤 확인에 들어갔다. KBS가 보유한 북한 조선중앙TV 자료화면 가운데 리영호의 육성을 찾기로 했다. 며칠 동안 북한 자료영상을 죄다 뒤진 끝에 드디어 리영호의 육성이 담긴 테이프를 찾았다. 그다음으로 숭실대 배명진 교수에게 파일을 보내 자료화면의 리영호와 취재원이 전한 녹취가 동일인인지 확인하도록 조치했다. 배명진 교수는 두 육성이 확실히 동일인이라는 분석 결과를 보냈다. 배명진 교수는 소리공학 전문가로 이름난 전문가이다. 틀림없이 리영호의 육성이었다.

이런 검증 과정을 거쳐 리영호의 육성을 〈KBS 뉴스 9〉을 통해 방송했다. 단일 아이템이 아니라 "〔이슈 & 뉴스〕 북한 장거리 로켓 발사 의도·여파는?"이라는 제목의 심층보도로 방송했다. 보도본부장은 취재원을 믿을 만한 소식통으로 처리하되 이 녹취록의 입수 경위와 내용 확인 절차를 가능한 한 상세히 리포트에 담도록 추가로 지시했다. 담당 기자의 리포트에는 이렇게 반영됐다.

KBS가 입수한 것은 전체 강연회의 30초 분량으로 실제 리영호 전 총참모장이 맞는지 성문 감정을 의뢰했고, 지난 3월 공개된 평양시 군민대회 때 목소리와 비교해 구강 구조 등을 통한 공명을 분석한 결과 동일인으로 판명났습니다. (인터뷰: 숭실대 배명진 교수) 90% 이상이면 동일인이라고 보는데 서로 다른 두 말을 분석한 결과 95%의 유사성이 확인됐습니다. 완전 동일인입니다.

북한 핵개발의 위험성을 포괄적 맥락으로 시청자에게 전달할 수 있었던 것은 다행이었다. 단발성 자극적 리포트로 처리할 경우 불필요한

그림 3-4. 북 로켓발사 의도는?

출처: KBS 1TV (2012. 12. 10). 〈KBS 뉴스 9〉.

오해를 살 수 있기 때문에 세심한 배려가 필요했다. 이런 정보가 유권자의 표심에 어떤 영향을 주는가는 보도 전달방식에 따라 달라진다.

한건주의식 선정적 폭로보도와 주제가 분명한 포괄적 맥락의 심층보도는 근본적으로 다르다. 방송 한마디 한마디의 표현에 따라 전달력과 뉘앙스가 아주 달라질 수 있다. 타 언론사 역시 같은 내용을 KBS 보도를 인용하거나 나름의 확인 절차를 거쳐 보도했다.

유엔 안전보장이사회는 북한이 은하 3호를 쏘아 올리자 대북 결의안 위반으로 대북 추가제재를 했다. 보도가 방송된 지 한 달도 지나지 않은 2013년 1월, 김정은 국방위 제 1위원장은 노골적으로 장거리 미사일 발사와 핵실험 의도를 담은 위협적 성명을 냈다. 리영호의 발언과 크게 다르지 않았다.

우리가 발사하게 될 여러 위성과 장거리 로켓도, 우리가 진행할 높은 수준의 핵실험도 미국을 겨냥하게 될 것임을 숨기지 않는다.

북한은 2015년 10월 10일 노동당 창건 70주년을 앞두고 다시 장거리 로켓 발사 가능성을 언급했다. 8·25 남북 고위급 접선 후 남북 이산가족 상봉 준비를 위해 접촉하면서도 한쪽으로는 장거리 로켓 발사와 핵실험으로 위협했다. 이제는 북한 최고지도부뿐 아니라 북한 주민도 인공위성과 장거리 로켓 모두 핵무기와 관련이 있다는 걸 잘 아는 듯싶다.

명백한 사실이라도 정확함만으로 저널리즘의 기본 요건이 전부 충족되지는 않는다. 보도 시기와 취재원의 의도 그리고 특정 보도가 국제·정치적으로 미칠 파장까지 감안해야 할 때가 있다. 대선이 임박한 시기에 이런 유형의 보도 자체는 근원적으로 민감할 수 있다. 특히, 정보를 쥔 주체가 권력기관일 경우 그 거래는 위험성을 안는다.

이때 언론기관이 어떤 태도를 보이고 어떻게 반응하는가는 언론사의 위상에 치명적 영향을 미친다. 또한 뉴스룸 구성원의 소통 능력과 결속력, 개별 저널리스트의 숙련성, 데스크와 보도책임자의 게이트키핑 능력이 시험대에 오른다. 자유롭고 책임 있는 언론에게는 결단을 위한 숱한 도전이 기다린다.

대선후보 토론의 정략

인 파이터와 아웃 파이터

2012년 제18대 대선에서 새누리당 박근혜 후보는 가능하면 토론을 회피하는 '아웃 파이터' 전략을 사용했다. 민주통합당 문재인 후보는 최대한 토론을 많이 하자는 '인 파이터' 전략을 사용했으나 상대방이 응하지 않아 애를 태웠다. 토론의 장이라는 '링' 위에 오르고 싶어도 게임 자체가 성사되지 않았다. 심판만 있고 선수가 없는 시합은 없다. 박근혜 후보는 언론사가 후보를 번갈아 초청하는 순차 초청토론도 회피했다. 맞장토론은 중앙선관위 주관의 법정토론만 가능했다.

그래서 18대 대선은 유례없는 '토론회 없는 대통령 선거'였다. 중앙선관위 주관 법정토론회를 제외한 언론기관 초청대담이나 토론회는 고작 8차례였다. 11월 27일부터 시작된 선거기간 동안에는 단 한 차례만 있었다. 그것도 문재인, 안철수 후보의 단일화 토론에 대해 균등 기회를 준 박근혜 후보의 단독 토론회였다. 2012년 대선에서 지상파 3사는 야권의 후보 단일화 이후 대통령 후보 양자토론을 분야별로 총 3회 공

표 3-1. 언론기관 초청대담 · 토론회

(단위: 회)

구분	개최횟수	개최시기별	
		선거기간 전	선거기간 중
제17대 대선	44	26	18
제18대 대선	8	7	1
증감	▽ 36	▽ 19	▽ 17

출처: 중앙선거관리위원회 (2013). 〈제18대 대선 총람〉. 과천: 중앙선거관리위원회.

동 추진할 계획이었으나 불발됐다.

2007년 제17대 대선에서는 총 44회의 대담과 토론회가 개최됐다. 더구나 22일간의 선거기간 중에 이뤄진 대통령 후보 초청토론 또는 대담이 18차례나 됐다. 2002년 제16대 대선에는 83회, 제15대 대선에는 34회의 대담 또는 토론이 있었다.

중앙선관위는 제18대 대선 총람에서 유력 후보자가 토론회 참석에 소극적이어서 언론기관 초청토론회가 크게 감소했다고 지적했다. 여기서 말하는 유력 후보자는 새누리당 박근혜 후보이다. 박 후보는 야권의 후보 단일화가 이뤄지지 않았다는 이유로 11월 초순부터 언론사 초청 TV토론회에 쉽게 응하지 않았다.

정치경력이 짧은 문재인 후보는 TV토론을 통해 자신의 지지도를 끌어올리려 했다. 평생 변호사로 활동한 그는 상대적으로 박근혜 후보보다 토론을 잘 할 수 있다는 자신감이 있었다. 변호사 시절에 법리와 성실성으로 재판부를 감동시킨 일화도 많다. 하지만 사실 토론을 썩 잘하는 편은 아니다. 사투리를 쓰고 말이 새기도 해 달변이라고 볼 수는 없다는 평이 있다. 그렇지만 말이 논리적이고 솔직해 친근한 느낌을 줬다. 2012년 대선 토론 후 "신뢰를 주는 얼굴이다", "자세가 좋다, 어깨가 떡 벌어져 있다", "말을 더듬는다", "건조한 남자" 등의 트위터 반응이 있었다.

박근혜 후보는 말이 간결하고 힘이 있으며 전달력이 뛰어나다. 그렇지만 콘텐츠가 약해서인지 실수가 잦고 논리적 측면도 약하다는 평가가 많다. 가족사와 관련해선 후광이 되기도 하지만 약점이 되기도 한다. 그래서 항상 방어적으로 설명해야 하는 태생적 한계가 있다. 굳이 링위에 올라 난타전을 벌일 이유가 없었다. TV토론에서는 후보가 '어떤 말을 하는가'가 아니라 '어떻게 말하는가'가 중요하다는 관점으로 보면 두 후보의 매력도 평가 결과는 달라질 수도 있다.

토론회 가뭄 속에서 중앙선관위 주관의 후보자 합동토론은 그나마 갈증 해소에 도움이 됐다. 12월 4일, 5일, 10일, 16일, KBS와 MBC가 두 차례씩 주도하여 중계했다. 법정 합동토론은 〈공직선거법〉상 원내 5석 이상이거나 직전선거 3% 이상 득표, 지지율 5% 이상이 초청 대상이다. 이 세 가지 요건을 충족하지 못하는 나머지 후보는 따로 모아서 한 차례 토론회 기회를 주도록 되어있다. 그러나 중앙선관위가 주관한 후보자 합동토론은 너무 경직되게 판을 짜기 때문에 싱겁다. 자유토론 시간이 짧아 후보자의 역량이 제대로 드러나지 않는다.

통합진보당 이정희 후보는 기준에 따라 박근혜, 문재인 후보와 함께 3자 합동토론에 출연할 수 있었다. 이 후보는 박 후보를 작심하고 공격했다. 예의 없어 보이는 이 후보의 말과 태도는 박 후보에게 오히려 도움이 됐다. 문 후보는 이 후보를 따끔하게 지적하지 않고 방관한 것을 두고두고 후회했다.

18대 대선 후 한국갤럽이 조사한 자료에 따르면 TV토론은 누구에게 투표할지에 가장 영향을 많이 미쳤다. 문 후보를 찍은 유권자는 65%가, 박 후보를 찍은 유권자는 45%가 영향을 받은 것으로 나타났다. TV토론은 박 후보보다 문 후보 지지에 훨씬 큰 영향을 주었다.

　중앙선관위는 유권자의 알 권리 충족 및 후보 검증 등의 차원에서 대선후보 토론회가 줄어들어 매우 안타깝다고 지적하기도 했다. 국민의 알 권리를 충족하고 대통령 후보의 자질과 능력, 정책을 검증하려면 더 많은 토론회가 열려야 한다. 그것도 아주 뜨겁게.

무산된 대선후보 초청토론

권투에선 인 파이터는 주먹의 힘과 맷집으로 싸우고 아웃 파이터는 기술과 속도로 싸운다. 큰 판의 선거에서 지지도가 밀리는 후보는 토론으로 열세를 만회하려 하고, 지지도가 앞선 후보는 토론을 슬슬 피하면서 조직력으로 표심을 공략한다.

　18대 대통령 선거는 후보 간 토론이 빈약했던 선거로 꼽힌다. 〈공직선거법〉에 따라 대통령 후보는 중앙선관위가 주관하는 법정토론을 반드시 이행해야 한다. 언론사나 언론유관단체가 주관하는 개별 초청토론이나 1 대 1 맞장토론은 출연 여부를 선택할 수 있다. 거부할 경우 여론의 일시적 역풍은 각오해야 한다. 상대방이 겁쟁이, 콘텐츠 없는 후보라고 공격할 수 있다.

　문재인, 안철수 후보의 단일화가 늦어진 것은 여권의 박근혜 후보에게 토론을 피할 충분한 명분을 제공했다. 안 후보는 11월 23일에야 대선후보 사퇴를 선언했다. 단일화 논의로 갈팡질팡하는 사이 토론 기회는 달아났다. 박 후보 캠프는 야권의 단일화 이후에도 초청토론을 가려서 하는 전략을 구사했다. 맞장토론은 피하는 기색이 더 역력했다. 문 후보는 율사 출신으로, 안 후보는 뛰어난 학습능력으로, 토론을 하면 할수록 박 후보보다 유리해진다고 생각했다. 문·안 두 후보는 초청토론 기회가 더 많았다면 자연스럽게 박 후보를 공격해 자신들의 지지율을 올릴 수 있었다.

대선 기간 동안 후보 초청토론을 두고 안팎에서도 심각한 갈등이 드러났다. KBS 선거방송 기획단은 11월 13일부터 15일까지 사흘간 〈대선후보 1인 초청, 질문 있습니다〉라는 순차 초청토론회 프로그램을 기획했다. 대선 일정 가운데 이 기간은 미묘한 시기였다. 11월 14일 문·안 후보 단일화 협의가 중단됐다. 협상은 나흘 만인 18일 재개됐다. 당초 예정했던 순차 초청토론회는 문·안 두 후보의 단일화 논의가 안개 속으로 빠졌던 시기와 겹친다.

선거방송 기획단의 초청토론 출연 요청 공문에는 다음과 같은 사항이 담겼다.

초청 기준은 KBS 선거방송준칙에 근거하여 교섭단체 소속 정당의 대선후보이거나 여론조사 지지율 10% 이상인 후보이다. 출연일자는 추첨으로 정한다. 형식은 타운 홀 미팅 방식으로 서울과 경기 거주 투표 의향층과 부동층, 무당파 유권자 패널 100명이 참여하며 패널 리쿠르팅은 전문 조사기관이 수행한다. 토론 주제는 후보의 리더십과 도덕성, 각종 공약과 정책이다.

이는 〈공직선거법〉에서 정한 초청토론의 기준과는 조금 다르다. 언론사는 중앙선관위 주관의 토론과는 별도로 각사의 선거보도 준칙을 만들어 독립적으로 토론을 진행한다. 중앙선관위가 주관하는 법정토론보다 기준이 까다로워 통합진보당 이정희 후보는 초청 대상에서 제외됐다. 반면 토론 범위가 넓고 진행 방식도 유연해 더욱 뜨거운 토론을 할 수 있는 장점이 있다.

선거방송 기획단은 이 같은 내용을 담은 공문과 함께 출연 승낙서를 첨부해 세 후보의 캠프에 보냈다. 문재인, 안철수 두 캠프의 토론 담당자는 즉각 출연 승낙서에 서명하고 순차방송 토론회에 참여하겠다는 의사를 밝혔다.

문제는 박근혜 캠프 측이었다. 박근혜 캠프 측은 'KBS 선거방송 기획단이 기획한 초청토론 규칙 자체가 공정하지 않다'고 문제를 제기했다. 그러면서 초청토론에 응한다는 승낙서를 보내지 않았다. 제작진은 목이 빠지게 출연 승낙서를 기다렸다. 여러 차례 전화하고 면담을 통해 박 후보의 출연을 설득했다. 그래도 좋은 결과를 얻지 못했다. 박 후보 측은 출연 승낙서 접수시한을 넘긴 뒤에야 '조건부 참여' 의사를 밝혔다. '원칙적으로 이번 토론에 참석하지 않겠다. 다만 13~15일 중 마지막 날이나 추후에 날짜를 따로 잡아주면 출연하겠다'고 알렸다. 전화 통화 내용은 다음과 같았다.

출연을 안 하겠다는 것은 아니다. 상대방은 단일화가 안됐다. 자격이 다르다. 문 후보와 안 후보 토론을 먼저 하고 며칠 뒤에 하든지 사흘 가운데 마지막 날에 하면 출연하겠다.

순차토론 추진은 곤경에 빠졌다. 문제가 불거지기 시작했다. 선거방송 기획단의 토론담당 PD는 두 후보만으로 순차토론을 강행하려 했다. 그는 〈공직선거법〉 82조의 2항 '선거방송토론위원회 주관 대담·토론회' 기준에 위배되는 사항은 없다고 주장했다. 세 후보에게 공정한 참여 기회를 줬는데도 한 후보의 불참을 이유로 두 후보의 토론을 무산시키는 것은 오히려 형평에 맞지 않는다는 주장을 폈다. 사회적 논란을 부를 것이라는 우려도 했다. 보도본부장은 담당 PD를 면담해 다음과 같이 설득했다.

박 후보 측을 설득하는 시간을 더 갖고 상황 변화를 지켜본 뒤 여건이 성숙될 때 초청토론을 하기로 하자. 그래도 늦지 않다. 동등한 기회를 부여하도록 우선 노력을 다하자. 문·안 두 후보에게 이런 상황을 설명하고 양해를 구하자.

특히, 문재인, 안철수 두 캠프 관계자를 불러 토론 순서를 추첨하면 빼도 박도 못하는 자충수가 된다고 강조했다. 보도본부장은 박근혜 후보 측이 토론 참여 의사를 밝혀오기 전에 토론 순서를 추첨하는 것을 승낙하지 않았다. 담당 PD는 꼭지가 돌아 폭발 직전이었다. 그는 보도본부장과 KBS 공채 동기였고 여러 차례 기자와 PD로 손발을 맞춰왔으나 이번엔 완고한 입장을 고수했다. 이런 상황에 안철수 캠프 측 금태섭 상황실장과 통합민주당의 김현미, 문병주 토론팀장이 거세게 항의했다. 보도본부장은 공격의 고삐를 늦추지 않는 그들에게 전화로 성의를 다해 상황을 설명했다.

11월 5일, 보도본부는 대선후보 순차 초청토론 연기를 결정하고 보도본부의 입장을 정리해 발표했다. 불필요한 논란이 대내외적으로 확산된 데 대해 매우 유감스럽다는 뜻을 전했다. 공식적으로 정리된 의견은 다음과 같았다.

첫째, 대선후보 순차 초청토론회가 박근혜 후보를 제외한 2인 초청토론으로 진행될 경우, 선거방송의 기본 원칙인 형평성에 부합하지 않으며 공정성 논란의 소지가 있다. 보도본부는 박근혜 후보를 설득하는 노력을 기울이며 단일화 논의 등 예민한 상황을 지켜보면서 여건이 더 성숙될 때까지 기다린다. 둘째, 이와 관련 〈한겨레〉, 〈경향신문〉 등이 사실과 다른 내용을 기사화한 데 대해 정정보도를 신청한다.

세 후보 캠프에 보낸 공문에는 토론 순서를 추첨으로 결정한다는 점만 명시되어 있을 뿐 특정 후보가 불참할 경우에 대해서는 언급한 바가 전혀 없다. 선거방송토론위원회는 이와 관련한 회의를 연 적도 없고 선거방송기획단 역시 토론회를 기획해서 추진하는 부서이지 최종 결정부서가 아니기 때문에 순차토론방송에 대해 최종 결론을 내린 바가 없다. 선거방송 기획단은 다만 토론위원에게 전화를 걸어 두 후보만을 대상으로 토론회를 진행하는 것이 바람직하다는 의견을 접수했을 뿐이다. KBS 보도본부는 이번 건과 관련해 누구의 간섭도 받지 않으며 오로지 독립적으로 결정을 내리는 것이라는 점을 다시 한 번 밝힌다.

KBS 보도게시판에 올린 고지문은 11월 2일 국장단회의에서 토론한 결론을 정리한 것이다. 보도국장, 시사제작국장, 디지털국장, 영상제작국장, 스포츠국장과 취재와 편집주간 등 보도본부의 고위간부가 머리를 맞대 고민한 결과였다.

만약 문재인, 안철수 두 후보의 토론을 먼저 시작했다고 치자. 박근혜 후보 측은 선거방송 기획단이 자체적으로 만든 규칙을 핑계로 형평성을 위배했다고 비난할 것이다. 그다음으로 마지막 순차 초청토론 기회를 달라며 KBS를 압박할 것이다. 그러면 문·안 두 후보 역시 '선거방송 기획단이 제시한 규칙 위반'이라며 박 후보와 KBS를 한꺼번에 공격할 개연성이 높다.

특혜시비를 부를 불씨를 안고 있었다. 사내의 진보세력 역시 두 후보를 거들고 나설 것이 불 보듯 뻔했다. 위험한 덫이 만들어지고 있는 상황을 보도본부 간부들은 정확하게 읽고 있었다.

순차토론이 불발되자 11월 5일 KBS 기자협회와 KBS 본부노조는 이에 격렬히 항의하는 성명을 발표했다. 진보신문들은 이를 기사화하면서 KBS, 구체적으로는 보도본부장을 비난하는 기사를 썼다. 보도본부장의 대학 동기가 사장으로 있는 어느 진보신문은 사설로 보도본부장의 이름까지 거명하면서 KBS를 공격했다. 선거방송 기획단이 구성한 토론방송 위원회 위원 5명은 당일 예정됐던 위촉장 수여를 거부했다.

MBC, SBS 양사도 순차토론을 추진했다가 무산됐다. 유독 KBS만 문제가 된 것은 KBS가 그만큼 정파적으로 오염되었다는 증거이다. 특히, SBS가 추진 중인 초청토론 계획과 관련한 정보는 상당히 혼란스러웠다. SBS는 박근혜 후보에게 마지막 토론 순서를 주기로 잠정적으로 합의한 후, 나머지 후보를 끌어들이는 방식으로 협상했다. 문재인 후보는 순서에 구애받지 않겠다고 했으나 안철수 후보를 설득하지 못해 초청토론 추진이 무산된 것으로 알려졌다.

초청토론을 맨 마지막 순서로 하면 어떤 이점이 있을까? 앞서 진행된

두 후보의 토론 내용을 보고 충분히 반박할 수 있는 시간을 벌 수 있다. 토론과 관련한 협상의 승리일 수도 있다. 박근혜 캠프 측은 KBS의 순차 초청토론을 거부한 뒤 MBC, SBS가 추진한 유사한 초청토론에도 응하지 않았다. 그들은 철저하게 아웃 파이터 전략을 추진했다.

후보 단일화 토론, 밤 10시? 밤 11시?

민주통합당 문재인 후보와 무소속 안철수 후보의 대통령 후보 단일화 토론은 2012년 11월 21일 백범기념관에서 열렸다. 대선후보 등록 마감일을 닷새 앞두고 단일화 협상이 교착된 상황이었다. 밤 11시 15분부터 100분간 정치, 경제, 사회, 외교, 통일안보 분야 정책을 두고 7분씩 두 후보가 주도권을 잡는 상호토론과 5분씩 말하는 자유토론 방식으로 진행됐다. 패널도 방청석도 없는 단 둘만의 맞장토론이었다. 사회는 방송인 정광용 씨가 맡았다.

이 토론은 밤 10시와 11시, 두 방송 시간대를 두고 지상파 3사가 수십 차례 협의하다 결국 밤 11시 15분 편성으로 결정됐다. 공민영 체제, 그리고 같은 공영이지만 운영 시스템이 완전히 다른 KBS와 MBC가 접점을 찾기 쉬울 리 없었다. KBS를 제외한 MBC, SBS 양 방송사는 이미 편성된 프로그램이 토론방송으로 대체되어 광고 수입이 줄어드는 것을 원하지 않았다.

토론회 하루 전인 20일 오전 11시 30분, 보도전략팀장이 있는 자리에 선거방송 기획단장을 불러 "23시 15분부터 방송하기로 방송 3사가

그림 3-5. 2012년 대선후보 단일화 토론

출처: KBS 1TV (2012. 11. 21). 〈2012 후보 단일화 토론〉.

합의했다"고 전했다. 당시 SBS 이웅모 보도본부장, MBC 권재홍 보도
본부장과 전화통화로 합의한 뒤 곧바로 지시했다. 그런데 이 지시는 제
대로 이행되지 않고 한나절 동안 '10시대 KBS 단독 중계방송' 안이 돌
출돼 KBS는 심각한 상처를 입었다.

선거방송 기획단장이 '지상파 3사 보도본부장 합의안'을 담당팀장에
게 정확하게 전달하지 않아서 생긴 일이었다. 자초지종이 담긴 보고서
를 보면 "방송 3사 합의안을 토론팀장에게 전하면서 '민주통합당에 전
달하라'는 이야기를 하지 않았다"고 되어있었다. 고의든 과실이든 아연
실색할 노릇이었다.

'지상파 3사 11시대 방송합의안'이 문재인과 안철수 캠프 측에 전달
되지 않는 사이 큰 사달이 났다. 문재인, 안철수 양 캠프 측이 KBS 단
독으로 22시~23시 30분까지 90분간 후보 단일화 토론을 하기로 했다

며 언론에 발표했다. 내가 방송 3사 합의안을 알려준 지 3시간여가 지난 시점에 KBS 단독 방송안이 발표됐으니 문제가 컸다.

MBC와 SBS 보도본부장이 놀라서 뒤집어진 것은 물론이다. 박근혜 캠프 측도 심야시간대 편성을 위해 온갖 경로를 통해 압박을 가했다. 동업자이면서 경쟁자인 MBC, SBS 양사는 정치권의 압박에 대해 모든 문제를 KBS 핑계로 돌리는 방법을 택했다.

밤 10시대와 밤 11시대 후보 단일화 방송안을 두고 벌어진 혼란과 갈등은 만 하루 만에 수습됐으나 그 후유증은 혹독했다. 선거 캠페인의 폐해와 선거방송 종사자의 깊은 고민까지 고스란히 노출시켰다.

'SA 타임'을 잡아라

문재인, 안철수 캠프 측이 '후보 단일화 토론' 시청률을 높이기 위해 밤 10시대 프라임 타임을 원한 것은 명백하고 당연하다. 시청률은 후보 단일화의 흥행을 좌우한다. 반면에 박근혜 캠프는 문·안 두 후보의 흥행 몰이를 저지해야 한다. 시청률이 낮은 시간대 편성을 원한다는 건 물어보나 마나이다. 박근혜 캠프는 자신의 일이 아니므로 간섭할 수 없으니 우회적 통로로 좋은 시간대 편성을 저지해야 한다. 여야 대선 캠프는 물론, 토론 당사자인 후보 사이의 이해도 엇갈리는 역학관계가 존재한다.

18대 대선 당시 KBS 편성센터는 후보 단일화 예상 시청률을 분석했다. KBS 1TV에서 단독으로 방송할 경우 시청률은 최소 8%에서 최대 16%였다. 지상파 3사가 공동으로 밤 11시대에 후보 토론회를 편성할 경우에는 최소 8%에서 최대 21%였다. 방송사는 과거 유사한 방송사례 자료와 달라진 방송환경 요소를 분석해 예상 시청률과 점유율을 맞춘다. 시청률 조사기관 TNMS에 따르면 2012년 문재인, 안철수 대선후보 단일화 토론은 전국 가구 시청률 18.7%를 기록했다. 이것은 KBS의 예측을 벗어나지 않은 결과이다. 만약 지상파 3사가 밤 10시대에 후보 단일화 토론을 중계했다면 더 큰 흥행 효과를 거두었을 것이다.

야당은 집권여당을 이기기 위해 항상 후보 단일화 카드를 사용했다. 2002년 노무현, 정몽준도 막판 후보 단일화 토론방송이 11월 22일에 있었고, 오후 7시부터 2시간 동안 편성돼 지상파 3사가 공동으로 중계했다. 당시 전체 시청률은 29.8%, 점유율은 48.2%였다. 대한민국에서 TV를 켜놓은 사람의 절반이 노무현, 정몽준 후보 단일화 토론을 지켜본 셈이다.

이와 비교하면 문재인, 안철수 후보 단일화 TV토론 전체 시청률은 높지 않은 편이다. 많은 시청자가 종편이나 모바일, 인터넷 같은 다른 플랫폼으로 후보 단일화 토론을 지켜봤을 수 있다.

통상 후보 단일화 토론은 단일화 협상의 승패를 가르는 여론조사에 결정적 영향을 준다. 부동층으로 남아있던 유권자가 토론을 본 뒤 지지할 후보를 정하기 때문이다. 그래서 후보 단일화 토론은 언변과 보디랭귀지가 능숙한 후보에게 유리하다. 노무현 전 대통령은 얼마나 토론에 자신이 있었던지 취임을 얼마 앞두지 않은 어느 날 "토론을 국정운영 방법으로 정했으면 한다"라면서 "토론공화국이라 말할 정도로 토론이 일상화되면 좋겠다"라고 덧붙이기도 했다. 그는 토론할 때마다 지지도가 올라갈 정도였다.

방송사의 프라임 타임, 이른바 SA(special A) 시간대는 시청자 접촉률이 가장 높다. 통상 오후 8~11시를 SA 등급으로 분류한다. 방송사 편성표를 보면 가장 경쟁력 있는 프로그램이 이 시간대에 배치된다. 광고주 역시 가장 매체효과가 큰 시간에 광고하기 위해 더 많은 돈을 주고 광고시간을 산다. 마찬가지로 정치인도 황금시간대 토론을 원한다. 그렇지만 돈을 받지 않는다. 참고로 2012년 대선의 경우 후보자 연설방송 제작 송출 수수료는 SA 타임 20분 기준으로 4억 3천만 원이었다. 이것으로 미루어보면 대통령 후보 토론방송은 선거비용을 획기적으로 줄이는 것은 물론 후보의 능력과 자질을 검증하는 가장 훌륭한 수단임이 분명하다.

'안 보이는 손'이 있었나?

후보 단일화 토론이 SA 타임에 편성되지 못한 이유를 더 자세히 살펴보자. 이것은 이른바 '풀 제도'라는 족쇄를 찬 지상파 3사의 협상 과정을 들여다보면 웬만큼 알 수 있다. 당시 KBS는 밤 8시, 10시, 11시 15분 등 모든 가능성을 열어두었다. 광고를 하지 않아서 생기는 편성의 유연성을 최대한 활용한 셈이다. SBS는 밤 8~10시를 가장 선호했으며 MBC는 오로지 밤 11시 15분, 〈해를 품은 달〉이 끝난 뒤 편성을 일관되게 고수했다. 결과적으로 MBC의 주장이 관철된 것인데 이는 당시 MBC와 여권과의 관계를 시사한다.

실제로 문재인 캠프는 MBC를 제쳐두고 KBS, SBS 두 방송사와 후보 단일화 방송을 추진하겠다는 의지를 공언하기도 했다. 문재인 캠프 측은 상대적으로 토론을 잘하는 문 후보를 가능하면 시청률이 높은 시간대에 노출시키기 위해 필사적으로 매달렸다. 토론 직후에는 후보 단일화 여론조사가 기다리고 있었다. 안철수 후보가 갑자기 사퇴할 줄은 아무도 몰랐다.

지상파 3사의 대선방송 풀 구성과 합의제 운용방식은 후보 단일화 토론이 밤 11시대로 밀려난 가장 큰 이유일 것이다. 지상파 3사는 대통령 선거 때 자사의 초청토론으로 기획된 방송이 아닐 경우 번갈아가며 주관사가 되어 공동으로 중계한다. 방송장비 사용의 효율성과 방송의 품질을 고려한 풀 제도 운영이다. 지상파 3사 이외의 방송사는 참여하지 못한다. 결국 방송 3사가 방송 시간대를 합의하지 못하면 방송할 수 없는 구조이다.

특히, 후보 단일화 토론의 경우 방송사가 인력과 장비만 동원할 뿐 토론의 규칙은 각 후보 측 캠프에서 정한다. 토론 방법을 두고 방송사가 끼어들 여지는 없다. 시청자는 이런 점을 알 수가 없어 토론 방법이 마음에 들지 않으면 방송사에게 삿대질을 하기도 한다.

둘째, 지상파 3사의 방송편성 여건이 다르기 때문이다. KBS의 경우 지상파만 해도 1TV와 2TV, 두 개의 매체를 가지고 있어 상당히 유연하게 대처할 수 있다. 특히, 1TV는 광고가 없어서 광고 수입이 달아날 염려도 하지 않는다. 반면, SBS와 MBC는 광고로 먹고살기 때문에 돈이 안 되는 선거방송은 좋아하지 않는다. 실제로 후보 단일화 토론회는 중계에 드는 원가비용만 받을 뿐 사실상 무료이다.

MBC는 2012년 대선 당시, 밤 10시에 시작하는 수목 드라마 〈해를 품은 달〉의 시청률이 40%를 넘기는 전무후무한 기록을 세우고 있었다. MBC는 〈해를 품은 달〉을 이유로 10시대 편성을 거부했다. MBC의 이런 주장을 완전히 믿진 않지만 당시의 명분은 그랬다. 각 방송사의 편성 권력도 이런 상황에서 적극적으로 가동된다.

세 번째 이유는 상당히 미묘하다. 정치권의 '안 보이는 손'이 작동한다는 점이다. KBS와 MBC는 태생적으로 공영방송이다. 지배권력의 통제를 피하기 어렵다. 더구나 당시 MBC는 김재철 사장 체제에서 극심한 노사갈등으로 거의 막장 같은 상황이었다. 조합원이 워낙 정파적이어서 사측은 오히려 대놓고 여권 편이 되어있었다. MBC는 대선을 거치면서 조직문화가 붕괴되다시피 했다.

SBS는 KBS나 MBC처럼 강력한 노조가 없어 외형적으로는 비교적 자유롭다. 그렇지만 자사 출신이 핵심권력으로 이동해 영향력을 행사하고 있다. 이들은 여권에 유리한 지형을 만들 수 있는 소통 구조를 가졌다.

후보 단일화 토론방송을 추진하는 과정에서 문·안 양쪽 캠프는 SA 타임의 편성을 지속적으로 요구했다. 박근혜 캠프는 '안 보이는 손'으로 지상파 3사를 배후에서 통제하며 SA 타임 편성을 집요하게 막았다. 대선을 코앞에 두고 선임된 신임사장은 수시로 박근혜 캠프의 의중을 보도본부에 전달하곤 했다.

태풍 속 선상반란

후보 단일화 토론은 초미의 관심을 반영하듯 태풍 속을 항해하는 것 같았다. 그렇기에 내부의 '선상(船上) 반란'은 엎친 데 덮친 격이었다. 배를 빼앗길 수는 없었다.

후보 단일화 토론방송 시간대를 협의하는 과정에서 문재인 캠프의 미디어단장은 'KBS 깨기' 작업을 감행했다. 방송국 출신으로 스스로 방송국 사정을 꿰뚫어보고 있다는 자신감에 넘쳤다.

후보 단일화 토론방송을 하루 앞둔 20일 오후 2시 50분, 문·안 양 캠프는 밤 10시부터 90분간 KBS 1TV를 통해 후보 단일화 토론을 한다는 안을 상정해 통과시켰다. KBS는 이 사실을 까마득하게 몰랐다. 온갖 매체에서 즉각 '내일 밤 10시에 단일화 후보 토론'이라는 기사가 떴다.

이는 이미 확정된 지상파 3사의 밤 11시 15분 공동중계 합의를 무산시키려는 시도였다. 문재인 캠프는 KBS와 밤 10시대 방송을 우선 추진하면 MBC, SBS는 울며 겨자 먹기로 따라올 것이라 계산했다. 실제로 후보 단일화 토론에 유권자의 관심이 집중되고 있었다. 서로 대선후보가 되려고 샅바 싸움을 하는 것 자체가 이미 매력적인 콘텐츠를 예고하기도 했다. 이 점을 노리고 KBS를 먼저 굴복시키려고 한 셈이다.

옳건 그르건 간에 이 지경에 이른 데는 KBS 선거방송 기획단의 책임도 분명 있다. 지상파 3사간 후보 단일화 토론시간이 확정되지 않자 '밤 10시대 KBS 단독 중계안'을 던진 것이 문·안 두 캠프 측에 잘못된 시그널을 준 셈이 됐다. 이 안은 KBS가 던진 3가지 안 가운데 하나였다. 단독 방송의 매력은 크지만 선거방송에서 과욕은 금물이다. 더구나 지상파 3사의 풀 제도는 섣불리 깰 수 없다.

돌이켜 생각하면 문·안 양 캠프가 '밤 10시대 KBS 단독 중계안'을 받는 것은 비정상이다. 분석에 따르면 늦은 시간이더라도 지상파 3사가 공동으로 중계하는 것이 KBS 한 곳에서만 중계하는 것보다 예상 시청률이 더 높았다. 그런데도 받았다. 문 캠프 측 미디어단장의 독단이 무리수를 낳았다. KBS를 깬 다음 나머지 지상파를 각각 격파한다는 전략이었다. 문 캠프 측 토론방송 책임자는 여차할 경우 MBC는 배제할 것이라 공공연하게 말했다. 의도적으로 MBC와 대선 기간 내내 앙숙이 되었다. 이것은 MBC가 문 캠프를 혹독하게 두들기는 빌미가 됐다.

지상파 3사가 '밤 11시 15분 공동중계 방송안'을 확정했는데 '밤 10시 KBS 단독 방송안'이 터진 것은 그냥 넘어갈 수 없는 중대 사안이었다. 후보 단일화 토론 하루 전부터 악몽 같은 시간이었다. 나는 보도본부장실에 선거방송 기획단장을 불렀다.

"당신은 지금 선상반란을 하고 있는 것이다."

이어 지금 기획단에서 진행하는 일의 문제점을 조목조목 지적했다. 선거방송 기획단장도 사태가 악화되자 매우 난감해 했다. 후보 단일화 토론이 있기 하루 전 2012년 11월 20일 오후였다.

선거방송 기획단은 방송 3사가 합의한 후보 단일화 토론 시간은 제쳐 두고 새로운 합의를 이끌어냈다. '밤 10시 KBS 1TV 단독으로 방송한다'고 문재인, 안철수 캠프 측과 합의한 뒤 편성변경 요청과 함께 홍보물까지 뿌렸다. 이것은 특별하고 강력한 의도가 없으면 불가능하다. 방송 3사는 풀 제도를 가동했기 때문에 각 방송사의 사정에 맞는 편성 시간에 방송하길 바랐고 그렇게 합의했다. KBS가 지상파 3사의 합의

사항을 뒤집고 새로운 합의를 한 셈이 됐다. 소통부족으로 넘기기에는 너무 큰 일이 벌어졌다. 아무리 생각해도 '과실'보다는 '고의' 아닌가 하는 의심을 떨치기 힘들었다. 그래서 나는 이번 문제를 '선상반란'으로 단정하고 사태수습에 나섰다.

후보 단일화 토론 하루 전, 그날 밤은 무척 길었다. 새벽까지 뒤척이다 일어나 책상에 앉았다. 태풍 속에서 선상반란이라니. 참으로 견디기 힘든 모멸감과 조직운영을 잘못했다는 생각에 몸을 떨었다. 평생 KBS에 몸담아 정성을 다했다는 자긍심도 무너지고 있었다. 짤막한 성명서를 써내려갔다. 후보 단일화 토론 당일 아침, 나는 침통한 심정으로 국장단 회의를 소집했다. 성명서를 읽었다. '후보 단일화 토론방송과 관련한 KBS 입장'이다. 대책회의를 한 뒤 일부 내용을 수정했다.

KBS는 문재인, 안철수 대통령 후보의 단일화 토론을 21일 밤 10시에 KBS 단독으로 방송하기로 양측과 합의한 바 없습니다. KBS, MBC, SBS 등 지상파 방송 3사는 21밤 11시 15분에 지상파 3사 공동으로 후보 단일화 토론을 중계하기로 합의하고 이를 양 후보 측에 제의했습니다. 그러나 문재인 캠프 측은 방송 3사가 최종 합의한 방송계획안을 거부한 뒤 후보 단일화 토론을 21일 밤 10시에 KBS와 단독으로 방송하는 데 합의했다며 일방적으로 발표했습니다.

이에 KBS는 방송의 독립성과 자율성을 침해하는 것으로 유감을 표하며 21일 밤 11시 15분에 지상파 3사 공동으로 후보 단일화 토론을 중계한다는 당초 방송 3사의 합의가 여전히 유효함을 밝힙니다. KBS는 대통령 단일화 토론이 성공적으로 이뤄져 국민의 알 권리가 충족되고 언론의 책무가 성실하게 수행되길 기원합니다.

나는 맨 마지막 문장을 덧붙여 읽어내려 갔다. '이번 사태에 대한 총괄적 관리책임을 지고 보도본부장직을 사퇴하고자 한다'는 내용이었다. 국장단은 화들짝 놀라며 결코 사퇴해서는 안 된다고 말렸다. 결국 최종 문안에는 보도본부장직 사퇴 내용은 빠졌다.

후보 단일화 토론 당일 오전까지 계속된 한바탕 소동은 방송 3사의 밤 11시 15분 공동중계 합의안을 받아들인다는 문재인 캠프의 발표로 끝났다. 점심식사를 하러가던 길에 전화보고를 받았다. KBS가 낸 성명서 내용을 방송 3사 풀 기사로 작성해 낮 12시 뉴스에 반영한다고 압박한 것이 주효했다. 실제로 그 기사는 KBS, MBC, SBS 지상파 3사 정오 TV뉴스에 나갔다.

양쪽 캠프가 계속 압박한다면 나는 보도본부장직을 던질 각오를 다졌다. 아침 임원회의가 시작되기 전, KBS 사장에게 이번 상황이 수습되지 않으면 '사장은 나를 버리는 수밖에 없을 것'이라고 말했다. 여야 어느 쪽이든 KBS 보도본부장이 자신 때문에 보직을 사퇴한다면 또 다른 후폭풍을 몰고 올 것을 잘 알고 있었다.

진성준 민주통합당 선대위 대변인은 브리핑을 통해 KBS에 대해 강한 불만을 표출했다. 진 대변인은 KBS가 후보 단일화 토론방송 시간을 바꾸고 그 책임을 민주통합당으로 떠넘기기기 위해 TV 편성표까지 조작했다고 주장했다. KBS가 낸 보도자료를 반박하면서 KBS 선거방송기획단과 문·안 양 캠프가 합의한 사항을 보도본부장이 왜 바꿨는지 밝힐 것을 요구했다.

태풍 속의 선상반란은 하루 만에 정리됐으나 KBS의 공신력은 타격을 입었다. KBS라는 조직의 아주 취약한 신뢰자본이 고스란히 밖으로 드러났다. 나는 선장(船長)이었다. 배를 난파시킬 수도, 예정된 항로를 바꿀 수도 없었다. 그러나 항해를 마치고 난 뒤 남은 것은 자책(自責)과 상처밖에 없었다.

대선 공정방송의 장치들

역대 대통령 선거방송은 공정성을 두고 많은 논란을 불렀다. KBS는 공정한 대선방송을 실시하기 위해 여러 안전장치를 가동한다. 언론사 종사자가 심판자가 아니라 대선에 뛰어들어 '선수'로 뛰는 유별난 상황을 막는 데도 이런 장치가 도움이 된다.

KBS는 18대 대통령 선거에서도 구체적 장치를 마련했다. 실제로 선거방송 취재제작에 관여하는 조직은 '선거방송 기획단'과 '대선후보 진실검증단', '대선 정책검증단' 3개로 모두 태스크 포스로 운영됐다. 책임자는 국장급과 정치부장이었다. 대선방송을 감시하고 자문하는 조직은 노사합의기구인 '대선공정방송 위원회'와 '대선방송 자문단', '토론방송 자문단', '정책검증 자문단' 등이었다.

이 가운데 대선후보 진실검증단과 대선공정방송 위원회는 논란의 대상이 됐다. 진실검증단은 이름부터 거창했고 여느 대선 때보다 강화된 별도조직으로 일찌감치 가동에 들어갔다. 대선공정방송 위원회는 이미 노사단체협약으로 공정방송 위원회가 존재하는데 옥상옥으로 설치되어 정치권으로부터 불필요한 오해를 사기도 했다.

개표방송과 토론방송을 주관하는 선거방송 기획단이 제일 먼저 운용된다. 대선 전년도에 한시조직을 설치하고 예산을 배정한 뒤, 선거가 있는 해의 연초부터 최소조직으로 운용되다가 일정에 따라 인원을 늘려나간다. 선거방송 기획단은 연설방송, 후보 토론방송, 개표방송을 준비하면서 여론의 추이를 조사하고 그 결과를 축적한다. 선거 당일 개표방송엔 기자와 PD, 중계차 요원과 카메라맨, 방송용 헬기까지 방송국 전체가 비상근무에 들어가 철야방송에 매달린다.

선거방송 기획단에는 여러 차례 선거방송을 경험했거나 새롭게 경력을 쌓으려는 기자와 PD가 참여한다. 이들은 대통령 선거가 끝난 뒤 선거백서(選擧白書)를 만들고 나면 해산한다.

대선후보 진실검증단은 2012년 8월 19일 설치됐다. 대선 때마다 후보 검증 태스크 포스가 설치되곤 했으나 이번 검증팀은 일찌감치 설치돼 왕성한 의욕을 보였다. 진실검증단이란 명칭은 현실에선 익숙하지 않았다. 혈기 넘치는 기자들이 앞다퉈 자원했다. 나름대로 취재·제작 분야에서 수상경력이 화려한 발군의 기자가 많았다.

한편, 진실검증단 구성원이 한결같이 진보적 성향을 띠고 있어서 일부 구성원을 보수적 성향의 기자로 교체했다. 구성원을 바꾸면서 당초 팀을 구성한 팀장을 설득하기가 매우 힘들었다. 단장은 해설실장에게 겸직하도록 했으나 처음엔 한사코 보직을 받아들이지 않아 어려움을 겪었다. 기자를 진보와 보수로 분류한 것은 어폐가 있긴 하다. 그러나 대선이 있던 해 98일간 파업에 동참한 기자는 전부 언론노조연맹 산하 신설 KBS 본부노조원이어서 어쩔 수 없었다. 이들은 대부분 반 이명박, 반 박근혜 성향을 띠었다. 개인의 신념을 프로그램에 반영하는 위험을 피하자는 고육지책(苦肉之策)이었다.

정치부는 대선 정책검증단을 외부 전문가로 위촉해 후보자의 분야별 정책검증보도를 진행했다. 대선 정책검증단은 9월 중에 구성돼 공약을 분석했고 이는 11월 30일부터 〈KBS 뉴스 9〉를 통해 연속 보도됐다. 외부 전문가는 한국정치학회가 선정한 학계인사였다. 이들은 정치, 경제, 문화, 남북문제 등 분야별로 정책검증을 벌였다. 정책을 검증하는 동안 대통령 후보 캠프 측의 공약이 너무 늦게 나와 분석하고 검증하는데 애로가 많았다. 졸속으로 만들어낸 공약을 정밀하게 들여다볼 절대적 시간이 부족했다. 정책검증단이 분석한 공약을 중심으로 토론방송을 기획했으나 다른 유사 프로그램과 중복 가능성으로 불발되어 아쉬움이 남는다.

보도본부는 몇 개의 자문 그룹도 가동했다. 9월 들어서는 정치부가 주관하여 대선방송 자문단을 구성했다. 선거방송 기획단은 토론방송 자문위원을 위촉했다. 〈공직선거법〉은 대통령 선거방송에 따른 정강·정책연설, 대통령 선거 후보자 합동토론, 방송기자클럽 등 외부 기관이 주최하는 후보자 토론 중계방송, 유료 후보자 방송연설과 방송광고 등을 규정한다. 후보자 경력방송은 법정 선거운동기간 동안 8회 이상 방송한다. 마지막 하이라이트는 개표방송이다.

자문단 그룹은 대선 관련 모든 프로그램에 대해 광범위하게 자문한다. 대선방송과 관련한 공식 외부 통제기구로는 선거방송토론위원회와 방송통신심의위원회 등이 있다.

안정적으로 대선방송을 관리하기 위해 담당 데스크는 모든 프로그램의 기획의 적절성과 다른 프로그램과의 중복이나 과잉편성이 없는지 살펴야 한다. 일단 프로그램 제작 준비가 웬만큼 진행되면 타당한 이유

없이 프로그램 제작을 중단시킬 경우 반드시 후유증이 남는다. 대통령 선거기간 동안 제작 자율성에 대한 논란을 부를 수 있는 사안은 준칙에 맞게 엄격하게 관리해야 한다.

제 4 부

다큐멘터리스트의
고민

탈북 디아스포라

수만 명의 탈북 디아스포라(*diaspora*: 흩어진 사람들, 혹은 특정 인종 집단이 기존에 살던 땅을 떠나 다른 지역으로 이동하는 현상)가 중국대륙을 떠돌고 있다. 이들의 비참한 인권에 관심을 기울이는 저널리스트는 많지 않다. 귀 기울여 그들을 조명하려는 저널리스트는 불가피하게 위험한 취재수단을 사용한다. 프로그램의 완성도를 높이려는 의욕이 지나쳐 불법, 위법의 유혹을 느끼기도 한다. '알 권리, 알릴 의무'는 무겁게 다가오지만 그것이 취재원의 생명을 위협하는 상황을 용인하지는 않는다.

KBS 제작진이 탈북자 관련 프로그램을 제작하다가 몽골 정부에 체포돼 억류된 사건은 한 편의 드라마 같다. 탈북자의 목숨이 위태로웠던 것은 물론, 자칫 외교 분쟁까지 일으킬 수도 있었다. 탈북자를 취재하는 그들의 도전은 양심의 소리를 따른 용기인가? 아니면 저널리즘 윤리와 안전을 무시한 무모함인가? 그들은 관찰자인가, 참여자인가? 제작진 증언, 당시 보고서와 상황일지, 그들이 만든 프로그램을 토대로 탈북자 취재의 한계와 저널리즘 윤리를 생각해 보자.

억류된 기자

KBS 보도본부에는 탈북자의 인권문제를 끈질기게 고발한 기자들이 있었다. 이들이 취재한 탈북여성들은 죽을 고비를 넘겼고 제작진 역시 구속·수감될 위기를 겨우 모면했다. KBS 제작진은 이런 사건을 겪고 나서야 두 편의 다큐를 완성할 수 있었다. 한 편은 2010년 12월 7일에 방송된 〈시사기획 KBS 10〉의 '3대 세습, 그들은 탈북한다'이다. 제작진은 이 프로그램을 만들면서 만난 탈북여성들을 추적해 후속 다큐를 만들었다. 3년 뒤 2013년 2월 26일에 방송된 공사창립 40주년 기념 특집 '탈북자 이은혜'이다. 두 편의 다큐는 오늘도 사선을 넘고 있는 탈북자의 이야기를 담았다. 그리고 그 이면에는 공개되지 않은 기막힌 사연이 숨겨져 있었다.

탈북자가 중국을 탈출하여 한국 및 제3국에 입국하는 방법에는 두 가지가 있다. 흔히 '남방루트'라고 불리는 중국 윈난성에서 출발해 태국에 입국하는 방법과 중국 네이멍구에서 출발해 몽골에 입국하는 '북방루트'이다. 남방루트는 앞서 다른 언론사(TV조선)가 동행취재해 보도한 적이 있었기 때문에, 제작진은 한국 언론에서 한 번도 보도하지 않았던 북방루트를 동행취재하기로 했다.

KBS 제작진은 탈북자 관련 다큐를 제작하기 위해 두 차례에 걸쳐 해외취재에 나섰다. 탈북여성 4명에 대한 중국 내 동행취재는 무사히 마쳤으나 이 여성들이 중국에서 몽골로 월경(越境)하는 과정에서 문제가 발생했다. 중국인 탈북 안내인이 혼자서 이탈한 탓에 탈북여성들이 영하의 기온 속에서 조난을 당한 것이다.

KBS 다큐 제작진은 2010년 10월 31일 일요일, 몽골 동쪽 산악지대에서 국경을 넘은 탈북여성들을 찾아나섰다. 제작진은 탈북여성들과 37㎞ 떨어진 지점에서 몽골 국경수비대에 붙잡혔다. 그들을 돕던 북한 인권전문가 ○○○ 씨는 울란바토르 공항에서 체포됐다. 몽골 현지 안내인 2명까지 모두 8명이 몽골 당국에 붙잡힌 대형사건이었다. 제작진은 연변 자치주에서 길림성과 흑룡강성을 거쳐 몽골 국경까지 이동하는 탈북여성들을 취재하던 중이었다. 중국 취재를 마친 뒤 몽골에 미리 도착해 국경을 넘은 탈북여성들을 인터뷰할 예정이었다.

제작진을 기다리던 탈북여성 4명은 몽골 산악지역에서 연락이 끊긴 채 고립됐다. 중국 네이멍구 국경을 넘은 뒤였다. 이들은 추위와 굶주림에 지친 상태에서 극적으로 구조됐다.

제작진과 탈북여성 등 체포된 사람은 모두 몽골의 수도 울란바토르의 정보총국으로 압송됐다. 밀입국과 밀입국 알선 혐의로 몽골 검찰에 이첩돼 구속영장이 발부됐다가 가까스로 풀려났다. 몽골 당국은 제작진에게 기획탈북 여부를 추궁했다. 몽골 당국은 사전에 제작진과 접촉했던 주몽골 한국대사관 직원들을 외교부 소속이 아닌 흑색 국가정보원 요원으로 의심했다. 몽골 당국은 이들이 제작진과 연계하여 탈북자 잠입을 기획했을 가능성이 있다고 보고 소환조사하기도 했다.

한국 외교부와 KBS의 적극적 대처로 억류된 사람들은 20여 일 만에 풀려났다. 외교부와 몽골 당국은 '비공개의 원만하고 조속한 해결' 원칙으로 난관을 돌파했다. 탈북자와 취재진이 체포된 사실은 현지 언론에 보도되면서 주몽골 북한대사관에도 알려져 문제를 복잡하게 만들었다.

제작진은 몽골 정보총국의 조사를 받은 뒤 울란바토르의 한 호텔에 억류됐다. 여권과 취재장비, 휴대전화 등 소지품도 모두 압수당했다. 억류가 길어지자 취재진은 거의 '멘붕' 상태가 됐다. 호텔에 억류된 지 14일째 되던 날, 제작진이 KBS 탐사제작부로 보낸 팩스 내용이다.

10월 28일 몽골 입국 이후 체포될 때까지 나흘 동안 매일 차량에서 잠을 자며 산악지대를 횡단했습니다. 체포된 뒤 몽골 국경수비대에서 추위에 떨며 4일을 보냈고, 지금도 사태에 대한 책임감 때문에 정신적 압박이 상당합니다. 육체적으로 아프지 않다는 것을 양호하다고 표현할 수는 없겠지요. 호텔에서 옴짝달싹할 수 없는 생활을 계속하고 있고 심신이 피폐해지고 있습니다. (중략) 제작진 취재를 도왔던 북한 인권전문가 ○○○ 씨와 몽골 현지 안내인의 심리적 마지노선은 이번 주로 보입니다.

제작진과 탈북여성들이 중국 국경 너머 몽골에서 체포된 것은 불행 중 다행이었다. 중국 공안당국에 체포됐다면 제작진은 구속돼 몇 년간 수감생활을 할 수도 있었다. 탈북여성들도 북한으로 송환돼 모진 고초를 당했을 것이다. 그 무렵엔 중국 공안이 대대적으로 탈북자를 색출했다. 한국에서는 G20 정상회의가 코앞이었다. 자칫하면 외교적 분쟁을 부를 수 있는 민감하고 위험한 일이 벌어진 것이다.

몽골 당국은 제작진의 6㎜ 디지털 카메라를 압수해 모든 영상을 지웠으나 삭제된 영상은 카메라 제작사에 의뢰해 운 좋게 복원했다. 1편 제작 당시 탈북자의 안전을 고려해 담지 못했던 사실과 영상은 3년 뒤 '탈북자 이은혜'에 담을 수 있었다. '탈북자 이은혜'는 탈북자 문제를 심도 있게 그려내 한국방송기자연합회와 한국기자협회, 미국 휴스턴영화제 탐사보도 심사위원 특별상을 받았다.

해가 다시 뜨면 살아 있을까?

2010년 10월 30일, 탈북여성들은 이틀을 쉬지 않고 걸어 탈진상태가 된다. 고립 이틀째. 그들은 위성전화로 이렇게 말했다.

"온종일 한숨도 못 자서 걷지 못하고 푹푹 쓰러져요."

가진 것은 얼어붙은 사과와 계란 몇 개뿐이었다. 탈북여성 4명이 고립된 지역은 중국 동북부 내몽골인 아얼산 산악지대였다. 중국 탈북 안내인은 몽골 국경지역에서 너무 멀리 떨어진 곳에 탈북여성들을 남겨두고 혼자 되돌아갔다. 사례금을 받고 월경을 안내하는 중국 탈북 안내인은 국경 초입까지 안내하는 것이 관례이지만, 당시 중국 공안의 단속이 강화되면서 탈북여성들의 안전보다는 본인의 안위를 먼저 고려했던 것으로 보인다.

조난 사흘 만에 탈북여성들은 마침내 중국, 몽골 간 국경의 철조망을 넘었다. 그리고 죽을힘을 다해 수백 미터를 뛰었다고 증언했다. 탈북여성 한 명은 월경 직후 이렇게 말했다.

"강을 만나서 갈증을 풀었다. 목구멍이 달라붙어 강물을 황소처럼 먹었다. 얼음이 퍼석퍼석 깨졌다. 발에서는 피가 났다."

탈북여성들은 중국·몽골 간 국경을 넘자마자 자신들의 좌표를 위성전화로 제작진에게 알렸다. 상황일지를 보면 북한 인권전문가 ○○○ 씨는 10월 31일 오전 10시 57분 탐사제작부 작가에게 탈북여성들의 좌표를 알려줬다.

위험은 사막의 땅거미처럼 소리도 없이 갑자기 다가왔다. 탈북여성들은 체력이 소진된 상태로 하루 종일 이동하다가 이날 밤 9시 13분 격정 섞인 목소리로 한국의 다큐 작가에게 전화했다.

"KBS 제작진이 15분이면 도착한다고 했는데 아직 오지 않고 있어요. 연락이 두절됐습니다."

작가는 탈북여성들과 통화를 마치고 정확하게 18분 뒤인 9시 31분, KBS 제작진과 통화했다. 당시 몽골 현지 제작진이 한국에 있는 작가에게 전한 내용은 다음과 같았다.

탈북여성들이 전한 좌표를 한국대사관을 통해 몽골 국방부에 전해줄 것을 요청했다. 국경수비대를 투입해 여성들을 구조해달라고…. 이런 내용을 주한국 몽골대사관에도 전달하라. 그리고 제작진도 좌표 장소로 계속 이동 중이다. 36㎞를 남겨둔 곳에서 출입 허가증이 없다는 이유로 몽골 국경수비대에 붙잡혔다. 그런데 이곳의 국경수비대는 탈북여성들의 조난 사실을 전혀 모르고 있다. 몽골 정부에 전해달라고 한 내용이 국경수비대에는 전달되지 않은 것으로 보인다. 이유는 모르겠다. 몽골 정부를 믿고 구조를 기다리기에는 탈북여성들의 상태가 너무 심각하다. 어떤 식으로든 풀려나 취재원들을 직접 구조할 수밖에 없는 상황이다.

탈북여성들은 국경을 넘었으나 KBS 제작진을 만날 수 없었다. 탈북자 이은혜 씨는 누군가 찾아오지 않으면 죽을 수밖에 없다고 생각했다고 한다. 그는 "해가 지는 걸 보면서 내일 아침 해가 다시 뜰 때 내가 살아있을지 의심했다"라고 회상했다.

당초 제작진과 탈북여성들은 필요할 때마다 통화하며 접근을 시도했으나 막판에 국경수비대에 붙잡히는 돌발상황이 생겼다. 몽골 동쪽 산악지대 어디엔가 있을 서로를 애타게 찾고 기다렸으나 만날 수 없었다.

모든 게 물거품이 되는 듯했다.

국경수비대에 붙잡힌 KBS 제작진도 상황이 어렵다고 느꼈다. 그들은 긴박한 상황에서 탈북여성들의 안전을 염려했다. 고립상황이 길어지면 자칫 생명을 잃을 수도 있음을 직감했다. 제작진은 다큐 작가에게 전화로 다급하게 전했다.

탈북여성들에게 전화해서 지금 그곳은 안전하니 오늘 불 피워 놓고 자라고 전해 달라. 나는 나가는 데 문제가 없다고 안심시켜 달라.

탈북여성들의 상황은 더욱 악화되었다. 탈북여성들은 자신의 최종좌표를 알려준 뒤 GPS와 위성전화 배터리가 다 소모됐다는 말을 마지막으로 전했다.

2010년 10월 31일 저녁 6시 26분 북방의 밤. 기온은 영하로 떨어졌다. 그녀들은 밤이 깊어갈수록 체온이 떨어져 서로 몸을 부비며 견뎠다. 통신수단도 끊겨 이들의 위치도 파악할 수 없게 됐다.

비극적 상황은 되풀이됐다. 제작진은 국경수비대에서 풀려난 지 하루 만에 다시 체포됐다. 제작진은 영화 촬영장소를 살피러 온 PD와 촬영감독이라고 신분을 위장해 겨우 풀려날 수 있었다. 제작진은 곧바로 지프를 타고 탈북여성들을 찾아가다 11월 1일 오후 2시 반쯤 국경수비대를 만났다. 탈북여성들이 알린 최종 좌표에서 13㎞ 떨어진 곳이었다. 그곳은 제작진 차로 더 이상 이동할 수 없는 험난한 산악지대였다. 13㎞를 걸어간다고 하더라도 곧 밤이 올 것이고, 그러면 탈북여성들은 신상이 위태로워지는 영하의 밤을 또 맞아야 하는 상황이었다. 이런 상황에서 말을 타고 순찰 중이던 국경수비대 두 명을 우연히 만났다.

제작진은 그동안 한국대사관을 통해 전달했던 탈북여성들의 상황을 통역을 통해 국경수비대에게 모두 설명했다. 위험에 처한 여성 네 명을 구해야 한다고 …. 그러나 처음에 이들은 제작진의 말을 못 믿는 눈치였다. 설득 끝에 조현관 촬영기자와 군인 1명이 동행해 13㎞ 떨어진 좌표로 출발했다. 안양봉 기자는 국경수비대 본부에 가서 설명하기 위해 남은 군인 1명과 함께 부대로 향했다.

몽골 국경수비대는 수색에 나섰다. 다행히 탈북여성들이 알려준 최종좌표 지역에서 그들을 찾았다. 중국을 출발한 지 7일 만, 몽골 동쪽 산악지역에 고립된 지 4일 만이었다. '탈북자 이은혜'를 보면 탈북여성 4명은 고립 나흘 만인 11월 1일 저녁 8시 무렵 국경수비대를 만난다. 몽골 국경을 넘은 지 하루하고도 반나절 동안 고립됐던 것이다. 하루만 더 늦었어도 탈북여성들은 저체온증으로 숨졌을지 모른다.

목숨은 건졌으나 몽골 당국에 체포된 이상 중국을 거쳐 북한으로 송환될 위기에 놓였다. 몽골 당국은 일련의 과정을 한국 정보당국이 개입된 기획탈북이라 보고 조사를 시작했다.

기획탈북을 의심하다

몽골수도 울란바토르로 압송된 제작진은 우리 국정원 격인 몽골 정보총국에서 조사를 받았다. 몽골 정보총국은 애초 이 사건을 북한 고위급 인사의 기획 탈북으로 의심한 듯했다. 제작진이 탈북자들의 월경 사실과 취재활동을 알리기 위해 주몽골 한국대사관을 방문했던 것도 한국대사관 측과 제작진이 기획 탈북을 협의하기 위함이라고 판단했다. 제작진은 조사 초기에 이 부분을 집중적으로 추궁당했다. 하지만 이런 의심은 곧바로 풀렸다. 20대 초반인 여성 탈북자, 그리고 탈북 이후 중국에 수년 동안 머문 경력이 확인된 30~40대 탈북여성들의 면면이 이런 의심을 지우게 했다.

이후 몽골 정보총국이 추궁한 부분은 몽골 〈형법〉상 '밀입국 알선'과 '밀입국' 혐의였다. 제작진은 합법적으로 비자를 받아 입국했기 때문에 입국 자체는 문제가 되지 않아 밀입국 알선 혐의를 받았고, 탈북자들의 월경은 명백한 몽골 〈형법〉 위반이어서 빠져나가기 힘들었다. 제작진은 조사에서 탈북여성들의 밀입국의 경우, 몽골정부가 인도적 측면에 입각해 과거부터 탈북자의 밀입국을 사실상 허용하고 있는 점을 강조했다. 그동안의 외교적 방침에 따라 탈북여성 네 명을 처리해 달라는 것이었다.

제작진의 밀입국 알선 혐의에 대해서도 탈북자 인권 실태에 대한 다큐멘터리 제작 과정에서 빚어진 여성들의 조난 상황이라는 점을 강조했다. 탈북자들에게 대가를 받고 밀입국을 알선한 사람들이 아닌, 국제기자연맹에 가입된 언론인이라는 부분도 주장했다. 진실을 보도하고자 하는 언론인의 양심과 취재원 보호를 위해 움직이면서 불가피하게 발생한 일이라는 점을 내세웠다.

나중에 밝혀진 일이지만 제작진은 국내법(〈여권법〉)을 위반하기도 했다. 탈북여성들에게 제작진 가족 등의 한국 여권을 제공한 것이다. 탈북 동행취재 과정에서 취재원에게 발생할 수 있는 중국 공안의 검문 등 비상 상황에 대비한 것이라고는 하나, 한국 여권을 양도해서는 안 되는 국내법을 명백히 어겼다. 한국 입국 뒤 제작진과 가족들은 이와 관련해 경찰과 검찰의 조사를 받았다. 검찰은 불기소 처분을 내렸는데 탈북자를 취재하는 순수한 동기를 감안해 관대한 처분을 내린 듯하다. 탈북여성들이 체포되면서 여권은 압수됐다.

탈북여성들에게는 제작진이 준 GPS 장비와 위성전화도 있었다. 미리 몽골에 도착한 제작진이 중국·몽골 국경을 넘는 탈북여성들의 위치를 파악하기 위한 장비였다. 다큐 작가는 KBS 보도본부 탐사제작부 사무실에서 제작진과 탈북여성, 몽골 현지 안내인과 통화했다. 작가는 탈북여성들의 위치와 안전 여부를 파악한 뒤 현지 제작진에게 알려줬고 제작진은 이 보고와 자신이 직접 통화한 정보를 토대로 탈북여성들에게 이동경로를 지시했다.

탈북여성들이 소지한 대한민국 여권, GPS와 위성전화, 한밤중에 지프로 산악지대를 헤매고 다닌 제작진의 동선. 모두 몽골 당국의 의심을 받을 만했다. 몽골 정보당국은 대한민국이 개입된 기획탈북이라면 몽골 국가안보에 심각한 위해를 가한 사건으로 볼 것임을 우리 대사관에 알려왔다. KBS 제작진과 한국 외교부는 순수한 탈북자 취재라는 점을 최선을 다해 설명해야 했다.

제작진이 구금 도중 호텔에서 보낸 첫 팩스도 매우 근심스러운 내용이었다. KBS 제작진이 탐사제작팀장에게 보낸 보고에 따르면 일이 걷잡을 수 없게 커질 수 있었다. 가슴이 철렁 내려앉았다.

몽골 국내법 위반으로 5~8년의 실형을 살 수도 있다. 제작진과 한국대사관, 참사관 등이 국정원 소속으로 기획탈북을 시도한 것으로 의심하고 있다. 탈북자들의 중국 - 몽골 이동과정이 모두 촬영된 6㎜ 테이프 등 취재장비가 압수돼 매우 불리한 증거로 활용될 것으로 보인다.

KBS 기자 2명이 중국에서 4명의 탈북자를 조직화해서 GPS와 위성전화기를 이용해 몽골 국경을 불법으로 넘게 한 것은 '밀입국 알선죄'에 해당한다는 것이다.

KBS 제작진은 '한국 NGO 단체의 소개로 탈북자를 만났을 뿐이다. 불법인 줄은 알지만 탈북자의 월경을 사전에 한국대사관에 알렸다. 탈북자의 좌표를 알려주고 구조를 요청한 것도 제작진이다. 대가성이 없으므로 알선 혐의는 적용되지 않는다. 장비는 순수한 취재 목적이다. 제작진은 동반 월경이 아니며 공식 비자로 입국했다'는 논리로 설명했다.

11월 5일 마지막 조사를 끝으로 제작진은 한국대사관에 신병이 인도돼 스프링스 호텔에 억류됐다. 북한 인권전문가 ○○○ 씨와 몽골 현지 안내인 한 명은 이틀 뒤 일시 석방돼 제작진을 만났다.

몽골 당국은 제작진이 탈북자에게 여권을 건넨 행위는 중요하게 다루지 않았던 것으로 보인다. 여권 문제는 한국 국내법 위반으로 보고 그냥 넘어간 것으로 보인다는 게 제작진의 전언이었다.

외교문제로 비화되다

김성환 외교부 장관은 제작진 등 몽골 억류 건을 최대한 원만하게 처리할 것을 몽골 한국대사관에 지시했다. 11월 6일에 외교부 동북아국장이 김 장관에게 관련 사태를 보고한 직후 내린 조처였다. 제작진이 억류된 지 7일 만이었다.

외교부는 당초 제작진 억류 건을 탈북자 문제로 인식했다. 그 경우 평화외교 기획단(대북정책과)에서 사건을 담당한다. 그런데 한국과 몽골의 외교 문제로 비화되자 동북아국이 담당했다. 이 문제는 KBS 다큐 제작진과 탈북여성, 몽골 현지 안내인이 모두 엮인 까다로운 문제였다.

당시 주몽골 한국대사관에 내려진 긴급전문은 당시의 급박한 상황을 알려준다.

첫째, 이번 건은 취재 과정에서 일어난 사고이며, 정부개입은 전혀 없다는 점을 설득할 것. 둘째, 우리 측의 실수를 사과하고 몽골 정부 측에 최대한 양해를 구할 것. 셋째, 취재팀이 불구속 상태로 조사받도록 요청할 것. 넷째, 언론에는 철저히 보안을 유지할 것.

외교부의 노력에도 일은 쉽게 풀리지 않았다. 이번 사건에는 제작진은 물론 탈북여성 4명, 몽골 현지에 제작진을 돕기 위해 머물고 있던 북한 인권전문가 ○○○ 씨와 몽골 현지 안내인 ○○○ 씨 등 너무 많은 사람이 연계돼 있었다. 외교부는 몽골 정부가 KBS 제작진만 봐줄 경우 나머지 구금된 사람과 형평성 문제가 발생해 일이 더 꼬일 수 있는 점을 염려했다. 중국과 북한이 이번 사건을 알 경우 몽골 당국이 두 나라의 눈치를 보면서 정치적 결정을 해야 하는 것도 걱정거리였다. 외교적 노력을 기울인다 해도 탈북여성들의 국내송환은 불투명했다. 외교부를 출입하는 정인성, 금철영 두 기자는 문제를 풀기 위해 고심했다.

11월 9일 주몽골 한국대사는 몽골 정보부장을 면담해 정부의 입장을 강조하고 협조를 요청했다. 외교부 출입기자가 전한 요지는 이랬다.

확대 해석 말기를 바란다. 정부가 관여된 사건은 절대 아니다. 조용히 해결해야 한다. 언론에 나가면 서로 부담이다. 탈북자는 과거처럼 인도적 견지에서 처리해야 한다. 수사가 지연돼 이 사건이 밖으로 새서는 안 된다. 양국 간 우호협력에 해가 되지 않도록 하자.

이에 따른 몽골 정보부장의 반응은 다음과 같았다.

지난 10년간 탈북자 문제는 형법으로 처리하지 않고 인도적으로 전원 한국으로 보냈다. 탈북자 문제에서 앞으로도 공관과 정보부 간 협조가 유지되기를 기대한다. 한국대사가 직접 나선만큼 사안의 중요성을 잘 알겠다. 탈북자 4명은 수용소에 있고 종전처럼 처리할 것이다. KBS 기자 등 4명은 조용히 처리하도록 내부적으로 협의해 그 결과를 알려주겠다.

외교부의 접촉 보고를 듣고 다소 안도할 수 있었으나 문제를 풀려면 수많은 난관을 뚫어야 했다. 가장 큰 문제는 G20 정상회의를 앞두고 이 사건이 언론에 터질 가능성이었다. 외교부는 물론 국정원까지 문책받을 가능성도 조심스레 나왔다. 당시 청와대는 G20 이슈 이외의 문제는 최대한 억제하는 기조를 유지하고 있었다.

엎친 데 덮친 격으로 현지에서 11월 9일과 10일, 몽골 현지신문과 방송, 인터넷 포털에 제작진 체포사실이 보도됐다.

정보총국이 대한민국 기자 2명과 북한 사람 2명이 11월 5일 몽골 국경을 불법으로 넘어온 사건을 조사 중이다. 어떤 이유로 월경했는지는 확인되지 않았다. KBS 기자가 맞는지, 북한 사람인지 확인되지 않았다.

이런 내용이 국내 언론에 일절 언급되지 않은 것은 천만다행이었다. 언론보도에 대비해 KBS의 입장을 미리 정리하기도 했으나 쓸 일이 없어 다행이었다.

숨 가빴던 순간

이 사건은 KBS 제작진 실종-몽골 국경수비대 체포 확인-탈북여성 조난과 구조-기획탈북 조사-제작진 억류와 석방-강제추방으로 전개되면서 한 달 가까이 끌게 됐다. 당초엔 '몽골취재 중인 KBS 제작진 실종' 사건으로 보고되었으나, 제작진이 몽골 국경수비대에 체포되면서 KBS 탐사제작부와 24시간 이상 연락이 끊기자 문제가 표면화됐다.

당시 KBS 탐사제작부장이 외교부에 도움을 요청한 사실은 정치부 기자를 통해 확인됐다. 2010년 11월 2일. 제작진이 몽골 국경수비대에 체포된 지 사흘 만이었다.

탐사제작부장은 제작진과 통신이 두절된 직후 한국 외교부에 제작진 실종사실을 알리고 도움을 요청했다. 외교부는 주몽골 한국대사관에 비상을 걸어 최대한 빨리 수색에 들어가 위치를 파악하라고 지시했다. 언제 어디서 제작진이 사라졌는지 알지 못해 어려움을 겪었다.

제작진이 실종된 지 사흘째인 11월 3일 오전 9시 50분. 주몽골 한국 대사관 참사관은 몽골 당국이 KBS 제작진을 억류하고 있다는 사실을 국제전화로 알렸다. 제작진과 북한 인권전문가 ○○○ 씨는 각각 다른 곳에서 체포돼 몽골 수도 울란바토르로 압송돼 조사받고 있다는 이야기였다.

제작진 송환을 위해 시사제작국 안에 상황관리반을 구성해 24시간 내내 진척상황을 점검했다. 청와대 외교안보비서관, 국정원 대외정보 담당자, 주몽골 대사, 한·몽 친선협회 관계자 등의 도움을 받았다.

KBS 시사제작국은 탐사제작부가 작성한 상황보고서와 보도국 정치부가 작성한 보고서를 매일 아침 사장에게 보고했다. 현지 대사관은 온 힘을 다해 석방에 노력을 기울이고 있으므로 KBS 관계자의 현지 파견은 필요 없는 것으로 판단한다고 알려왔다. 국가정보원도 외교부로 창구를 단일화하는 것이 좋겠다고 권고했다.

억류 일주일을 넘기자 제작진 가족들은 극도로 불안해했다. 외교부에게만 의존하는 KBS의 입장을 매우 불만스럽게 여긴다는 소리가 들렸다. 제작진 가족들을 면담해 KBS도 별도대응을 단계적으로 추진하고 있다고 설명했다. 현지에 파견할 위기대응팀을 구성하고 비자 신청과 항공편 예약을 서둘렀다. 국제변호사 선임도 검토했다.

돌이켜보면 현지 대사관을 비롯한 정부 당국자의 필사적 노력이 없었다면 탈북자들과 제작진, 몽골 현지 안내인 등은 무사히 귀환하지 못했을 것이다. 다행히 탈북여성들에게도 최대한의 인도적 처분이 내려졌다. 한국과 몽골의 친선관계와 눈부시게 커진 국력도 이들의 무사귀환을 돕는 자산이 됐다. 나중에 탈북자들까지 한국으로 들어와 2차 프로그램 제작에 참여했다.

관찰자인가, 참여자인가

탈북여성들은 "도와주지 않으면 죽을 수도 있다"라고 절규했다. 이들과 직접 통화한 다큐 작가는 그 당시 심정을 '살려달라고 소리쳐 괴로웠다'고 회상했다. 탈북여성들은 중국·몽골 국경을 넘은 뒤 산림지대에서 고립됐다. 〈시사다큐 KBS 10〉, '3대 세습, 그들은 탈북한다'와 '탈북자 이은혜'에서는 네이멍구의 밤 날씨가 섭씨 영하 10도라고 전한다. 제작진은 탈북여성들의 절박한 호소에 주몽골 한국대사관을 통해 몽골 국경수비대에 수색을 요청했다.

두 편의 다큐에서 제작진과 다큐 작가는 관찰자가 아니라 참여자이다. 제작진은 GPS와 위성전화, 비상시를 대비해 한국인 여권 4장을 탈북여성들에게 전했다. 작가는 국내에 남아 구글로 탈북여성들의 위치를 분석하고 이동경로를 잡아주는 역할을 했다. 또 제작진과 탈북여성들, 인권전문가와 번갈아가며 통화한 뒤 탐사제작부의 상황을 데스크에 보고했다. 그리고 필요한 지시를 현지에 전했다.

제작진은 만날 장소를 알려준 뒤 몽골 국경지역에서 불법으로 중국·

그림 4-1. 다큐멘터리 '탈북자 이은혜'

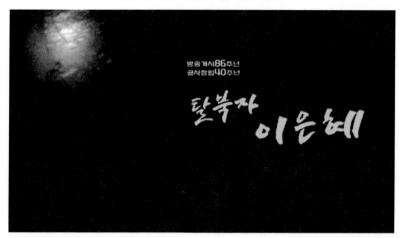

출처: KBS 1TV (2013. 2. 26). 〈시사기획 창〉.

몽골 국경을 넘는 탈북여성들을 기다렸다. 제작진은 탈북여성들이 국경을 넘을 것이라고 현지 한국대사관에 미리 알려 안전장치를 만들었다. 우리 재외공관이 제3국의 국경으로 밀입국하는 탈북자를 법적으로 보호하는 것은 불가능에 가깝다. 인도적 조처만 가능하다. 이것은 해당국의 선택에 달렸다.

제작진은 분명 관찰자가 아니라 적극적 참여자의 입장을 취했다. 탈북자의 행동을 통제하고 직접 참여했다. '탈북자 이은혜'는 관찰자에서 참여자로 뒤바뀐 제작진의 사연을 담았다.

관찰자가 아닌 참여자에게는 행위에 대한 책임이 뒤따른다. 〈KBS 방송제작 가이드라인〉 제2장에서는 취재원 보호를 다음과 같이 정하고 있다. '취재원의 신변이 위태롭거나 부당하게 불이익을 받을 위험이 있는 경우에는 그에 대한 보호를 우선적으로 고려해야 한다'.

제작진은 몽골에 입국한 뒤 곧바로 현지 한국대사관에 탈북여성들의 월경 계획을 상세히 알렸다. 혹시 모를 안전사고를 우려했기 때문이다. 또 조난 상황이 발생하자 현지 우리 대사관과 한국 주재 몽골대사관에 탈북여성들의 구조를 요청했다. 탈북여성들의 좌표도 제공했다.

제작진은 앞서 탈북여성들의 중국 탈출기 취재를 끝냈기 때문에 월경만 원만하게 이뤄졌다면 탈북여성에 대한 몽골 정부의 인도적 처리까지 다큐멘터리에 담을 계획이었다. 그러나 이런 계획은 중국 탈북 안내인의 불성실한 안내로 취재원인 탈북여성 4명이 조난당해 목숨이 위태로운 상황으로 이어지면서 모든 것이 틀어졌다. 때문에 제작진은 모든 제작을 중단하고 현지 탈북여성들을 구조하는 데 전력을 다했다.

만약 탈북여성들이 고립돼 숨지거나, 중국에서 체포돼 북한으로 송환됐거나, 제작진이 구속됐다면 최악의 상황을 불렀을 것이다. 제작진은 당연히 법률적, 윤리적 책임을 피할 수 없다. 위험을 무릅쓴 기획취재는 부적절하다며 비난받았을 것이다. 탈북자 인권을 주제로 한 다큐 프로그램을 제작하기 위해 불가피하게 위험을 감수해야 했다는 설명만으로는 충분하지 않다.

'탈북자 이은혜' 제작진의 태도를 1994년 퓰리처상 수상자인 카터 (Kevin Carter)의 사례와 비교해 보자. 아프리카 기아 참상을 전한 사진기자 카터는 1993년 수단에서 독수리가 굶주림에 죽어가는 소녀를 응시하는 사진을 촬영해 〈뉴욕 타임스〉에 게재했다. 이후 그는 퓰리처상을 수상했고 아프리카 기아 참상에 대한 국제사회의 관심은 폭발했다. 하지만 카터는 퓰리처상 수상 석 달 만에 자살하고 말았다. 사진을 촬영할 것이 아니라 소녀를 구했어야 했다는 윤리적 논란에 휩싸였기 때문이다. 제작진에게 같은 윤리적 잣대를 적용해 보면 어떨까?

제작진이 몽골 현지법과 기후, 산악 등의 취재 환경을 면밀하게 검토하지 못한 점은 문제이다. 이는 프로그램 제작을 승인한 KBS 전체의 문제이기도 하다. 방송사는 특정 프로그램에 예산을 배정할 때 제작자의 활동이 윤리적이며 법적 기준을 충족하는지를 충분히 검토해야 한다. 탈북자 취재와 같이 취재 소재에 따라 법을 위반한 취재가 발생할 수도 있기 때문이다.

이 때문에 KBS도 방송제작 가이드라인에 제작 규정을 정하고 있다. '해당국의 실정법을 어기고 취재하는 것은 사후 외교문제로 비화할 수 있고, 취재 현장에서 적발돼 체포 또는 구금될 수 있는 만큼 국익과 개인의 신변 안전 등을 철저히 검토해서 취재에 임해야 한다'. 가이드라인에서 지적하듯 제작진과 담당부장 등 KBS 내부에서 위험취재에 관한 충분한 정보가 공유되지 않은 점도 취재원 조난과 제작진 억류 등의 문제가 발생한 한 원인이다.

방송사 차원을 넘어 국제적 외교분쟁으로 치달을 수도 있었다. 몽골이 탈북자를 중국이나 북한으로 송환한 적 없다는 점은 다행이었다. 한국과의 우호관계 때문에 인도적으로 처리해왔다. 그러나 이런 입장을 언제나 일관되게 유지할 수 있는 것은 아니다. 사정에 따라 얼마든지 바뀔 수 있다. 한국 외교부도 이 점을 우려했다.

국경수비대에 붙잡히지 않았다면 제작진은 어떤 태도를 보였을까? 제작진이 참여자로서 실행한 일련의 행위를 있는 그대로 다큐멘터리에 포함할 수 있었을까?

그렇다면 프로그램 구성과 내용도 크게 달라졌을 것이다. 하지만 제작진이 직접 참여자로 개입한 부분을 밝히기는 힘들었을 것이라는 생각이 든다.

'탈북자 이은혜' 도입부에는 이런 자막이 나온다.

이 프로그램은 2010년 촬영 이후 탈북자의 안전을 위해 그간 공개하지 않은 취재영상과 당시 통화녹음을 바탕으로 일부 재연한 영상을 포함하고 있습니다.

'탈북자 이은혜'에는 당초 객관적 관찰자 입장에서 다큐멘터리 취재를 시작했으나 이후 참여자가 돼버린 상황이 적나라하게 담겨 있다. 기자라는 제3자가 상황을 객관적으로 관찰하고 기록한 것이 아니라, 당사자의 입장에서 사실을 기록하고 영상을 편집한 것이다.

여기서 우리는 고민에 빠진다. 다큐 제작자는 '다큐멘터리란 현실에 존재하는 것에 대한 기록(to document reality)이며, 사실의 단순한 모음이 아니다'라고 배운다. 여기서 말하는 리얼리티(reality)는 실제로 존재하지만 사람마다 다르게 볼 수 있는 '현실'이다. 그래서 다큐의 세계에서는 사실을 제작자의 주관성을 바탕으로 정리해 주제에 맞게 배열한 스토리로 만들어낸다.

사실은 진실에 도달하기 이전의 상황적 실체이다. 그러므로 다큐는 이 실체적 상황에 접근할 수 있는 정확한 증거를 필요로 한다. '탈북자 이은혜'에서 누락된 '상황적 실체'는 무엇이며, 이러한 누락은 이 프로그램의 진실성과 완성도에 어떤 영향을 주었을까?

있으면서도 존재하지 않는 인생. 바로 중국대륙을 떠도는 탈북자와 한국에서 적응에 실패한 탈북자의 인생이다. 제작진은 중국대륙을 떠도는 21세기 북한판 디아스포라가 5만 명에 이르는 것으로 추정했다. 안양봉 기자는 탈북자뿐 아니라 피랍된 국군포로 문제, 한국전쟁에서 희생된 양민 문제를 다큐멘터리로 제작했다. 수많은 기회와 선택이 널려있는 공영방송 KBS에서 이런 주제를 다루는 것은 신념과 용기를 필요로 한다. 위험하고 빛을 보기도 어렵다. 그런 점에서 지금까지 안양봉 기자가 탈북자 인권을 위해 쌓아온 업적은 높이 평가받을 만하다. 앞으로도 많은 다큐 전문가가 탈북자를 다루길 기대한다.

탈북자는 세계에서 유일한 분단국의 문제와 인간의 존엄성을 다루는 주제이다. 앞으로 탈북자 문제를 다루는 다큐멘터리스트와 기자에게 작은 도움이 되길 바라는 마음으로 기억을 더듬어 이 글을 썼다.

천안함의 기억

진실이 국익이다

2016년은 승조원 46명이 숨진 천안함 피격사건 발생 6주년이 되는 해이다. 천안함 침몰 당시 나는 KBS 보도본부 시사제작국장이었다. 〈추적 60분〉의 강윤기, 심인보 기자는 '의문의 천안함, 논쟁은 끝났나?'라는 프로그램을 제작했다. 이 프로그램은 천안함이 폭침된 지 7개월이 지난 2010년 11월 밤 11시 55분 KBS 2TV를 통해 방송됐다.

기자-PD 협업을 위해 〈추적 60분〉은 콘텐츠본부에서 보도본부로 이관되었다. 이른바 기자 저널리즘과 PD 저널리즘이 충돌하는 시기였다. 공교롭게도 북한의 연평도 포격도발은 이 프로그램이 방송된 지 꼭 일주일 만에 일어났다.

제작 과정은 순조롭지 않았다. 프로그램의 의도는 과학적 근거에 기반을 두고 폭침 여부와 관련된 합리적 의문을 제기한다는 것이었다. 제작진은 언론노조연맹 등 3개 언론단체 검증위원회의 의혹 제기를 비슷하게 따라갔다. 초병 진술 왜곡, 즉 폭발원점 의혹과 어뢰추진체 흡착

329

물질 분석 결과, 스크루 변형원인 분석의 오류 등을 이유로 '버블제트 어뢰공격과 천안함 침몰은 무관하다'는 주장이었다. 이는 5개국 전문가로 구성된 민군합조단의 조사결과와 이미 채택된 유엔 안보리 북한규탄 성명의 의미도 훼손시킬 수 있는 민감한 주제였다.

담당 CP(*chief producer*: 책임 프로듀서)와 시사제작국장은 많은 고민 끝에 '공정한 접근을 포함해 완성도 높게 제작한다'는 것을 전제로 제작을 결정했다. 아울러 '프로그램 방송 전 최종원고 데스크와 사전심의 절차도 주의 깊게 지켜본다'는 단서를 달았다. 냉정하고 객관적인 시각으로 제작하되 의혹을 제기하는 사안마다 국방부의 반론권도 충분해야 한다는 뜻을 전했다.

대형 다큐는 제작이 진행되면서 구성과 내용이 완전히 달라지는 경우가 있다. 주로 사전 취재가 충분치 않을 경우에 자주 생긴다. 그런데 이 프로그램 제작의 경우, 시간이 갈수록 제작진의 자율적 제작 요구 수준이 높아져갔다. 그에 따라 데스크권(權) 내지 게이트키핑 권한이 제대로 발휘될 수 없는 수준으로 치달았다.

반론을 주는 데 인색하다고 지적하면 반발이 잇따랐다. 담당 CP는 두 손을 들다시피 했다. 방송 당일 원고를 손질하면서 소주제별로 반론권을 늘려나갔다. 짧은 시간에 원고를 끊어내고 덧붙이고 논리적 비약을 바로잡고 구성순서를 바꾸기도 했다. 원고에는 안 보이는 영상과 녹취와 그래픽까지 수시로 확인해야 하는 고난도 작업이었다.

국장실에서 데스킹을 하면서 피를 말리는 동안 시간은 성큼성큼 흘러 오후 7시로 접어들었다. 스튜디오 녹화와 더빙까지 마치려면 빠듯한 시간이었다. 제작진이 확보한 흡착물질의 입수 경위와 분석 의뢰 과

그림 4-2. 〈추적 60분〉 홈페이지

출처: KBS

정을 투명하게 프로그램에 반영하도록 했다. 예고 프로그램도 시청자에게 편견을 심을 수 있도록 제작됐다는 의견에 따라 수정됐다.

이날 낮 오후 2시쯤부터 제작진의 압박이 거셌다. 제작진인 심인보 기자는 이런 글을 트위터에 올렸다.

오늘밤 저와 강윤기 PD가 제작한 〈추적 60분〉 천안함 편 시간대에 BBC 다큐 등이 이중편성된 것으로 확인됐습니다. 양보할 만큼 양보했는데 결국 방송을 막으려는 걸까요? 분노가 목구멍까지 차올라 쏟아지기 직전입니다.

휴대전화가 쉴 새 없이 울리고 나서야 이 사실을 알게 됐다. 〈미디어 오늘〉 기자 등 제작진의 우군들 전화였다. 프로그램의 공정성과 객관성을 전반적으로 검토하는 것을 이렇게 인식하는 게 쓰라렸다. 눈코 뜰

새 없이 바빴지만 대응할 멘트를 준비해야 했다. '프로그램을 마무리하는 과정에서 VCR 제작방향에 대해 국장, 부장과 제작진 간에 견해차이가 있다' 정도로 정리해 언론에 대응했다.

방송 당일 저녁, KBS 본부노조는 집단방문을 통해 해당 프로그램을 제작진의 뜻대로 방송해줄 것을 요구했다. 토론이 격렬해지고 고성이 오가기도 했다.

제작진은 데스킹한 원고를 받아들이겠다고 한 뒤에도 녹화과정에서 누락시키기도 했다. 국장실에서 녹화과정을 사내 케이블 TV로 지켜보고 있는데도 말이다. 제작진에게 데스킹한 부분을 반드시 보완하도록 지시했다. PD의 제작 시스템이 이런 것인지 아니면 앞에서는 수용하겠다고 약속한 뒤 항명(抗命)하는 것인지 종잡을 수가 없었다.

제작진과 노조간부는 PD에게 신망이 있었던 당시 조대현 부사장에게도 찾아가 시사제작국장의 뜻을 꺾어 달라고 압박했다. 조 부사장은 전화를 걸어 웬만하면 방송을 내자고 거꾸로 나를 설득했다. 그렇게 해서 방송은 나갔다. 방송 직전까지 제작진의 자율권과 데스크의 게이트키핑이 충돌해 시끄러웠다. 총성 없는 전쟁에 나는 탈진할 정도였다.

나는 해당 프로그램에서 '가리비 껍데기가 바다에서 건진 어뢰추진체에 들어가 있다'는 내용을 빼도록 했다. 제작진은 이 사실을 '어뢰추진체 후면에 있는 구멍보다 더 큰 가리비가 그 속에 들어갈 수 없으므로 천안함 폭침 이전부터 이미 안에서 서식하던 것이다'라는 논리로 어뢰추진체가 가짜일 가능성을 제기하려 했다. 그러나 제작진이 국방부 관계자와 대담한 내용을 보면 합리적 의심을 뒷받침할 근거가 약했고 적절하지도 않았다. 제작진의 원성이 높았지만 나는 나의 할 일을 다했을 뿐이다.

국방부의 설명과 제시된 논거들을 종합하면, 민간인으로 조사단에 합류했던 신상철의 가리비 관련 증언은 진실과 거리가 있다는 판단에 도달하게 된다.

나는 방심위 부위원장과 해당 프로그램의 완성도를 놓고 개인적 논쟁을 벌인 적이 있다. 물론 공동운명체였던 제작진의 편에 섰다. 기대에는 못 미쳤으나 반론권(反論權)을 늘려 프로그램의 균형을 잡는 데 최선의 노력을 기울였기 때문이다. 일단 방송이 확정되면 제작진은 물론 담당 데스크, 국장, 사장까지 모든 책임을 함께 지는 공동운명체가 된다.

우여곡절 끝에 방송된 〈추적 60분〉의 '의문의 천안함, 논쟁은 끝났나?'가 다큐멘터리 정신에 얼마나 엄격했는지는 의문이다. 비록 다큐라는 장르가 '객관적 사실의 주관적 해석'을 허용한다고 하더라도, '제시되는 모든 논거는 고도의 정확성과 객관성을 유지해야 한다'는 원칙을 지켜야 한다. 언론의 자유에는 반드시 무거운 책임이 따른다. 그래서 복수의 검증과 얼음처럼 차가운 냉정함은 수많은 다큐멘터리스트가 지켜야 할 덕목(德目)으로 꼽힌다.

천안함 피격사건의 진실은 국익이 걸린 일이다. '진실이 곧 국익이다'라는 명제 앞에서 우리는 겸허해져야 한다. 정파성과 편견의 허울을 벗고 독립적 존재가 되어야 한다.

CP는 정확했다

이 글은 다큐나 시사 프로그램 등 중요한 이슈를 다루는 방송인에게 던지는 메시지이다. 특히, 프로그램 관리자, 즉 간부에게 던지는 이야기이다. 한국 사회는 고위험사회이므로 세월호 침몰사고나 천안함 피격사건 같은 재난이 언제든 되풀이될 수 있다. 언론, 특히 방송은 시각적으로 재난을 설명하므로 그 영향력이 실로 크다. 그러니 프로그램 제작자나 게이트키핑을 담당하는 관리자는 중요한 이슈가 발생하면 고도의 집중력을 발휘해야 한다.

이 글은 오류에 대한 변명으로 비춰질 우려가 있다. 어쩌겠는가? 있는 그대로 비판을 받아들이겠다. 누가 이 이야기를 대신 하겠는가?

천안함 피격사건이 일어난 지 7개월이 지난 시점, KBS 〈추적 60분〉 팀은 이 내용을 프로그램으로 다룰 것인가 말 것인가를 두고 많은 토론을 했다. 담당 제작진이 만든 최초 제작기획서의 제목은 '천안함의 풀리지 않는 의혹, 과학적 논쟁 불붙다'였다. 제작은 50일 가까이 걸렸다. 나중에 '의혹의 천안함, 논쟁은 끝났나?'로 조금 바뀌었다.

그동안 여러 수평적, 층위별 회의가 이어졌다. 〈추적 60분〉 담당 CP는 제작진이 다루려는 주제가 '총체적 진실성', '접근 방법의 균형성', '방송 효과의 공익성' 등을 고려해 현재 시점에서 다루는 것이 '적합하지 않다'는 결론에 도달했다.

담당 CP의 논거는 아래와 같다. 대형 프로그램을 관리하는 간부의 자세와 고민을 잘 보여준다. 제작진은 CP의 이런 고민을 소홀히 여겨서는 안 됐다. 하지만 반응은 그 반대였다. 완강한 저항이 있었다.

지난 1일 강윤기 PD는 '천안함의 풀리지 않는 의혹, 과학적 논쟁 불붙다'라는 제목의 기획서를 제출했습니다. 민군합동조사단의 최종 보고서를 토대로 어뢰추진체 흡착물질 논쟁, 폭약 성분, 스크루 휨 현상, 물기둥 등을 둘러싼 논쟁을 취재해 천안함 피격사건의 정확한 원인 규명을 위한 생산적 논쟁을 제기하겠다는 것입니다.

'생산적 논쟁을 제기'하고 조사결과에 대한 '국제적 신뢰도를 높이기 위한 대안을 모색'한다는 기획의도는 나름대로 의미가 있을 수 있습니다. 그러나 우리는 실제로 방송했을 때 이 프로그램이 '한국 사회에 어떻게 기여할 수 있을 것인가?' 역시 생각해야만 합니다.

우선 이 프로그램에서 제기하고자 하는 과학적 논쟁은 천안함 조사 과정에서 계속 제기됐던 의혹으로 민군합동조사단이 발표한 조사결과(북한 잠수정의 기습적 어뢰공격에 의한 침몰)의 진실성에 결정적으로 의미 있는 영향을 미칠 것으로 보이지는 않습니다.

민군합동조사단에는 한국을 포함해 5개국 73명의 군사 전문가와 과학자가 참여했는데 조사결과를 의도적으로 무리하게 조작한다는 것은 현실적으로 불가능할 것이라고 봅니다. 물론 실험의 조건, 과학자의 해석, 관찰자의 인식 등에 차이가 있을 수 있고 또 대형사건에는 설명되지 않는 의혹도 있을 수밖에 없을 것이며, 이를 둘러싼 논쟁을 취재할 수는 있습니다. 그러나 조사결과의 진실성에 결정적 영향을 미칠 것으로 보이지는 않습니다.

과학적 의혹을 취재해 '생산적 논쟁'을 제기하겠다는 것이 제작진의 기획의도이지만, 시청자 중의 상당수는 논쟁 제기 자체가 현실적으로 합동조사단의 조사결과 발표에 대해 '불신을 조장한다'는 명백하게 상반된 견해를 가지고 있는 것도 사실입니다.

그래서 이 프로그램을 제작, 방송할 경우 제작진과 KBS에게는 명백하게 상반된 의견이 존재하는 사안에 대해 일방적 시각으로 접근했다는 비판을 받을 가능성이 매우 크다고 생각합니다. (중략)

이 프로그램이 현실적으로 공공의 이익에 어떤 기여를 하게 될 것인가도 중요한 판단기준이 됩니다. 이 사안은 다른 프로그램 주제와는 달리 국가안보상 중대한 문제로, 남북관계 및 국제 외교관계에 있어 대단히 민감한 현안이기도 합니다. 또 시청자 사이에서 뚜렷하게 상반된 견해가 존재하는 사안이기도 합니다. 이런 사안을 제작, 방송해 현실적으로 우리 사회에 논란만 증폭시킨다면 기획의도와는 달리 오히려 공익에 반하는 결과를 초래하게 될 것입니다.

결론적으로 이 사안의 총체적 진실성, 접근 방법에 있어서 균형성, 방송 효과에 있어서의 공익성 등을 고려해 '천안함의 풀리지 않는 의혹, 과학적 논쟁 불붙다'라는 주제는 〈추적 60분〉에서 다루지 않는 것이 합당하다고 판단합니다.

제작진이 〈추적 60분〉의 '정체성'과 '저널리스트로서의 자존심'을 살리고 '탐사 프로그램이 해야 할 일'이라는 사명감으로 이 사안에 열정을 가지고 접근했다는 점을 잘 알고 있습니다. 그러나 저는 이 프로그램을 제작해 방송할 경우, 한국 사회에 현실적으로 미칠 영향과 그 결과 제작팀과 KBS가 안게 될 부담도 진지하게 고려했다는 점도 이해해 주셨으면 합니다.

CP의 의견에 덧붙여 나는 프로그램 제작 시점을 천안함 피격사건 1주년이 되었을 때나 국회에서 특별위원회 등을 구성하여 재조사를 결정할 때, 또는 대한항공 858편 폭파사건처럼 정권이 바뀌었을 때 원점에서 다시 들여다보는 것이 적절하다는 의견을 냈다.

그러나 당시 KBS 수뇌부는 〈추적 60분〉의 천안함 편을 통해 시중에 나도는 의혹을 상당 부분 해소할 수 있다고 여겼다. 제작진이 민군합동조사단의 조사결과를 프로그램 속에 충분히 반영할 것으로 단단히 믿고 있었다. 이런 견해는 당혹스러웠다.

제작진은 자신의 생각을 관철하기 위해 KBS 내 협회와 노조를 동원해 KBS 간부진과 경영진을 수시로 압박했다. 기자협회는 시사제작국장이 제작진의 자율권을 침해하고 있다며 공격의 선봉에 섰다. 〈추적 60분〉팀과 그 우군세력은 제작불가 방침을 내린 지 일주일 만에 담당 CP와 시사제작국장을 굴복시켰다. 방침은 '제작불가'에서 '제작'으로 급선회했다.

CP와 담당국장은 프로그램의 기획의도를 잘 알고, 취재 내용을 수시로 보고받는다. 따라서 해당 프로그램이 공정하고 객관적으로 제작될 수 있는지의 여부를 누구보다 빨리 알아차린다.

제작진과 프로그램 관리자의 지향점이 같으면 문제가 없다. 그러나 그 길이 완전히 다르면 사사건건 충돌이 일어난다. 이른바 제작 자율권과 게이트키핑의 충돌이다. 때로는 이런 갈등이 이념투쟁의 성격을 띠기도 한다. 이럴 때는 옳은 지적이든 그른 지적이든 게이트키핑 권한을 행사하는 데 큰 어려움을 겪게 된다.

언론의 자율에는 반드시 책임이 뒤따른다. 자율은 무한정 보장되지 않으며 스스로의 통제 내지 절제하는 노력이 필요하다. 담당 제작진이 조금이라도 정파적 입장에 서있다고 판단되면 프로그램을 맡겨서도 안되고 제작을 허락해서도 안 된다는 점이 핵심이다. 이 판단을 놓치면 치러야 할 대가가 위험 수준으로 커진다. 그래서 BBC의 경우 제작자의 능력은 물론 저널리즘 윤리 준수 여부, 가치관, 그동안의 성과 등을 일일이 따져 평판 높은 사람에게만 무한의 자율권을 준다.

돌이켜보면 담당 CP는 프로그램 관리를 위해 온갖 노력을 다했다. 그의 생각을 지키지 못한 나는 평생 벗지 못할 짐을 지고 있다.

방송 후폭풍

공정성은 한마디로 정의하기 힘든 저널리즘의 거대담론이다. KBS 〈추적 60분〉의 '의문의 천안함, 논쟁은 끝났나?'가 방송된 뒤 후폭풍은 거셌다. 공정성 시비가 공영방송 KBS의 피할 수 없는 숙명이라고 하더라도 KBS와 제작진이 감당해야 할 기회비용은 적지 않았다. 천안함 피격 사건을 보는 우리 사회의 시선은 서로 달랐고, 정파적 속성은 여지없이 드러났다.

국방부는 보도자료를 통해 〈추적 60분〉이 '언론 3단체에서 주장한 내용을 반복하여 보도하는 것으로 매우 유감스럽다'고 지적했다. '천안함이 누구에 의해 어떻게 침몰하였느냐?' 하는 핵심주제에 충실하지 않았다고 반박했다. 국방부는 〈추적 60분〉 제작진과의 인터뷰 과정을 자체 녹화했고 전 과정이 유튜브에 올랐다.

KBS 심의실은 '천안함 편'이 방송될 경우의 위험성을 사전에 지적했다. 담당 심의위원은 〈KBS 방송제작 가이드라인〉 '제 1장: KBS의 방송규범' 중 6항 '민주적 여론형성' 편에 적시된 '제작자는 방송이 다양한 사회집단의 입장과 의견 차이를 시청자에게 전달함으로써 그 이견을 좁힐 수도 있지만 오히려 그 차이를 강조함으로써 대립과 반목을 심화시킬 수도 있다는 점에 유의해야 한다'는 조항을 강조했다. 그는 '어떤 주장을 입증하기 위해 의도적으로 자신과 생각이 같은 취재원이나 사례만을 편향적으로 선택해서는 안 된다'는 제작 가이드라인도 인용했다.

외부 모니터 요원 두 명도 계속 문제를 제기하는 것은 '국익을 위해 바람직하지 않다', '희생한 해군장병 유가족에게 마음의 상처를 안겨줄 것으로 여긴다', '의혹만 더 부풀렸다'는 심의평을 냈다.

물론 일부 긍정적 평도 있었다. 그러나 큰 흐름은 프로그램의 공정성을 문제 삼는 내용이었다.

KBS 게시판에 나타난 시청자의 반응도 사나웠다. 한 네티즌은 "〈추적 60분〉, 지금 무슨 짓인가? 핵심은 전혀 말하지 않고 지엽적인 것으로만 의혹을 부풀리고 합조단 전문가의 정확한 해명을 말꼬리 잡았다. 좌파계열 인사 인터뷰를 집중적으로 했냐?"고 따졌다. 또 다른 네티즌은 "KBS의 문제 제기는 그간 아고라, 서프라이즈 등에서 제기한 '찌라시' 수준"이라고 혹평했다.

강윤기 PD는 '천안함 편'이 방송된 다음 날 〈프레시안〉과 인터뷰했다. 〈프레시안〉은 '천안함 편' 제작 과정에서 제작진과 사측이 프로그램의 방향성을 두고 빚었던 갈등을 비판적으로 소개했다. 또한 천안함 어뢰 추진체 잔해물에 붙어있던 가리비를 국방부가 제거·훼손한 것, 21일 국정감사에서 국방부가 천안함 유실무기를 모두 회수했고 공개하겠다고 밝힌 것 등은 방송에서 빠졌다고 주장했다. 또 국방부를 비판하는 멘트도 수준이 대폭 낮아졌다고 보도했다.

강윤기 PD는 이렇게 말했다.

방송의 골격이 흔들리지 않고 무사히 방송된 것에 의미를 부여하고 싶다. 제작 과정에서 데스크와 의견 충돌이 적지 않았다. 이 정도는 프로그램 제작 과정에서 흔히 겪는 '조율' 수준이긴 했지만 이번은 특별했다.

진보진영은 승리를 자축하는 분위기였다. 노종면 전국언론노조 민주언론실천위원회 위원장은 〈추적 60분〉 '천안함 편' 방송 직후 "KBS 새 노조를 중심으로 한 파업, 오늘 〈추적 60분〉을 지켜낸 힘이 두렵다. KBS, 많이 깨지고 잃었지만 '언론인으로의 자각'이란 큰 열매를 맺고 있음을 느낀다"라고 트위터에 올렸다. 〈경향신문〉은 방송 이틀 뒤, "천 안함 진상 재조사 불가피하다"라는 사설을 실었다.

뜨거웠던 한 해가 지나고 새해 벽두부터 〈추적 60분〉 '천안함 편'에 대한 징계 논란이 확산됐다. 방심위는 2011년 1월 5일 전체회의를 열고 해당 프로그램에 '경고'조치를 내리기로 결정했다. '경고'는 방송사 재 허가에 감점 요인으로 작용하는 법정제재로 중징계에 해당한다. 방송 이 나간 지 50일 만에 중징계가 이뤄졌다. 방심위는 〈추적 60분〉 '천안 함 편'이 〈방송심의에 관한 규정〉 9조(공정성) 2항과 3항, 14조(객관성) 에 저촉된다며 이같이 의결했다. 심의위원 9명 가운데 정부 여당에서 추천한 6명 전원은 제작진에 대한 강력한 제재 조치를 요구했다.

〈미디어오늘〉은 "천안함 의혹 징계한 방통심의위 존재할 필요 없어" 라는 기사를 통해 언론장악에 충실한 현재의 심의라면 방심위를 해체해 야 한다는 언론노조의 주장을 대변했다. 이 기사를 쓴 대안매체 기자는 해당 프로그램이 정부의 천안함 최종 보고서의 허점과 의혹을 객관적으 로 방송했다고 평가했다. 그는 나중에 다큐 영화 〈천안함 프로젝트〉에 출연해 정부 발표를 허구라고 증언하기도 했다.

〈추적 60분〉의 '천안함 편' 제작진은 방심위의 중징계 결정에 맞서 재 심을 신청했으나, 방통위는 앞서 방심위가 결정했던 '경고' 징계를 확정 했다. 전국언론노동조합은 징계확정 당일인 3월 23일 오후 기자회견을 열고 〈추적 60분〉 '천안함 편'에 대한 방통위의 징계를 규탄했다. 언론노조는 이날 "천안함 피격사건의 진실, 중징계로 막을 수 없다"는 성명을 통해 "정부의 발표 내용을 검증하고 진실이 무엇인지 취재하는 것이 언론과 언론인의 사명"이라고 주장했다.

KBS 〈추적 60분〉 제작진은 방통위의 경고처분에 불복해 행정소송을 냈다. 그리고 2015년 7월 9일, 4년간의 소송 끝에 '징계 처분을 취소'하라는 대법원 확정판결을 받아냈다. 2심 재판부는 "언론의 자유는 결코 억제돼선 안 되며, 가급적 광범위하게 보장돼야 한다"며, "특히, 탐사보도 프로그램의 경우 언론의 자유 보장의 필요성이 더더욱 중요하다"고 판단했다. 재판부는 이와 함께 KBS 〈추적 60분〉 '의문의 천안함, 논쟁은 끝났나?' 편이 '공영방송으로서의 공정성과 객관성을 상실했다고 보기 어렵다'고 판시했다.

〈추적 60분〉 제작진은 천안함 의혹을 제기한 방송의 정당성을 얻었다며 진짜 천안함의 진실을 찾고 싶다는 의지를 밝혔다. 〈추적 60분〉 '의문의 천암함, 논쟁은 끝났나?"에 대한 법원의 판단은 끝났다. 그렇지만 '천안함 피격사건'에 대한 진보와 보수의 문화권력 투쟁은 이제 시작일 뿐이다.

'천안함 프로젝트'는 계속된다

〈천안함 프로젝트〉는 백승우 감독이 제작한 다큐 영화이다. 이 다큐영화의 사실상 주인공은 인터넷 매체 〈서프라이즈〉 대표 신상철과 수중알파잠수 대표 이종인이다. 다큐 영화 〈천안함 프로젝트〉에는 천안함 좌초설을 비롯해 천안함과 관련한 대부분의 쟁점이 등장한다.

2016년 1월 25일 천안함 피격사건이 '북한의 어뢰공격 때문이며 좌초설은 근거가 없다'는 법원의 첫 판단이 나왔다. 신상철에게는 일부 유죄가 선고됐다. 그러나 천안함 논란은 멈출 것 같지 않다. 오히려 제2, 제3의 〈천안함 프로젝트〉가 나올 것은 분명하다.

되레 법원의 판단은 신상철에게 상당한 힘을 실어주었다. 신상철은 징역 8월에 집행유예 2년을 선고한 〈정보통신법〉상의 명예훼손 혐의를 승복하지 않았고, 최종심까지의 기나긴 법정 투쟁을 선언했다. 1심 판결이 나오는 데 5년이 넘게 걸렸으니 다음 법정 공방은 또 얼마나 걸릴 것인가?

법원은 검찰이 기소한 34건 가운데 2건만 유죄로 판단했다. 신상철이 주장한 '정부의 고의 구조지연'과 '국방부 장관의 증거인멸' 관련 글에 대해서만 유죄 판결이 났다. 나머지 32건은 '천안함 침몰 원인을 밝히는 것은 공익과 관련된 것으로 비판과 논쟁이 허용되어야 하고 이는 표현의 자유로 보호되어야 하는 영역'이라 판단했다. 재판장이 6번 바뀌면서 내린 이러한 결론은 과격한 인신공격성 주장에만 살짝 제동을 걸었을 뿐이다.

이 같은 판결은 이미 예견됐다. 2013년 다큐 영화 〈천안함 프로젝트〉 상영금지 가처분 신청은 기각됐다. '의문의 천암함, 논쟁은 끝났나?'를 방송한 KBS 〈추적 60분〉 제작진에게 내려졌던 방심위의 중징계 결정도 2015년 7월 대법원 확정판결로 취소됐다. 대한민국 법원은 기본권인 '표현의 자유'를 폭넓게 인정하면서 정부의 통제력을 상당 부분 무력화시키고 있다.

진보세력은 '북한이 천안함을 폭침시켰다'는 대전제를 부인하지는 않는다. 정부 발표를 엎을 만한 결정적 근거를 확인하지 못하기 때문이다. 그렇지만 '합리적 의심'을 앞세워 정부의 공식적 조사결과의 일부 불완전성과 논리적 부정합성을 파고들었다. 이들은 자유민주주의 세계에서 얼마든지 가능한 여러 문화권력의 수단을 동원해 투쟁을 벌였다. 영화, 제도권의 다큐, 심지어 SNS도 활용했다.

이런 문화투쟁의 궁극적 목표는 집권층에 대한 시민의 불신을 이끌어 내는 것이다. 이때 국가안보는 정파적 논쟁 대상으로 전락하게 된다. 몇몇 유력 정치인은 이런 문화투쟁을 고무시켜서 생기는 정치적 이득을 기대하기도 한다.

〈천안함 프로젝트〉의 VIP 특별시사회에서 한 전직 장관은 이 영화가 제기하는 합리적 의심을 높이 평가하기도 했다. 천안함 흡착물질을 확보해 언론사와 해외 학자에게 보내 비공식적 분석을 가능하게 한 국회의원도 있었다. 비공식적 실험과 분석 결과는 천안함이 북한의 기뢰로 폭침됐다는 정부 발표를 의심하게 하는 기폭제가 됐다.

1987년에 일어난 대한항공 858편 폭파사건은 천안함 논란이 재점화될 가능성을 엿보게 한다. 대한항공 858편 폭파사건 발생 16년 만에 지상파 3사는 앞다퉈 공작원 '김현희 가짜설' 유포에 나섰다. 2003년 11월 18일 MBC 〈PD 수첩〉이 '16년간의 의혹, KAL 폭파범 김현희의 진실'을, 같은 해 11월 29일에는 SBS 〈그것이 알고 싶다〉가 '16년간의 의혹과 진실: 김현희 KAL 858기 폭파사건'을, KBS는 이듬해 5월 22일과 23일 〈일요스페셜〉을 통해 'KAL 858의 미스터리' 두 편을 제작, 방송했다.

2004년 11월 '국가정보원 과거사건 진실 규명을 통한 발전위원회'가 발족돼 조사를 벌였으나 '북한 공작원에 의해 폭파됐다'는 사실을 의심할 만한 내용은 나오지 않았다. 정치권이 지상파 3사라는 문화권력을 움직여 여론을 조성한 다음, 정부차원의 재조사를 진행한 것처럼 보인다. 정치권의 지형에 따라 천안함 피격사건 역시 대한항공 858편 폭파사건의 전철을 밟을 수도 있다는 우려가 생긴다. 북한이 이 사건을 남한의 자작극이라고 주장한 것은 천안함 피격사건을 빼 닮았다.

한국의 현대사에서 남북의 긴장은 빼놓을 수 없다. 거의 모두 북한은 가해자이고, 대한민국은 피해자이다. 과거의 사건을 잠깐 떠올려보면 금세 알 수 있는 일이지만 대한민국은 피해자끼리의 소모적 논쟁을 피하지 못한다. 자유민주주의 체제는 표현의 자유와 다양성을 한껏 보장한다. 여기에다 자본에 기대는 문화권력에게는 정의와 불의, 국익을 불문하고 스토리텔링만 되면 콘텐츠를 생산할 수 있는 길이 열려있다. 진보건 보수건 문화권력은 정말 짧은 시간 안에 매우 수월하게 자본을 동원할 수 있다.

그렇다면 천안함 피격사건은 스토리텔링에서 보수와 진보, 어느 쪽에 유리한 이야기 구조를 가지는가? 유감스럽게도 천안함 피격사건에는 연평해전처럼 전투를 벌이다 희생한 영웅이 존재하지 않는다. 대한민국은 그들을 '전사한 영웅'으로 예우했으나 사건 자체가 들려주는 영웅담은 없다. 이 지점에서 우파 문화권력은 매우 난처한 상황에 빠진다. 그럼에도 이 사건의 진실을 좀더 정확하게 파헤치려는 정부 차원의 노력이 있다는 말은 없다. 합동조사단의 공식 발표 이후 손을 놓은 것인지 제대로 된 후속 발표를 들은 기억이 없다. 그러니 천안함 피격사건을 〈연평해전〉 같은 영웅 영화로 만들려면 엄청난 상상력이 필요하다.

거꾸로 좌파 문화권력은 이른바 '천안함 프로젝트'를 계속 가동하며 의혹을 부풀린다. 그러면서 다큐든 영화든 천안함 쟁점을 재활용하는 길을 모색한다. 남북한과 강대국 사이에 전개되는 긴장을 음모설로 버무리면 한 편의 영화 시나리오가 나온다. 천안함 침몰을 둘러싼 음모론을 다룬 책이 이미 나오기도 했다. 그래서 〈연평해전〉 같은 애국 영화는 나오지 않겠지만, 〈천안함 프로젝트〉의 후속편은 어떤 형태로든 나올 가능성이 높다. 그 후속편의 가장 큰 목표가 '정치적 영향력' 행사일 가능성이 높다는 점은 비극이다.

나는 이런 시도가 우리 사회의 정의와 안전, 풍요로움에 도움을 준다면 얼마든지 동의할 수 있다. 서로의 불신을 증폭시켜 신뢰라는 사회적 자본을 갉아먹는다면 명백하게 반대할 수밖에 없다.

성급했던 천안함 성금 모금

방송사는 연중 여러 차례 공공 캠페인을 벌인다. 이웃돕기 성금 모금은 연례적이다. 각종 재해·재난이 일어나면 피해주민을 돕기 위한 캠페인 방송을 벌인다. 외환위기 때 KBS가 주도한 '금 모으기 운동'은 대표적 캠페인 방송으로 국난을 극복하는 데 큰 도움이 됐다.

정파적 이해가 엇갈리지 않고 우리 사회 모두를 위한 공동선이 목적인 캠페인은 방송의 순기능을 가장 잘 확장한 것으로 평가받는다. 그렇지만 공공선이 명백하지 않은 캠페인에는 신중한 판단이 필요하다. 특히, 공영방송이 정치적 목적에 휘둘려 섣불리 캠페인을 벌일 경우 시청자의 저항에 부딪힐 수 있다.

국민 성금 모금 첫 방송은 천안함 침몰 16일 만인 2010년 4월 11일 KBS 특별생방송 〈천안함의 영웅들, 당신을 기억합니다〉라는 제목으로 방송됐다. 1부는 KBS 1TV를 통해 낮 12시 20분부터 오후 2시까지 100분간, 2부는 오후 5시 30분부터 8시까지 방송됐다. 당시 KBS 홍보 자료는 'KBS가 천안함 피격사건 관련 희생자를 추모하고 실종자 가족을 위로하기 위해 마련했다'고 기획의도를 밝혔다.

생방송 중 KBS 본사 스튜디오와 여의도 광장에 설치된 특설 스튜디오, 전국의 지역방송, 그리고 ARS를 통해 성금을 모금했다. 4월 17일에는 성금 모금 방송과 함께 유명가수가 출연하는 특별생방송 〈천안함의 영웅들 추모음악회〉가 열렸다. 추모 분위기는 인천 오페라합창단이 사나이 UDT 노래와 해군가를 부르며 한껏 고조됐다.

첫 방송이 나간 뒤 시청자 반응 중에는 귀담아들을 만한 것이 많았다.

희생자를 애도하자는 취지는 좋지만 '영웅'이라는 단어는 아직 원인이 규명되지 않았기 때문에 적절치 않다. 천안함 피격사건은 국가보상 시스템으로 정당한 보상을 시행해야 하며, 방송을 통해 국민 성금을 모금하는 것은 바람직하지 않다. (…) 희생자가 구조되기 전이고 시신을 보기 전에는 희망을 놓고 싶지 않다. 너무 이른 추모 방송은 희생자 가족에게 더 큰 상처를 준다.

전화와 인터넷으로 이와 유사한 의견을 전한 시청자는 80명을 넘었다. '영웅'이란 칭호는 사고 원인이 밝혀지고 희생자에 대한 국가적 예우 수준이 확정된 다음에 사용해야 한다는 〈생방송 심야토론〉의 지적도 있었다.

〈천안함의 영웅들, 당신을 기억합니다〉라는 캠페인 프로그램의 첫 방송이 실시된 4월 11일은 천안함 피격사건 원인을 규명하는 민간·군인 합동조사단이 구성된 날이었다. 첫 방송 다음날인 12일 천안함 함미가 물 밖으로 모습을 드러냈다. 2차 캠페인 방송은 함미가 인양되고 시신 36구가 수습된 이틀 뒤에 있었다.

성금 모금 방송은 '천안함이 북한의 어뢰공격으로 침몰했다'는 정부 공식 발표보다 40일 가까이 빨리 이뤄진 셈이다. 이 캠페인은 천안함 침몰 원인이 밝혀지기도 전에 희생자를 서둘러 영웅으로 만들어 정치권과 시민단체의 쟁점이 되기도 했다.

당시 천안함 희생자를 위한 성금 모금 방송을 기획하는 과정에서 본부장과 센터장이 모여 회의를 열었다. 방송 시기를 가장 고심했다. 곧바로 추모 방송과 함께 모금 운동을 벌이자는 의견과 사고 원인이 밝혀진 다음에 방송하자는 신중론이 팽팽하게 맞섰다.

회의 참석자들은 성금 모금 방송의 주도권을 MBC나 SBS에 빼앗겨서는 안 된다는 강박관념에 사로잡혀 있었다. 난상토론 끝에 곧바로 모금 방송을 하는 것으로 의견이 모아졌다. 이산가족 찾기 방송 경험을 살려 여의도 광장에 시민이 추모 글을 적을 수 있는 길이 70m의 대형 게시판을 설치하자는 아이디어도 이 자리에서 나왔다.

시청자 상담실에 걸려온 전화와는 달리 여의도 행사장을 찾은 시민들은 "당신들을 영웅으로 기억하겠노라", "안타깝습니다, 자랑스럽습니다", "그대들이 있어 행복했습니다", "임무가 끝났으니 부디 돌아오세요" 등의 글귀를 적어 게시판에 붙이며 실종자와 희생자를 추모했다.

시민의 마음을 결집하는 KBS의 연출력은 유감없이 효과를 발휘됐다. 특별생방송 2부에서는 김창준 전 미연방 하원의원이 출연해 미국 사회가 나라를 위해 희생한 장병을 얼마나 배려하는지 여러 차례 강조했다.

BBC처럼 공영방송의 독립성을 유지하는 상황에서는 상상하지 못할 캠페인 방송이 한국의 지상파에서는 큰 고민 없이 이뤄진다. BBC는 캠페인 방송에 대해 아주 냉정한 입장을 보인다. BBC 트러스트(BBC Trust)의 보고서 "시소에서 수레바퀴로, 21세기 불편부당성 수호"(*From seesaw to wagon wheel, safeguarding impartiality in 21st century*)는 BBC가 지켜야 할 '기본 원칙 7'에서 캠페인을 이렇게 설명한다.

불편부당성은 공적으로 첨예하게 논란이 되는 분야에서 가장 크게 위협받는다. 그러나 눈에는 잘 띄지 않는 합의된 '공공선'과 같은 프로그램을 반영하거나 캠페인에 관여할 때처럼 특별히 경계해야 할 위험도 존재한다.

BBC의 자선운동 관련 프로그램의 가이드라인도 성금 모금 방송 여부를 결정하는 데 도움이 된다.

우리는 자선운동을 다루고 자선호소 활동에 대해 보도할 때 불편부당성과 독립성을 유지해야 하며, 특정 자선단체나 자선운동을 지지하는 것처럼 보여서는 안 된다.

이런 기준을 참고한다면 2010년 4월 그 시기의 성금 모금 방송은 부적절했다는 비판의 소지가 있다.

진정한 다큐를 위하여

악마의 편집 〈다이빙 벨〉

다큐 영화 〈다이빙 벨〉은 악마의 편집이다. 다큐 영화 제작자의 '표현의 자유'를 인정하는 것은 너무나 당연하다. 그렇다고 이 다큐영화가 진실에 제대로 접근했다고 보기는 힘들다. 시사 다큐의 윤리 기준으로는 불가능한 내용을 영화로 포장했다. 제작자는 주제에 직접 참여하면서 객관적인 관찰자의 입장을 유지할 수 없었다. 〈딴지일보〉의 김어준마저 이상호의 얼굴이 너무 많이 등장한다고 꼬집었다. 〈다이빙 벨〉에선 구조지휘본부를 '악마 집단'이라고 부르는 '악마의 편집'도 들어있다. 이상호는 장관과 해경청장을 호통치고 훈계한다. 예고에선 국회의원, 청와대 비서실장, 법무장관, 국정원 기조실장을 조롱한다. 영화제작자는 보여주고 싶은 것만 보여줄 수도 있다. 하지만 표현의 자유에도 책임이 따른다.

〈다이빙 벨〉의 주인공은 1인 매체 〈고발뉴스〉 대표 이상호 기자와 알파기술공사 이종인 대표이다. 영화는 다이빙 벨을 팽목항에 가져다

그림 4-3. 영화 〈다이빙 벨〉 포스터

출처: 〈오마이뉴스〉

놓고 현장에 투입하는 과정을 따라간다. 인터뷰와 사운드바이트, 이상호의 브리지 멘트가 시계열로 구성된다. 이종인의 인터뷰는 시공간을 넘나들며 삽입된다. 주제를 끌고 가는 화자는 이상호와 이종인 두 사람이다. 이 둘은 〈다이빙 벨〉의 모든 것을 지배하며 개입한다. 날 것 그대로이면서도 상황음악인지 배경음악인지 구분이 모호한 음향 효과가 들어 있다. 제작에서 영화적 창의성은 전혀 보이지 않는다.

　영화 〈다이빙 벨〉이 어떻게 기획됐는지는 잘 알려져 있지 않다. 다이빙 벨을 구세주로 믿었고, 세월호 침몰사고 희생자의 죽음을 누구보다 안타깝게 여긴 이상호와 이종인이 의기투합해 만든 작품임은 분명하다. 그러다가 다량의 다이빙 벨 영상을 확보하고 이것을 활용할 궁리를 세우는 과정에서 탄생했을 가능성이 있다.

여기에 목소리가 크고 좋으며 말을 잘하는 두 사람이 주연배우가 되어 궁합이 맞았다. 연기력 수준도 조금만 지도를 받으면 데뷔가 가능해 보인다. 이상호는 방송기자였다. 이종인은 아내가 유명 탤런트이니 연기에 대한 이해가 상당할 것으로 보인다. 실제로 그는 역시 영화 〈실미도〉의 수중 연기를 지도하기도 했다.

〈다이빙벨〉이 부산 국제영화제에 초대되자 영화제 조직위원장인 부산시장이 제동을 걸었고, 영화제 집행위원장은 '표현의 자유' 침해라며 반발했다. 2016년 제21회 부산 국제영화제를 거덜낼 수 있을 정도로 후유증이 컸다. 정치인 서병수와 영화인 이용관이 '표현의 자유'를 바라보는 시각은 완전히 달랐다.

〈다이빙 벨〉을 보면 지각 있는 사람은 진실이 무엇인지 곧 알아차릴 수 있다. 그렇더라도 예술 영역에서 '표현의 자유'라는 논쟁적 담론을 섣불리 펼쳤다간 값비싼 대가를 치를 수도 있다. 오히려 '노이즈 마케팅'에 희생될 수 있다.

이상호는 영화 〈다이빙 벨〉을 베를린 국제영화제에 출품하겠다고 말했다. 그는 세월호 이슈를 끝까지 가져가겠다고 선언했다. 때가 되면 외신을 통해 세월호 이슈를 다시 국내에서 점화시키겠다는 의도를 숨기지 않은 셈이다. 그러나 다이빙 벨 투입의 성공 여부를 떠나 적어도 영화 〈다이빙 벨〉은 작품성에선 실패했다.

2005년 이른바 '삼성 X파일' 보도로 국가기관의 도청팀 운영과 삼성그룹과 정치권, 검찰의 유착을 폭로한 저널리스트 이상호에 대한 세간의 평판은 매우 높다. 그런데 다큐 영화 〈다이빙 벨〉에서는 그의 탐사 보도 정신을 잘 읽을 수 없다. 다큐 영화 〈다이빙 벨〉 엔딩에서 이상호는 "진실은 침몰하지 않는다. 양심의 부력으로 여러분이 함께할 때 가능하다"고 주장한다. 그렇다. 세월호 침몰사고의 비극에는 '다이빙 벨'만으로 풀 수 없는 진실이 숨겨져 있다. 다큐영화 〈다이빙 벨〉을 제작한 이후에도 차마 참아내기 힘든 거짓말들이 속속 드러나기도 했다. 이상호는 〈다이빙 벨〉 후속작을 제작해 세월호의 진실을 수면 밖으로 건져내주기를 바란다. 그때는 보다 냉정한 자세와 다큐영화 제작자의 상상력을 발휘해 〈다이빙 벨〉의 실패를 성공적으로 만회해주길 바란다.

주관적 해석 어디까지

〈다이빙 벨〉은 세월호 구조 상황에서의 정부의 무능함을 신랄하게 지적했다. 〈천안함 프로젝트〉는 천안함이 북한에 의한 폭침이 아니라 좌초 또는 충돌로 인한 침몰이라는 시각을 견지했다. 이런 기획의도와 달리 제작자는 소통을 위해 제작했다고 말한다.

두 다큐 영화는 여론형성에 큰 영향을 주었다. 천안함 피격사건은 침몰 원인을 두고 국론이 분열됐다. 세월호 침몰사고를 둘러싼 후유증은 현재진행형이다. 시사다큐와 다큐영화 사이를 넘나든 두 작품은 '표현의 자유와 책임', '영화 유통 배급의 공정성'을 둘러싼 논쟁을 촉발하기도 했다.

다큐멘터리의 속성인 객관적 사실의 주관적 해석은 다큐 영화에도 적용된다. 다큐멘터리는 사실을 객관적으로 기술하지만 다큐멘터리스트라고 부르는 연출자의 주관적 해석이 가능하다. 그러나 '주관적' 해석이라 하더라도 사실의 '객관성'에 기초해야 한다. 왜곡된 사실에 기초한 주관성은 다큐멘터리가 추구할 방향이 아니다. 사실의 대표성에 문제가 있다면, 또 일부의 일이나 주장을 가지고 대부분의 주장으로 확대 해석한다면 이 역시 제대로 된 다큐멘터리가 아니다.

시사 프로그램에서 주관적 해석이 철저히 배제되는 반면, 시사 다큐는 물론 다큐 영화는 주관적 해석이 들어가기도 한다. 물론 그 정도에 대해서는 학자 간 논란이 계속되고 있다.

다큐멘터리는 현실에 존재하는 것을 다룬 드라마이다. 또, 인간과 자연에 대한 논픽션이다. 그래서 다큐멘터리의 주제로 대형재난은 매력적이다. 생사의 갈림, 살아있는 극적 영상, 현장의 사운드바이트, 그 전개 과정의 예측 불가능성 등 모든 극적 요소가 다 들어있다. 어쩌면 대형재난을 다룬 다큐멘터리 제작은 필연적이다. 인적, 물적 피해가 크고 극적일수록 다큐멘터리로 제작될 확률은 더욱 커진다.

천안함 피격사건과 세월호 침몰사고는 인명피해 규모와 정치·사회적 논란을 불러일으켰다는 점에서 다큐멘터리의 소재로 놓칠 수 없는 주제이다. 뛰어난 주제의식과 시회의식을 가진 다큐멘터리스트에겐 굉장히 매력적으로 다가온다.

우선 영화 〈다이빙 벨〉은 사실 왜곡과 과장이 들어있는 다큐 영화이다. 진실에 접근하려는 진지한 노력은 주의·주장이 넘치면서 반감된다. 제작자이면서 화자인 주인공은 자신의 감정을 적나라하게 노출하면서 수용자를 선동한다.

다큐 영화 〈천안함 프로젝트〉에는 내레이션 및 변호사 역으로 강신일이 나온다. 민군합동조사단 조사위원이자 〈서프라이즈〉 대표 신상철과 수중알파잠수 대표 이종인은 본인 역으로 사실상 주인공이다. 〈천안함 프로젝트〉는 상당 수준으로 정제된 다큐 영화이다. 과학적이고 합리적인 의심을 바탕에 두었다는 평가도 있다. 〈천안함 프로젝트〉의 VIP 특별시사회에는 다수의 정치인과 학자가 참석했다. 김민웅 교수는 "〈천안함 프로젝트〉는 끊임없이 제기되는 의문 앞에서 진실을 찾는 용기 있는 영화이다"라고 인터뷰했다. 민주당 진성준 의원, 배우 문성근, 천정배 전 법무부장관까지 이 영화가 제기하는 합리적 의심을 높이 평가했다.

이런 평가에도 불구하고 〈천안함 프로젝트〉의 완성도와 작품성을 지적해 본다. 우선 주장을 사실로 오인했다. 사실을 다른 시각에서 바라보는 분석과 해석에는 동의한다. 그러나 특정 주장에 대해 그 논거와 증거를 객관적으로 충실하게 제시해야 했다.

〈천안함 프로젝트〉 중 23분 50초부터 10분 이상 계속되는 수중알파탐사 대표 이종인의 '천암함이 좌초됐을 가능성이 높다'는 발언은 위험수위를 넘나든다. 전문가의 주장이라 하더라도 경험에 의한 추론만 있을 뿐 명확한 증거가 제시되지 않는다. 한준호 준위가 순직한 제3의 부표(浮標) 관련 신상철의 증언도 마찬가지이다.

〈미디어오늘〉의 기자 조현오의 증언은 난센스의 극치이다. 그는 미디어 전문기자이지 군사 전문기자가 아니다. 〈미디어오늘〉은 언론노조연맹의 입장을 대변하는 이른바 대안언론이다. 여기서 일반적으로 받아들여지는 저널리즘의 기본 원칙을 원용해 보자. 바로 투명성의 원칙이다. 이 가운데는 '취재원의 지식이 어느 정도인가?'라는 물음이 있다. 조현오의 전문성은 어느 정도인가? 어리가 초계함을 타격할 가능성이 낮다고 증언할 수 있을 만큼 전문가인가? 그렇지 않다.

《언론법제 이론》을 쓴 한병구는 언론인과 취재원 관계에서 제기되는 문제를 잘 지적했다. 전문성의 문제와 정보의 통제·조정 관계이다. 누가 주요 자원에 대한 통제권을 행사하는가는 그 관계의 성격을 특정 짓는 데 결정적이다. 현대의 취재 환경에서는 취재 방법이 언론인의 직접적 목격이나 체험에만 의존하지 않는다. 언론인의 전문성은 그것을 측정할 일정한 기준도 없고 전문성에 대한 자격도 주어지지 않는다. 언론인의 전문성은 '아는 것'에 근거하기보다는 아는 것을 수용자에게 가장 의미 있는 형태로 전달할 수 있는 커뮤니케이션 능력에 근거한다.

여기에는 중요한 기술적 문제가 따른다. 한병구는 그 첫 번째로 정보의 신뢰성과 타당성에 대한 판단 능력을 말한다. 이는 언론의 질과 직접적으로 관계가 있다. 비록 정보가 사실이라 하더라도 특정 이유를 조명하는 데 적절치 못할 경우, 그 정보는 언론의 질을 보장하는 데 한계를 드러낼 수밖에 없다. 신뢰가 가는 정보라 하더라도 전체적 맥락에서 이야기되지 않을 때, 즉 타당성이 결여됐을 때 그 정보는 이미 진실로서의 의미가 퇴색된다.

언론에서 흔히 이야기하는 진실성의 문제, 편향(bias)의 문제는 정보의 신뢰성이 문제되는 경우도 있지만 그보다는 타당성이 문제되는 경우가 더욱 심각하다. 타당성이 결여되면 전문성의 근거도 사라진다. 신뢰성과 타당성에 대한 판단 능력이 결여되면 언론인은 취재원의 홍보요원으로 전락하게 된다.

두 번째는 정보의 공신력에 대한 검토이다. 동기는 매우 이기적일 수도, 공익적 차원일 수도 있다. 정보제공의 동기가 이기적일 경우 그것을 그대로 보도한 언론은 결국 언론 본래의 사회적 기능에서 이탈하게 된다. 결과적으로 특정인, 특정 집단의 이익을 대변하게 되어 전문성의 근거도 사라진다. 동기에 대한 주의의무를 소홀히 할 경우 언론인은 취재원에게 조작·조정 당한다. 소문은 뉴스로 둔갑한다. 언론인의 전문성이 커뮤니케이션 능력에 근거한 것이라면 이해가 상충하는 사회적 이슈에 대하여 다양한 견해를 반영하는 균형의 유지 또한 전문성이 중요한 기준이 된다.

시사 다큐 제작자와 마찬가지로 다큐멘터리스트이건 영화감독이건 주요 자원, 즉 취재원에 대한 통제권 내지 편집권을 행사한다. 〈다이빙 벨〉과 〈천안함 프로젝트〉에서는 시사 다큐와 다큐 영화의 차이가 존재하지 않는 것으로 보인다. 진실에 접근하기 위한 최소한의 균형이 결여되었다. 최소한의 균형은 진지함만으로는 보완되지 않는 전문성이 필요하며 모든 다큐 제작자가 유념해야 하는 덕목이다.

나는 〈천안함 프로젝트〉 제작자 정지영과 백승우 감독이 취재원의 과실과 기만에 방어할 의무가 있다고 말하지 않는다. 다큐 영화를 만들었지 시사 프로그램을 만든 것은 아니기 때문이다. 그러나 편견을 가지고 상반된 진실을 외면하는 행위는 수용자와의 소통을 방해할 뿐이다.

다큐멘터리스트는 진실에 다가가기 위해 혼을 불사르지만 도달할 수 없는 진실의 벽이 있을 때 '우리가 모르는 것은 과연 어떤 것인가'에 대해 회의한다. 그 회의는 프로그램에 용해돼 작품의 소구력을 높인다. 수용자는 억제하지 못한 제작자의 욕망을 눈치 챈다. 얼음같이 차가운

시선을 보일 때 작품의 완성도와 소구력은 더욱 높아질 수 있다.

군이 좌파 다큐멘터리 제작자로 명성을 떨친 무어(Michael Moore)의 영화 〈화씨 9/11〉(Fahrenheit 9/11)과 비교할 필요도 없다. 9·11 테러를 다룬 〈화씨 9/11〉에는 무역센터가 무너지는 영상이 한 컷도 나오지 않으며 울부짖는 유족도 등장하지 않는 절제미를 보인다. 또한 2시간 10분을 끌어가면서 긴장과 이완을 반복하는 스토리텔링 구조로 상상력을 자극한다. 부시 행정부와 대통령 부시를 비롯한 권력을 비판하는 근거도 구체적 사실로 제시한다. 상상력을 자극하는 스토리텔링 구조는 창의적이다.

국민의 알 권리를 위해, 아울러 진정한 소통을 위해 다큐 제작은 필수적이면서도 유용한 수단이다. 다큐 제작자는 진실에 접근하기 위해 치열하게 노력한다. 이른바 다큐멘터리 정신이다. 그러나 다큐 영화는 보여주고 싶은 것만을 보여 줄 수 있다. 사실과 의견을 동시에 다큐 속에 녹이는 것이다. '화자의 목소리를 절제하느냐 않느냐'는 논란의 대상이 될지언정 비난의 대상이 되지는 않는다.

다큐 영화의 비교적 자유로운 소재가 시사 다큐와 별반 다르지 않고 제작 기법도 비슷할 때 수용자는 혼란에 빠진다. 세월호 침몰사고를 다룬 영화 〈다이빙 벨〉과 천안함 피격사건을 다룬 〈천안함 프로젝트〉처럼 민감한 주제를 다룰수록 수용자에게 미치는 영향력은 클 수밖에 없다.

영국 BBC의 다큐멘터리 제작 과정은 엄격하기로 정평이 나있다. BBC는 다큐멘터리 장르를 뉴스 등 보도 분야와 같은 장르인 '사실에 기반을 둔 프로그램'(factual programme)으로 분류한다. 가장 큰 가치는 불편부당한 형평성(balance)과 정확성(accuracy)이다. 또한 균형성을 확보하기 위한 공정성 (*fairness*) 을 요구한다.

이 가운데 주목할 만한 것은 '시청자의 선택' 부분이다. BBC는 '제작자가 시청자를 무시할 경우 위험에 직면할 것'이라고 경고한다. 시청자는 제작자가 생각하는 것보다 더 예민하다. 프로그램이 이야기하고자 하는 내용에 대해 잘 알고 있으며 비평의 눈까지 가지고 있다. 특히, 균형을 지키지 못하거나 상식적 가치 기준을 벗어나 독단적으로 흐를 경우 시청자는 감각적으로 이를 눈치 챌 수 있다고 경고하고 있다.

제 5 부

변혁의 조건

지배구조의 굴레

KBS 사장이 되려면

KBS 사장은 글로벌 경영에 눈이 틔어있어야 하고 공영방송의 독립성과 공정성에 대해 강한 신념과 실천 의지를 가져야 한다. 하지만 KBS 사장 후보를 공모할 때마다 권력에 줄 대기 행보와 추문이 터져 나온다. 노조의 특정 사장 후보 격파하기, KBS 간부의 줄서기가 요란해진다.

KBS 사장 공모는 한국 사회 영향력 1위 매체의 수장을 뽑는 절차이다. KBS는 지상파 TV 2개, 라디오 매체 7개, 케이블 TV 6개, 국제방송 KBS 월드와 인터넷 방송, DMB 방송까지 연 매출 2조 원대의 미디어 그룹이다. 매출 규모가 훨씬 더 큰 공기업도 많지만 우리 사회에 미치는 영향력과 중요도로 치면 KBS에 비할 수 없다. KBS 사장은 정부 어느 부처 장관보다 훨씬 중요한 자리이다.

2015년 10월, KBS 사장 공모에 나름대로 경륜을 쌓은 인물 14명이 응모했다. 신임사장의 임기는 19대 대통령 선거 이후까지 이어지기 때문에 큰 관심을 모았다. KBS 구성원은 KBS의 독립성을 지키면서도 경룬 있는 인물이 선임되길 기대한다.

 그렇지만 권력에 대한 충성심이 가장 중요한 덕목이 되며, 결국 권력의 입맛에 맞는 인물이 선택된다. 이것은 KBS 사장 선임 방식, 이른바 지배구조 때문이다. KBS 이사 11명은 사장 응모자를 대상으로 면접과 투표절차를 거쳐 1명을 선임하고 대통령에게 임명을 제청한다. KBS 이사는 여야가 7 대 4의 비율로 나눠먹기 한다. 11명 가운데 최소 6표를 얻은 1명이 사장 후보에 오른다. 모든 KBS 이사는 대통령이 임명한다. 이 가운데 여권 이사 7명은 사실상 청와대와 여권에 충성을 맹세하고 검증받은 인물이다.

 KBS 사장을 하려는 인사는 이들 여권 이사 7명을 대상으로 득표 활동을 벌인다. 여권 인물끼리 권력에 대한 이전투구(泥田鬪狗)식 충성 경쟁을 벌이도록 되어있다. 야권 성향의 인사는 물론이고 중립적 성향의 인사는 발을 들여놓을 틈도 없다. KBS 사장 응모자는 청와대 고위 인사와 새누리당 고위 당직자, 그리고 KBS 이사를 만나러 다니는 데 온 정성을 다 쏟는다. 사전에 낙점을 받기 위한 눈물겨운 노력이다.

 이들은 KBS를 어떻게 하면 친여권매체로 돌려놓을 것인가를 주로 설명할 것이다. 논란이 됐던 편향적 콘텐츠, 노사 관계, 방만한 경영, 수신료 인상 등의 난제를 일거에 해결할 수 있다고 장담해야 한다. 제작진의 자율권을 지나치게 보장한다고 평가된 편성규약 개정도 빠트릴 수 없다. KBS 사장이 꼭 되겠다는 권력 의지와 전투력도 필수 항목이다. 그들은 KBS의 독립성과 불편부당성을 지나치게 강조했다가는 곧바로 '아웃'일 게 뻔하다는 사실을 누구보다 잘 안다.

 KBS 여권 이사의 면면을 보면 논쟁의 중심에 선 인물, 차기 대선후보로 거론되는 야권 인사를 끊임없이 공격하는 인물 등이 포진한다. 이런 이사를 설득하려면 후보가 무엇을 보여줘야 하는지 짐작이 가지 않는가? 그들뿐이랴. KBS 이사라는 하수인을 KBS에 심은 권력이 뒤에서 이들을 지켜보고 조종한다. 한 사람의 이탈도 허용하지 않는다. 조대현 사장 선임 때 있었던 여권 이사의 자중지란(自中之亂)과 뼈아픈 실수를 되풀이하지 않는다.

KBS 사장 선임의 관전 포인트는 처음 도입된 'KBS 사장 후보 청문회'였다. 국회 방송공정성 특별위원회는 2013년 11월 KBS 사장 후보 청문회 제도 도입에 합의했다. 이사회가 선임한 KBS 사장 후보에 대해 청문회를 거친 다음 대통령이 KBS 사장을 임명하도록 선임 절차를 강화한 것이다. 그러나 이마저 맥없이 그저 그렇고 그런 통과의례로 지나갔다. KBS 사장 청문회가 국무총리 청문회보다 더 혹독할 것이라는 관측은 빗나갔다. 청문회는 청문회일 뿐, 청문회에서 자질이 의심되는 내용이 불거지더라도 대통령이 임명하면 그만이다. 스스로 물러서지 않는 한 청문회의 법적 구속력은 없다.

누가 KBS 사장을 낙점하는가?

KBS 이사회를 구성하면서 여야가 지분을 나눠 갖는 것은 법률 규정에 없는 야합(野合)이며 침묵의 카르텔이다. 침묵의 카르텔이라고 하니 KBS 사장은 아무나 할까? 결코 아니다. KBS는 공기업은 아니지만 어떤 공기업보다도 경영하기 어렵다. 방송이라는 콘텐츠는 근본적으로 이념을 담는다. 사회의 중심을 잡고 방향을 알려주며 모든 계층의 이익을 골고루, 다양하게 반영하는 콘텐츠 제작은 얼마나 힘든가. 외압과 내부의 압력을 뛰어넘어 독립성을 유지한다는 것은 또 얼마나 지난한 것인가.

이것이 전부라면 경륜 있는 방송 전문가가 KBS 사장을 하면 된다. 바로 권력에 대한 로열티, 이른바 충성심은 KBS 사장이 되려는 사람이 가슴속 깊이 새겨야 할 금과옥조다. 그렇다고 우리 현실에서 〈뉴욕 타임스〉처럼 BBC 사장을 영입할 수도 없는 노릇이다.

KBS 사장이 되려는 인물이 최종적으로 청와대의 낙점을 받아야 한다는 건 공공연한 비밀이다. 대통령이 KBS 사장을 임면하도록 되어있으니 불합리하더라도 이를 굳이 탓할 일은 아니다. 공영방송의 수장은 지배권력과 제도언론의 관계를 가장 잘 드러낸다. 청와대 스스로 특정인을 낙점하기도 하지만 보통 여권의 의견을 수렴하는 과정을 거친다.

국회 미래창조과학통신위원회 위원장은 여러 경로로 KBS 사장 후보자를 찾는다. 복수의 인물을 찾게 되면 원내 대표와 당 대표와의 조율을 거쳐 개략적 검증 절차를 거친다. 그다음 청와대 수석과 협의한다. 국회 쪽 심부름꾼은 대체로 여당 사무총장이 맡고, 청와대 조율 파트너는 홍보수석과 정무수석, 미래전략수석이 맡는다.

사장 선임과 관련해 의견을 개진하는 과정에서 홍보수석과 미래전략수석이 헤게모니 다툼을 벌이기도 한다는 소문도 있다. 방송 관련 인허가와 규제 업무가 방송통신위원회와 미래창조과학부로 나뉘어있다 보니 공영방송사 사장 선임과 관련한 업무 소관이 애매해 생기는 일이다.

복수의 KBS 사장 후보자 가운데 최종적으로 낙점된 한 명의 이름이

KBS 이사장에게 통보된다. KBS 이사회 여당 간사는 여권 이사 7명에게 낙점된 인사의 이름을 전달하는 역할을 맡는다. 그러니 KBS 이사회는 정치권의 꼭두각시일 뿐이며 스스로 KBS 사장 후보를 검증한다는 절차는 허울에 불과하다. KBS 이사는 사장 선임 과정에서 의사결정권이 없기 때문에 책임질 일도 없다.

단 하나, 낙점인사에 대해 반기를 들었다간 그날로 KBS 이사를 그만둘 각오를 해야 한다. 정권 교체기에는 전 정권에서 선임된 이사가 간혹 반기를 들기도 한다.

KBS 사장 후보를 인선하는 과정에서 무시하지 못할 존재는 방송담당 정보기관원이다. 공영방송을 담당하는 국가정보원과 경찰 관계자는 나름대로의 인물평 비슷한 정보 보고서를 만든다. 한때 사라졌던 존안 자료가 부활한 것으로 알려져 있다. 정보 보고 가운데 일부는 청와대와 여권으로 흘러들어간다. 그러니 KBS 사장을 하려는 인물은 이들 기관원을 개별적으로 만나 자신의 소신과 장점을 설명하며 환심을 사야 한다. 이들의 정보 보고가 일을 잘 되게도 할 수 있고 자칫 일을 그르치게도 할 수 있기 때문이다.

KBS 사장을 선임하는 과정에서 발설해서는 안 되는 금기사항도 있다. 그 누구도 대통령의 이름을 팔아서는 안 된다. 또한, KBS 사장 후보를 찾는 밀실회동에서 오간 말이 들통 나면 문제가 커진다. 서동구는 '노 대통령이 방송 쪽을 맡아달라고 했다'는 말이 화근이 돼 8일 만에 KBS 사장직에서 스스로 물러났다. 이명박 정부에서 청와대 홍보수석은 사장 물망에 오르는 인물을 초청해 식사를 했다가 혼쭐이 난 적이 있다. MBC 이사장 김우룡은 한 월간지와의 인터뷰에서 한 '청와대 조인트 발언'으로 이사장직을 내놓기도 했다.

청와대의 낙점이나 직·간접적 개입은 〈방송법〉이 보장한 KBS의 독립성과 정면으로 충돌한다. 따라서 KBS 사장 선임과 관련한 청와대의 작업이 구체적 사실로 드러나면 정치·사회적 논란을 부르게 된다. 공영방송 사장을 청와대가 낙점한다는 것은 알 만한 사람은 다 아는 일인데도 이런 내밀한 과정이 밖으로 드러나면 문제라는 점은 논리적으로 잘 설명할 수 없다. KBS 사장 선임 과정은 밖으로만 공모 과정을 거칠 뿐 투명성과는 거리가 멀다.

KBS 사장은 아무나 하나? 태진아 노래처럼 눈만 마주쳐서는 결코 안 된다. 권력에 협력할 의지로 충만하지 않으면 불가능한 자리가 바로 KBS 사장이다.

정치권의 원죄 '특별다수제 불발'

박근혜 대통령은 공영방송의 지배구조를 개선하겠다는 공약을 내놓았다. 공영방송의 지배구조를 개선하는 방안은 다양하다. 특별의결 정족수 제도(특별다수제)를 도입하거나, 사장 응모 자격을 강화하는 방법, 후보 추천 위원회를 구성해 국민 의견을 반영하는 방안도 있다. 이 가운데 특별다수제가 실질적 대안으로 가장 큰 주목을 받았다.

특별다수제는 KBS와 MBC의 사장을 뽑을 때 이사회 의결정족수를 재적 과반으로 하지 않고 3분의 2로 하는 의사결정 방식이다. 그렇지만 '특별다수제' 대선 공약이 박근혜 대통령 임기 동안 실현될 가능성은 없다. 여야 합의로 구성된 특별위원회가 '특별다수제' 도입에 실패했기 때문이다.

특별다수제는 어떤 의미가 있는가? KBS 이사는 11명으로 여야 이사가 7 대 4로 구성된다. MBC 이사는 9명인데 6 대 3으로 구성된다. 현재의 재적 이사의 과반 찬성으로 사장을 선임하면 무조건 여권이 내세우는 인물이 사장이 된다. 특별다수제를 도입하면 KBS의 경우 최소한 8명의 이사가 찬성해야 사장이 될 수 있다. 다시 말해, 야권 이사 1명 이상의 찬성이 필요하다. 특별다수제를 도입하면 현재보다는 조금 더 중립적 인물이 KBS 사장으로 선출될 가능성이 커진다. 이는 MBC도 마찬가지이다.

그래서 특별다수제를 이른바 '낙하산 방지법'이라 부르기도 한다. 특별다수제는 공영방송의 독립성을 보장하는 〈방송법〉 취지에도 맞다.

공영방송의 지배구조 개선을 이끌어내지 못한 정치권의 책임은 매우 크다. 대선 공약을 지키지 않은 새누리당은 물론이고, 야권 역시 KBS 지배구조 개선과 관련해 큰 책임을 느껴야 한다. 18대 대통령 선거 후 공영방송 지배구조 개선을 위해 여야 합의로 만든 방송공정성 특별위원회는 '특별다수제'를 만들어내지 못했다. 여당 위원 모두 대안 없이 모르쇠로 일관했다. 위원장이 새정치국민연합 소속이었고, 위원 구성이 여야 절반이었는데도 야당은 무기력했다.

특별위원회 활동 종료 후 의원 50명이 발표한 공영방송 지배구조 촉구성명에 이름을 올린 여당 의원은 한 명도 없었다. 방송통신위원회의 2015년 대통령 업무 보고 역시 공영방송 지배구조 개선은 단 한마디도 언급이 없었다. 방통위원장은 방송공정성 특별위원회 이후 〈방송법〉

에 반영된 KBS 사장 청문회 제도와 여야 동수 편성위원회 도입의 결과를 지켜보겠다는 입장을 밝혔다. 그러나 청문회는 법적 구속력이 없고 편성위원회는 지금 KBS 안에서 운용되는 제도만으로도 차고 넘친다.

2016년 4·13 총선 후 여소야대의 국회에서 야권은 공영방송의 지배구조 개선을 담은 〈방송법〉 개정안을 공동 발의했다. 이 개정안에 따르면 KBS와 MBC, EBS의 이사는 13명으로 늘어난다. 여당이 7명, 야당이 6명의 이사를 추천해 이들 이사회의 3분의 2 이상이 찬성해야 공영방송의 사장이 될 수 있다. 〈방송법〉 개정안의 취지는 공영방송의 독립성과 공공성을 확보하기 위한 것이다. 그렇지만 19대 대선을 앞두고 집권 여당이 〈방송법〉 개정안에 동의할 가능성은 낮아 보인다.

세계의 공영방송 중 그 어느 방송사도 정치적으로 완벽하게 독립적이지 않다. 으뜸 공영방송이라는 영국 BBC도 정치권의 압력에 대립각을 세우기도 하고 협력하기도 한다. NHK는 아베에게 수시로 휘둘린다. 그러나 분명 정도의 차이는 있다. 한국의 공영방송은 정치적으로 지나치게 오염되었다.

공영방송을 연구하는 많은 학자는 공영방송의 독립성을 확보할 수 있는 법적·제도적 장치 마련을 촉구한다. 아울러 공영방송 구성원에게도 방송의 독립성을 지키려는 구체적 실천 의지와 실질적 노력을 당부한다.

편 가르기

KBS의 지배구조는 KBS 직원에게 정권에 따라 진보 또는 보수노선이 분명한 사장을 받아들이도록 강요한다. 정치권력은 언제든지 바뀌고 권력의 향배에 따라 KBS라는 국가기간방송은 이리저리 쏠린다.

KBS는 국민의 수신료로 운영되는 수탁방송기관으로 공적 책무를 다할 의무가 있다. 그렇지만 공적 책무의 일관성이 흔들릴 수밖에 없는 취약한 환경에 놓여있다. 살아있는 권력은 KBS라는 문화권력을 완전히 재편하려는 의도를 숨기지 않는다.

박근혜 정부는 이명박 정부의 KBS 길들이기가 아주 미진했다는 결론을 내렸다. 최소한 MBC 수준으로 돌려놓으려고 작심했다. 그러지 않고서야 MBC 이사를 KBS에 옮겨다 놓겠는가?

KBS 사장 면접 대상자들은 콘텐츠 변화로 현재의 지배권력에게 자신의 경영능력을 증명해야 한다. 면접 대상자의 경영 계획서에는 그게 옳건 그르건 KBS 프로그램의 편향성을 털어내겠다는 약속이 포함된다. KBS 여권 이사는 면접을 보면서 이들이 얼마나 확고한 의지를 다졌는지 확인한다. 국회 청문회에서 여당과 야당은 KBS의 정체성과 독립성을 두고 공방을 벌인다.

청문회를 통과하더라도 난관은 남는다. KBS에 입성하자마자 노조와 한판 전투를 치러야 한다. 그래서 KBS 사장 선임은 파란을 예고하며, 또 그런 면에서 KBS 사장 응모자는 대단히 용기 있는 사람들이다.

KBS 안에는 2,500명의 직원이 가입한 교섭 대표노조인 KBS 노동조합과 1,400명이 조합원인 민주노총 산하 언론노조, KBS 본부노조가 있다. 기술직과 경영직이 주력인 KBS 노동조합은 상대적으로 보수적이다. 반면, 기자와 PD가 주력인 KBS 본부노조는 주로 방송 공정성 문제를 제기하는 진보적 강성노조이다. 보수적 노조는 별다른 걸림돌이 되지 않지만, KBS 본부노조는 보수 정권에 대해 매우 비판적 시각을 가진다.

KBS 사장의 우편향적 정파성과 KBS 본부노조의 진보적 정파성은 서로 부딪칠 수밖에 없다. 신임사장이 반드시 증명해야 하는 뉴스와 모든 장르의 KBS 콘텐츠 변혁은 KBS 본부노조와는 지향점이 근본적으로 다르다. 이런 상황에서 공정성과 불편부당성을 보는 관점은 서로 접점을 찾기 힘들 정도로 어긋난다. 이런 폐해는 진보 정권이 들어서더라도 마찬가지이다. 보수적 노조가 조직을 흔들어대기 때문이다.

'편 가르기'의 비극이 여기서 시작된다. 나 스스로도 재직기간 동안 부박(浮薄)한 세태에 흔들린 적이 적지 않았다. 지금은 그나마 조금 더 객관적 시각으로 KBS를 바라볼 수 있다. 보수정권에서 선출되는 KBS 사장은 불가피하게 보수노조를 내 편으로 끌어들여야 한다. 양대 노조를 모두 잃고서는 KBS를 경영할 수 없다.

KBS 양대 노조가 공동으로 파업하는 경우는 드물다. 파업의 명분과 성격도 완전히 다를 때가 대부분이다. KBS 노동조합은 주로 임금 등 복지투쟁을 벌이고, KBS 본부노조는 방송 공정성을 두고 파업을 벌인다. KBS 본부노조가 지난 총선, 대선을 앞두고 강행한 파업이 실패한 것도 보수노조가 동참하지 않았기 때문이다. 길환영 사장 해임 제청안을 두고 공동파업 투쟁을 벌인 건 매우 드문 사례이다.

KBS 사장이 노선이 다른 두 노조 가운데 하나와 손잡을 수밖에 없다면 KBS 경영은 어떻게 되는가? 신임사장이 진보적 노조를 손보라는 주문에 화답하고 입성했다면 KBS는 또 어디로 가는가? 결국 KBS 사장역시 내 편 네 편을 가르게 되고 이는 KBS 경영에 심대한 악영향을 줄수밖에 없다. 통합보다는 분열을 조장하는 기업 문화가 KBS 안에 뿌리깊게 자리 잡았다.

KBS의 진보·보수 양대 노조가 내 편 네 편을 가르는 헤게모니 쟁탈전을 벌인다는 건 수치이다. 이는 반독재 투쟁을 벌었던 민주화운동 시기에는 없었던 퇴행적 현상이다. 웃지 못할 풍속도도 있다. 진보·보수성향의 양대 노조의 성화에 못 이긴 신입사원이 양쪽 노조에 가입하는 일이다. 입사 전 일베 글을 퍼트린 한 신입사원은 진보성향 노조의비판으로 퇴출위기를 맞기도 했다. 제3의 길도 있다. 일부지만 부장급이상의 간부 출신은 보직을 놓은 다음 KBS 공정방송노조에 가입한다. 그리고 가장 확실하게 뉴라이트의 목소리를 낸다.

정권이 교체되거나 KBS 사장이 바뀌면 KBS의 주도세력이 바뀐다. 보수정권 때 득세한 세력은 진보정권이 들어서면 갑자기 도태된다. KBS 내부의 권력지도가 완전히 바뀌는 건 그 반대의 경우도 마찬가지다. 잘나가던 사람이 몰락하고 뒤에서 '뒷담화'나 하던 사람이 갑자기노른자위 자리를 차지한다. 완장을 차고 칼을 휘두르기도 한다. 그동안 고생했던 직원에게 '나쁜 정권과 나쁜 사장에게 부역했다, 변절했다'며 비난을 일삼는다. 그중 상당수는 정치권이나 신임사장에게 줄을 댔던 사람이다.

말 없는 다수의 성실한 KBS인은 주기적으로 이런 추태를 본다. 이런현상은 KBS 구성원에게 일만 잘한다고 고위직에 오르는 게 아니라는 그릇된 인식을 심어준다. 현재의 지배구조는 싫든 좋든 내 편 네 편을 만들고 줄을 서야 하는 악순환을 되풀이하게 만든다. 이른바 줄 세우기, 줄 서기가 권장된다. 이런 조직문화가 KBS 안에 구조화되었다는 분석은 걱정스럽다. KBS 내부의 이런 짬짜미 문화는 권력의 먹잇감이 되는 빌미를 제공한다. 이른바 양대 노조를 갈라놓는 분할통치를 가능하게 만든다.

자신이 반대하는 인물이 사장으로 선임되면 출근저지 투쟁을 벌이는 것은 노동조합의 단골 메뉴가 됐다. 사장 선임 전후로 KBS의 치부가 드러나면 KBS에 대한 시청자의 공신력은 급속도로 추락한다. KBS에 대한 시청자의 신뢰도는 정권 교체기나 신임사장 취임 1년차에 두드러지게 추락한다.

KBS는 권력의 부침 속에서도 최고 수준의 방송 콘텐츠를 생산했다. 그런데 언제부터인가 자긍심을 잃고 패배감에 휩싸여 격랑 속으로 빠져들고 있다. 구성원은 정치권력과 KBS의 지배구조에 따라, 또 사장이 누구인가, 자신이 속한 노조의 성격은 어떤가에 따라 내 편 네 편으로 갈린다. KBS의 조직문화는 붕괴 수준에 이르렀다. 정치적 중립의무를 지키도록 한 복무규정도 외면받기 일쑤다.

창의와 혁신이 넘치고 다양한 생각이 어우러지는 화해의 강(江)이 KBS 안에 흐를 수는 없을까? 훌륭한 사장이 선임돼 무너진 조직문화를 복원하고 구성원 모두가 힘을 모아 KBS를 명실상부한 국가기간방송으로 우뚝 세우길 기대한다.

권력과 언론사 인사

모든 조직은 우수한 인재를 맞는 자리에 앉혀 조직 발전을 이끌어주길 바란다. 인사가 조직의 흥망성쇠와 결정적으로 관련 있기 때문이다. 국가 간 전쟁의 승패도, 기업의 성공과 실패도 어떤 사람이 리더가 되느냐에 따라 달라진다. 인사는 결국 조직의 운명을 가르는 결정적 열쇠이다. 그래서 인사가 만사인 것이다.[1]

이근면 초대 인사혁신처장이 퇴임하면서 남긴 말은 인사 혁신의 어려움을 말해준다. 그는 2016년 6월 24일 이임사에서 다음과 같이 말했다.

20개월 전 취임식 때 저는 여러분께 공무원으로서 '미생'(未生) 하지 않고 '완생'(完生) 될 수 있도록 도와달라고 말씀드렸습니다. 자평하니 '미생'으로 왔다가 한 집을 만들고 나머지 한 집은 '빅'을 만든 게 아닌가 싶습니다.

그는 삼성그룹 임원출신의 대표적 '인사통'이었으나 공직 사회의 '인사 혁신'에 분명히 한계를 느낀 듯하다. 이처럼 어렵고도 어려운 인사가 KBS에서는 어떻게 이뤄질까? 좀더 쉽게 말하기 위해 자문자답 형식으로 정리했다.

---

1 박남춘(2013). 《대통령의 인사》. 서울: 책으로보는세상.

권력은 KBS 인사에 개입하는가?

그렇다. 역대 KBS 사장은 권력의 인사 개입에 시달려 온 것으로 보인다. 몇몇 KBS 사장이 임원회의에서 전달했던 말을 보면 확실한 심증이 간다.

다음은 수첩에 기록된 내용들이다. 박근혜 정부의 길환영 KBS 사장은 2013년 1월 28일 임원회의에서 다음과 같이 말했다.

인사와 관련해 내부보다 외부 잡음이 많다. 불만 있는 사람이 있을 수 있으나 내부 관행에 따라 각 부서별로 합의된 원칙에 따라 인사한다. 외압이 계속되면 기강의 안정을 위해 필요한 조처를 할 수도 있다.

이명박 정부 시절 김인규 KBS 사장은 2010년 12월 5일 임원회의에서 "인사 청탁이 많아 곤란을 겪고 있다. KBS 주요 보직을 능력 없는 사람이 맡으면 일을 망가뜨린다. 인사 청탁이 계속되면 (외부에 인사 청탁을 하는) 해당 직원을 점잖게 죽이겠다"라고 엄포를 놓았다.

노무현 정부 시절 정연주 사장 역시 2003년 12월 29일 월요일 확대간부회의에서 "인사 관련 정치권 로비 대상은 처음부터 빼놓고 인사하겠다"며 외부의 인사 청탁을 경고했다.

권력은 KBS 인사에 분명히 개입한다. 정권에 따라 강도가 다르고 KBS 사장의 대응 태도가 다를 뿐이다. 이른바 '양아치' 수준으로 KBS 인사에 개입하는 권력이 있는가 하면, 좀더 점잖은 권력도 있다. 또 독립성을 매우 중요하게 여기는 사장이 있는가 하면 권력의 말이라면 안절부절못하는 사장도 있는 것 같다.

KBS 기자협회와 김시곤 KBS 보도국장은 세월호 정국의 와중에서 KBS 사장이 청와대의 요구에 부응해 김 보도국장의 사표를 요구했다고 주장한다. 이런 건 권력과 KBS 사장의 조합이 최악인 경우이다.

2016년 6월 김시곤 전 KBS 보도국장은 비망록을 통해 정치권의 인사 개입이 있었다고 밝혔다. 맞는 말인가?

맞다. 이 질문에 대한 답은 김시곤 전 KBS 보도국장이 징계무효 확인소송을 하면서 제출한 비망록을 인용한다.

대부분의 기업에서는 인사를 청탁하면 인사 대상에서 오히려 제외시킨다고 하는데 그는 어찌된 일인지 인사 청탁이 들어오면 반드시 실현시키려고 노력한다. ○○○ 기자의 청와대 출입을 요구하거나 워싱턴 특파원을 계속 요구했던 사례가 있다.

국장단이 알고 있는 건 일부이다. 해당 기자의 인사를 청탁한 정치인은 여럿이었다. 그중 김시곤 국장이 언급한 한 명은 친박 실세였는데 아주 뱃심 있게 인사를 청탁했다. 수년 뒤에 드러난 일이지만 당 대표에게 막말을 해댈 정도이니 KBS를 우습게보았을 수도 있다. 다른 친박 실세 두 명도 똑같은 인사를 청탁했다. 결과적으로 실패한 인사 청탁이었지만 조직문화에 깊은 생채기를 남겼다.

KBS 내부 인사에서 권력의 개입으로 개인적 불이익을 당한 적은 있는가?

2008년 이명박 정부 초기, KBS 국장급 인사를 앞둔 시기에 청와대의 한 인사가 '이화섭은 세탁할 인물'이라고 언급했다는 말을 전해 듣고 경악했다. 머리를 씻는 세탁, 이른바 세뇌(洗腦)해야 한다는 뜻이었다. 노무현 정부 시절에 KBS의 중요 보직을 맡았다는 이유로 이 말이 나왔다고 짐작했다.

공교롭게도 그 인물은 KBS 재직 시절 프로그램을 편향적으로 진행한다는 지적을 받고 KBS를 떠났다. 본인은 부인했지만 나중에 이명박 정부의 청와대로 직행해 KBS 인사를 상당 부분 주물렀다고 전해진다. 나는 한직인 방송문화연구소장으로 발령이 났다.

사람의 사상을 근본적으로 바꾸는 '세뇌'는 중공군이 미군포로를 교육하는 데 사용한 용어이다. 그래서 좌파만 쓰는 말인 줄 알았다. 그런데 우파는 '세뇌'를 '세탁'으로 바꾸어 쓰고 있었다.

그렇다면 권력이 KBS 인사에 광범위하게 개입한다는 말인가?

광범위하다는 표현은 무리가 있겠지만, 주위에서 일어나는 여러 사례를 직접 경험하거나 옆에서 지켜보았다. 2013년 여당 중진의원은 부장급 KBS 카메라 취재기자의 인사에 깊은 관심을 보였다. KBS 정기 순환인사에 따라 카메라 국회반장을 바꾸려하자 '정권 창출에 공이 큰 기자'라며 계속 국회 출입기자로 남길 것을 요구했다.

현재 KBS 자회사 사장으로 보임된 인물은 정치권 실세의 도움으로 자회사 사장 자리에 올랐다는 의혹이 불거지기도 했다. KBS의 한 아나운서는 이명박 정부에서 실세 권력의 힘으로 중요 프로그램을 맡았다는 소문이 퍼져 구설에 오르기도 했다. KBS 지역총국장 인사는 해당 지역구 중진의원이 뒷배가 되어 영향력을 행사하는 바람에 폐단이 많았던 적이 있다. 작고한 박권상 사장에 대한 후배들의 회고록에는 KBS 정치부장 인사를 둘러싸고 정치권이 영향력을 행사했다는 대목이 나오기도 한다.

그렇다면 권력이 다른 언론사 인사에도 개입하는가?

공영방송인 MBC 인사 역시 권력의 영향권에서 벗어나기 힘들다. MBC 엄기영 사장이 임원 인사를 두고 방문진 이사와 갈등을 빚다가 사의를 표명한 사례는 유명하다.

방문진 이사의 뒤에는 정치권의 힘이 작용한다는 말을 들은 적이 있다. 김우룡 방문진 이사장은 이른바 '청와대 조인트 발언'으로 이사장직에서 물러났다. 그건 청와대가 MBC 김재철 사장을 뒤에서 조종했다는 말이다. 이완구 국무총리 후보자에 대한 녹취록 사건은 권력이 공영방송뿐 아니라 개별 언론사의 인사에도 광범위하게 개입하고 있음을 보여주는 극단적 사례이다.

정치권이 왜 KBS 인사에 개입한다고 보는가?

KBS 이사회에서 선임한 KBS 사장을 대통령이 임명하는 지배구조는 불가피하게 정치권의 간섭을 부르게 된다. 극단적으로 말하자면 지금은 국정교과서를 지지하는 KBS 이사가 KBS 사장을 뽑고, 정권이 바뀌면 국정교과서를 반대하는 KBS 이사가 KBS 사장을 뽑는다.

KBS를 집권세력의 영향력 아래 두는 지배구조로는 방송법에서 보장하는 KBS의 독립성을 지키기가 힘들다. 더구나 KBS는 감사원 감사를 받고, 국회 상임위원회의 국정감사까지 받는다. 방송통신위원회의 제도적 통제는 말할 것도 없다. 정치권은 이런 약점을 들여다보고 KBS 인사에 개입한다. 정치권이 인사 청탁에 적극적인 배경에는 기자나 PD를 우군세력으로 묶어두려는 불순한 동기가 숨어있다. KBS의 인사권자도 유력 정치인의 청탁을 들어줄 경우 생기는 이익에 눈이 멀게 된다.

정치권력은 KBS 내부 인사의 부탁을 받고 KBS 인사에 개입하는 것이 아닌가? 그것은 더 큰 문제가 아닌가?

정말 심각한 문제이다. 음습한 조직문화를 그대로 보여주는 부끄러운 자화상이다. 대부분의 KBS 구성원은 선량하고 자긍심을 가지고 있다. 공영방송인으로서 품격을 대단히 중요하게 여긴다.

항상 물을 흐리는 몇몇이 문제가 된다. KBS 구성원 중 유독 정치권과 신임사장이 될 가능성이 큰 인물에게 줄 서는 사람이 있다. 여당 원내대표가 'KBS에는 그렇게 할 일이 없느냐. 웬 사람들이 그렇게도 국회의원실을 드나드느냐?'고 편잔주는 소리를 들은 적도 있다.

정치권 실세 여러 명에게 본인이 희망하는 보직이나 승진을 부탁하는 것은 KBS 구성원이 정치권을 상대로 벌이는 인사 로비의 전형이다. 정치인 A, B, C가 같은 사안을 두고 꼭 같은 인사 청탁을 하는 걸 보면 알 수 있다. 구체적 예로 정치권의 여당 원내대표, 방송 관련 상임위원장, 청와대 홍보수석 3명이 특정인의 인사를 두고 KBS 사장, 보도본부장, 보도국장에게 각각 따로 인사를 청탁한다고 가정해 보자.

정치권에 청탁하는 KBS 인사가 다수이고, 매 건마다 여러 명의 정치인이 여러 명의 KBS 인사에게 같은 부탁을 한다면 어떻게 되는가? 청탁과 관련한 말이 부풀려질 대로 부풀려져 인사철이 되면 벌집을 쑤신 것처럼 요란하다. 외부에 청탁하지 않는 사람조차 경쟁자의 비겁한 행위로 불이익을 당하지 않기 위해 온갖 정보를 수집해 반격하기도 한다. 각종 협회보, 노보, 심지어 외부 매체에까지 KBS의 인사 잡음이 쏟아진다.

KBS 구성원이 우수한 프로그램 제작을 통해 쌓은 업적과 성과를 갉아먹는 이런 불법적 청탁이 항상 성공하지는 않는다.

KBS 주요 보직 인사를 KBS 사장이 정치권과 조율한다는 소문은 사실인가?

KBS 사장은 주요 보직자를 임명할 때 성향을 대단히 중요하게 여긴다. 이는 권력의 취향을 반영한 인사를 한다는 뜻이다. 임원은 물론이고 주요 국·부장의 보직은 대략 그런 흐름이 있다. 아마 이른바 코드인사 때문에 사전 조율한다는 말이 나오는 것으로 보인다.

구성원의 성향에 따른 인사는 프로그램의 방향성을 결정한다. 예컨대 진보성향이든 보수성향이든 프로그램 제작을 담당할 사람과 코드가 맞지 않으면 정책적 프로그램을 만들 수 없다. 보수적 시각을 가진 KBS 구성원이 송두율이나 정율성의 다큐멘터리를 만들 수는 없다. 반대로 진보적 시각을 가진 사람은 이승만이나 백선엽을 미화하는 프로그램을 제작할 수 없다. 이것은 역사관과 관련한 거대한 담론(談論)이기도 하다. 문화권력의 지도를 그리는 사람에 대한 인사이기도 하다. 성향을 구분해 인사하는 것은 진보든 보수든 공영방송 KBS가 통시적으로 지켜야 할 불편부당성을 상습적으로 위배하고 있음을 뜻한다.

사장 공모과정에 KBS 일부 구성원은 자발적으로 또는 권유에 따라 사장 옹립 운동을 벌이거나 지지세력임을 표명한다. KBS 내부는 정치판과 크게 다르지 않다. 내부권력은 국회에 해당하는 KBS 이사회, 정부에 해당하는 KBS 집행부, 사법부에 해당하는 감사조직, NGO에 해당하는 노동조합과 각종 협회가 있다. 이들은 유·무형으로 KBS 인사권에 관여하면서 어떤 경우에는 실력을 행사하기도 한다.

정치권의 KBS 인사 개입은 계속될 것 같은가?

현재의 KBS 지배구조를 들여다보면 지금까지 있는 인사 부정청탁이 근절될 것 같지 않다. 여권이 추천한 KBS 이사가 선임해 대통령이 임명한 KBS 사장이 정치권의 실세가 청탁한 특정 인물의 인사를 거절할 수 있을까?

2016년 9월 발효되는 이른바 '김영란법'에 기대를 걸고 있다. 〈부정청탁 및 금품 등 수수의 금지에 관한 법률〉(김영란법) 제5조 부정청탁 금지 중 제3항은 채용·승진·전보 등 공직자 등의 인사에 관하여 법령을 위반하여 개입하거나 영향을 미치도록 하는 행위를 처벌하도록 규정한다. 이 법이 엄격하게 지켜진다면 공영방송 KBS의 내부 인사에서 부정청탁 폐습이 사라질 수도 있다. 정치인이나 권력기관의 인사 청탁 사실이 드러나면 엄중한 처벌을 받기 때문이다.

조직문화의 장애물

순혈주의에서 하이브리드로

뉴스룸이 순혈주의에서 하이브리드(*hybrid*) 시대로 접어들고 있다. 뉴스룸은 오랫동안 PD나 타 직종에 배타적이었고, 기자들 중에서도 순혈을 따지는 카르텔을 형성해 왔다. 다른 산업분야와 마찬가지로 방송사의 뉴스룸 역시 순혈주의와 엘리트주의만으로는 생존할 수 없다. ICT(*information & communication technology*:정보통신기술)가 대세이며, 디지털과 아날로그, 신문과 방송이 융합하고, 기자와 PD가 협력해야 경쟁력을 유지할 수 있다.

  KBS 뉴스룸은 1973년 KBS 공사 출범과 1980년 언론통폐합을 계기로 격변의 시기를 경험한다. 1973년부터 새로 공채 1기로 입사한 기자들은 종래 문화공보부 산하 공무원 출신의 KBS 기자와는 어느 모로 보나 달랐다. 이병순은 KBS 공채 4기 출신으로 제일 먼저 KBS 사장이 됐다. 김인규는 공채 1기, 길환영은 공채 8기, 조대현은 공채 6기, 고대영은 공채 11기 출신으로 차례로 KBS 사장이 됐다. 이젠 공채 출신으로 KBS 사장을 보임하는 게 대세가 된 셈이다.

공채 출신 KBS인의 세력이 아직 크지 않던 시기, 군사정권에 의해 언론통폐합이 이뤄졌다. KBS 뉴스룸은 기존의 KBS 출신에 TBC 같은 민간방송, CBS, 신문사 출신까지 뒤섞이면서 조직 갈등이 위험수위에 다다랐다. 1980년대의 뉴스룸을 돌이켜보면 토론보다는 억압된 민주주의가 수시로 이데올로기 갈등으로 터져 나오곤 했다.

이때부터 기존 KBS 출신의 순혈주의(純血主義)가 본격적으로 발호하기 시작했다. KBS 뉴스룸의 '성골'(聖骨)에 해당하는 순수혈통은 KBS 공채 기수이면서 본사 출신으로 분류할 수 있다. 같은 KBS 공채 기수이면서도 지역국 출신은 아무리 능력이 있어도 순수혈통 축에 끼지 않는다. 이른바 '성골' 가운데서도 주로 사건기자 중심의 계보와 정치부 출신 기자의 계보가 득세했다.

공채 출신 기자는 계보를 만들어 밀어주고 당겨주며 KBS의 주요 보직을 독점했다. 뉴스룸도 예외는 아니었다. 주요 출입처와 특파원 선발을 두고 공채 중심의 순혈주의는 큰 힘을 발휘했다. KBS 기자 가운데 몇몇은 인사철이 되면 자신의 계보에 포함된 기자를 이른바 잘나가는 출입처에 배정하려고 노력했다.

군사정권 시절에는 학도 호국단 출신이 기자로 특채되었다. 권력은 혼란기를 틈타 언론 개혁을 명분으로 특채 제도를 최대한 활용했다. 특채 입사자는 다른 조직에서와는 달리 제대로 목소리를 내지 못했다. 그렇지만 권력의 눈치를 살피는 조직문화를 만드는 데 분명 일조했다. 그때까지 KBS는 허울만 공영방송이었지 법제상으로 규정된 독립성을 보장받지는 못한 미숙아였다. 민주화 이후, KBS에서 특채는 마침내 완전히 사라졌다.

순혈주의는 혈통이나 피부색 같은 생물학적 측면에만 국한되지 않는다. 한국 사회의 고질적 병폐로 지적된 패거리문화 역시 한국인의 잠재의식에 깔린 순혈주의의 발로로 볼 수 있다.[2] 패거리문화가 문제되는 것은 정신적 유대와 집단의식이 권력 추구 등 이기적 목적에 이용되면서 배타적 순혈주의로 변질돼 사회 갈등과 증오를 확산시키기 때문이다. '우리끼리'의 순혈주의, 패거리문화는 정치계에만 국한된 것이 아니다. 고위관료, 공무원, 학계, 문화계, 검찰, 경찰, 언론 등 사회전반에 그 폐해가 드러나고 있다. KBS 뉴스룸도 예외가 아니었다.

1990년 SBS의 출범과 1993년 YTN 출범, 2011년 종편의 등장은 방송사의 순혈주의를 깨는 계기를 제공했다. 순혈주의에 염증을 느낀 상당수 기자는 자신의 둥지를 떠나 신생 방송사로 옮겨갔다.

KBS의 기자 채용은 정연주 KBS 사장 재임 시기에 큰 변화를 겪는다. 정 사장은 KBS 구성원의 순혈주의를 타파하고 부족한 인력을 급히 충원한다는 명분으로 경력기자 채용을 지시했다.

KBS는 2006년부터 3년간 경력기자 48명을 채용했다. 2006년과 2007년에는 한 해 봄·가을 두 차례씩 채용하기도 했다. 2006년의 경우 32기 공채 기자가 21명이었고 경력기자 채용은 16명이었다. 2007년은 33기 공채기자 27명에 경력기자 21명이었다. 2007년에는 해당분야에서 7년 이상의 경력을 쌓은 법조와 과학 전문기자를 채용하기도 했다. 2008년엔 공채기자 20명에 경력기자 11명이었다.

---

2 송충식(2006. 2. 20). "패거리문화와 순혈주의". 〈경향신문〉.

3년간 공채 68명을 채용하는 동안 경력기자 48명을 채용했다. 3년간 채용한 경력기자의 수는 수도권 근무기자만 놓고 보면 공채기자보다 오히려 더 많았다.

경력기자의 출신도 다양했다. 중앙일간지가 24명, 지역 민영방송 등 방송 경력자가 15명, 지방일간지 기자가 6명이었다. 특이한 경력자도 선발됐다. 월간 〈말〉 기자 1명, 한국기자협회 출신 2명, KTV 출신 기자도 1명 있었다. 중앙일간지 출신 경력기자 중에는 〈서울신문〉 출신이 4명, 〈한겨레〉 출신이 3명, 〈경향신문〉 출신이 2명 있었다. 출신 대학별로는 연세대가 8명, 고려대·서울대가 각각 7명, 경희대 4명, 한국외국어대 3명 등 다양했다.

진보정권 집권 당시 이뤄진 KBS의 경력기자 채용을 두고 KBS 기자 사회를 진보성향으로 물갈이하려는 시도라는 이야기도 있었다. 당시 KBS의 입사 면접관은 진보적 시각을 가진 지원자를 분명 선호했을 것이다. 경력기자가 입사 당시 진보적 성향을 보였을 수는 있다. 하지만 경력기자가 진보적 성향으로 KBS의 조직문화를 흔들었다는 증거는 없다.

경력기자 대부분은 중견기자로 성장해 제몫을 수행한다는 평가를 받았다. 신문기자는 방송기자 수습을 새로 받았는데 대체로 빠른 속도로 적응했다. 특히, 과학 전문기자와 법조 전문기자는 상당한 성과를 내면서 KBS 발전에 기여한다는 이야기도 들렸다.

물론 전문기자의 업무량이 적고 효율성이 떨어진다는 비판도 있었다. 이것은 전문기자제도 도입의 취지를 잘못 이해하는 데서 생기는 편견일 수 있다. 전문기자는 특정 분야만 심층적으로 접근하기 때문에 이른바 범용기자보다는 근본적으로 생산성이 떨어진다.

정연주 사장 시절의 경력기자 채용이 KBS 기자 사회의 순혈주의를 극복하고 뉴스룸의 다양성과 창의성을 높였는지는 잘 알 수 없다. 다만 KBS 경력기자 가운데 상당수는 노조와 기자협회 활동에 적극적으로 참여하면서 사내 현안에 대해 활발하게 자신의 목소리를 낸다는 이야기가 들린다.

한국 사회의 채용문화는 공채 중심에서 다양한 방식으로 바뀌고 있다. 기자 사회에도 많지는 않지만 언론사 간의 스카우트와 이직이 이뤄지면서 '입사한 매체에서 한 우물만 판다'는 인식은 옅어졌다. 그렇지만 기자 사회의 경력기자 채용이 특정 가치관을 지지하는 기자를 채용해 노사갈등을 줄이는 방편으로 악용되는 현실은 경력기자 수시채용의 한계성을 드러낸다. '끼리끼리 문화', 이른바 순혈주의를 타파하기보다는 오히려 특정 가치관을 중심으로 획일성과 동질성을 강조하는 인사정책으로 격하된다면 경력기자 수시채용이 무슨 의미가 있겠는가?

하이브리드는 이른바 잡종이다. 산악자전거와 사이클의 장점만 모아 '안전하게 빨리 달리는 하이브리드 자전거'가 나왔듯, 뉴스룸도 순혈주의의 배타성을 뛰어넘어야 창의성과 활력이 넘치는 공간으로 바뀔 수 있다.

낯설고도 익숙한 'PD 저널리즘'

저널리즘이란 매스 미디어를 통해 공공적 사실이나 사건에 관한 정보를 보도하고 논평하는 활동을 일컫는다. 현재 다양한 이름의 저널리즘이 존재한다. 방송 저널리즘이나 TV 저널리즘이란 용어는 널리 쓰인다.

저널리즘의 한계를 극복하고 대안을 찾자는 저널리스트의 도전도 계속되고 있다.

그런데 '기자 저널리즘'은 따로 존재하지 않는다. 저널리즘 행위는 비단 기자에게만 한정되지 않는다는 것이 아마 한 가지 이유일 것이다. 반면, 'PD 저널리즘'이라는 용어는 존재한다. PD 저널리즘은 한국의 방송계에서만 통용되는 말이다. 그렇다면 PD 저널리즘은 '방송 저널리즘'이나 'TV 저널리즘'과는 완전히 분리된 개념일까?

1983년 KBS 〈추적 60분〉 프로그램을 시작한 이후 PD는 탐사 영역의 시사 프로그램을 자신의 영역으로 구축하기 시작했다. MBC의 〈시사매거진 2580〉 프로그램도 이에 가세했다. PD는 방송기자가 긴 호흡의 시사 프로그램과 심층적 탐사보도에 소홀하다고 비판한다. 권위주의 정부 시절, 기자가 짧은 뉴스보도와 출입처를 통한 취재에 집중하면서 감시견(監視犬)이 아니라 애완견이 됐다고 폄하하기도 했다. PD는 PD 저널리즘만이 우리 사회의 건강성을 지켜주는 보루라고 강조하기도 했다. 시대적 상황이 변했고 기자의 시사 프로그램 제작 역량이 획기적으로 강화되었다는 사실을 외면했다.

PD 저널리즘은 시사 상식사전에도 올라있다.

PD가 취재하고 구성하는 취재보도 프로그램이다. 기자가 사실을 보도하는 반면 PD는 사실 이면에 숨겨진 진실을 보도하는 데 초점을 둔다. MBC의 〈PD 수첩〉, KBS 〈추적 60분〉, SBS 〈그것이 알고 싶다〉 등이 대표적 PD 저널리즘 프로그램이다.

이런 상식사전을 믿는다면 상식이 없는 사람이 될 수도 있다. 기자 교육에서 '사실에 대한 진실보도'는 금과옥조처럼 강조된다. 저널리스트의 기본 사명을 PD 저널리즘의 특징으로 포장한다면 그것이야말로 상식에 어긋난다.

어찌됐건 한국 사회에서 PD 저널리즘이란 용어가 널리 쓰일 정도로 PD의 영향력은 커졌다. PD 그룹은 학회와의 협력, 또는 자체 토론회나 심포지엄을 열어 그 정체성을 확립하려 노력해왔다. 기자가 외면하는 이슈를 탐사성 프로그램을 통해 의제로 만드는 것이 PD 저널리즘의 역할이라고 말하는 학자까지 나타났다.

김인규 전 KBS 사장은 기자 저널리즘과 PD 저널리즘을 이렇게 설명한다. 3 기자가 객관보도를 지향하는 반면, PD는 탐사 내지 주창 저널리즘을 표방한다. 기자가 제작 원칙으로 사실성, 객관성, 공정성, 다양성 등을 기준으로 삼는 데 비해, PD는 발단-전개-위기-절정-결말의 구성을 중요하게 여긴다. 정보 선택 기준도 다르다. 기자는 뉴스가치를 우선으로 여기고, PD는 이야기 구조의 적합성을 따진다.

기자의 제작 자율성은 강력한 게이트키핑과 도제식 훈련의 영향으로 비교적 낮은 편이다. PD의 제작 자율성은 상대적으로 높게 보장받는다. 특정 프로그램을 제작하다가 제작자가 교체되는 상황을 가정해 보자. 기자의 보도내용은 크게 달라지지 않는다. 그러나 PD의 경우, 이야기 구조의 뼈대 자체가 크게 달라진다.

다큐멘터리를 드라마와 같다고 여기는 한 PD의 설명을 빌리면 PD

---

3 김인규(2005). 《방송인 김인규의 공영방송 특강》. 서울: 커뮤니케이션북스.

저널리즘을 조금 더 쉽게 이해할 수 있다. 4 그는 다큐멘터리를 "사실의 단순한 모음이 아니라 사실을 다큐멘터리스트의 주관성을 바탕으로 정리해 주제에 맞게 배열한 스토리"(*to document reality*)라고 정의한다. 다큐멘터리는 '있는 그대로'가 아니라 '현실의 표상 또는 묘사'를 다룬다. PD는 시사 다큐의 경우 사실에 주관적 해석이 들어갈 수도 있다고 교육받는다. 나아가 다큐멘터리는 사실에 대한 주관적 해석을 위한 포맷이라고 믿는다. 이 관점에서 다큐멘터리스트의 주제 선정은 자기가 생각하는 가치를 표현하기 위한 수단이 된다.

PD 저널리즘을 더욱 잘 설명하는 글도 있다. 이 글은 물론 PD 저널리즘이 아니라 스토리텔링 기법, 정확하게는 인포테인먼트[*infotainment*: 정보(*information*)와 오락(*entertainment*)의 합성어]의 중요성을 설명하지만 PD 저널리즘의 특징을 설명하는 데 도움이 된다. "5W 1H의 새로운 접근"이란 주제였는데 골자는 대략 이러하다.

> 누가(*who*)를 등장인물로, 무엇(*what*)을 줄거리로, 어디서(*where*)를 무대로, 그리고 어떻게(*how*)를 이야기로 생각하면, 우리는 정보와 이야기를 융합할 수 있다. 사람들이 세상을 이야기하는 데 필요한 정보를 제공하는 것이 저널리즘의 목적이다. 첫 번째 도전은 사람들이 살아가는 데 필요한 정보를 제공하는 것이다. 두 번째 도전은 그 정보가 의미, 관련성, 매력을 지니도록 하는 것이다.

정보를 스토리텔링할 때 가능하면 극적이고 오락적인 요소를 가미해

---

4 이영돈(2010). 《TV 프로그램 기획 제작론》. 서울: 커뮤니케이션북스.

재미있게 표현할 것을 권장하고 있다. PD 저널리즘의 특징을 잘 보여 준다는 생각이 든다.

PD 저널리즘은 광우병 파동이나 황우석 연구 조작사건 등 우리 사회의 민감한 대형 이슈와 관련해 큰 논란을 불러일으키곤 했다. 우리 사회에 필요하고 중요한 의제를 과감하고 시의적절하게 설정하는 것은 매우 긍정적이다. 그렇지만 프로그램의 공정성과 공익성이 도마에 오르기도 했다. 대부분 제작자의 주관적 해석이 지나친 나머지 프로그램의 균형성을 상실해 문제가 된다.

2008년 MBC 〈PD 수첩〉이 방송한 '미국 쇠고기 수입협상의 문제점' 보도는 여러 건의 민형사상 쟁송 끝에 대법원의 최종심으로 무죄가 선고됐다. 그러나 대법원은 '대한민국 국민이 광우병에 걸릴 가능성이 더 크다는 보도는 허위보도이며, 정정보도를 내라'고 판결했고, MBC는 2011년 9월 5일 공식 사과문을 발표했다.

방송제작 가이드라인을 적용해 보면 광우병 위험을 강조한 이 프로그램의 흠결은 적지 않다. 작은 부분은 부풀려지고 정확하지 않은 사실도 있었다. 그래서 저널리즘의 본령을 망각한 프로그램이라는 비판을 받기도 했다.

PD 저널리즘의 위험성은 KBS의 한 시사 프로그램에서도 극명하게 노출됐다. 2003년 11월 신설돼 5년 가까이 방송됐던 KBS 2TV 〈생방송 시사 투나잇〉이다. 이 프로그램은 국내외 시사관련 현안을 월요일부터 목요일까지 밤 12시부터 40분간 방송했다.

프로그램이 출범한 지 1년이 채 안 된 2004년 9월 한나라당은 KBS의 〈시사 투나잇〉이 지독한 편향성을 드러낸다는 모니터 보고서를 내고 취재 거부를 결정했다. 노무현 대통령의 국가보안법 폐지 발언 이후 공영방송 KBS가 보안법 폐지를 지지하는 의견을 일방적으로 방송했다고 지적했다. 그 이듬해인 2005년 3월 18일에는 〈시사 투나잇〉이 내보낸 한 시사만평 코너에서 당시 야당 국회의원이었던 박세일, 전재희 의원을 발가벗기다시피 패러디해 정연주 사장이 공식적으로 사과하는 일까지 벌어졌다.

PD 저널리즘을 더 자세히 이해하기 위해 시사 프로그램 제작방법을 들여다보자. PD는 대체로 영상을 먼저 구성한 뒤 내레이션을 만든다. 특히, 다큐의 경우 영상에 나타나는 현실을 있는 그대로 보여주면서 주관적 해석으로 서사구조를 만든다. 기자의 뉴스나 다큐 제작방법에서 대부분 원고를 먼저 쓴 다음 영상을 구성하는 것과는 정반대이다.

이런 제작방법은 많은 장점이 있다. PD가 만드는 프로그램은 영상과 오디오가 일정하게 평행구조를 이룬다. 시청자의 감정을 건드리는 서사구조가 자주 등장해 소구력도 높은 편이다. 영상이 없는 부분은 과감하게 생략된다. 영상이 생략된 부분은 스튜디오 진행자가 내레이션으로 보완하기도 한다. 감정은 편안하게 드러나고 주관적 평가도 간간히 가미돼 재미를 더한다. TV 저널리즘 영역에서 프로그램의 드라마화와 재연은 PD가 기자보다 150배나 많이 사용한 것으로 나타났다는 연구결과가 있을 정도이다.

PD는 프로그램 제작과정에서 자신의 신념과 가치에 부합하는 면을 강조하는 데 비교적 관대하다. 영상이 좋고 재미있는 부분은 최대한 늘려서 제작한다. 그림이 없는 부분은 생략된다. 기자는 영상이 아무리 뛰어나도 사실을 배열하면서 균형이 깨지는 것을 본능적으로 회피한다. 객관적 시각으로 이것저것 다 넣다보면 정확하게 균형 잡힌 프로그램은 될 수 있을지언정 재미없는 프로그램이 되기 쉽다.

이런 제작 방식이 시사 다큐의 영역으로 접어들면 위험에 빠진다. 특히 정의와 불의, 선악, 가해자와 피해자를 다루는 고발 내지 탐사 프로그램일 경우 위험성은 더욱 커진다. 예를 들어 용산 참사사건이나 세월호 침몰사고를 다루는 다큐를 정파적 시각으로 접근하면 프로그램의 전체적 균형은 깨지기 쉽다.

PD는 프로그램의 방향성을 정하고 제작진을 조직하며 지휘·감독하는 데 익숙하다. 건설 현장의 현장소장 내지 감독의 역할을 수행한다. AD, PD, CP, EP는 분명 도제(徒弟) 제도의 프로세스를 일컫는다. 이 과정에서 PD는 말하고 싶은 것을 말하는 대중예술가로 훈련받는다. 그들은 저널리즘에도 비슷한 원리가 적용된다고 믿는다.

여기서 기자라면 반드시 읽어야 하는 저널리즘 서적 5의 한 대목을 보자. "언론은 항해의 길잡이여야 하며, 필요한 부분만 강조하는 잘못된 지도를 그려서는 안 된다". 시청자에게 포괄적이고 전체적인 맥락을 전달해야 한다는 것이다. 만약 울릉도를 제주도보다 크게 그리거나 한반도를 중국대륙보다 더 크게 그린다면 지도의 의미는 상실된다. 그 지도를 보고 항해하는 선박은 좌초하기 마련이듯 궁극적으로 시청자는 방향성을 상실하게 된다.

---

5 Kovach, B. & Rosenstiel, T. (2001). *Elements of Journalism: What Newspeople should Know and the Public should Expect.* 이재경 (역) (2008). 《저널리즘의 기본요소: 기자가 알아야 할 것과 독자가 기대하는 것》. 서울: 한국언론진흥재단.

한국에서 자생한 PD 저널리즘은 진화할 생각도, 의지도 없이 민주화 시대 이전의 상황 인식에 머물러 있다. 기자 저널리즘이 따로 존재하지 않듯 PD 저널리즘 역시 별도로 존재해야 할 이유가 없다. 다만 저널리즘의 기본 원칙과 다큐멘터리 정신이 존재할 뿐이다. PD 저널리즘이란 용어가 PD만의 자기만족을 위한 용어가 아닌지 되돌아봐야 할 때가 됐다.

기자-PD 협업의 장애물

기자와 PD는 프로그램을 직접 제작한다는 매력 때문에 방송사의 꽃으로 불린다. 그들은 같은 방송인이니 바깥세상에서 보기엔 매우 협조적일 것 같아 보인다. 속을 들여다보면 정반대이다. 협업하기보다는 소모적으로 경쟁하면서 수시로 충돌한다. 서로 좋은 시간대에 자신의 프로그램을 편성하기 위해 경쟁하고, 한정된 프로그램 제작비를 두고 쟁탈전을 벌이기도 한다. 물론 드라마나 예능 PD가 아니라 다큐나 시사교양 장르의 PD와 기자 사이에서 일어나는 긴장과 갈등이다. PD는 자신이 담당하는 시사 프로그램이 보도본부로 넘어갈까봐 경계심을 늦추지 않는다. PD가 담당하는 〈생방송 심야토론〉[6]을 기자에게 넘긴다고 생각해 보라. 여기에 동의하는 PD는 조직의 배반자로 낙인찍힌다.

---

6 〈생방송 심야토론〉은 2016년 9월 폐지되고 일요일 오전에 방송되는 〈일요토론〉 프로그램으로 대체됐다. 〈생방송 심야토론〉은 1987년 신설돼 30년 동안 MBC의 〈100분 토론〉과 함께 한국의 토론문화 발전에 기여했다.

차림새도 완전히 다르다. 청바지와 셔츠 등 편한 복장에 수염까지 기르는 PD는 개성이 넘친다. 기자는 반듯한 머리 스타일에 정장차림이 머리에 떠오른다. 차림새가 다른 것만큼이나 기자와 PD는 물과 기름처럼 이질적이다.

기자와 PD는 스스로 자신의 한계점을 잘 알고 있다. 프로그램을 제작하다보면 프로그램의 특성에 따라 PD와 기자의 협력이 절실한 때가 많다. 예를 들어 선거방송의 총연출은 기자보다 PD가 월등하게 잘한다. PD는 스튜디오 제작과 카메라 워킹이 유연하고 화려하다.

한 KBS 기자가 역사탐사 다큐 프로그램을 만들었을 때 심각한 내용을 재미있게 풀 수 없어 고민하는 것을 보았다. 결과적으로는 던지는 메시지가 너무 많아 호흡이 거친 프로그램이 되고 말았다. 시청자는 너무 심각하거나 긴장감이 계속되는 프로그램에 부담을 느낀다. 긴장과 이완을 반복하는 재미있고 유익한 방송을 보기 원한다. 이런 프로그램은 PD가 잘 만든다.

기자와 PD가 힘을 합치면 시너지 효과가 날 수 있다. 그렇지만 기자와 PD의 협업은 대부분 실패로 끝났다. 한국 방송사에 기록된 최초의 기자-PD 협업 프로그램은 2001년 신설된 MBC의 〈피자의 아침〉이다. MBC는 기자 14명과 PD 15명으로 시사정보국을 신설했고, PD의 '피'와 기자의 '자'를 합성한 〈피자의 아침〉이라는 뉴스교양 프로그램을 제작했다. 이 프로그램은 매일 아침 6시 30분부터 150분 동안 방송됐다. 시작은 좋았으나 두 직종 간의 갈등으로 불과 5개월 만에 프로그램 중단 사태를 맞았다.

KBS는 조직개편을 통해 TV 본부에 있던 〈추적 60분〉 프로그램을 보도본부 시사제작국으로 이관한 적이 있다. 〈PD 수첩〉이 많은 성과에도 불구하고 게이트키핑에 소홀해 기자-PD협업이 필요하다고 판단했기 때문이다. 〈추적 60분〉의 PD들은 오랫동안 조직적으로 저항했다. 기자의 데스킹을 받아들이려 하지 않았다. 천안함 피격사건이 일어났을 때 같은 시사제작국 안에서도 기자와 PD가 제작하는 프로그램은 방향성이 완전히 달라 큰 혼란이 있었다.

가장 큰 애로는 게이트키핑의 문제이다. 기자는 데스킹 제도를 통해 매우 까다롭게 프로그램을 게이트키핑한다. 반면 PD는 제작 자율성을 대단히 존중한다. 제작 자율성과 창의성이 강조되면서 게이트키핑도 상대적으로 느슨하다.

게이트키핑과 관련한 문제는 제작 시스템상의 작가제도와 깊은 관련이 있다. PD는 연출을 담당하고 원고 작성과 프로그램 구성은 작가에게 맡긴다. 실제로 지상파 방송사에는 수백 명에 이르는 작가가 활동한다. 다큐 전문작가 가운데는 이념적으로 단단히 무장한 사람도 있다. 그들의 가치관은 명확하며 자신이 하는 일이 사회변혁 운동에 기여한다는 자긍심도 매우 높다.

이들의 전문성은 프로그램에 대한 영향력으로 나타난다. 실제로 PD가 제작하는 프로그램에는 작가의 생각이 크게 반영된다. 다큐와 교양 장르에서 PD와 작가의 관계는 매우 끈끈하다. PD는 자신의 생각과 잘 맞는 작가를 찾아 프로그램을 제작한다. 이른바 '왕(王) 작가'가 되면 PD보다 더 큰 영향력을 발휘하려고 시도하는 경우도 있다.

기자는 데스크를 통해 게이트키핑을 하기 때문에 프로그램에 조직 목표가 자연스럽게 반영된다. 요즘은 기자도 데일리 뉴스가 아닌 대형

시사 프로그램을 제작할 때 작가를 고용하는 게 대세이다. 그렇지만 작가가 쓴 원고는 담당 기자와 데스크의 엄격한 게이트키핑을 과정을 거친다. 어떤 작가는 자신이 쓴 원고를 너무 많이 고치는 것이 싫어서 아예 기자와 함께 일하는 것을 꺼리기도 한다. 그렇지만 기자의 시각으로 보면 작가가 쓴 원고가 균형감을 상실해 아찔한 때가 많다.

게이트키핑에 대한 기자와 PD의 인식 차이는 저널리즘을 바라보는 시각 차이에서 비롯된다. 기자는 공정성과 객관성을 매우 중요하게 여긴다. PD는 주관적 해석에 관대하고 경향성을 드러내는 것을 두려워하지 않는다. PD는 기자와 협업할 경우 전통적 데스킹 절차가 자신의 제작 자율성을 위축할 것을 우려한다.

PD가 제작한 프로그램을 데스킹할 때 기자는 균형감을 유지하는 데 어려움을 겪는다. 여기서도 영상을 먼저 편집한 다음 서사구조를 덧붙이는 제작과정이 문제가 된다. 근본적으로 반론권을 주는 취재 분량이 적어 종합 편집과정에서 프로그램 완성도를 높이기가 쉽지 않다. 생생한 녹취로 반론을 넣으려고 해도 취재한 것이 없다면 별 도리가 없다. 반론을 넣어 프로그램의 균형을 잡을 수 있는 길이 상당 부분 차단된다. 방송시간이 임박했다면 스튜디오 진행자 멘트나 내레이션으로 대체하는 방법이 있다. 그렇지만 프로그램 완성도는 현저하게 떨어질 수밖에 없다. 물론 모든 PD가 다 그렇다는 말은 아니다.

공영방송은 프로그램의 경향성을 보호하지 않는다. 정치적 중립의무가 법으로 규정되어 있다. 따라서 정파적이어서는 안 된다. 저널리즘의 기본을 준수하다 보면 보도 프로그램이 무미건조해지는 경우가 많다. 공영방송의 방송 저널리스트는 불편하더라도 언론의 자유에 수반

되는 사회적 책임을 먼저 생각해야 한다.

기자와 PD의 협업을 가로막는 것 중 하나로 취재 원본의 공유 문제가 있다. 매우 현실적인 문제이다. 방송기자는 취재한 영상과 인터뷰 원본을 뉴스 프로그램에 사용한다. PD가 제작하는 시사 프로그램에 이 취재 원본을 그대로 넘겨주는 것은 과연 안전할까?

결론부터 이야기하자면 매우 위험하다. 우선 취재기자가 취재원과 약속한 부분을 충분히 전달하기도 힘들고 약속을 이행하기도 힘들다. 예를 들어 인터뷰 녹취 가운데 취재원과 사용하지 않기로 약속한 부분이 있다면 가편집으로 일일이 걸러내야 한다. 특히, 정치 분야의 취재일 경우 이런 약속을 위배하면 취재원과의 신뢰에 금이 가게 된다. 이후에는 그 취재원과 우호적 관계를 유지할 수 없게 된다.

리포트를 제작하는 과정에는 인터뷰의 공정한 편집을 염두에 두어야한다. 불편부당성과 비정파성 준수 의무에 해당한다. 예를 들어, 정치부 기자가 특정 정책과 관련한 갈등을 리포트할 때는 정치적 견해가 다른 두 개 정당의 입장을 인터뷰로 반영해야 한다. 저널리즘에서 이른바 '양적 균형'을 지키는 방법이다. 만약 PD가 정치부가 취재한 원본 인터뷰 가운데 특정 정당 것만 사용한다면 정파적이라는 비난을 피할 수 없게 된다. 특정 인물의 주장을 다른 한쪽보다 크게 부각시키는 것도 정파적이다. 정치적 쟁점과 사회 현안을 균형 있게 다루는 것은 고도의 전문성을 필요로 한다.

KBS PD가 〈생방송 시사 투나잇〉이라는 시사 프로그램을 만들었을 때 KBS 기자는 이런 문제에 봉착했다. 초기에는 협업 정신을 살려 취재 원본을 PD에게 제공했으나 나중에는 취재 원본뿐 아니라 방송 원본조차

396

PD에게 제공하기 어렵게 됐다. 정부 정책과 관련해 특정 입장만 강조하는 인터뷰만 선택해서 프로그램을 구성하는 일이 일어났기 때문이다.

만약 시사정보 프로그램이 한 부서에 속해 있고 구성원의 가치관이나 지향점이 대체로 일치한다면, 이런 걱정은 상당히 줄어들 것이다. 그렇지만 한국적 PD 저널리즘이 존재하는 한 기자-PD 협업을 원활하게 추진하기는 매우 힘들다. BBC나 NHK, 독일의 공영방송사는 기자와 PD 모두 방송 저널리스트로 육성한다. 시사 프로그램을 관장하는 부서도 기자와 PD가 따로 분리되지 않고 통합된다. 그러니 기자와 PD가 자연스럽게 협업하면서 시너지 효과는 극대화된다.

KBS도 2016년 조직개편을 통해 보도본부가 관장하던 시사제작국을 TV 제작본부로 이관했다. 지금까지 〈추적 60분〉 등 시사 프로그램을 보도본부로 이관한 적은 있었으나 보도본부가 관장하던 프로그램이 PD 중심인 TV 제작본부로 넘어간 적은 없었다. 시사 프로그램을 같은 본부 소관으로 모아놓았지만 기자와 PD가 각자의 프로그램을 제작하면서 협업은 이뤄지지 않고 있다. 이 문제가 조직개편으로 해결될 문제가 아님을 드러낸다. 기자와 PD가 이른바 'KBS 저널리즘'에 대해 공감하고, 직종 이기주의를 넘어서지 않는 한 기자-PD 협업은 아득하게 멀다.

KBS의 경우 1992년부터 PD 특파원 제도가 신설되면서 웃지 못할 일도 빚어졌다. 특정 해외지국에서 똑같은 아이템을 기자 특파원과 PD 특파원이 각자 취재한 뒤 소속본부의 서로 다른 프로그램을 통해 방송했다. 비효율도 문제였지만 주제를 바라보는 시각도 달랐다. 시청자는 같은 KBS에서 기자와 PD가 다른 목소리를 내는 경우를 보게 됐다.

공영방송의 정체성과 지향점이 모호해지는 경우도 있다. 해외에서 벌어지는 국제·정치적인 문제를 두고 기자 특파원은 비판적 보도를 하고, PD 특파원은 우호적 시각으로 프로그램을 제작한다면 문제는 심각해진다. 세계화와 같은 거대담론을 두고 다양한 시각으로 프로그램을 만드는 것은 충분히 이해할 수 있다. 그러나 반인륜적 테러범죄를 두고 KBS의 지향점이 프로그램마다 다르다면 큰 문제가 될 수 있다.

극단적 사례를 들어본다. 2001년 미국 9·11 테러가 났을 당시 뉴욕 특파원은 공무출장으로 한국에 있었다. PD 특파원이 현장을 취재했으나 메인 뉴스인 〈KBS 뉴스9〉조차 PD 특파원의 생생한 영상을 한 컷도 쓰지 못한 채 발만 동동 굴렀다. 담당 PD와 프로그램 책임자는 PD가 취재한 영상은 가장 먼저 PD 프로그램에 사용해야 한다고 주장하며 해당 영상을 뉴스룸과 공유하지 않았다. 기자든 PD든 자신이 취재한 내용은 모두 KBS의 자산이 된다는 사실을 잊고 있었거나 아예 무시한 것이다. 〈일요스페셜〉이 방송된 다음에야 PD가 취재한 내용을 사용할 수 있었다.

기자와 PD 협업의 장애물은 2003년 11월 〈생방송 시사 투나잇〉 출범 당시 벌어졌던 논쟁에서 적나라하게 드러난다. 〈시사 투나잇〉 제작진은 국내외 뉴스를 PD적 시각으로 해석하겠다고 선언했다. 이 프로그램이 정규 편성될 때까지 보도본부는 까마득하게 모르고 있었다. 심지어 당시 편성국장도 프로그램을 어떻게 설계하고 있는지 모르고 있었다고 실토했다.

프로그램 출범을 코앞에 둔 그해 10월 31일 금요일 오후, 정연주 사장은 보도본부와 TV 편성본부 핵심간부들을 사장실로 불러 모았다. 본부장, 국장, 편집주간, 취재 1주간, 편성국장, 제작본부장, 〈시사 투나잇〉 CP, 기획제작국장 등이 참석했다. 기자-PD 협업과 관련한 격렬한 논쟁이 벌어졌던 것으로 전해졌다. 이 자리에서 보도본부가 폈던 주장을 정리하면 다음과 같다.

보도본부가 뉴스 영역 지키기 차원에서 반대하는 것이 아니다. 뉴스룸의 기자 수백 명이 여러 단계의 게이트키핑을 거쳐 제작하더라도 뉴스 제작에 오류가 생긴다. PD가 뉴스 취재원도 없는 상황에서 시사 프로그램을 제작하는 것은 무리이다. 보도본부 인력이 충원되면 보도본부에서 시사 프로그램을 담당하겠다. PD가 대형 종합뉴스를 제작하는 것은 무리이다. 같은 뉴스를 달리 해석해 보도하는 데 대해서도 우려하지 않을 수 없다. 시청자는 기자와 PD를 구분하지 않기 때문에 PD가 제작한 시사 프로그램의 데스크 기능 강화는 무엇보다 중요하다.

〈시사 투나잇〉 출범 당시 PD들은 보도본부의 반발을 의식해서인지 '뉴스는 안 한다'고 했으나 첫 방송 큐시트를 받아보니 종합뉴스임이 드러났다. 간추린 뉴스 3분, 기자가 출연하는 핫이슈 7~8분, PD의 화제성 리포트 등으로 구성되었다. 그해 11월 4일 보도국장의 입장이 전달됐으나 PD의 뉴스 프로그램 제작을 막을 수는 없었다. 사태는 걷잡을 수 없이 커져 지역기자들은 〈시사 투나잇〉 참여를 거부하기도 했다.

이를 두고 정연주 사장은 11월 11일 확대 간부회의에서 '구성원에게 자율과 독립성을 준 것이 이런 결과를 낳았느냐'며 실망감을 나타냈다. 정 사장은 PD의 시사 프로그램 완성도를 높이는 데 재를 뿌린 것이라고 질타하기도 했다. 이 시기에 구성원의 자율과 책임을 두고 간부와 직원 사이에 갈등이 증폭돼 위험수위를 오락가락 했다.

방송학회 보고서 중에는 '뉴스 프로그램 완성도 제고를 위해 총괄 PD 제를 도입한다'는 제안이 들어있다. 10년 이상 교양·예능 프로그램 제작을 경험한 중견 이상의 PD를 확보하여 프로그램별 총괄 PD로 활용할 것을 권고한다. 총괄 PD는 프로그램의 전체적 색깔, 분위기, 방향성 등을 기획하고 화면 구성, 앵커 움직임, 카메라 워킹 등 세세한 부분까지 관리·감독하도록 해야 한다며 구체적 역할까지 규정하고 있다.

한때 KBS는 뉴스 PD를 공개 채용했다. 지금은 한 명도 남아 있지 않다. 모두 기자와 일반 PD로 제 갈 길을 찾아갔다. KBS는 장기적 뉴스 발전을 위해 뉴스전문 PD를 채용했지만 뉴스룸은 이들을 받아들일 준비가 전혀 되어있지 않았다.

정연주 KBS 사장은 2005년 1월 신년 업무보고 자리에서 "기자와 PD 협업이 중요하다. PD와 아나운서도 저널리스트이다"라고 말했다. 또, 김인규 사장은 한국방송의 취재제작 시스템은 기자와 PD가 균형을 잡고 달려야 하는 '두 발 자전거'여야 하는데 두 바퀴를 분리한 채 아슬아슬하게 '외발 자전거'로 달리고 있다고 우려했다. KBS 역대 사장들의 이런 지적은 기자와 PD가 '국 따로 밥 따로'인 KBS의 고질적 병폐와 KBS의 원시적인 조직문화를 지적한다.

방송 저널리스트 실험

김인규 사장 재임시절 추진한 기자-PD협업 모델은 끝내 실패했다. 방송 저널리스트 채용제도는 2010년부터 3년간 김 사장 재임 시기에만 지속됐다가 사장이 바뀌면서 사라졌다. KBS는 2010년 11월 공채 37기 방송 저널리스트 16명, 2011년 8월에 38기 21명, 2012년 7월에는 39기 23명을 채용했다. 3년 동안 60명의 방송 저널리스트를 채용했다. KBS 공채 37기는 방송 저널리스트 1기인 셈이었으나 지금 방송 저널리스트 제도는 아스라한 기억 속에만 남아 있을 뿐이다.

김인규 KBS 사장은 2012년 신년 지역총국장 업무보고 자리에서 방송 저널리스트 제도를 이렇게 설명했다.

37기, 38기 방송 저널리스트는 제도개혁의 최전선(*front line*) 에 서 있다. 기자-PD-내레이터-에디터 직종이 통합되는 효과가 있을 것이다. 직종 통합, 조직 통합, 인력 조정이 가능하며 기자와 PD를 여러 번 두루 쓸 기회가 있다. 진정한 방송인(*broadcaster*) 은 저널리스트 아닐까? 씨앗을 잘 받아 꽃피울 수 있도록 할 것이다. 소통 비용은 돈과 시간이다. 새로 채용된 젊은 기자와 PD를 수시로 만나 대화하길 바란다.

방송 저널리스트 제도란 한마디로 입사할 때부터 기자와 PD를 넘나들 수 있는 인재를 뽑아 긴 안목으로 키우자는 것이다. 이를 위해 신입사원을 채용할 때 기자와 PD 구분을 없애야 했다. 명칭도 기자와 PD 대신 '방송 저널리스트'로 불렀다. 여러 부서를 돌면서 충분히 경험한 뒤 최종적으로 본인의 적성과 전문성을 고려해 직종을 선택하게 했다.

그러면서도 기자와 PD가 서로 오갈 수 있도록 개방적으로 설계됐다. KBS는 방송 저널리스트 제도가 정착되는 수준에 맞춰 시사 보도, 교양 프로그램 등 장르별로 흩어져 있는 조직과 직제를 기자-PD 협업에 맞게 바꿔나간다는 비전도 제시했다.

방송 저널리스트 제도를 도입한 가장 큰 이유는 기자와 PD의 협업을 강화해 서로의 전문성과 장점을 살리는 데 있었다. 인력 운용도 한층 효율적으로 할 수 있을 것으로 보였다. 장르별 인원 과부족 문제는 수시로 발생했다. 기자-PD 혼성 태스크 포스 구성을 놓고도 프로젝트의 방향성과 주도권 다툼으로 지원자를 찾는 데 큰 공력을 들이곤 했다. 기자와 PD는 협력할 프로그램이 많고 조직목표와 프로그램 지향점을 공유해야 하지만 수시로 가치관 충돌을 빚는다. 특히, 일부 PD는 게이트키핑 기능을 소홀히 여겨 이슈가 되기도 했다. 교양과 다큐 영역에서 사실에 대한 주관적 해석이 지나쳐 문제를 일으킬 때가 잦았다.

유사 프로그램의 중복편성, 예산배분과 집행의 비효율성 문제는 재정을 압박했다. 예컨대 기자가 제작하는 〈글로벌 24〉 프로그램과 PD가 제작하는 〈글로벌 정보쇼, 세계인〉 프로그램, 또 〈특파원 현장보고, 세계를 가다〉와 같은 프로그램은 포맷과 편성시간만 다를 뿐 모두 국제뉴스를 전달한다. 프로그램의 완성도를 높이면서도 제작비를 줄일 수 있는 방안을 알면서도 직종 이기주의 때문에 불필요하게 경쟁한다.

KBS는 이런 부작용을 극복하기 위해 장기적으로 저널리스트를 육성한다는 계획을 세워 추진했다. 취재와 제작능력을 폭넓게 갖춘 인재로 육성하는 것을 기본으로 했다. 세부적으로는 ① 취재·보도·편집에 전문성을 둔 저널리스트, ② 시사·교양·다큐 등 프로그램 제작에 전문성을 둔 저널리스트, ③ 제작 및 취재보도 영역을 넘나드는 폭넓은 시야를 갖춘 저널리스트 육성이라는 목표를 세웠다.

경력 관리를 위해 부서를 배치할 때는 본인의 적성과 능력을 고려할 수 있도록 입사 10년 이내에 다양한 직무를 경험하도록 했다. 예를 들어 본사 전보 후 2년 내외 단위로 보도, 스포츠, 교양, 시사 등 다양한 분야를 3~4개 정도 경험할 수 있도록 하되, 시사제작국 등 기자-PD 협업부서를 반드시 거치도록 설계했다. 입사 10년 이후에는 3개 경력 경로 중에서 각자 고도의 전문성을 발휘하도록 전문분야를 선택하도록 했다.

교육훈련 강화를 위해 3직급 이후 단계에서는 전문능력 개발을 위한 다양한 해외연수 프로그램을 도입하기로 했다. 특히, 저널리스트 기초교육과 저널리즘 교육을 위해 리포터, PD, 디렉터, 내레이터, 에디터 등의 세부 육성분야를 설정했다. 아울러 시사제작국과 같은 방송 저널리스트 육성에 적합한 조직과 제도를 설계하는 노력도 기울였다.

방송 저널리스트 1기에 해당하는 37기를 어떻게 운용하느냐는 대단히 중요한 문제였다. KBS 안의 이목이 모두 집중됐다. 당초 지역배치 후 2년이 지난 시점에서 본인 희망과 관련 부서의 의견, 직종별 인력 수급현황 등을 종합적으로 고려하여 PD 또는 기자직종을 부여하되, 방송 저널리스트 직종을 새로 신설하는 방안을 검토했다.

그런데 여러 돌발변수와 문제점이 드러나기 시작했다. 우선 지역근무기간에 대한 불만이 터졌다. 혹시 본사 발령이 나지 않을지도 모른다는 불신이 컸다. 방송 저널리스트는 전국 아무 곳에서나 근무한다는 조건으로 입사했지만 수도권 근무에 기대가 컸다.

기자를 지원한 신입사원이 시간이 흐르면서 PD를 하겠다며 당초 희망을 바꾸는 것도 걱정거리였다. 37기의 경우 당초 기자를 희망했다가 PD로 바꾼 사람이 5명, 저널리스트를 하겠다는 사람이 2명, 저널리스트를 원했다가 PD로 바꾼 사람이 2명이었다. 경찰 출입기자로 수습하면서 겪었던 업무 강도 때문에 기자직에 지레 겁을 먹은 사람도 있었다. 직종 부여단계에서 희망부서를 파악한 결과 PD 희망자는 11명, 기자는 3명, 저널리스트는 2명이었다. 38기는 조금 나아 PD 10명, 기자 8명, 저널리스트 3명이었다. 이것은 본사 교육기간을 3개월에서 1년으로 늘리고 지역국 근무기간에도 획일적이었던 기자-PD 교차 근무를 탄력적 운용으로 바꾼 성과이기도 하다. 그렇지만 방송 저널리스트 제도가 나중에는 뉴스룸을 고사시킬 것이라는 우려는 사라지지 않았다.

1기 방송 저널리스트를 입사 3개월 만에 지역국에 배치한 것도 신중하지 못한 결정이었다. 입사 초기 중요한 시기에 지역국에서 충실한 직무 훈련을 받기 어렵다는 점을 간과했던 것이다. 본사로 돌아갈 날만 기다리는 후배를 따뜻하게 돌볼 선배는 많지 않았다. 이 때문에 지역배치 전 본사 근무기간을 다음 기수부터는 1년으로 늘렸다. 지역국 경력 기자와 PD도 새로 뽑았다. 또한 지역총국에서 6개월 단위로 보도국과 편성제작국을 순환근무하면 프로그램 제작을 제대로 배울 수 없다는 불만이 있었다. 이 문제는 38기부터 순환 기간을 탄력적으로 운영하는 방식으로 조정했다.

KBS 김인규 사장은 2012년 11월 5일 아침 일찍 방송 저널리스트 1기인 37기와 조찬 샌드위치 미팅을 가졌다. 방송 저널리스트 제도도입 후 첫 공채기수는 그동안의 시행착오 사례를 숨김없이 쏟아냈다. 자신의 정체성과 진로 선택에 대한 걱정이 가장 컸다. 사내에서 기자나 PD 모두 자신들을 후배로 여기지 않는다는 불만이 이어졌다. 방송사의 수습이 도제식으로 이뤄지는 점을 생각하면 선배와 후배가 유대감을 갖지 못한다는 점은 그냥 넘길 사안이 아니었다. 배치된 부서가 자신과 맞지 않아 열정을 느끼지 못하는 경우도 있다고 털어놓기도 했다. 자신의 트레이드마크가 된 방송 저널리스트 제도가 제대로 정착될 수 있는지 걱정이 컸다. 노조와 협회가 앞장서서 방송 저널리스트 제도를 노골적으로 반대하는 것도 불신을 키우고 있었다.

김 사장은 이 자리에서 방송 저널리스트 제도 도입의 취지와 배경을 소상하게 설명했다.

기자와 PD를 분리해 운영하는 곳은 한국과 일본밖에 없다. 아나운서가 불만이다. 아나운서의 경우 큰 인물이 나올 수 있는데도 갇혀서 빛을 못 보는 경우가 있다. 뉴스, 스포츠와 엔터테인먼트 장르는 분야별로 모집해야 한다. 그렇지만 기자와 PD를 직종으로 나누어 오갈 수 없도록 묶어두는 것은 부적절하다. 현재의 조직을 합치는 방향으로 잡고, 방송 저널리스트 제도를 시작해 10년 정도가 지나면 이 제도가 안착될 것이다.

선배가 걸림돌이다. 인력을 자기편으로 만들려고만 해서 문제이다. 젊은 층은 상대적으로 자유롭게 느껴지는 PD를 선택할 가능성이 높지 않은가? 기자에게는 통제가 많아서 싫어하는 것 아닌가. 직종 갈등은 기자와 PD 간의 문제만이 아니다. 사실은 제작과 지원부서의 문제이다. 기술 인력이 다수로 KBS를 지배한다. 송출공사 실패 사례도 있지 않은가? 신입사원은 5~10년이 지나야 재능이 드러난다.

톱 다운(top down)과 보텀 업(bottom up), 선택하라면 누구든 보텀 업일 것이다. 당초에는 TV와 라디오 사이의 구분도 없었다. 그런데 지금은 라디오 PD의 TV 진입을 막고 있다. 흔들리는 게 좋다. 그냥 있으면 고형화된다.

여기에는 몇 가지의 함의가 숨어 있었다. 우선 아나운서의 능력이 나이가 들면서 사장된다는 데 대한 염려였다. 특히 여성 아나운서의 경우, 젊을 때는 TV 프로그램을 맡다가 나이가 들면 라디오 프로그램을 맡는 것이 거의 정형화됐다. 또한 PD로 전직할 수 있을 만큼 특정 분야의 전문성을 쌓고도 옴짝달싹 할 수 없는 상황도 우려했다. 둘째, 많은 부분이 자동화·무인화되면서 기술 인력의 수요가 크게 줄었으나 노조를 장악하고 있는 기술직을 개혁하는 게 아주 어렵다는 토로였다. 마지막으로는 KBS의 혁신을 위해 반드시 조직혁신이 필요하다는 점을 강조했다. 그 자리에 배석한 나는 수첩에 이런 메모를 남겼다.

방송 저널리스트로서 존재감과 자긍심이 클 때, 이 제도가 성공할 수 있고 공사의 개혁을 견인할 수 있다. 이 제도가 폐지된다면 이미 뽑은 방송 저널리스트는 개혁에 실패한 결과 생겨난 선의의 피해자가 될 것이다.

김인규 사장의 혁신적 인사정책이었던 '방송 저널리스트 채용'은 실패했다. KBS의 인사정책은 긴 세월 동안 일관성 없이 흘러왔다. 어떤 개혁적 인사정책도 직종 이기주의와 밥그릇 싸움 때문에 성공할 수 없었다. 법이나 제도개혁보다 사람들의 의식 개혁에 비용과 시간, 노력이 더 많이 든다는 말이 새삼스럽게 다가온다.

편성규약 '기울어진 운동장'

KBS 편성규약 개정을 둘러싼 KBS의 노사갈등이 예사롭지 않다. KBS 사측은 현행 KBS 편성규약을 이른바 '게이트키핑'과 '업무 지시권'을 무력화시키는 수단이라고 말한다. 노측은 프로그램의 자율성과 독립성을 보장할 수 있는 마지막 수단이 현행 편성규약이라고 단언한다. 2001년 처음 만들어진 KBS 편성규약은 개정을 둘러싼 논란에 휩싸였다.

편성의 힘

편성이란 목표로 하는 시청자를 최대한 자기 채널로 끌어들이기 위해 자사 프로그램에 시간을 부여하는 행위이다.[7] 편성에는 시청층 분석과 예산 안배 등을 고려한 편성전략이 필요하다. 편성전략의 기본은 최적의 시간에 최적의 프로그램을 배치하는 것이다. 제한된 자원을 효율적으로 사용해 최대의 효과를 거둔다는 절체절명의 사명을 완수해야 한다.

편성맨은 봄·가을 정규개편과 수시개편 때 기자와 PD의 모든 역량을 총동원하기 위해 혼신의 노력을 기울인다. 정규 프로그램 가운데 경쟁력이 떨어지는 프로그램을 걷어내고 새로운 프로그램을 편성한다. 편성의 강력한 힘은 프로그램 편성 여부와 프로그램 제작비, 사내 인프라 배분권에서 나온다.

편성의 힘을 편성맨이 모두 갖는 것 같지만 사실 편성과 제작은 간부와 현업 종사자가 적절하게 나누어갖는다. 〈방송법〉에 따라 제정된 편

---

7 이영돈(2014). 《영상 콘텐츠 제작 사전》. 서울: 커뮤니케이션북스.

성규약은 이를 보장한다. 편성규약은 방송사의 독립성과 기자나 PD의 제작 자율성을 보장하기 위해 만들어졌다. 편성규약의 탄생에는 독재 정권의 억압과 통제를 되풀이하지 않기 위한 시대정신이 반영됐다.

그러나 민주화 이후에는 낡고 무거운 옷이 되어버렸다. 지난 2003년 개정된 편성규약은 사측과 제작책임자의 권한은 축소하고 제작자의 자율성은 지나치게 확대했다. 현행 KBS 편성규약 자체가 '기울어진 운동장'이 된 채 방치돼왔기 때문에 이를 재개정해야 한다는 게 사측의 주장이다. 그들은 이 기울어진 운동장에서 사측이나 간부가 자주 넘어지고 다친다고 믿는다. 간부는 다치지 않으려고 몸을 움츠린다. 그러니 게이트키핑은 느슨해지고 보신주의가 횡행하게 된다.

방송사에서 편성의 힘은 막강하다. 편성은 방송사를 조율하는 오케스트라 지휘자나 항로를 결정하는 선장에 비견될 수도 있다. 프로그램을 관리하는 사측의 입장에서 편성 권력을 살펴보자. 편성 전문가인 김지문은 저서 《TV편성 현장 보고서》를 통해 편성과 제작과의 관계를 스포츠의 감독과 선수의 관계로 설명했다. 경기장에서 뛰는 선수는 제작자이고, 벤치에서 작전을 지휘하는 감독은 편성이라는 주장이다. 경기에서 지면 감독의 책임을 묻는 것처럼 방송도 경쟁에서 지면 편성전략을 짜는 사람이 책임을 져야 한다. 방송사는 하루 한 번 이상 편성책임자를 고지하는데 이는 편성이 방송과 관련해 대외적으로 법적 책임도 지고 있음을 의미한다.

편성과 제작은 프로그램 기획을 통해 연결된다. 편성이 기획하여 제작에서 프로그램을 만들게 하거나 제작자가 낸 프로그램 기획안을 편성팀이 검토해 채택 여부를 결정하기도 한다. 프로그램 기획은 편성・제작뿐 아니라 외주제작사에게도 개방된다. 같은 주제라 하더라도 포맷과 방송 시간대에 따라 시청자의 반응은 완전히 달라질 수 있다. 따라서 편성전략을 짜기 위해 시청 행태와 대상층, 시청자의 라이프스타일 등 정밀한 사전 조사는 필수적이다.

정규 프로그램과 수시 또는 계기 프로그램의 기획안 검토는 편성본부 주관으로 이뤄진다. 편성본부는 자체적으로 검토한 기획안을 유관 국부장단이 참석하는 편성실무회의와 임원급이 참여하는 편성회의에 올려 확인과정을 거친다. 뉴스룸으로 비유하자면 프로그램 기획안 역시 최소 두 번 이상 게이트키핑 절차를 거치는 것이다.

편성실무회의에는 보도, 교양, 예능, 드라마, 스포츠 등 장르별 전문가가 참석한다. 기획안을 검토하면서 열띤 토론이 벌어지기도 한다. 집중적 검토 대상은 프로그램의 공정성과 공영성, 예산 집행의 효율성과 적절성 등이다.

편성본부장은 2개의 회의체를 거친 결과를 사장에게 보고한다. 사장의 OK 사인이 떨어지면 비로소 한 주의 편성표를 짠 다음 내외부에 공표한다. 신문에 나오는 TV 편성표는 이런 과정을 거쳐 나온다.

다른 방송사의 편성표와 비교해 살펴보면 KBS 편성표에는 공영적 프로그램이 다른 방송사보다 많은 것이 눈에 띈다. 예를 들어 다문화가정과 장애인 등 소수자의 인권 신장을 위한 프로그램 등이다. 이는 시청률이 높게 나오지 않더라도 다양성의 가치를 구현하려는 KBS의 공영적 편성전략이 반영된 것이다.

편성전략에 따라 기자나 PD가 제작한 프로그램은 살아남거나 죽고 늘어나거나 줄어들 수 있다. 살아남는 프로그램도 편성된 시간에 따라 희비가 엇갈린다. 실제로 편성 시기가 되면 각 장르별 책임자는 자신이 관장하는 프로그램을 더 좋은 시간대에 배치하려고 노력한다.

현행 편성규약의 독소조항

현행 〈방송법〉에는 '방송 프로그램 제작의 자율성을 보장하기 위해 취재 및 제작 종사자의 의견을 들어 방송편성규약을 제정'하라는 의무 규정이 들어있다. 현재의 KBS 편성규약은 지난 2001년 1월 1일 새 〈방송법〉에 따라 회사가 제정, 공표한 것을 2003년 10월 31일 정연주 전 KBS 사장 재임시절 노사대표 명의로 개정한 것이다.

당시 개정된 편성규약은 제작자의 자율성은 최대한 확대하는 한편, 편성과 제작책임자의 역할과 권한을 위축시키는 내용을 담은 채 오늘에 이르렀다. 개정된 편성규약에 '탈권위'라는 시대정신이 녹아있는 것은 분명하다.

몇 가지 예를 들어보자. 우선 KBS 편성규약 제5조는 제작책임자의 권한과 의무 조항을 표현했으나 권한 조항만 삭제됐다.

개정 전에 편성규약에 포함됐던 제작책임자의 권한 조항인 '취재 및 제작의 기본방향을 제시하고 지휘함으로써 취재 및 제작 내용의 방송 적합성에 대한 판단권한을 가지며 그 내용에 법적·도의적 책임을 진다'는 삭제됐다. '공사의 위임규정에 따라 관할 부서의 인적·물적 업무 통제권한을 갖는다', '제작책임자는 편성된 프로그램의 취재 및 제작을 기획, 감독하고 그 내용이 방송 목표에 부합되도록 수정, 변경을 명할 수 있다'는 내용도 사라졌다.

반면에 기자와 PD, 이른바 제작실무자의 자율성과 권한 조항은 획

기적으로 강화됐다. 거부와 저항의 근거를 제공하는 문구는 새로 추가
되고 종전에 있던 포괄적 문구는 훨씬 구체화됐다.

'제6조 취재 및 제작실무자의 자율성 보장' 조항은 편성규약의 결정
판이다. 1항은 '취재 및 제작실무자는 편성·보도·제작상의 의사결정
에 대해 의견을 제시할 수 있고, 그 결정과정에 직·간접적으로 참여하
는 권리를 갖는다'고 규정한다. 이 조항에 따라 2003년부터 KBS 보도
국 취재제작회의에는 기자협회장이 배석해 의견을 개진할 수 있게 됐
다. 국내 어느 방송사에도 없는 풍경이다.

3항은 '취재 및 제작실무자는 자신의 양심에 따라 자율적으로 업무를
수행하며 자신의 신념과 실체적 진실에 반하는 프로그램의 취재 및 제
작을 강요받거나 은폐·삭제를 강요당할 경우 이를 거부할 권리가 있
다'이다. 이 조항은 때때로 취재·제작 거부 사태를 부른다. 기자나 PD
가 '하고 싶은 일만 하고, 하기 싫은 일은 하지 않을 수 있다'는 명분을
제공했다.

KBS 기자들이 2016년 8월 개봉한 영화 〈인천상륙작전〉의 홍보성
리포트 제작을 거부하자 사측은 이들을 징계위원회에 회부했다. 얄궂
게도 이 리포트 지시는 〈인천상륙작전〉이 평론가들로부터 낮은 평가를
받고 있는 상황을 '비판적으로 보도'하라는 것이었다. 이 사안은 충분한
논란거리가 되지만 어떤 경우 KBS가 '꼭 해야 할 프로그램'인데도 제작
진을 선정하지 못하는 경우도 있다. 긴급한 시사 이슈나 계기 특집성
프로그램은 기민성과 시의성이 생명이지만 제대로 대응하지 못해 애를
먹는다. 업무 지시권과 제작 자율권의 충돌이다.

4항은 '취재 및 제작실무자는 취재·제작된 프로그램이 사전협의 없

이 수정되거나 취소될 경우 그 경위를 청문하고 해명을 요구할 수 있다'
고 규정한다. 일부 기자나 PD는 4항을 근거로 데스크의 게이트키핑에
저항하기도 한다. 이런 갈등은 대부분 프로그램의 정파성 논란과 관련
이 있다.

또한 6항은 '취재 및 제작실무자는 업무수행 과정에서 방송의 자유와
독립을 침해받거나 자율성을 저해하는 제반문제가 발생할 경우, '편성
위원회'에 조정과 해결을 요청할 수 있다'이다. 간부와 일선 제작자 사이
에 프로그램을 두고 벌어졌던 갈등은 이 규정에 따라 노사문제로 확대된
다. 이처럼 제작자의 자율권을 확대하는 조항은 획기적으로 강화됐다.

반면에 기자와 PD의 의무와 법적·도의적 책임조항은 사라졌다. '제
작실무자는 제반법규를 준수하고 제작책임자의 정당한 취재 및 제작 지
시를 거부해서는 안 된다', '제작실무자는 취재 및 제작 자율성에 상응
한 법적·도의적 책임을 지며 공사의 명예를 훼손해서는 안 된다', '제
작실무자는 취재 및 제작의 기본방향을 변경할 경우 제작책임자와 긴밀
하게 협의하여 승인받아야 한다'는 내용은 삭제됐다.

노사가 합의한 편성규약에서 '간부의 업무 지시권'을 뒷받침하는 주
요 내용이 삭제되면서 KBS는 기강해이라는 심각한 위기를 맞았다.

KBS 사측이 분석한 현행 편성규약의 문제점은 첫째, 〈방송법〉 입법
취지를 위배하여 실무자의 과도한 관여를 허용한다는 점이다. 둘째,
현업 기자나 PD의 책임 조항은 없어졌으며 방송책임자의 편성권과 업
무 지시권을 침해한다는 점이다. 셋째, 편성규약 제정 주체가 당초 방
송사업자, 즉 사측에서 노사로 변질됐다는 점이다.

편성규약의 체계 및 법적 성격을 살펴보면 단체협약인 '공정방송위원

회'의 규정과 절차, 내용이 중복된다. 즉, 편성규약이 별개의 단체협약으로 해석된다. 그렇지만 편성규약은 단체협약과 달리 유효기간 없이 노사가 합의한 것으로 일방의 의사 표시가 없는 한 효력이 연장될 수 있다.

노사합의의 편성규약은 2003년 당시의 정치·사회적 분위기를 반영한 것으로 〈방송법〉이 편성규약 제정권(개정권 포함)을 사업자(사장)에게 명시적으로 위임하는 만큼 〈방송법〉에 위배된다는 지적이 많다.

편성규약을 〈방송법〉이 아닌 〈노동법〉 범주로 끌고 가 지나치게 편성·경영 개입 빌미를 실무자(노조 측)에 준 것은 큰 후유증을 낳고 있다. 방송의 독립성과 자율성을 위해 책임자와 실무자의 권한과 책무를 분명히 하되, 구성원의 의견을 수렴하자는 것이 〈방송법〉의 본래 취지이다.

편성규약의 개선 방안

KBS 편성규약 개선의 추진방향은 개략 2001년 최초 규약을 토대로 〈방송법〉의 취지를 살리고 문제점을 제거하자는 것이다. 제작책임자와 실무자의 역할을 명확히 하여 갈등을 최소화해야 하며 책임과 제작 자율성이 함께 존중받을 수 있는 근거를 마련해야 한다.

그러기 위해서는 제작책임자의 권한과 책임 관련 규정을 복원해야한다. 그다음으로 경영진의 편성권을 명확하게 해 방송의 기본방향 제시, 업무지휘 감독권한, 법적 책임규정을 두어야 한다.

실무자의 책임성과 의무규정도 명확하게 정리해야 한다. '제작자의 양심의 자유를 확장한 과도한 규정'을 손질할 필요도 있다.

공정방송을 위한 구성원 모두의 노력은 계속되어야 하겠지만 절차적으로 규정을 일원화하고 효율적 운영이 이뤄지도록 해야 한다. 본부별로 이름도 다르고 운영세칙도 다른 편성위원회와 공정방송위원회라는 다중구조는 공정방송위원회로 일원화해 프로그램을 둘러싼 분쟁을 조정하도록 해야 할 것이다. 결국 현행 편성규약을 단체협약의 성격에서 벗어나 〈방송법〉 취지를 살리는 방향으로 정상화할 필요가 있다.

노동조합은 정기 또는 부정기로 열리는 최상급 논의기구 '공정방송위원회'를 통해 사측의 편성정책과 개별 프로그램 또는 개별 리포트를 두고 격렬한 논쟁을 벌인다. 회의 자체가 3~4시간을 넘기는 게 예사이지만 결론이 나는 경우는 드물다. 노동조합은 회의 내용을 노동조합보와 SNS를 통해 공개한다. 상당수는 사실을 왜곡해 선전 활동을 벌이기 때문에 KBS 전체 이미지와 신뢰도를 훼손하기도 한다. 진보와 보수 대안매체는 노동조합의 주장을 아전인수 격으로 확대보도하면서 KBS를 공격한다. 한때 KBS의 독립성과 공정방송의 보루가 됐던 공정방송위원회 활동이 지금은 KBS의 신뢰도와 업적을 훼손하기도 한다.

BBC의 실험이 던지는 시사점

BBC의 실험이 한국의 지상파 방송에서도 가능할까? BBC가 2016년 2월 15일 'BBC 3'를 온라인 방송으로 전환한 것을 보면서 든 생각이다. BBC 3는 시청자 연령의 중간 값이 33살로 이른바 젊은이 대상 종합채널이다. 시청자는 100만 명 정도로 그리 크지는 않다.

지상파로 방송되던 BBC 3 프로그램은 이제 BBC 3 웹사이트, BBC의 방송 스트리밍 서비스인 'BBC 아이플레이어'(iPlayer), 그리고 유튜

브로 볼 수 있다. 외신은 BBC가 디지털 시대에 생존하기 위해 또 다른 실험에 나섰다고 전했다. BBC가 급변하는 디지털 미디어생태계에서 생존전략의 극단을 보여줬다는 점은 시사점이 크다.

BBC는 '젊은 세대는 프로그램을 온라인으로 더 많이 시청한다는 점에서 BBC 3의 온라인 전환은 공공의 이익에 더 부합하다'고 대단히 도발적인 주장을 했다. BBC 3를 온라인 방송으로 전환한 것은 콘텐츠와 플랫폼의 연결에 대한 화두를 던진다. 아무리 좋은 콘텐츠도 플랫폼 또는 고객 접점에 적합하지 않으면 성공할 수 없다는 점을 것이다. BBC는 모바일과 인터넷 환경에 대한 뛰어난 통찰력을 콘텐츠 유통전략에 활용하는 듯하다.

BBC 3는 BBC가 운영하는 TV 채널 9개 가운데 하나로 수신료로만 운영되는 공공서비스 채널이다. BBC는 공공서비스와 상업서비스의 영역을 구분하고 회계도 분리해 운영한다. BBC 3가 공적 책무를 정확하게 이행해야 하는 중압감은 클 수밖에 없다. BBC 월드와이드를 비롯한 상업채널과는 그 무게감이 다르다. 그래서 시청자의 큰 반발을 무릅쓰고 추진된 BBC 3의 온라인 전환은 더욱 놀랍다.

BBC의 연간 예산이 우리 돈 7조 원 규모인 점을 고려했을 때 이번 조처가 연간 3천만 파운드, 한화로는 526억 원 정도의 비용 절감 때문이라는 설명은 설득력이 약하다. 오히려 BBC가 BBC 3 웹사이트와 BBC 아이플레이어에 킬러 콘텐츠로 보이는 시트콤과 미니시리즈를 올린 것을 보면 공격적 디지털 미디어 전략을 구사하는 것으로 보인다.

모바일 트래픽 비중은 세계적으로 급격하게 높아졌다. KT 경제연구소에 따르면 한국에선 2012년 기준으로 전체 TV 영상소비자의 20.5%

가 스마트폰으로, 16.4%가 데스크톱이나 노트북을 시청기기로 사용한다. OTT[8]의 확산으로 지상파 수신율은 의미를 잃었다.

KBS와 MBC, SBS 등 한국의 지상파 방송사는 지상파 플랫폼의 의존도를 낮추고 공격적으로 콘텐츠 유통경로를 확대해야 하는 과제를 안고 있다. 하지만 한국의 지상파 방송은 직접 수신율 10% 미만에다 쌍방향 서비스 구현도 되지 않는 지상파 전송망 유지에 엄청난 예산과 인력을 쏟아붓는다. 미디어 공급자 중심의 생각에 젖어 소비자의 기대에 대응하는 속도는 느리기만 하다. 그런 의미에서 BBC 3 온라인화는 그 성공 여부와 관계없이 기존의 미디어생태계 탈출 시도로 높이 평가할 만하다.

---

8 OTT(*over-the-top*)란 기존 통신 및 방송사업자와 서드파티(3rd *party*) 사업자가 인터넷을 통해 드라마, 영화, 애니메이션 등 미디어 콘텐츠를 제공하는 서비스를 뜻한다. 초기 OTT는 TV와 연결해 사용하는 셋톱박스 형태와 관련 서비스를 뜻했지만 현재에 이르러서는 PC, 스마트폰, 태블릿 PC 등 다양한 기기로 인터넷 기반 동영상 서비스를 이용하는 의미로 확대됐다.

뉴스룸 혁신

뉴스 스토리텔링의 대전환

2012년 3월 KBS는 한국방송학회에 의뢰해 KBS 뉴스의 현실적 발전 방안과 실천적 전략을 만들었다. 9 〈대한민국 대표뉴스, KBS 뉴스 2015〉라는 이름의 이 보고서는 KBS 뉴스 프로그램에 대한 56가지 실천과제를 제안하고 있다.

KBS 뉴스의 정체성 강화

방송학회는 '대한민국 대표뉴스, KBS'와 같은 뉴스룸 표어와 더불어 KBS 정체성을 강조하는 표어를 채택해 일관되게 사용할 것을 권고했다. KBS 뉴스가 '신뢰', '공정성', '정확성', '심층성' 등의 차원에서 일관되게 높은 평가를 받는 사실을 잘 활용해야 한다. 이는 KBS의 경쟁적 우위를 강조할 수 있는 브랜드 가치가 된다. 이를 기반에 두고 제작

---

9 한국방송학회(2012). 〈대한민국 대표뉴스, KBS 뉴스 2015〉. 서울: KBS.

한 표어는 스테이션 아이디(station identification), 뉴스 아이디, 뉴스 광고, 각종 시각물, 사원 신분증, 기자 명함 등에 일관되게 사용하는 것이 바람직하다.

전 세계의 유수 공영방송은 표어, 가치, 광고 문안 등을 통해 뉴스 정체성과 지향점을 표방한다. 중요 문서를 통해 방송사가 지향하는 가치를 밝히고 방송광고 등을 이용하여 시청자가 알기 쉬운 표어로 전달한다. 표어와 핵심 가치를 담은 광고 문안은 서로 연결되어 뉴스 정체성을 형성한다.

예를 들어 BBC는 '알아야 할 때 언제나'(Whenever you need to know)와 '정보, 심층, 연결'(Informed, in depth, in touch) 두 가지를 일관되게 사용하면서 BBC 뉴스를 홍보한다. 독일 공영방송 ARD의 메인뉴스 표어는 '모든 시청자를 위한 포괄적이고 일반적인 뉴스'이다.

경쟁이 심한 미국 상업방송은 표어와 광고 문안에 더욱 세심하게 신경을 쓴다. 미국 CBS의 2011년도 광고 캠페인은 'TV 리포트의 본질을 만듭니다'(We invented original reporting on TV)였다. ABC는 '더 많은 미국인이 ABC 뉴스에서 소식을 받습니다'(More Americans get their news from ABC News), NBC는 '글로벌 뉴스와 정보의 선두'(A leading source of global news and information)를 사용한다. CNN의 표어는 '뉴스의 전 세계적 리더'(The worldwide leader in news)이다.

대표적 보수매체인 FOX는 '공정과 균형'(Fair & Balanced)을 표어로 사용해 편향성을 감추고, 광고 문안으로는 '우리는 보도하고 당신은 선택한다'(We report, you decide)라는 도발적이면서도 인상적인 문구를 사용했다.

세련되고 진취적인 느낌의 '뉴스 아이디 동영상'(*countdown sequence*)은 뉴스 정체성을 강화하는 데 큰 도움이 된다. 방송학회는 강력하고 간결한 동영상, 미래지향적 음악, 반복적으로 보아도 질리지 않는 세련된 동영상을 아이디로 사용하도록 권고했다.

실제로 〈KBS 뉴스 9〉을 시작하기 직전에 방송되는 전국 자연 소개 동영상은 고답적이다. 심장과 뇌를 두드리는 BBC 뉴스 아이디 동영상과 비교하면 확실하게 차이가 난다. BBC는 2008년 '모든 BBC 뉴스를 하나의 브랜드로 취급하는 전략'을 선택했다. 메인뉴스인 BBC 10시 뉴스는 물론 BBC 1의 다른 시간대 뉴스, BBC 뉴스채널의 뉴스와 더불어 최근에는 BBC 월드채널의 뉴스도 모두 같은 아이디를 제시한다. 일관된 뉴스 이미지를 제공하는 전략이다. 이미지 중심의 간결한 동영상과 멋진 카운트다운 음악이 흐르다가 앵커 화면으로 점차 전환(*soft dissolve*)되는 모습은 BBC 뉴스의 상징으로 자리잡았다.

메인뉴스의 정체성은 채널 정체성과 긴밀한 연관성을 갖는다. 〈KBS 뉴스 9〉과 KBS 1TV의 이미지는 상호보완적이다. 뉴스의 시청률이 높고 시청자 평가가 긍정적이면 채널에 대한 평가 역시 긍정적이라는 많은 연구결과가 있다. KBS의 경우 채널 아이디는 대체로 수준 높게 제작되고 있다. 뉴스 아이디와 홍보 영상의 수준을 높이면 KBS 뉴스 정체성을 강화하는 데 큰 도움이 될 것이다.

KBS 뉴스 위상 강화

방송학회는 뉴스 프로그램의 질적 수준을 통제하고 통일된 이미지를 주기 위해 뉴스 프로그램의 수를 줄이고 대신 품질을 높이는 대전환을 꾀해야 한다고 제안했다. 방송학회는 KBS 1TV가 〈KBS 뉴스 9〉을 중심으로 고품질 뉴스를 제공하고, 나머지 뉴스 프로그램에서는 〈KBS 뉴스 9〉에 제시될 주요 뉴스들의 사전소개, 후속보도, 보완보도 등으로 〈KBS 뉴스 9〉의 브랜드 자원을 활용할 것을 권고했다. 다소 과격한 느낌이 있더라도 획기적 발상임에 틀림없다.

예를 들어 〈뉴스라인〉의 경우 〈KBS 뉴스 9〉에서 방송한 내용을 심층토론과 분석을 통해 보완한다는 느낌으로 강조하는 것이 바람직하다. 〈KBS 뉴스 5〉, 〈KBS 뉴스 7〉, 그리고 KBS 2TV에서 방영하는 뉴스 등에서는 〈KBS 뉴스 9〉의 핵심 아이템을 언급하면서 "자세한 뉴스는 〈KBS 뉴스 9〉에서 상세하게 전달합니다"라는 식으로 〈KBS 뉴스 9〉을 예고할 것을 주문했다. 마감뉴스에서도 "〈KBS 뉴스 9〉 ○일자 보도 내용은 ○○이었습니다. 이에 대한 논평을 위해 ○○○를 모셨습니다"라는 식으로 하라는 지적이다.

또한 〈뉴스라인〉과 〈뉴스광장〉 모두 뉴스 정체성이 약한 명칭이라며 모든 뉴스를 "KBS 뉴스 ○시"로 바꿀 것을 권고했다. 이런 제안의 배경에는 KBS가 보도본부의 역량보다 너무 많은 양의 뉴스를 제작한다는 판단이 깔려 있다.

KBS와 일본의 NHK는 뉴스 프로그램 수가 많지만, 영국의 BBC나 미국 네트워크의 전국뉴스는 한 개의 메인뉴스를 단신 중심으로 운영하고, 보조적으로 초저녁뉴스나 심야뉴스를 제작한다. BBC의 경우 아침

정보 쇼인 〈BBC 브렉퍼스트〉(BBC Breakfast)를 제외한 모든 뉴스 프로그램의 이름을 〈BBC ○시 뉴스〉(BBC News at ○)라는 형식으로 제시한다. 뉴스 정체성을 극대화하기 위해 모든 뉴스가 동일한 브랜드 명칭을 갖도록 조정한 셈이다.

국제뉴스의 강화

방송학회는 〈KBS 뉴스 9〉과 BBC나 NHK 뉴스의 차이점 가운데 국제뉴스가 가장 두드러진다고 지적했다. KBS 뉴스는 국제뉴스를 현저하게 적게 다루고 질적 차원에서도 분석과 논평이 제한된 단순보도가 많다.

KBS의 국제뉴스가 적은 이유는 시청자가 관여성을 갖지 못하는 경우가 많기 때문이다. 낮은 관여성은 시청률 저하로 나타난다. 실제 시청자 조사결과를 보더라도 국제뉴스에 대한 시청자의 관심은 정치, 경제, 사회, 생활뉴스보다 낮다. 한국 시청자가 국제뉴스를 그다지 반기지 않는 것은 그동안 우리나라 국제뉴스가 전반적으로 강력한 시청자 관여성을 창출하지 못하는 방식으로 제작되었기 때문이다.

KBS 뉴스는 "대한민국 대표뉴스"로서 '시청자의 일상에 관여적이고', '시청자가 의미를 부여할 수 있고', '사회적 영향력을 인식할 수 있는' 국제뉴스를 제작할 필요가 있다. 방송학회는 KBS가 국제뉴스를 지속적으로 개발해서 심층적이고 분석적으로 강화된 형식으로 제공할 것을 권고했다. 국제뉴스라 하더라도 시청자의 흥미, 관여성, 영향력 등을 잃지 않도록 '한국 관련 국제뉴스'와 '한국 관련 아시아뉴스'를 개발해서 지역적 관심을 환기시켜야 한다는 것이다.

KBS 뉴스는 "대한민국 대표뉴스"를 자임하기 위해 유력 외신이 인용

보도할 수 있는 '한국발 국제뉴스 제공자'로서의 역할을 수행해야 한다. 이를 위해 한국 사회의 어떤 제도, 사건, 규범, 인물 등이 국제적 수준에서 뉴스가치를 갖는지 끊임없이 탐색해서 '국제적 관점'에서 제작, 유통시켜야 할 책무가 있다.

뉴스의 심층화

KBS 기자협회의 2014년 보고서[10]를 보면 뉴스 심층화와 관련한 KBS 뉴스룸의 고민이 드러난다. 이 보고서는 KBS 뉴스의 심층화를 위해 '선택과 집중'이라는 전형적 표현을 사용했다. KBS 뉴스는 '이슈가 있는 뉴스'로 재탄생해야 하며 백화점식 보도를 자제하고 간부들이 특정 주제의 리포트 제작을 지시하는 하달식 발제를 폐기해야 한다고 제안했다. 이를 위해서 1분 20초에서 30초로 정량화된 리포트를 개선하고 리포트 배분시간과 형식을 유연화해야 한다고 지적했다.

현재 〈KBS 뉴스 9〉은 개략 20개 이상의 리포트를 보도한다. 보도의 심층성을 높이기 위해 그날의 톱뉴스를 집중보도할 필요가 있다. 현재는 모든 아이템이 비슷한 시간으로 구성된다. 중요도가 높을 경우 아이템의 수를 늘리는 방법으로 취재보도하고 있다. 일관성 있는 기획보도가 아니기 때문에 각 보도 아이템별로 모순되거나 중복되는 내용이 보도되기도 한다.

따라서 〈KBS 뉴스 9〉의 톱뉴스 아이템을 신중히 선정하여 취재 내용과 범위를 일관되게 기획할 필요가 있다. 톱뉴스로 실태, 비판, 분

---

10 KBS 보도본부(2014). 〈KBS 뉴스 보도 독립성 강화 및 뉴스 개선 방안〉. 서울: KBS.

석, 전망에 이르는 종합적 리포트를 준비한다. 결과물은 1분 30초짜리 3~4개 아이템이 아니라 5분 안팎의 종합적 심층보도가 되어야 한다.

특히, 해석과 대안제시가 강화된 심층보도를 늘려야 한다.[11] KBS 뉴스는 대부분 리포트당 90초 도식을 유지하면서 대부분 과정·결과의 리포트 형식을 취한다. 당일 핵심 이슈를 집중보도하는 경우에도 관련된 과정·결과 위주의 단순보도를 여러 꼭지 만들어 연결해 보도하는 방향으로 이루어진다. 리포트 길이의 다양성을 통해 '과정·결과 위주의 보도'를 '원인+과정·결과+반응(해석)·대안' 형식으로 심층보도하는 방안을 고려할 필요가 있다. 이를 위해 현재의 KBS 해설위원실을 논설위원실로 개편해 주요 이슈에 대한 논평을 강화하는 것도 뉴스 심층화에 도움이 될 것이다.

사건·사고보도량 축소, 영상자료 중심의 보도 축소

KBS 뉴스는 외국의 권위 있는 방송사 뉴스보다 교통사고, 절도 등 사건·사고보도가 많다. 방송기자는 특정 주제를 리포트로 제작할 것인가, 단신으로 처리할 것인가를 판단할 때 관련 영상의 질을 대단히 중요하게 여긴다. 다소 뉴스가치가 떨어지는 주제라 하더라도 좋은 영상

---

11 전달되는 뉴스의 구성 방식의 종류는 ① 과정과 결과만을 소개하는 경우(과정·결과), ② 원인을 먼저 설명하고 과정과 결과를 소개하는 경우(원인+과정·결과), ③ 과정과 결과를 소개하고 그에 대한 반응을 포함하는 경우[과정·결과+반응(해석)], ④ 원인을 소개하고, 과정과 결과를 소개한 후, 반응을 소개하는 경우[(원인+과정·결과+반응(해석)], ⑤ 원인을 먼저 설명하고 과정과 결과를 소개한 후, 반응과 함께 대안을 모색하는 경우[원인+과정·결과+반응(해석)+대안] 등으로 구분할 수 있다. 후자일수록 더 심층적이며 분석적인 보도 구성방식이라고 할 수 있다.

이 충분하게 확보되면 리포트를 제작할 가능성이 높다. 뉴스 편집자도 시청자의 관심을 끌 만한 생생한 영상이 담긴 리포트를 중요하게 여기며 배열순서도 올라가는 경향이 있다.

그렇지만 국가기간방송 메인뉴스의 품격을 위해 사소한 사건·사고 보도는 아주 뉴스가치가 높은 경우를 제외하면 지양하는 것이 바람직하다. 특히, 블랙박스나 CCTV 등의 화면을 확보해 리포트를 '만들어내는' 것은 뉴스의 품격을 떨어뜨린다. 대한민국이 아무리 고위험사회라 하더라도 TV뉴스에 의미 없는 사건·사고를 지나치게 많이 반영하는 것은 인력 낭비, 전파 낭비이다.

〈KBS 뉴스7〉 앵커를 지냈던 박주경 기자는 2016년 8월 4일 자신의 페이스북에 이런 글을 남겼다. 시경캡과 사회부 데스크를 담당하면서 느낀 고민을 읽을 수 있다.

'CCTV 포르노'의 시대인가? (중략) 여과 장치를 찾아보기가 힘들다. 범죄와 사고 영상을 보도하는 데 있어 거의 모든 언론이 관성화되어 있다. CCTV, 블랙박스, 스마트폰 영상…. 그저 모자이크 몇 군데 찌그러뜨리면 의무를 다한 거라 생각하는지 그 이상의 어떤 제약도, 가이드라인도 없이 기계적으로 전파를 태운다. (중략) 사람을 찔러죽이고 때려눕히는 거의 '스너프' 수준의 영상들도, 일가족이 몰살되는 참혹한 재해의 순간들도, 그저 일상처럼 방송을 타고 온라인에 뜨고 남녀노소 누구에게나 무방비로 노출된다. 불안증을 호소하는 시청자가 적지 않다. 보고 나면 가슴이 답답해지고 '이불 밖'은 위험해 보이고 때로는 끔찍함에 아주 몸서리가 쳐진다는 것이다. 그럼에도 TV를 틀어놓고 모바일 웹에 접속해있는 이상 우리는 언제든 이런 가학적 영상에 수시로 안구를 노출시킬 수밖에 없다. (중략)

무엇보다 '선정적'이다. 충격적이고 잔인한 영상일수록 순간 시청자들의 눈을 잡아끄는 효과가 크겠지만 그것이 미디어수용자 개개인에, 사회에 미칠 트라우마와 정서적 영향에 대해서는 고민을 하지 않고 있다. 시청률과 페이지뷰 숫자에 치우쳐 언론의 기본을 외면하는 건 아닌지 숙고해 볼 일이다. 옷을 벗고 속된 말을 늘어놓는 것만 선정적인 게 아니다. 죽고, 다치고, 무너지고, 터지는 것들 …. 그 잔혹한 기록들을 여과 없이 내보내는 것 역시 선정보도, 자극보도의 전형적 유형이다. (중략)

방송학회는 사건·사고의 경우, 결과 발표를 중계보도하는 관습을 탈피하고 정보원 확대, 실체적 진실 추구, 전문적 해석과 논평 지향을 권고했다. 특히, 검찰과 경찰 수사결과 발표에 의존하는 경향이 심하다고 분석했다. 이런 폐단을 극복하려면 당사자의 주장이나 의견 확보, 전문가 평가, 반론보도 등을 종합적으로 포함해야 한다. 특히, 기자의 탐사 정신을 높게 평가하는 분위기가 조성되어야 하며 실제 탐사취재가 가능한 여건이 마련될 필요도 있다고 강조했다.

권위주의 허물기

책벌레가 모여 일하는 '아마존'에서는 경영자라고 해서 호두나무나 마호가니 책상을 꿰차지 않는다. 모든 직원은 똑같이 값싼 책상을 사용한다. 신입사원에게는 할인점에서 산 저렴한 문짝에 패드를 붙여 책상을 만들어준다. 아마존의 설립자이자 최고경영자인 베조스(Jeffrey Bezos)의 사무실은 비서의 사무실보다 넓지 않다.

뉴스룸의 공간을 어떻게 배치해야 혁신적 조직이 될 수 있을까? 우선, 모든 사람이 자신의 책상을 가질 필요는 없다. 그 대신 원고를 쓰는 사무실과 제작실은 지금보다 훨씬 쾌적하게 바꿀 필요가 있다. 사무실 어느 곳에서나 편하게 회의가 가능하고 목을 축일 음료가 준비되어 있다면 좋다. 아이디어를 교환할 보드가 곳곳에 걸려 있고 사물함도 근사하게 만들어야 한다.

저널리스트는 영상취재 담당, 그래픽 담당, 편집 담당, 오디오 담당 등 여러 사람과 협업해야 하므로 서로의 소통 공간을 많이 만들면 도움이 될 것이다. 방송기자는 현장취재로 사무실에 머무는 시간이 짧다. 근무도 24시간 교대로 돌아가기 때문에 하루 종일 자신의 책상을 지키고 앉아있지 않는다. 따라서 기자의 개별책상은 줄일 필요가 있다.

뉴스룸의 책임자나 중간간부의 방도 최대한 개방되어야 한다. 절대 밀폐되어서는 안 된다. 조직이 커질수록 사람은 늘어나지만 공간을 무한정 늘릴 수는 없다. 결국 한정된 공간을 창의적으로 활용할 수밖에 없다. 그것이 비용을 절감하는 길이다.

뉴스룸과 관련된 나의 생각은 'GS 홈쇼핑' 신축건물을 보고 완전히 달라졌다. 대부분의 사무실은 KBS 뉴스룸과는 비교할 수 없을 정도로 개방적인 소통형이었다. 벽에는 장식물 대신 누구든 아무 때나 메모할 수 있는 하얀 보드가 걸려 있었다. 이 회사의 최고경영자는 사원이 자유로운 분위기에서 창의적으로 활동하도록 최대한 배려했다.

일부 언론사의 뉴스룸은 개방적 공간으로 바뀌고 있다. 그러나 대부분 아직 그 반대의 길을 걷는다. 없던 칸막이가 생겨나고 간부의 작업 공간이 밀폐형으로 바뀌기도 한다. KBS의 공간 배치는 권위적이기까지 하다. 대부분의 직원은 자신의 책상을 가진다. 사람 수만큼의 책상이 있으니 해가 갈수록 공간 부족을 외쳐댄다.

일단 직위가 높을수록 더 넓은 공간을 배정하는 것이 내부기준이다. 여기에다 국장 발령을 받자마자 칸막이를 높이 설치하거나 아예 밀폐형으로 만드는 경우가 허다하다. 본부장급 임원의 사무공간은 상당히 넓은 편이다. 회의탁자는 물론 소파와 침대를 놓을 수 있을 정도이다. 사장실에는 비서실 이외에도 부속 접견실과 회의실이 따로 있다. 이사회가 열리는 대형 회의실은 너무 넓어서 마주 앉은 KBS 이사장과 KBS 사장은 얼굴이 조그맣게 보일 정도이다. 또 이사와 집행부 임원과의 대화는 마이크를 사용해야 제대로 들을 수 있다.

KBS에서도 한때 권위주의 허물기가 시도됐으나 오래가지 못했다. 정연주 사장 시절 도입한 팀제는 권위주의에 대한 도전이었다. 부작용이 적지 않았으나 장점이 더 많았다. 정권이 교체되고 KBS 사장이 바뀌면서 팀제는 다시 국부제도 돌아갔다. 기다렸다는 듯이 새로 보임된 국장은 국장실의 담장을 높이기 시작했다. 최소한 파티션을 더 높였고 아예 천장까지 칸막이를 만든 국장도 있었다. 국장이 그러니 부장도 파티션을 치기 시작했다. 전염병처럼 밀실공간이 만들어지기 시작했다.

그즈음 시범적 공간 재배치 계획이 무산된 적이 있다. 영상제작국 사무환경 개선사업인 것으로 기억한다. 영상제작국 사무실에서 개인소유 책상을 최소화하고 공용책상으로 바꾸는 걸 전제로 사무실 환경을 더욱 쾌적하고 일하기 편한 공간으로 변경하는 사업이었다. 주로 카메라맨이 일하는 영상제작국은 비교적 외근업무가 많아 굳이 개별책상보다 공용책상이 유용할 수 있다. 그렇지만 공간 재배치 계획은 구성원의 큰 반발에 부딪혔다. 카메라맨 모두 개인책상이 없어지면 스스로의 정체성과 체면 모두가 날아갈 것처럼 여겼다. 한바탕 난리가 난 다음 공용책상 배치라는 말은 더 이상 나오지 않았다.

세계 최고의 디자인 기업인 IDEO의 공동대표와 전문작가 리트먼(Jonathan Littman)이 쓴 책 《유쾌한 이노베이션: 세계 최고의 디자인 기업 IDEO가 전하는 창의와 혁신》은 창의와 혁신이 공간 활용과 큰 관계가 있다고 설명했다. 이 책은 세계의 유수기업이 중역의 호화로운 개인 사무실을 포기하고 과감하게 개방된 구조를 채택한다고 말했다. 기업들은 전망 좋은 방이 곧 높은 사람의 방이라는 의식을 버리고 있다. 간부와 부하 직원은 동일한 크기의 공간을 가져야 하며 공간에 숨어있는 계급주의를 버려야 혁신이 가능하다.

'확산의 경영학'을 주창한 미국 스탠퍼드 공과대학 경영학 교수 서턴(Robert Sutton)은 혁신을 위해 마음가짐의 확산을 가장 먼저 해야 한다고 말했다. 마음가짐의 확산은 간부가 기득권과 권위를 내려놓고 맨 앞에 서 있을 때 가능하다. 고위간부는 넓은 공간을 차지하고 평직원 역시 스스로의 공간 확보에만 신경 쓴다고 치자. 여러 명이 모여 아이디어를 짜낼 회의실을 찾지 못해 허덕이게 될 뿐이다. 이래서는 혁신을 이룰 수 없다.

사무실 공간에는 직원의 의식이 뚜렷이 표현된다고 한다. 《일터와 디자인》(Workplace by Design)의 저자 베커(Franklin Becker)와 스틸(Fritz Steele)은 "회사의 사무실 공간은 조직에 대한 일종의 신체언어로서 물리적 환경을 나타낸다"고 말했다. 인간이 숨 쉬고 살 수 있는 공간을 만들어야 혁신이 가능하다는 뜻이다.

한 조직의 구성원이 공간 배치를 어떻게 받아들이느냐는 사실 직제 표상의 조직표보다 더 중요한지도 모른다. 세계적 기업이 자유롭고 창의적인 공간이 혁신에 큰 도움을 준다며 앞다퉈 창의적 공간 마련에 나서는 걸 보면 더욱 그런 생각이 든다. 높은 사다리를 힘들게 올라간 사람은 보직에 걸맞은 근사한 의자와 책상, 그리고 안락한 공간을 원할 수도 있다. 하지만 급변하는 지금의 시대는 윗사람부터 기득권을 포기하길 바라고 있다.

미국의 실리콘밸리에 위치한 삼성리서치아메리카(SRA)와 삼성전략혁신센터(SSIC)는 한국처럼 대표사무실이 따로 없다.[12] 대표나 임원의 책상 크기도 나머지 직원과 비슷하다. 삼성 같은 기업도 국내에서 당장 기업 문화를 바꾸는 게 안 되니 해외에서 현지 문화를 그대로 접목할 수 있는 조직을 만들었다고 한다. 삼성도 안 되는 데 KBS가 가능할까?

그러나 불가능은 없다. KBS는 많은 문제를 안고 있지만 삼성보다 나은 점도 많다. 적어도 대부분의 구성원이 자유롭게 발언한다. 창의적 공간 만들기를 실행에 옮기면 더욱 좋은 프로그램이 쏟아질 수도 있다.

---

12 최지영(2016. 3. 16). "왜 지금 후진적 기업문화를 얘기해야 하는가". 〈중앙일보〉, 종합 30면.

신뢰를 쌓는 길

뉴스룸 혁신은 왜 필요한가? 뉴스와 시사 프로그램에 대한 시청자의 신뢰가 방송사 전체의 브랜드 가치를 좌우하기 때문이다. 고품질의 완성도 높은 뉴스와 시사 프로그램이야말로 신뢰를 이끌어낼 수 있다.

뉴스룸을 혁신하기 위해서는 전통적으로 취재제작 시스템 개선과 인적·물적 인프라 구축, 지속적 저널리즘 교육이 언급돼 왔다. 정확하고 신속하며 공정한 보도를 위해 이 3가지 요소는 신문보다 TV 저널리즘에서 훨씬 강조된다. 매우 우수한 방송기자이더라도 취재제작에 필요한 방송장비가 부족하고 제작송출 디지털 기반이 열악하다면 제한된 시간 안에 완성도 높은 TV리포트를 보도할 수 없다.

지금까지 대부분의 내용은 지상파 방송사가 이 가운데 적어도 두 가지 조건, 즉 취재제작 시스템과 인적·물적 인프라가 높은 수준으로 구축되어 있다는 전제로 서술했다. 대한민국의 KBS, MBC, SBS 지상파 3사의 방송기자는 국제적 시각으로 보더라도 높은 수준의 근로환경에서 일한다. 그런 면에서 지상파 3사의 방송기자는 축복받은 사람들이다.

이 축복받은 기자들은 자신이 누리는 혜택만큼 방송의 공적 책무를 다하고 있을까? 이 질문에 나는 회의적이다. 우리 사회를 감시하고 공론(公論)의 장(場)을 형성하며 변혁을 이끌어야 할 방송 저널리스트의 역할이 망각되는 때가 많다. 방송기자의 능력과 열정 부족 때문이 아니다. 특히, 공영방송 뉴스룸의 방향성과 자원 배분의 왜곡, 시청자에 대한 관심 부족이 뉴스룸의 변혁을 가로막고 있다.

뉴스룸의 방향성을 혼란스럽게 하는 가장 큰 요인은 뉴스의 불편부당성에 대한 확고한 의지가 수시로 흔들린다는 점이다. 저널리즘의 불편부당성과 독립성은 정치, 경제, 문화, NGO 등 모든 권력의 부당한 간섭을 물리칠 때 가능하다. KBS의 내부 보고서는 보도 독립성 강화를 위한 제도 개선의 최우선 과제로 KBS 사장 선출방법을 바꿀 것을 제안했다. '사장 취임 시 보도와 프로그램 제작에 부당한 간섭을 하지 않으며 제작 자율성을 보장하겠다고 선언할 것을 제안한다'는 대목은 KBS의 독립성에 대한 구성원의 깊은 우려를 드러낸다.

자원 배분의 왜곡은 탐사보도와 심층보도를 가로막는다. 보다 많은 기자와 우수한 방송장비, 더 큰 규모의 제작비를 여기에 투입할 필요가 있다. KBS 뉴스룸이 탐사보도에 상당한 규모의 인적·물적 자원을 투입했던 2005년과 2006년 즈음의 성과를 돌이켜보면 답이 쉽게 나온다. '해양투기 17년, 바다는 경고한다', '고위 공직자 그들의 재산을 검증하다', '파워 엘리트, 그들의 병역을 말하다', '단독입수 CIA 비밀보고서' 등 수많은 KBS 탐사보도가 국내외의 큰 상을 휩쓸었다. 그즈음 KBS의 신뢰도는 정점을 찍었다.

10년이 지난 지금 KBS 뉴스룸의 수준은 유감스럽게도 그때의 위상에 크게 못 미친다. 그러면 당시에 활약했던 기자가 모두 사라졌는가? 일부 기자는 〈뉴스타파〉로 옮겨가서 탐사보도를 계속하고 있다. 그렇지만 대부분의 기자는 KBS 뉴스룸에 그대로 남아 있다. 탐사보도 조직은 명맥만 유지하고 있을 뿐 위축될 대로 위축되어 있다. 이것은 KBS 뉴스룸이 자원 배분에 사려 깊지 못한 나머지 기자의 능력을 사장(死藏)시키고 있음을 뜻한다.

왜 그럴까? 뉴스룸의 자원을 배분하는 핵심 인사들은 효율성 때문이라고 말한다. 그것은 진실과는 거리가 멀다. 그들은 탐사보도로 생기는 권력과의 충돌 등 모든 종류의 갈등 상황을 회피하고 싶어 한다. 그들은 권위주의의 장벽 뒤에 숨어 있다.

KBS는 꼭 다뤄야 할 우리 사회의 중심 의제를 피하거나 왜곡시키지 않아야 한다. 의제설정에 있어 자기검열은 수용자의 신뢰를 잃는 가장 빠른 길이다. 자기검열은 KBS의 간부, 실무자 할 것 없이 모든 구성원에게 적용된다. 권력에 대한 유·불리를 떠나서 '다뤄야 할 의제는 다뤄야 한다'는 뜻이다.

급변하는 미디어생태계에서도 특정 언론조직의 힘은 뉴스와 시사 프로그램의 경쟁력에서 나온다. 탐사보도는 뉴스룸 경쟁력의 핵심이라는 점은 KBS가 발간한 미래 보고서 〈Road to 2025, KBS 미래를 위한 제안〉에서도 명확하게 기술하고 있다.

시청자에 대한 관심 부족이란 시청자가 무슨 뉴스를 좋아하는지 자세히 살펴보지 않는다는 뜻이다. 이는 사실상 시청자에게 불친절한 태도이다. 불친절한 마케팅은 시청자를 모을 수 없다. 〈허핑턴 포스트〉의 창립 멤버인 베리(Paul Berry)는 "〈뉴욕 타임스〉의 기자와 편집자는 발행(publish)과 동시에 기사가 완료된다고 생각하는 경우가 많다"고 꼬집었다. 이제 〈뉴욕 타임스〉는 하루 두 번 편집회의를 하면서 독자 데이터를 분석하고 기사를 평가하는 업무를 추가했다.

방송도 마찬가지다. 시청자를 다룬 빅데이터를 분석하고 맞춤형 서비스를 제공하지 않는다면 미래는 없다. 〈뉴욕 타임스〉 혁신 보고서의 핵심 키워드는 '독자 경험'(audience experience)과 '독자 개발'(audience development)이다. KBS 뉴스룸도 우리 사회의 중심축인 2049 시청자를 두드려 깨우고 끌어들이는 노력을 지금부터라도 맹렬하게 전개해야 한다. 그러기 위해서는 시청자에 대한 통찰과 분석이 선행되어야 한다.

서울대 이준웅 교수는 〈공정성 지수 개발 시론 보고서〉를 통해 세계의 공영방송의 위기는 결정적으로 정치적 요인 때문에 더욱 악화된다고 지적했다. 공영방송이 단순히 '생존'을 목표로 하는 것이 아니라 '지속적 발전'과 번영을 통한 사회적 기여를 확대하기 위해서는 정치적 위기에 대응할 수 있어야 한다.

가장 좋은 방법은 '국민적 신뢰'를 축적하는 것이다. 공영방송에 대한 신뢰 축적을 저해하는 주요한 요인 중 하나는 프로그램에 대한 불공정 시비이다. 뉴스와 시사 프로그램에 대한 불공정 시비는 방송사 전체에 대한 신뢰를 훼손하는 주요 위기 요인이 된다. 뉴스룸 혁신을 통해 뉴스와 시사보도 프로그램의 공정성을 확보하고 시청자의 긍정적 평가를 지속적으로 확보해야 하는 이유가 여기에 있다.

한국 사회에서 KBS의 영향력은 지속적으로 내리막길을 걷고 있다. 신뢰도 역시 수시로 흔들린다. 실제로 수신료 현실화가 KBS의 공적 책무를 실현하는 데 매우 중요하지만 정치권과 시민사회는 꿈쩍도 하지 않는다. KBS는 이제 국가기간방송이라는 위상보다는 여러 방송 중 하나(one of them)로 전락할 위기에 놓였다. 위기감과 무력감이 KBS를 뒤덮고 있다. 이대로 가다가는 KBS의 지속 가능한 발전은 물론 국가기간방송의 책무도 수행하기 어려워질 수 있다.

탈출구는 국민의 신뢰를 확보하는 것이다. 이를 위해 뉴스룸부터 먼저 깨어나 변혁을 이끌어야 한다. 그래야 공영방송으로 살아남을 수 있으며 이 땅의 민주주의도 더욱 성숙해질 수 있다.

융합 미디어와 공익
방송통신 규제의 역사와 미래

방송과 통신이라는 양대 전자 미디어 현상은 각기 다른 사회적 가치, 즉 공익의 개념 아래 사회적 규제와 지원을 받으며 성장했다. 그러나 기술이 발전하고 정치경제적 조건이 변화하면서 양자는 융합되고 있으며, 사회는 이러한 융합 미디어 현상에 맞는 공익 모델을 필요로 한다. 이에 따라 이 책은 방송 및 통신 영역에서 공익 개념이 출현한 배경과 그 발전과정을 분석하고, 이를 토대로 새로이 등장하는 융합 미디어 현상이 가져오는 새로운 공익의 가치와 이에 부응하는 규제 패러다임과 정책 방향을 제시한다.

강형철(숙명여대) 지음 | 신국판 | 514면 | 28,000원

미디어 공정성 연구

이 책은 미디어 공정성이라는 이론과 개념의 토대와 함께 미디어의 세부 영역별로 공정성이 어떻게 구축되어 왔고 또 그들이 처한 현실은 무엇인지 살펴본다. 미디어 공정성의 원칙은 소극적인 미디어 내용규제의 원칙을 넘어 21세기 선진시민사회가 요청하는 자유롭고 가치 있는 사회적 소통을 지켜내고 꽃피우기 위한 미디어 저널리즘의 기본 원리로서 바르게 인식되고 실천되어야 한다.

윤석민(서울대) 지음 | 신국판 | 896면 | 38,000원

커뮤니케이션 과학의 지평

이 책은 우리나라 커뮤니케이션 학문의 이론적 발전과 국내외에서 진행된 연구의 체계적 정리를 위해 각 분과별로 발전 중인 주요 이론에 대한 저자들의 연구를 정리했다. 연구에서의 제안과 과학적 학문으로서 가지는 내용의 함의는 커뮤니케이션학의 이론적 지식의 발전에 새로운 기초가 될 것이다. 한국언론학회가 기획하고 한국언론진흥재단의 후원으로 나온 이 책은 우리나라 커뮤니케이션의 현재를 정리하고, 나아가야 할 방향을 제시하는 또 하나의 미래가 될 것으로 기대된다.

한국언론학회 발간 · 이준웅 · 박종민 · 백혜진 엮음 | 신국판 | 608면 | 28,000원

스마트미디어
테크놀로지·시장·인간

이 책은 테크놀로지, 시장, 인간의 방향에서 스마트미디어에 접근한다. 이를 위해 15명의 언론학자들이 각자의 연구 분야에서의 다양한 물음을 정리하고 답변을 찾는 방식으로 스마트미디어가 야기하는 시장 경쟁, 규제, 이용자 이슈 등을 논한다. 기술의 현재와 사례를 주로 다루는 기존의 스마트미디어 관련 도서에 비해 이 책은 테크놀로지, 시장, 인간에 대한 고민과 탐색, 전망에 중점을 두어 독자에게 스마트미디어 사회를 더욱 깊게 이해할 수 있게 하고 향후 관련된 더 풍부한 논의를 촉진시킬 것이다.

김영석(연세대) 외 지음 | 신국판 | 468면 | 값 22,000원

뉴미디어와 정보사회 개정판

이 책은 정보사회를 살아가는 데 필요한 지식으로서 매스미디어를 이해하려는 사람들에게 체계적인 이해의 틀을 제공하는 목적에 충실하였으며, 전문적 이론보다는 매스미디어의 실제 현상을 쉽게 이해할 수 있도록 서술하였다. 개정판에서는 기존의 구성을 유지하면서 최근의 다양한 변화, 특히 뉴미디어의 도입에 따른 변화와 모바일 웹, 종합편성채널, 미디어산업에서의 빅데이터 활용 등에 초점을 맞추었으며, 매스미디어의 실제 현상 역시 최신의 사례로 업데이트하였다.

오택섭·강현두·최정호·안재현 지음 | 크라운판 | 528면 | 값 28,000원

브랜디드 콘텐츠
광고 다음의 광고

기술의 진보로 광고의 패러다임이 바뀐다. 매체의 변화와 더불어 오늘날의 소비자는 일방적으로 전달하는 데 그치는 과거의 광고를 외면하고 스스로 소비한다. 이런 시대의 광고는 어떤 모습이어야 하는가? 혹은 어떤 모습인가? 무엇이 광고이며 어디까지가 광고인가? 바로 더 개인적으로, 더 즐거운 방식으로 만나는 브랜디드 콘텐츠(*branded contents*)이다.

김운한(선문대) 지음 | 크라운 변형(176×235) | 412면 | 28,000원

융합과 통섭
다중매체환경에서의 언론학 연구방법

'융합'과 '통섭'의 이름으로 젊은 언론학자 19명이 모였다. 급변하는 다중매체환경 속 인간과 사회를 능동적으로 이해하고 설명하는 것은 언론학 연구의 임무이자 과제다. 이를 위해서는 관례와 고정관념을 탈피하려는 다양한 고민과 시도가 연구방법으로 이어져야 한다. 38대 한국언론학회 기획연구 워크숍 발표자료를 엮은 이 책은 참신하고 다양한 언론학 연구방법을 고민하는 이들에게 소중한 지침서가 될 것이다.

한국언론학회 엮음 | 크라운판 변형 | 520면 | 32,000원

정치적 소통과 SNS

뉴스, 광고, 인간관계에까지 우리 일상 어디에나 SNS가 있다. 그렇다면 과연 우리는 SNS에 대해 얼마나 알고 있을까? 커뮤니케이션 연구와 교육의 최전선에 있는 한국언론학회 필진이 뜻을 모아 집필한 이 책은 SNS에 관한 국내외의 사례와 이론을 폭넓게 아우른다. 왜 우리는 SNS를 사용하게 되었나부터, 어떻게 사용하고 있나, 또 앞으로 어떻게 사용해야 하나까지 과거, 현재, 미래에 대한 통찰이 담겨 있다.

한국언론학회 엮음 | 크라운판 변형 | 456면 | 27,000원

SNS 혁명의 신화와 실제
'토크, 플레이, 러브'의 진화

요즈음 전성기를 구가하고 있는 소셜미디어는 사람들 간 진지한 관계나 대화를 담보할 수 있는가? 인류의 오래된 희망인 관계의 수평화·평등화를 가능케 할 것인가? 이 책은 내로라하는 커뮤니케이션 소장학자들이 발랄하면서도 진지한 작업 끝에 내놓은 결과물이다. 소셜미디어의 모든 것을 분해하고, 다시 종합하는 이 책을 통해 독자들은 소셜미디어 혁명의 허와 실을 간파하게 될 것이다.

김은미(서울대)·이동후(인천대)·임영호(부산대)·정일권(광운대) | 크라운판 변형 | 320면 | 20,000원